中华人民共和国史研究文库

京华研史录

张金才 著

当代中国出版社
Contemporary China Publishing House

2020年·北京

图书在版编目(CIP)数据

京华研史录 / 张金才著. -- 北京：当代中国出版社, 2020.8
ISBN 978-7-5154-1044-9

Ⅰ.①京… Ⅱ.①张… Ⅲ.①中国历史—现代史—文集 Ⅳ.① K270.7-53

中国版本图书馆 CIP 数据核字（2020）第 138583 号

出 版 人	曹宏举
责任编辑	袁又文
责任校对	康　莹
印刷监制	刘艳平
封面设计	胡椒书衣
出版发行	当代中国出版社
地　　址	北京市地安门西大街旌勇里 8 号
网　　址	http://www.ddzg.net　邮箱：ddzgcbs@sina.com
邮政编码	100009
编辑部	（010）66572264　66572154　66572132　66572180
市场部	（010）66572281　66572161　66572157　83221785
印　　刷	北京润田金辉印刷有限公司
开　　本	720 毫米 ×1020 毫米　1/16
印　　张	23.75 印张　2 插页　352 千字
版　　次	2020 年 8 月第 1 版
印　　次	2020 年 8 月第 1 次印刷
定　　价	72.00 元

版权所有，翻版必究；如有印装质量问题，请拨打（010）66572159 转出版部。

《中华人民共和国史研究文库》编辑委员会

编 委 会

主　任：姜　辉

副主任：武　力　李正华　管明军　曹宏举

编　委：张星星　张金才　郑有贵　钟　瑛　欧阳雪梅　刘　仓
　　　　李　文　姚　力　吴　超　王巧荣　宋月红　王爱云
　　　　刘志男　于俊霄　杨文利　徐国林

办 公 室

办公室主任：于俊霄

成　员：狄　飞　王　宇　王　敏

《中华人民共和国史研究文库》
总　序

　　历史研究是一切社会科学的基础，重视历史、研究历史、借鉴历史是中华民族5000多年文明史的优秀文化传统。中国共产党继承了这一优秀文化传统，积极倡导学习历史、研究历史，尤其是学习中共党史、中华人民共和国史（或简称"新中国史"）、改革开放史和社会主义发展史。习近平总书记指出："重视历史、研究历史、借鉴历史，可以给人类带来很多了解昨天、把握今天、开创明天的智慧。"

　　党的历史、新中国的历史，是中国共产党为中国人民谋幸福、为中华民族谋复兴的奋斗史，是我们党、国家和民族的宝贵精神财富。中华人民共和国的成立，开启了中华民族发展进步的历史新纪元。从那时起，即有学者开始对中华人民共和国史进行研究。1956年6月，黄炎培在一届全国人大三次会议上提出，应"及时收集和保存建国史料"，并"加以整理"。

　　党的十一届三中全会后，伴随党的思想路线的重新确立和对中华人民共和国正反两方面历史经验的深刻总结，新中国史研究逐渐引起党和国家以及学术界的高度关注。经过多年的艰辛探索与开拓创新，新中国史研究取得了众多学术成果，成为中国历史研究中一个最年轻的学科。

党的十八大以来，以习近平同志为核心的党中央高度重视历史，特别是党史和新中国史。习近平总书记强调："历史是最好的教科书。""学习党史、国史，是坚持和发展中国特色社会主义、把党和国家各项事业继续推向前进的必修课。这门功课不仅必修，而且必须修好。"在开展"不忘初心、牢记使命"的主题教育中，党中央专门印发通知，要求各地区各部门各单位把学习党史、新中国史作为主题教育重要内容，不断增强守初心、担使命的思想自觉和行动自觉。

当代中国研究所于1990年6月28日经中共中央批准成立，研究和编纂中华人民共和国史、收集和编辑国史资料、出版国史研究著作，是当代所的主要职责，也是当代所人的崇高使命。当代中国研究所成立30年来，撰写并经中央审定出版了《中华人民共和国史稿》序卷和一至四卷，目前正在撰写五至七卷；编纂出版了每卷100万字的《中华人民共和国史编年》，该书为集资料性、研究性和学术性为一体的大型编年史书。在此期间，当代中国研究所和其主管的当代中国出版社，还参与组织编辑出版了152卷、210册、总计1亿字的大型史料性丛书——《当代中国》丛书；与中国大百科全书出版社合作编写了《中华人民共和国国史百科全书》。为迎接新中国成立70周年，受中央委托，当代中国研究所组织编写出版了《新中国70年》《中华人民共和国简史（1949—2019）》《新中国社会主义发展道路70年》等新中国史基本著作和六卷本《中华人民共和国史研究丛书》。此外，为了普及国史知识和消除历史虚无主义的影响，还编写出版了大众读物《中华人民共和国史小丛书》，并计划到2022年出版80种，向党的二十大献礼。上述图书均在国内外产生了重要影响，树立了新中国史研究的学术标杆，成为全国干部群众学习新中国史的基础性教材。

今天，我们已经进入中国特色社会主义新时代，正在向着社会主义现代化强国迈进，并日益走近世界舞台的中心，为整个人类社会做出越来越大的贡献。新中国的发展不是一帆风顺的，在探索建设社会主义的过程中，中国共产党遇到许多困难，也遭遇不少挫折。一些别有用心的人抓住新中国史上的曲折失误不放并夸大渲染，使一些领域成为历史虚无主义的重灾区。当代中国正经历着我国历史上最为广泛、深刻而急剧的社会变革，也正进行着人类历史上最为宏大而独特的实践创新。习近平总书记指出："当代中国是历史中国的延续和发展。新时代坚持和发展中国特色社会主义，更加需要系统研究中国历史和文化，更加需要深刻把握人类发展历史规律，在对历史的深入思考中汲取智慧、走向未来。"

历经30年不懈努力，当代中国研究所已经成为以马克思主义为指导、具有一流学术水平、汇聚一流科研人才的国史研究基地。30年来，当代所人始终以为国家写史、为人民立传为己任，牢记党和人民重托，真实记录中国共产党带领全国人民进行社会主义革命、建设和改革的光辉历程，全面反映中华民族从站起来、富起来到强起来的历史性进步，科学总结新中国每个历史阶段各方面建设的经验教训。

今年是当代中国研究所的"而立之年"，为进一步落实中央赋予当代中国研究所"存史、资政、育人、护国"的神圣职责，当代中国研究所决定设立《中华人民共和国史研究文库》（以下简称《文库》），为当代中国研究所以及国内外从事新中国史研究的专家学者提供一个发表学术成果的平台。入选本《文库》的标准为：以毛泽东思想、邓小平理论、"三个代表"重要思想、科学发展观和习近平新时代中国特色社会主义思想为指导，坚持辩证唯物主义和历史唯物主义的立场、观点、方法，坚持实事求是、论从史出的原则，书写和记录中国共产党领导中国人民进行社会主义和新中国建设与发展的理论创新和伟大实践，总结历史经验。《文库》的目标是打造一个能够充分展示中华人民共和国史研究成果，发挥经世致用、资政育人功能的高端权威学术平台。

"装点此关山，今朝更好看。"伴随着新中国前进的步伐，中华人民共和国史研究空间广阔，任重道远。我们希望中华人民共和国史研究工作者继承优良传统，以高度的历史自觉和历史意识、宽广的历史视野和唯物史观、强烈的文化自信和历史担当，总结历史经验，揭示历史规律，把握历史趋势，服务当代，垂鉴后世，承先启后，继往开来。当代中国研究所作为党中央赋予职能、中国社会科学院直接领导的专门研究中华人民共和国史的科研机构，有责任努力构建中华人民共和国史的学科体系、学术体系、话语体系，打造史学研究的中国学派。这一目标的实现，不仅有赖于所内全体人员的不懈奋斗，也需要所外各个方面的支持和参与。本《文库》就是这样一个服务于上述目标的开放的、持久的学术成果前沿阵地，我们期待所内外的学者写出无愧于时代和人民的历史著作并列入本《文库》，在存史、资政、育人、护国工作中做出更大贡献。

姜　辉

2020 年 5 月 22 日

目 录

前　言 …………………………………………………………………（ 1 ）

综合研究

试析中共八大能够制定正确路线的主要原因 ………………………（ 3 ）
市场社会主义与社会主义市场经济 …………………………………（ 15 ）
论"在徘徊中前进"的两年
　　——从粉碎"四人帮"到十一届三中全会 ………………………（ 26 ）
历史转折成果的巩固与发展
　　——从十一届三中全会到中共十二大 …………………………（ 42 ）
对编纂资料性国史书的几点思考
　　——以《中华人民共和国日史》为例 ……………………………（ 55 ）
《中国共产党历史》第二卷对中华人民共和国史研究的意义 ………（ 62 ）
《中国共产党的三十年》相关问题再考 ………………………………（ 78 ）
立破并举的姊妹篇
　　——党的十八届三中、四中全会两个《决定》的内在关联性………（ 83 ）
建设中国特色社会主义必须坚持人民主体地位 ……………………（ 91 ）
自信　自豪　自警
　　——习近平"七一"重要讲话的三个特点 ………………………（ 99 ）
共同服务于如期全面建成小康社会
　　——党的十八届三中、四中、五中全会的内在关联性……………（104）

新中国社会主义现代化建设奋斗目标的历史演进……………（110）

新中国法治建设史研究

依法治国基本方略实施考察……………………………………（121）
新时期我国法制建设的历史进程与基本经验…………………（135）
刘少奇与新中国第一部宪法的制订和通过……………………（147）
刘少奇与20世纪60年代初的政法工作调整…………………（155）
改革开放以来我国法制建设的发展历程及伟大成就…………（166）
近十年来中国法制建设的历程及成就…………………………（181）
中共十八大以来司法体制改革的进展及成效…………………（193）
中共十八大以来法治政府建设的进展及成效…………………（210）
中国普法30年的基本经验：1986—2016年…………………（230）

邓小平、陈云思想生平研究

陈云在十一届三中全会上再次成为中央领导集体重要成员原因探析…（243）
邓小平与新中国第一次全国基层选举…………………………（259）
陈云与西楼会议…………………………………………………（269）
陈云三次领导稳定物价的基本经验……………………………（280）
邓小平与中共八大的筹备………………………………………（292）
陈云与中央财经工作领导机构的变迁…………………………（302）
邓小平与七千人大会……………………………………………（314）
邓小平和陈云在新中国成立初期粮食统购统销中的合作……（325）
邓小平和陈云对"大跃进"的认识……………………………（338）
邓小平与新中国成立后的中共中央书记处……………………（353）

后　记……………………………………………………………（365）

前　言

在本书前言中，回顾一下我的学术经历，介绍一下我的研究方向，说明一下文集的主要内容，有助于读者对本书有一个导入性的了解与把握。

我进入学术研究领域是从读研究生开始的，之前主要是从事英语专业的学习和教学工作。1997年，我考取了山东师范大学政法系马克思主义理论与思想政治教育专业硕士研究生，师从许庆朴教授攻读硕士学位，从此走上学术研究道路。2000年硕士毕业后，我又考取了中国人民大学中共党史系中共党史专业博士研究生，师从陈明显教授攻读博士学位。2003年博士毕业后，我进入中国社会科学院当代中国研究所政治史研究室从事专业学术研究工作至今。这就是我简要的学术经历。

进入学术研究领域后，我逐渐形成两个相对明确、相对固定的研究方向：一个是新中国法治建设史研究，一个是邓小平、陈云思想生平研究。

进入新中国法治建设史研究这一领域，缘于博士学位论文的写作。在考虑博士学位论文选题时，受当时依法治国与以德治国研究热潮的影响，我确定了《依法治国以德治国基本方略研究》这一题目，并得到导师的认可，于是开始了新中国法治建设史的研究。在博士学位论文的写作过程中，我培养起了对新中国法治建设史的研究兴趣，掌握了基本方法，积累了相关资料，为后来从事这方面的研究打下了基础，准备了条件。

进入当代中国研究所后，我被分配在政治史研究室从事专业学术研究工作。而政治史研究室的一个重要任务就是承担中华人民共和国法治建设史的编纂和研究工作。在这样的情况下，我便延续博士学位论文的研究基础，把新中国法治建设史确立为自己的研究方向。能够将自己的研究侧重点与本职工作结合起来，做到两促进、两不误，这当然是一件最好不过的事情。经过多年的不懈努力，我已在该领域取得一些研究成果。迄今共出版个人学术专著 2 部[①]，公开发表学术论文近 20 篇。本论文集第二部分选录了其中的 9 篇文章。

这 9 篇文章中有 7 篇是研究改革开放以来我国法治建设的，有 2 篇是研究新中国前 29 年的法治建设的。其中比较有代表性的是《刘少奇与 20 世纪 60 年代初的政法工作调整》这一篇。本文入选了中共中央党史研究室庆祝新中国成立 60 周年学术研讨会，后发表于《当代中国史研究》2010 年第 1 期。这篇文章的新意是选题比较好。长期以来，说到 20 世纪 60 年代初的调整，人们往往想到的是国民经济调整。事实上，当时在为克服"大跃进"运动造成的困难进行国民经济调整的同时，政法等其他战线的调整和纠偏工作也开展起来。但长期以来，学术界对该时期的政法工作调整研究的较少，从刘少奇的角

[①] 《新时期法制建设进程》（中共党史出版社 2009 年版）和《中国法治建设 40 年（1978—2018）》（人民出版社 2018 年版）。

度研究这一问题的就更少。本文以翔实的史料考察了刘少奇在20世纪60年代初的政法工作调整中所发挥的重要作用，展现了他为政法工作调整所作出的历史贡献，从而丰富了刘少奇生平思想研究及对20世纪60年代初调整的研究。本文发表后被人大复印报刊资料《中国共产党》2010年第6期全文转载。

进入邓小平、陈云思想生平研究这一领域，缘于2005年纪念陈云诞辰100周年。以此为契机，国内学界掀起陈云研究的新热潮。我所在的当代中国研究所也于当年5月份举办了纪念陈云诞辰100周年的学术座谈会，要求科研人员撰文参会。在这之前，我对陈云其实并不是很了解，更谈不上研究。但作为所里的一名科研人员，撰文参会既是学习，也是任务。于是我提交了题为《试论陈云党建思想与加强党的执政能力建设》的习作。这是我进入学术研究领域后撰写的第一篇陈云研究的学术论文。

为使陈云研究持久深入地开展下去，曾任陈云秘书、时任中国社会科学院副院长、当代中国研究所所长的朱佳木研究员，主持创立了陈云与当代中国学术研讨会年会制度，并从2007年起在全国范围内逐年召开，至今已举办了13届。我参加了几近历届陈云年会并提交了学术论文。在参加陈云年会及日常陈云研究的过程中，我加深了对陈云的了解和认识，培养起了对陈云研究的兴趣，所取得的研究成果有些还引起了学界同行的关注。

随着陈云研究的不断深入，我发现如果仅囿于陈云本身，不走出陈云，许多问题说不清楚，也无法拓展和深入，持续研究下去对我来说可能会遇到一些制约和瓶颈。于是我眼睛向外，把目光转向了自己比较熟悉、之前又有一定研究基础的邓小平，并尝试将陈云和邓小平结合起来进行研究。此后，邓小平、陈云思想生平研究成为我一个新的研究方向。经过多年的持续努力，我已在该领域取得一些阶段性成果。迄今共出版个人学术专著2部①，公开发表学术论文20多篇。这些论文中，既有研究邓小平的，也有研究陈云的，还有把邓小平和陈云结合起来进行研究的。本论文集第三部分选录了其中的10篇文章。

这10篇文章中研究邓小平的有4篇，研究陈云的有4篇，把邓小平和陈云结合起来进行研究的有2篇。其中比较有代表性的是《邓小平和陈云对"大跃进"的认识》这一篇，发表于《安徽史学》2018年第3期。这篇文章的选题有点敏感，但我根据翔实的资料和扎实的研究，就邓小平和陈云对"大跃进"的认识进行了比较。文章认为：邓小平和陈云对"大跃进"认识的相同点为：他们都希望我国工农业生产和建设发展得快一些，但又认为加快经济发展速度不能违背客观规律。他们起初都是从积极的方面看待和支持"大跃进"的，后来看到"大跃进"运动中出现一些"左"的错误，思想认识都发生了较大变化。不同点为："大跃进"运动之初，邓小平表现比较积极，而陈云则相对冷静；对于毛泽东发动的"大跃进"，邓小平是没有反对，而陈云是没有说话；邓小平后来多次谈到"大跃进"并进行反思，而陈云则很少谈及"大跃进"。邓小平和陈云对"大跃进"的认识存在不同点，其原因是：他们在"大跃进"运动中承担的领导责任不同；领导经济工作的思路不同；工作经历和在党中央的领导分工不同。文章发表以后，听到的反响是好的。《当代中国史研究》2018年第4期对本文作了论点摘编。

---

① 《从中央委员到领导核心——1945—1978年间的邓小平》（河北人民出版社2015年版）和《邓小平与中美关系》（河北人民出版社2019年版）。

本论文集第一部分选录的是我两个研究方向之外的综合研究论文，共12篇。其中比较有代表性的是《试析中共八大能够制定正确路线的主要原因》这一篇，也就是本书的开篇，发表于《中共党史研究》2006年第5期。这篇文章的新意是选题角度比较好。长期以来，学术界对中共八大路线的正确性进行了充分的论证，对这条路线未能坚持下去的原因进行了全方位的探讨。但很少有人专门研究这样一个问题，那就是：在当时对于全面建设社会主义，既缺乏必要的经验积累，又缺乏足够的理论准备的情况下，中共八大对社会主义建设道路的探索为什么能达到那样的高度？换句话说，中共八大在当时的条件下，为什么能够制定出那样一条正确的路线？文章认为：对苏联模式的深刻反思为中共八大制定正确的路线作了必要的思想准备；全面系统的调查研究为中共八大制定正确的路线提供了科学依据；领导集体的谦虚谨慎为中共八大制定正确的路线提供了重要保证；党内和谐的民主气氛为中共八大制定正确的路线创设了宽松的政治环境。文章发表后，《中国社会科学文摘》2006年第6期予以转摘。

以上是对我学术经历、研究方向及本论文集主要内容的简要介绍，希望能对读者了解本书有所帮助。

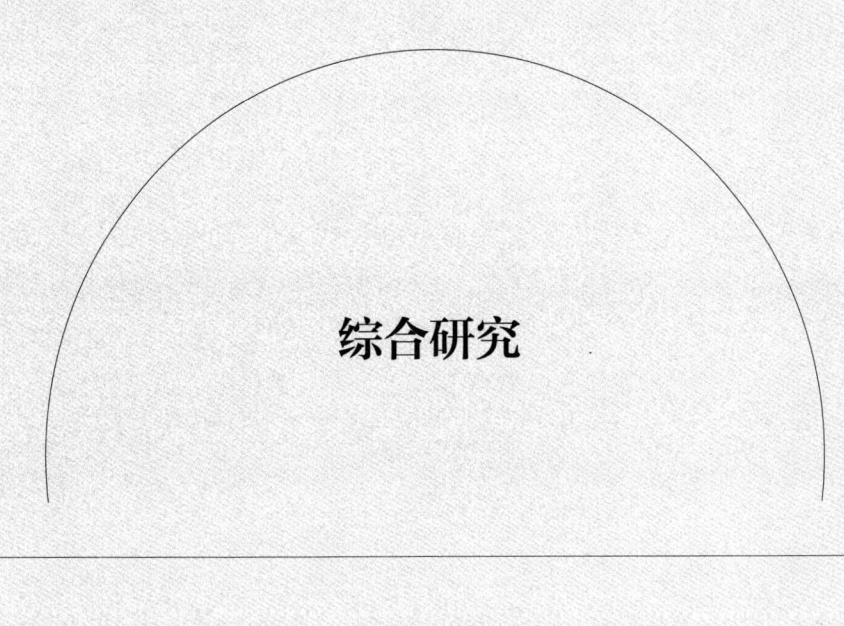

综合研究

试析中共八大能够制定正确路线的主要原因

  50年前召开的中国共产党第八次全国代表大会（以下简称"八大"），在我们党探索社会主义建设道路的历程中占有十分重要的地位。它的主要功绩和贡献就是制定了一条全面建设社会主义的正确路线[①]，为社会主义事业的发展和党的建设指明了方向。党的十一届三中全会以来，学术界对这条路线的正确性进行了充分的论证，对这条路线未能坚持下去的原因进行了全方位的探讨。但很少有文章专门研究这样一个问题，那就是：在当时党对于全面建设社会主义，既缺乏必要的经验积累，又缺乏足够的理论准备的情况下，党对社会主义建设道路的探索为什么能达到"它所能达到的最高水平"[②]？换句话说，党在当时的条件下，为什么能够制定出那样一条正确的路线？笔者认为，对这个问题进行思考并作出回答，对我们当前的改革开放和社会主义现代化建设事业，会有一定的启发和借鉴意义，同时也是对八大召开50周年的一种很好的纪念。

  [①] 关于八大路线的具体内容，八大的文献并没有明确的表述。本文依据《关于建国以来党的若干历史问题的决议》对于八大的概括和论断，把八大路线的主要内容界定为以下三个方面：一、政治方面，指出社会主义制度在我国已经基本上建立起来；国内的主要矛盾是人民对于经济文化的需要同当前经济文化不能满足人民需要之间的矛盾；全国人民的主要任务是集中力量发展社会生产力，实现国家工业化，逐步满足人民日益增长的物质和文化需要。二、经济方面，坚持既反保守又反冒进即在综合平衡中稳步前进的方针。三、执政党建设方面，强调坚持民主集中制和集体领导制度，反对个人崇拜，发展党内民主和人民民主，加强党和群众的联系。

  [②] 有学者认为"中共八大在当时的条件下作出了它所能作出的最大贡献，达到了它所能达到的最高水平"。见张星星：《中共八大路线未能坚持下去的原因》，《中共党史研究》1988年第5期。

一、对苏联模式的深刻反思为八大制定正确的路线作了必要的思想准备

在八大的筹备过程中,发生了苏共二十大秘密报告事件,暴露了苏联在建设社会主义中的一些缺点和错误,引发了毛泽东等中央领导同志对中国社会主义建设道路的进一步思考。他们深刻反思苏联模式,以苏为鉴,独立探索适合中国情况的社会主义建设道路,从而为八大制定正确的路线作了必要的思想准备。

新中国成立之初,由于我们既没有经验,也缺少资金和干部,因此,除了在外交上强调"一边倒"的政策外,在经济建设上实行向苏联学习、争取苏联帮助的方针。这在当时来说,是符合实际需要的,也是十分必要的。苏联的帮助,也的确对中国的经济建设起了非常重要的作用。但事实证明,苏联的做法也并不都是成功的,即使是成功的经验,也未必完全适合中国的国情。苏共二十大揭开了盖子,打破了神化主义,促使毛泽东等中央领导同志深刻反思苏联模式的弊端,开始独立探索适合中国情况的社会主义建设道路。

毛泽东等深刻地认识到,苏联模式的弊端,表现在经济管理体制上,主要是管得过多,统得过死。用毛泽东的话说,就是苏联"把什么都集中到中央,把地方卡得死死的,一点机动权也没有"[①]。这种体制是由国家通过行政手段对企业发布命令,直接指导企业的生产经营活动。中央经济管理部门直接控制企业的人财物和产供销大权,严重束缚了地方与基层企业的积极性和创造性。鉴于苏联的教训,毛泽东等中央领导同志提出了一系列改革我国经济管理体制的措施和构想。针对我国当时高度集中的管理体制,毛泽东明确指出:"过分的集中是不利的,不利于调动一切力量来达到建设强大国家的目的","应当在巩固中央统一领导的前提下,扩大一点地方的权力,给地方更多的独立性,让地方办更多的事情。这对我们建设强大的社会主义国家比较有利。我们的国家这样大,人口

[①] 《毛泽东文集》第7卷,人民出版社1999年版,第31页。

这样多,情况这样复杂,有中央和地方两个积极性,比只有一个积极性好得多。"①刘少奇也在八大的政治报告中指出:"国家机关往往对于企业管得过多、过死,妨碍了企业应有的主动性和机动性,使工作受到不应有的损失。应当保证企业在国家的统一领导和统一计划下,在计划管理、财务管理、干部管理、职工调配、福利设施等方面,有适当的自治权利。""我们的经济部门的领导机关必须认真把该管的事管好,而不要去管那些可以不管或者不该管的事。"为此,"必须适当地调整中央和地方的行政管理职权","把一部分行政管理职权分给地方","这样,既能够发挥中央机关的积极性,也能够发挥地方的积极性,使中央和地方都有必要的机动,又便于实行相互的监督。"②

  苏联模式的弊端,表现在政治体制上,主要是最高决策权往往集中于个人,忽视民主与法制建设。对此,毛泽东等中央领导同志也进行了深刻反思,并引以为鉴,提出了自己的一些改革措施。1956年4月5日《人民日报》发表的《关于无产阶级专政的历史经验》一文指出,"斯大林在他一生的后期","违反党的民主集中制,违反集体领导和个人负责相结合的制度","把他个人的权力放在和集体领导相对立的地位,结果也就使自己的某些行动和自己原来所宣传的某些马克思列宁主义的基本观点处于相对立的地位"。鉴于苏联的教训,该文继续指出:"高度集中的权力,是必须和高度的民主相结合的。当着集中制被片面地强调了的时候,就会出现许多错误。"③7月21日,周恩来在中共上海市委第一次代表大会上强调:"苏联的历史经验可以借鉴。所以我们要时常警惕,要经常注意扩大民主,这一点更带有本质的意义。"④刘少奇在八大上也指出:"必须加强全国人民代表大会和它的常务委员会对中央一级政府机关的监督和地方各级人民代表大会对地方各级政府机关的监督",要"着手系统地制定比较完备的法律,健全我们国家的法制"。⑤

---

① 《毛泽东文集》第7卷,人民出版社1999年版,第52、31页。
② 《刘少奇选集》下卷,人民出版社1985年版,第233、249、250页。
③ 《关于无产阶级专政的历史经验》,《人民日报》1956年4月5日。
④ 《周恩来选集》下卷,人民出版社1984年版,第207页。
⑤ 《刘少奇选集》下卷,人民出版社1985年版,第249、253页。

苏联模式的又一个弊端就是对领袖人物的个人崇拜。《关于无产阶级专政的历史经验》一文指出，斯大林"错误地把自己的作用夸大到不适当的地位"，"接受和鼓励个人崇拜"，特别是在他一生的后期，"愈陷愈深地欣赏个人崇拜"，造成了许多工作上的错误和不良的后果。① 而邓小平在八大所作的《关于修改党的章程的报告》里，一个重要内容，就是强调党的集体领导原则，反对个人崇拜，反对突出个人，反对对个人歌功颂德。显而易见，这同借鉴苏联的教训有直接的关系。邓小平深刻指出："工人阶级政党的领袖，不是在群众之上，而是在群众之中，不是在党之上，而是在党之中。正因为这样，工人阶级政党的领袖，必须是密切联系群众的模范，必须是服从党的组织、遵守党的纪律的模范。对于领袖的爱护——本质上是表现对于党的利益、阶级的利益、人民的利益的爱护，而不是对于个人的神化。苏联共产党第二十次代表大会的一个重要的功绩，就是告诉我们，把个人神化会造成多么严重的恶果。"因此，"我们的任务是，继续坚决地执行中央反对把个人突出、反对对个人歌功颂德的方针，真正巩固领导者同群众的联系，使党的民主原则和群众路线，在一切方面都得到贯彻执行。"②

上述对苏联模式的深刻反思，以及对适合我国情况的社会主义建设道路的探索，都为八大正确路线的制定作了必要的思想准备，成为八大正确路线的重要组成部分。

二、全面系统的调查研究为八大制定正确的路线提供了科学依据

深入实际进行调查研究，坚持理论与实际相结合，由此制定正确的路线方针政策，是中国共产党领导革命、建设与改革的基本经验和基本工作方法，也是党的优良传统和作风。八大召开前，毛泽东等中央领导同志对社会主义建设问题进行了一次全面系统的调查研究。这次调查研

---

① 参见《关于无产阶级专政的历史经验》，《人民日报》1956年4月5日。
② 《邓小平文选》第1卷，人民出版社1994年版，第234—235页。

究基本摸清了新中国成立六年多来在经济、政治、文化等方面所发生的变化、出现的新情况和新问题，为八大制定正确路线提供了科学依据。

这次全面系统的调查研究的序幕是由刘少奇拉开的。1955年12月7日至1956年3月9日，刘少奇先后约请了中共中央和国务院37个部门的主要负责人汇报、座谈，内容包括工业、农业、商业、交通、财政、金融、文化、体育、卫生和国民经济计划等各个方面。1956年5月28日，他又听取了新华通讯社和中央广播事业管理局的汇报。在三个多月的时间里，刘少奇除了参加外事活动和出席中央有关会议之外，大部分时间都在开座谈会。座谈会一般从下午两点开始，一直持续到晚上七八点钟，有时甚至开到深夜一点多钟。座谈中，刘少奇详细询问和了解各个部门、各个行业的情况，记下了几万字的笔记。

1956年1月中旬，毛泽东从杭州回到北京不久，从薄一波那里听说刘少奇正在听取一些部委汇报工作，也表现出极大的兴趣。他对薄一波说："这很好，我也想听听。你能不能替我也组织一些部门汇报？"①在薄一波等的组织安排下，从2月14日起，毛泽东开始了他在新中国成立后乃至一生中规模最大、时间最长、周密而系统的经济工作调查。到4月11日，毛泽东共听取了国务院34个经济部门的工作汇报，整整用了37天。为了增加工业建设方面的感性知识，结合听汇报，从4月12日到17日，毛泽东又连续6天参观了机械工业展览。从4月18日起，新的一轮汇报又开始了，是李富春向毛泽东汇报第二个五年计划，24日结束，共6天。实际上，这是毛泽东向34个部门作系统调查的延续。前一阶段是专业性的，这一阶段是综合性的，先分析、后综合。至此，这次调查全部结束，实际听取汇报时间43天。在毛泽东听取汇报的过程中，周恩来几乎每次都来，刘少奇也多次参加，邓小平、陈云有时也来参加。这样，毛泽东召集的汇报会，实际上成为中央主要领导成员参加的规模较大的一次集体调研活动。

这一年，负责经济工作的陈云也作了一系列调查研究。2月8日至18日，他在北京连续10天按行业听取私营商业改造的形式和办法的情

---

① 薄一波：《若干重大决策与事件的回顾》（修订本）上卷，人民出版社1997年版，第482页。

况汇报。4月19日至5月13日,他离开北京,先在上海召集江苏、浙江、福建三省和上海市对资改造小组负责人的汇报会,后在武汉召集湖北、湖南两省和武汉市的汇报会,接着又在广州召集广东、广西两省和广州市的汇报会,并在上海、武汉、广州三地分别同省、市工商联正副主任委员进行座谈,在上海还同工商界著名人士荣毅仁、胡厥文等座谈,广泛听取他们的意见。5月13日,陈云回到北京。5月14日至29日,听取南方15个省、市私营工商业改造情况汇报。6月3日至9日,听取北方14个省、市私营工商业改造情况汇报。7月27日至8月7日,陈云又连续10天主持召开物价问题座谈会。

七十高龄的朱德也投入到了调查研究工作中。5月16日至21日,在山西考察。6月6日至13日,在辽宁考察。这两次考察的重点,都是当地的经济发展情况,特别是农业合作化以后农村的新情况。

所有这些调查研究,都为八大制定正确的路线提供了科学依据。

这次调查研究的突出成果,就是形成了著名的《论十大关系》。正如毛泽东后来所回忆的:"那个十大关系怎么出来的呢?我在北京经过一个半月,每天谈一个部,找了三十四个部的同志谈话,逐渐形成了那个十条。如果没有那些人谈话,那个十大关系怎么会形成呢?不可能形成。"[1]而《论十大关系》的提出和形成,为八大确立了正确的指导思想。

在《论十大关系》提出之前,根据毛泽东的意见,八大政治报告的起草以反对右倾保守为指导思想。刘少奇在1955年12月5日中央座谈会上传达毛泽东关于准备召开八大的指示时,是这样说的:"八大的准备工作,谈话时主席提出,中心思想要讲反对右倾思想,反对保守主义,提早完成我国的社会主义工业化和社会主义改造,保证十五年并且争取十五年以前超额完成。"[2] 1956年4月,毛泽东《论十大关系》的讲话提出了一系列新思想,八大政治报告随之确定以《论十大关系》为指导思想。正如刘少奇后来在中共八大二次会议的工作报告中指出的:"党中央委员会向第八届全国代表大会第一次会议的工作报告,就是根据毛泽东

---

[1]《毛泽东传(1949—1976)》(上),中央文献出版社2003年版,第471页。
[2]《毛泽东传(1949—1976)》(上),中央文献出版社2003年版,第510页。

同志关于处理十大关系的方针政策而提出的。"① 当年参加政治报告起草工作的邓力群回忆说:"大概在一九五六年四五月间,一次刘少奇开会回来,大约是晚上十点多钟了,打电话找我和陈伯达等去他那里。刘少奇非常高兴。他说:主席作了调查,讲了十大关系,十大关系应当成为起草八大政治报告的纲。""随后,胡乔木按照刘少奇以十大关系为纲的意见起草了政治报告。"②

事实证明,如果没有1956年全面系统的调查研究,就没有《论十大关系》的提出和形成。同样,没有《论十大关系》的提出和形成,就没有八大的正确指导思想的确立,因而也就不可能有八大正确路线的形成。归根到底,八大正确路线的制定是1956年全面系统调查研究的结果。

三、领导集体的谦虚谨慎为八大制定正确的路线提供了重要保证

八大在当时对于社会主义全面建设既缺乏必要的经验积累,又缺乏足够的理论准备的情况下,探索出了一条在今天看来仍然十分正确的路线,这和当时毛泽东等中央领导同志在即将展开的大规模的社会主义建设面前保持了谦虚的作风,采取了谨慎的态度有很大关系。领导集体的谦虚谨慎为八大制定正确的路线提供了重要保证。

从1949年10月新中国成立到1956年,在不到七年的时间里,中国共产党领导全国各族人民只用了三年的时间,就迅速恢复了在旧中国遭到严重破坏的国民经济,并在这个基础上,从1953年开始了第一个五年计划的大规模经济建设。与此同时,在全国绝大部分地区基本上完成了对生产资料的社会主义改造,社会主义制度已经初步建立起来。在这样短的时间内取得这样伟大的成就,使得毛泽东等中央领导同志在党和人民中的威望空前提高。毛泽东在八大的开幕词,总共不到3000字,鼓掌竟达32次之多,就从一个侧面说明了这个事实。但毛泽东等中央领导同

---

① 《建国以来重要文献选编》第11册,中央文献出版社1995年版,第300页。
② 《毛泽东传(1949—1976)》(上),中央文献出版社2003年版,第511页。

志面对辉煌的成就和人民的爱戴，保持了清醒的头脑，谦虚谨慎，不骄不躁。因为他们清楚，在经验不足的情况下建设社会主义，需要特别地小心谨慎，任何的骄傲自满和麻痹大意都会使社会主义建设事业招致巨大的损失。

在八大预备会议第二次全体会议上，毛泽东在谈到经济建设时说："现在是搞建设，搞建设对于我们是比较新的事情"，"虽然我们已经有了六年的经验，学会了许多东西，但是从根本上说，我们还要作很大的努力，主要靠第二个五年计划和第三个五年计划来学会更多的东西。"在八大开幕词中，毛泽东更加明确地指出："要把一个落后的农业的中国改变成为一个先进的工业化的中国，我们面前的工作是很艰苦的，我们的经验是很不够的。因此，必须善于学习。"又说，我们"决不应当由于革命的胜利和在建设上有了一些成绩而自高自大"，"即使我们的工作得到了极其伟大的成绩，也没有任何值得骄傲自大的理由。虚心使人进步，骄傲使人落后，我们应当永远记住这个真理"。①

八大通过的党章没有再提"毛泽东思想"，其中的原因固然是多方面的，但同时也表明了毛泽东等中央领导同志的谦虚谨慎，是不争的事实。1945年召开的中共七大，是以确立毛泽东思想在全党的指导地位而载入史册、著称于世的。但到了筹备八大的时候，毛泽东却亲自作出决定，八大的正式文件上，不要再用"毛泽东思想"的提法。因此，八大的党章就没有再提"毛泽东思想"。八大不提"毛泽东思想"，不仅丝毫没有影响毛泽东思想在全党的实际指导作用，丝毫没有影响毛泽东在全党的领袖地位，相反，毛泽东在全党和全国人民中的威望空前地提高了。

如果说以上所述，主要表现的是作为党的领导核心的毛泽东，在开始全面建设社会主义的重要关头所保持的那种谦虚谨慎的优良作风的话，那么，1956年上半年的反冒进，则更多地表现的是领导集体的其他成员，如刘少奇、周恩来以及陈云等在开始全面建设社会主义时的谦虚谨慎。

受1955年反对"右倾保守主义"的影响，1956年上半年的国内经济形势出现了全面紧张的局面。刘少奇、周恩来、陈云等中央领导同志在

---

① 《毛泽东文集》第7卷，人民出版社1999年版，第101、117页。

调查研究中发现了这个问题并高度重视。2月17日，刘少奇在听取交通部汇报时指出："现在有些人脑子热了，提得太高了，而目前又没有条件做到，急躁冒进也要防止。"①这年5月的中央会议，根据国内经济形势全面紧张的局面，提出我国经济发展要实行既反保守又反冒进，坚持在综合平衡中稳步前进的方针。②6月4日，刘少奇主持中央会议，讨论准备向一届全国人大三次会议提出的1956年国家预算报告初稿。这份报告，根据五月中央会议精神，写上了"在反对保守主义的时候，必须同时反对急躁冒进"的话。6月10日，刘少奇主持中央政治局会议，原则通过了这份预算报告初稿，并提出要加重反对急躁冒进的分量。③6月15日，李先念代表国务院在一届全国人大三次会议上作《关于一九五五年国家决算和一九五六年国家预算的报告》。报告指出："生产的发展和其他一切事业的发展都必须放在稳妥可靠的基础上。在反对保守主义的时候，必须同时反对急躁冒进的倾向，……急躁冒进的结果并不能帮助社会主义事业的发展，而只能招致损失。"④由于中共中央和国务院的坚决态度和采取的果断措施，1956年上半年出现的来势很猛的冒进势头被遏制住了，经济建设得以比较平稳地向前发展。

1956年反冒进的结果是形成了既反保守又反冒进即在综合平衡中稳步前进的经济建设方针。这一方针符合实际，为八大所接受，成为八大正确路线的重要组成部分。八大政治报告明确指出："发展速度必须是积极的，以免丧失时机，陷入保守主义的错误；又必须是稳妥可靠的，以免脱离经济发展的正确比例，使人民的负担过重，或者使不同的部门互相脱节，使计划不能完成，造成浪费，那就是冒险主义的错误。"⑤

---

① 《刘少奇在听取交通部汇报时的谈话记录》（1956年2月17日），转引自《党的文献》2006年第1期，第26页。
② 参见《刘少奇年谱（1898—1969）》下卷，中央文献出版社1996年版，第368页。
③ 参见《刘少奇年谱（1898—1969）》下卷，中央文献出版社1996年版，第369页。
④ 《李先念文选（1935—1988）》，人民出版社1989年版，第205—206页。
⑤ 《刘少奇选集》下卷，人民出版社1985年版，第227页。

四、党内的民主气氛为八大制定正确的路线创设了宽松的政治环境

八大能够制定一条正确的路线，除了上述几个重要原因之外，也是和当时党的领导层的民主生活比较正常，认真实行了集体领导原则分不开的。党内的民主气氛为八大制定正确的路线创设了宽松的政治环境。

为使八大提出符合我国实际的全面建设社会主义的路线，毛泽东在听取了34个部委的汇报之后，又提出听取各省、市、自治区党委的经济汇报。为此，3月30日，中央向各省、市、自治区党委发出通知。通知中明确要求各地汇报"应当有形象的材料，有批评，有议论，有主张"[①]。5月14日，毛泽东又亲自为中央起草了一份给各省、市、自治区党委的通知，就各地向中央汇报工作的问题进一步作了具体安排。在通知中毛泽东再次强调：汇报文件"要突出地批评中央工作和地方工作中的缺点错误，揭露矛盾（包括中央和地方的矛盾），并提出解决意见。不成熟的意见也可以提出"[②]。党的高层领导真诚地希望听到批评意见，既体现了当时浓厚的民主气氛，也有助于党的高层领导了解到真实的情况。这对八大制定正确的路线具有重要意义。

八大准备工作的重中之重是起草政治报告。八大的政治报告，是在民主协商的和谐气氛中修改定稿的。毛泽东在七届七中全会第三次全体会议上，谈到八大文件的修改过程时曾说道："第一次推翻你的，第二次推翻他的，推翻过来推翻过去，这也说明我们是民主的。你的道理对，就写进文件，完全是讲道理，不讲什么人，对事不对人。"[③]正是这种"对事不对人""完全是讲道理"的民主气氛，才使得八大的政治报告集中了全党的智慧，达到了当时可能达到的最高认识水平。在这一时期，毛泽东、刘少奇、周恩来等中央领导人平等磋商、共同修改审定八大政

---

① 《建国以来毛泽东文稿》第6册，中央文献出版社1992年版，第54页。
② 《建国以来毛泽东文稿》第6册，中央文献出版社1992年版，第117页。
③ 毛泽东：《在中共七届七中全会第三次会议上的讲话》（1956年9月13日），《党的文献》2006年第1期，第3页。

治报告。他们为此留下的来往信件及批语,是当时民主和谐气氛的历史见证。①

八大的发言同样体现了空前的民主气氛。在为准备八大而召开的七届七中全会上,毛泽东先后两次强调发言的内容"要有批评"。在8月22日召开的第一次全体会议上,毛泽东提出大会的发言"对工作要有批评,要有自我批评",并说"如果我们开一次会议没有批评,净讲一套歌功颂德,那就没有生气,那无非只有一个'好'字就行了,还要多讲干什么?"②在9月13日召开的第三次全体会议上,毛泽东再次强调大会的发言"要有表扬,有批评,有成绩,也有缺点,有解决的办法,不要千篇一律",认为"一片颂扬,登到报上净是好事,那就不好看"。毛泽东甚至要求发言的内容,要"有人专讲我们的生产质量不好,有人讲一讲主观主义,有人讲一讲宗派主义"。③在这样的民主气氛中,代表们畅所欲言,对即将展开的大规模的社会主义建设提出了许多富有价值的意见和建议,对八大正确路线的形成作出了贡献。

陈云曾深有体会地说过:从1949年到1956年那一段里,"我可以放开手脚干,所以许多观点讲得更充分一点"。④平等活跃的民主气氛,为八大自由探索社会主义建设道路创设了宽松的政治环境。中央领导层在这种宽松的背景下提出了许多富有创见的思想和主张。如周恩来提出的改进我国经济管理体制,特别是正确处理中央与地方关系、给地方和企业以适当自主权,坚持按劳分配、反对平均主义的思想;邓小平提出的贯彻党的群众路线,反对官僚主义,发展党内民主,坚持集体领导与民主集中制,反对个人崇拜的思想;陈云提出的建设规模要和国力相适应,要按比例、综合平衡,特别是著名的"三个主体、三个补充"的思想,等等。这些思想和主张为八大所肯定,被报告所吸收,成为八大正确路

---

① 在《毛泽东传(1949—1976)》(上),中央文献出版社2003年版,第513—516页,列举了很多毛泽东、刘少奇、周恩来等中央领导人为修改审定八大政治报告而留下的来往信件及批语。
② 《毛泽东传(1949—1976)》(上),中央文献出版社2003年版,第518页。
③ 毛泽东:《在中共七届七中全会第三次会议上的讲话》(1956年9月13日),《党的文献》2006年第1期,第4页。
④ 《陈云文选》第3卷,人民出版社1995年版,第310页。

线的重要组成部分。

如果说既反保守又反冒进即在综合平衡中稳步前进这一经济建设方针的形成，是党的高层领导在开始全面建设社会主义的重要关头保持了谦虚谨慎的结果，那么，这一方针能够在八大得以通过，则说明当时党的领导层的民主生活比较正常，认真实行了集体领导原则。因为后来的发展表明，作为第一代中央领导集体核心的毛泽东，在当时即对反冒进持有不同意见，只是采取了保留态度。在探索一条适合中国情况的社会主义建设道路这一总的目标上，毛泽东与刘少奇、周恩来和陈云等人是完全一致的，但具体到经济建设的发展速度和方法上却存在不同看法。刘少奇、周恩来和陈云等人强调要既反保守又反冒进以确保稳步前进，而毛泽东则强调要反对右倾、加快速度以保护群众的热情和积极性；刘少奇、周恩来和陈云等人强调要保持经济建设中各项指标的综合平衡，而毛泽东则认为平衡是暂时的，不平衡则是绝对的。尽管毛泽东对反冒进存在不同意见，但他在八大上并没有表示反对，而是服从了领导集体中大多数人的意见，采取了保留态度。正是从这个意义上，我们说八大能够坚持既反保守又反冒进即在综合平衡中稳步前进的经济建设方针，很大程度上是当时党的领导层的民主生活比较正常，认真实行了集体领导原则的结果。联想到以后的情况，如果当时没有一个民主的氛围，这项方针在毛泽东没有真正认可时，要想通过几乎是不可能的。

总之，八大的正确路线，来自党的独立探索、中央领导同志的调查研究、谦虚谨慎和党内民主。而后来的中断，除了"当时党对于全面建设社会主义的思想准备不足"[①]之外，也和后来党内因胜利而滋长了骄傲情绪，以及民主生活遭到破坏，有很大的关系。历史的宝贵经验，值得我们借鉴；历史的深刻教训，值得我们反思。

[原载《中共党史研究》2006年第5期]

---

① 《邓小平文选》第3卷，人民出版社1993年版，第2页。

市场社会主义与社会主义市场经济

西方市场社会主义与中国社会主义市场经济在许多方面有其相同或类似之处,但二者亦有着本质的区别。认真探求二者的关系,这对于全面而又深入地理解我国社会主义市场经济的科学性、创造性,加速社会主义市场经济体制的建立和完善,无疑具有十分重要的理论价值和现实意义。

一、市场社会主义

研究西方市场社会主义与中国社会主义市场经济的关系,先须对市场社会主义及其主要理论成果有一个必要的了解。

(一)市场社会主义的界定

西方市场社会主义是相对于以美国为代表的"市场资本主义"以及以苏联为代表的"计划社会主义"而言的。不同的西方学者对市场社会主义的界定往往各有侧重,因而定义各不相同。美国著名经济学家保罗·格雷戈里(P. R. Gregory)和斯图尔特(R. C. Stuart)按照所有制、决策机制、调节机制和激励机制四个要素,把市场社会主义定义为:"生产要素的公共所有制为特征的经济体制,决策采取分权制并通过市场机制加以调节,兼用物质鼓励和精神鼓励来推动参与者实现这一体制的目标。"① 英国索尔·埃斯特林（Sol Estrin）、尤利安·勒·格兰德（Julian Le Grand）等人则抓住市场这个手段与社会主义的目标之间的关系去界定，认为："用市场来实现社会主义的目的，便是我们所指的市场社会主义。"② 林德布洛姆（Charles. E. Lindblom）以消费者主权和生产者主权作为划分标准，把市场社会主义定义为："公有制加消费者偏好的混合型市场导向制度，即市场取向的社会主义。"③ 可以看出，尽管这些定义关注的要素有多有少，各自的侧重点也不尽相同，但都离不开生产资料的公有制和利用市场进行资源配置。因此，美国颇具权威性的《新帕尔格雷夫经济学大辞典》不无理由地给市场社会主义下了这样的定义："市场社会主义是一种经济体制的理论概念（或模式），在这种经济体制中，生产资料公有或集体所有，而资源配置则遵循市场（包括产品市场、劳动市场和资本市场）规律。"④ 这就是说，市场社会主义具有生产资料公有或集体所有这一社会主义的主要特征，但又利用市场作为资源配置的手段。

（二）市场社会主义的主要理论主张

兰格模式 从20世纪20年代开始，随着第一个社会主义国家苏联的建立，关于社会主义计划可行性与资源配置有效性的问题日益引起人们的关注。于是20世纪30年代前后，爆发了"社会主义经济可行性"大论战。这一论战的结果，产生了兰格模式的市场社会主义。论战的一方以新奥地利学派的经济学家米塞斯（L. von Mises）和哈耶克（F.A.Hayek）为代表，他们首先就社会主义条件下资源配置可行性问题向社会主义发难，否认社会主义经济核算在实践中的可行性。奥斯卡·兰格（Oscar Lange）在其著名的《社会主义经济理论》一文中对此进行了有力的反击。他充分论证了在社会主义条件下进行经济核算、合理分配

---

① ［美］格雷戈里等：《比较经济体制学》：波士顿出版社1985年版。
② ［英］索斯特林、尤里安·勒·格兰德编：《市场社会主义》，邓正来、徐泽荣等译，经济日报出版社1993年版，第1页。
③ ［美］查尔斯·林德布洛姆：《政治与市场》，王逸舟译，上海三联书店1992年版，第33页。
④ ［英］约翰·伊特韦尔等编：《新帕尔格雷夫经济学大辞典》，经济科学出版社1996年版，第363页。

资源的可能性和现实性。兰格认为，社会主义经济运用"试错法"（trial and error）在没有本来意义市场的情况下，中央计划局可以模拟市场机制求解经济均衡方程式来确定物价，解决经济运算、计划预测，实现资源的合理配置。在这次论战中脱颖而出的兰格模式，对社会主义计划经济中引进市场机制作了最早的尝试，为市场社会主义理论的进一步发展奠定了基础。正如英国经济学家特纳（Kerry Turner）和科利斯（Clive Collis）所说："兰格的模式成了新近一些试图在理论上结合计划工作和市场机制者的理论基础。"[①] 当然，兰格模式还仅是一个"模拟市场社会主义"，还未脱离社会主义计划经济的总体框架，实际上还是一种折中主义的计划——市场二元机制论。但兰格模式试图按市场经济运行的逻辑来解决社会主义的资源配置问题，无疑是对传统社会主义经济理论的重大突破。兰格关于市场与公有制兼容，计划与市场并存的思想，不仅被以后的市场社会主义思想所继承，而且为社会主义经济运行理论和改革理论的发展提供了极其有益的启示。

市场机制中性论 市场社会主义理论发展到20世纪60、70年代，产生了重大理论突破。许多西方学者提出了关于经济体制可与所有制相脱离的思想。美国经济学家A.埃克斯坦（A. Ekstein）等人明确提出，经济体制问题的一个重要原则之一就是："占统治地位的管理原则不取决于所有制的性质。"[②] 美国格雷戈里、斯图尔特和林德布洛姆在这一问题上有所突破。他们认为市场和计划仅仅是资源配置的一种手段和工具，进而提出"中性机制"（neutral mechanism）的思想。指出南斯拉夫经济改革的特点之一就是"资源配置过程转向'中性'的市场机制"，"经济体制的机制是能够从一种[经济]环境移植到另一种[经济]环境中。"[③] 迪夸特里（A. Diquattro）在1975年提出了一个令人深思的著名论点："市场社会主义获得市场优点的同时避免资本主义的缺点。""市场的运用不一定损害生产资料的公有制，不一定阻碍平等主义分配原则的实现，并且

---

① [英]克里·特纳、克莱夫·科利斯：《计划经济学》，林毅夫译，商务印书馆1982年版，第18页。
② 《经济体制的比较、理论和方法的研究》，加利福尼亚大学出版社1971年版。
③ [美]格雷戈里等：《比较经济体制学》，波士顿出版社1985年版，第281、166页。

可以促进工人民主。"①

总之，市场机制中性论认为，在现实的世界中，既没有完全的计划经济，也没有十足的市场经济，计划和市场不是划分两种经济制度的标志。市场机制中性论是兰格模式发展的必然结论。它将兰格模式中蕴含的市场和计划仅是资源配置的手段和工具的思想进一步明确化，这就为市场社会主义理论的更进一步的发展提供了理论前提。

联姻论　英国市场社会主义在20世纪80年代提出的联姻论是对市场机制中性论的进一步发展。联姻论者既批判社会主义思潮中由来已久的所谓市场与社会主义颇难相容而不能联姻以及计划与社会主义的联姻不可分解的观点，也批判所谓市场与资本主义之间的联姻不可分解的观点，强调指出："他们的第一个目标是要将市场与社会主义联姻在一起。"②他们在市场机制中性论的基础上进而指出：无论是资本主义制度还是社会主义制度，只要是工业制度就必然运用这种或那种市场，必然依赖政府干预或计划调节用以克服市场失灵或弥补市场缺陷。联姻论认为资本主义完全脱离市场是不可能的，但市场完全脱离资本主义则是极可能的。这种分解会把市场同社会主义联姻在一起。

市场机制主导论　市场社会主义理论在20世纪80年代中后期由以往倡导的二元机制论上升为市场机制主导论。强调主要通过市场来实现社会主义，从而明确指出市场机制是社会主义经济运行的主导机制或资源配置的主要形式。在他们看来，计划机制和市场机制都是各有利弊的不完善的机制形式，因此，"各种经济在或多或少的程度上都运用市场也运用计划……但问题在于这两种机制中何种为分配资源的主要方法：是计划还是市场……如果将市场作为主要的经济体制，计划就能在必要之时或必要之处加以运用；如果将计划作为主要的经济体制，市场机制就会式微，而且弱小到不能够有所作为。最好是将市场作为主要的交易机

---

① ［美］迪夸特里：《市场社会主义与社会主义准则》，《激进政治经济学评论》1975年，第64页。

② ［英］索尔·埃斯特林、尤里安·勒·格兰德编：《市场社会主义》，邓正来、徐泽荣等译，经济日报出版社1993年版，第1页。

制，只是在需要之时才用非市场机制对它进行补充。"①换言之，市场是社会主义经济运行的"主导机制"和"交易机制的主导形式"，计划（而且主要是指导性计划）只是补充性的机制，它能改进市场的作用，而又没有威胁要取代它作为主导的资源配置机制。即应该大力发展市场经济在社会主义经济中的核心作用、基础作用或导向作用，计划或政府干预仅仅是在主导形式不能有效发挥作用时才启动。

二、市场社会主义与社会主义市场经济

（一）市场社会主义与社会主义市场经济的联系

1. 西方市场社会主义与中国社会主义市场经济都认为社会主义可以而且能够搞市场经济

长期以来，社会主义学说认为市场是资本主义特有的东西，社会主义经济只能是计划经济。最先对这一僵化教条观念进行挑战的是市场社会主义。正如本文第一部分所言，早在20世纪30年代，著名的兰格模式已经突破了传统的计划、市场互斥论的框框，正式把市场范畴引入社会主义经济学体系，开始了社会主义计划经济中引进市场机制的最早的理论尝试。随着市场社会主义理论的发展，这一思想经过市场机制中性论、联姻论以及市场机制主导论得到了进一步的发挥和明确。纵观市场社会主义的内涵及其主要理论主张，其核心是：市场可以与所有制相分离；市场只是资源配置的一种手段和工具，因而是中性的；社会主义可以而且能够搞市场经济；是市场而不是计划才是社会主义资源配置的主导形式。

在中国，最先对社会主义只能搞计划经济这一观念进行挑战的是邓小平。1979年11月26日，邓小平在同美国大不列颠百科全书出版公司编委会副主席吉布尼等人的谈话中，从社会经济性质的角度指出："说市场经济只存在于资本主义社会，只有资本主义的市场经济，这肯定是不

---

① ［英］索尔·埃斯特林、尤里安·勒·格兰德编：《市场社会主义》，邓正来、徐泽荣等译，经济日报出版社1993年版，第6、144页。

正确的。社会主义为什么不可以搞市场经济，这个不能说是资本主义。"又接着说："市场经济不能说只是资本主义的。市场经济，在封建社会时期就有了萌芽。社会主义也可以搞市场经济。"①1985年10月，邓小平在回答关于社会主义和市场经济的关系的提问时说："社会主义和市场经济之间不存在根本矛盾。问题是用什么方法才能更有力地发展社会生产力。我们过去一直搞计划经济，但多年的实践证明，在某种意义上说，只搞计划经济会束缚生产力的发展。把计划经济和市场经济结合起来，就更能解放生产力，加速经济发展。"②1987年2月，在筹备召开党的十三大的过程中，邓小平同几位中央负责同志谈话时又说："为什么一谈市场就说是资本主义，只有计划才是社会主义呢？计划和市场都是方法嘛。只要对发展生产力有好处，就可以利用。它为社会主义服务，就是社会主义的；为资本主义服务，就是资本主义的。好像一谈计划就是社会主义，这也是不对的，日本就有一个企划厅嘛，美国也有计划嘛。我们以前是学苏联的，搞计划经济。后来又讲计划经济为主，现在不要再讲这个了。"③这些话，将市场可以与所有制相分离，市场和计划仅是资源配置的一种手段和工具因而是中性的这一观点表述得多么明确！

20世纪80年代末，我国经济政治形势和国际环境都发生了重大变化，并引发了一场政治风波。在改革面临重大考验的关键时刻，邓小平接连发表讲话，重申他对计划与市场的观点："我们必须从理论上搞懂，资本主义与社会主义的区分不在于是计划还是市场这样的问题。社会主义也有市场经济，资本主义也有计划控制。……不要以为搞点市场经济就是资本主义道路，没有那么回事。计划和市场都得要。"④"不要认为，一说计划经济就是社会主义，一说市场经济就是资本主义，不是那么回事。两者都是手段，市场也可以为社会主义服务。"⑤邓小平关于计划与市场的关系问题，在南方谈话中讲得最充分。他强调："计划多一点还是市

---

① 《邓小平文选》第2卷，人民出版社1994年版，第236页。
② 《邓小平文选》第3卷，人民出版社1993年版，第148—149页。
③ 《邓小平文选》第3卷，人民出版社1993年版，第203页。
④ 《邓小平文选》第3卷，人民出版社1993年版，第364页。
⑤ 《邓小平文选》第3卷，人民出版社1993年版，第367页。

场多一点,不是社会主义与资本主义的本质区别。计划经济不等于社会主义,资本主义也有计划;市场经济不等于资本主义,社会主义也有市场。计划和市场都是经济手段。"[①] 这些话与西方市场社会主义市场机制中性论有着何等的异曲同工之妙!

2. 西方市场社会主义理论的发展与中国社会主义市场经济体制的确立都经历了一个计划与市场不断较量,最终市场占据主导地位的过程

从本文第一部分所述可知,西方市场社会主义理论从兰格模式、市场机制中性论,到联姻论、市场机制主导论的发展过程,同时也就是市场因素从无到有,居中持平,然后占据主导地位的过程。兰格模式之前,人们认为社会主义只能靠计划来进行资源配置,市场与社会主义是不相容的。是兰格第一次将市场因素引入社会主义经济体系,市场因素开始从无到有。市场社会主义理论发展到市场机制中性论、联姻论阶段,市场已和计划一样,都是与所有制无关的资源配置的手段和工具,因而都是中性的。市场此时已取得和计划一样持平的地位。到20世纪80年代中后期市场社会主义理论已由以往倡导的二元机制论上升为市场机制主导论。强调主要通过市场来实现社会主义从而明确指出,是市场机制而不是计划才是社会主义经济运行的主导机制或资源配置的主要形式。至此,市场已取代计划占据了主导地位。

与此相类似,中国社会主义市场经济体制亦经历了"计划经济""计划经济为主,市场调节为辅""有计划的商品经济""社会主义市场经济"等几个阶段,在党的十四大上才正式确立下来。

从1949年新中国成立到1978年党的十一届三中全会,近30年的时间内我国基本上搞的是单一的计划经济。认为市场经济那是资本主义的东西而当尾巴割掉。尽管计划经济在新中国成立之初对于我国国民经济的恢复以及后来大规模的经济建设起到了巨大作用,但随着经济的发展,单一计划经济统得过死的弊端日益阻碍我国经济发展。面对世界科技的飞速发展,东亚经济的迅速腾飞,中国单一计划经济体制的改革已是势在必行。顺应世界大势的潮流,中国的经济体制改革,从一开始就是沿

[①]《邓小平文选》第3卷,人民出版社1993年版,第373页。

着市场取向的道路发展的，是一个不断扩大市场机制作用的过程。只是由于传统观念的根深蒂固，再加上既得利益群体的顽固反抗等因素，社会主义市场经济体制目标模式的确立，经历了一个曲折漫长的历程，甚至付出过血与泪的代价。

十一届三中全会以来，随着改革的深入，我们逐步摆脱了社会主义只能搞计划经济观念的束缚，形成了新的认识。十二大提出计划经济为主，市场调节为辅；市场因素从无到有。十二届三中全会指出商品经济是社会经济发展不可逾越的阶段，我国社会主义经济是公有制基础上的有计划的商品经济，市场因素进一步加强。十三大提出社会主义有计划商品经济的体制应该是计划与市场内在统一的体制；十三届四中全会后，提出建立适应有计划商品经济发展的计划与市场调节相结合的经济体制和运行机制。至此，市场已取得与计划居中持平的地位。邓小平南方谈话，从根本上解除了把计划经济和市场经济看作属于社会基本制度范畴的思想束缚，使我们在计划与市场关系问题上的认识有了新的重大突破。最终于十四大确立了社会主义市场经济的改革目标模式。市场因素成了社会主义资源配置的主要形式。

市场社会主义与社会主义市场经济有着如此重大的类似之处，以致许多国外学者在研究中国经济体制改革时，把实行社会主义市场经济的中国归入市场社会主义范畴。澳大利亚学者罗斯·吉廷斯（Ross Gittins）在《中国独自进行市场社会主义试验》一文中说："市场社会主义的试验始于50年代初期的南斯拉夫……苏联和东欧国家改革中央计划经济的尝试失败后，使人们对市场社会主义彻底不抱幻想。……现在进行市场社会主义试验的，仅剩下了中国。……只有在中国，我们才能看到市场社会主义的试验进行到底。"[1]加拿大多伦多大学管理学院教授M.J.登在美国经济学刊物《挑战》（*Challenge*）1992年1—2号上著文说："中国1978年以来的经验事实上已经证明，以'市场社会主义'为特征的政策是一种有生命力的，成功的替代方法"。美国杜克大学亚太研究所所

---

[1] ［澳］罗斯·吉廷斯：《中国独自进行市场社会主义试验》，《悉尼先驱晨报》1992年7月4日。

长、教授林南也认为中国始于1978年的农村改革是一种"乡土市场社会主义"。

（二）中国社会主义市场经济对西方市场社会主义的超越

尽管中国社会主义市场经济与西方市场社会主义有着如此的相同或类似，但社会主义市场经济与市场社会主义又毕竟有着本质的不同。社会主义市场经济在克服了市场社会主义外部结合论等局限的同时，又基于我国社会主义的性质和初级阶段的国情，在市场与公有制的结合形式等方面进行了理论创新，从而实现了对市场社会主义的超越。

从本文第一部分对市场社会主义的界定可以看出，尽管不同的学者对市场社会主义定义种种，但有两点是共同的，那就是：市场社会主义具有生产资料公有或集体所有这一社会主义的主要特征，但又利用市场作为资源配置的手段。由此可见，市场社会主义理论对于社会主义公有制与市场经济的关系是外部结合论，仅设想把社会主义公有制同市场机制结合起来，以便利用市场经济来调节社会生产，刺激技术进步，改善企业管理。因此，社会主义国家在实行市场取向的经济体制改革时，只是改变原来高度集权的计划体制、管理方式和经济运行机制，而不去自觉地探索适应市场经济性质的新型的公有制。

理论上是这样，事实上亦正如此。早在20世纪30年代初，由兰格设计的兰格模式，也只是设想以原有的社会主义国家所有制同市场经济相结合。令人遗憾的是，直到今天，西方市场社会主义经济学家仍未能在这一点上超越兰格。

正是在市场社会主义这一理论精神的指导下，南斯拉夫、匈牙利等东欧社会主义国家的市场社会主义实验，在取得巨大经济成就的同时，却未能幸免最终失败。究其原因，就是未能突破市场社会主义外部结合论的局限，也就是在市场机制与公有制结合的具体实现形式上，并未能找到经得起实践检验的方案，因此在建立市场机制新体制时，未能自觉地及时地改造传统的公有制，从而根据现代企业制度要求，探索和构造新的公有制，来更有效地发挥市场的作用。例如，南斯拉夫虽然在20世纪50年代初便提出和实行"社会所有制"，但这种公有制的设计者不是立足于市场经济的本质要求，而是极力从马克思主义经典著作中寻找理论依据，因而社会所有制这种产权制度并不明晰合理。南斯拉夫宪法规定社会所有制企业的财产在法律上仍为国家所有，因此职工并不关心企业的发展，不愿把企业利润用于积累，在分配中一味要求增加工资，倾向于分光用光，而由国家担负亏损之责。南斯拉夫市场社会主义实验以失败而告终。

市场社会主义过去实验的夭折，从反面启发我们：建立有中国特色的社会主义市场经济体制，不是仅从理论上确认社会主义可以与市场经济相结合，简单地把社会主义与市场经济拼凑在一起就可以完事大吉的，这仅是理论进步的开端。要充分体现社会主义制度的优越性，发挥市场的积极作用，决不能停留在市场与社会主义外部结合论阶段，还须深入解决那些同成本和效益、个人利益和社会利益相联系的产权等问题，还须研究公有制实现形式，研究如何建立社会主义现代企业制度等。

鉴于南斯拉夫、匈牙利等东欧国家经济体制改革失败的教训，中国在建立社会主义市场经济体制时，既吸取了市场社会主义理论的合理内核，又根据中国社会主义性质和初级阶段的国情突破了其理论的局限，从一开始就注重对传统国家所有制进行改造。党的十五大的召开，又在所有制问题上取得了突破性进展。

十五大一个重要的理论贡献，就是科学地提出了公有制实现形式可以而且应当多样化；非公有制经济是我国社会主义市场经济的重要组成部分；公有制经济不仅包括国有经济和集体经济，还包括混合所有制经济中的国有成分和集体成分等一系列崭新的思想和观点，从而深刻回答了长期以来在所有制问题上束缚人们思想的许多重大的理论和认识问题，这是继十一届三中全会冲破"两个凡是"的束缚，十四大摆脱姓"资"姓"社"羁绊之后的又一次思想大解放。而十五届四中全会的召开，标志着我国在市场经济与公有制相结合的道路上，又向前迈进了一步。全会通过的《中共中央关于国有企业改革和发展若干重大问题的决定》提倡大力发展股份制和混合所有制经济，努力探索公有制实现的有效形式。这对促进国有企业体制改革、机制转换、结构调整以及技术进步，进而促进社会主义市场经济体制在我国的建立和完善,无疑具有十分重要的理论指导意义。①

将社会主义与市场经济有机地结合在一起是一项前无古人的创举。我国社会主义市场经济是在借鉴了西方市场社会主义理论的合理内核,又基于我国国情进行理论创新的基础上逐步建立和完善起来的。中国正是依靠社会主义市场经济,才在改革开放 20 年中,使综合国力、人民生活水平以及生产力等方面都发生了根本改观,从而在整个社会主义世界普遍不太景气的情况下,中国特色的社会主义成了世界社会主义瞩目的中心和重新振兴的希望。

[原载《社会主义研究》2002 年第 1 期]

---

① 参见《中共中央关于国有企业改革和发展若干重大问题的决定》,《人民日报》1999 年 9 月 23 日。

论"在徘徊中前进"的两年
——从粉碎"四人帮"到十一届三中全会

对于从粉碎"四人帮"到十一届三中全会之前这两年的历史,1981年中共十一届六中全会通过的《关于建国以来党的若干历史问题的决议》(以下简称《历史决议》)作出的论断是"党的工作在徘徊中前进"①的两年。在这个短语里,中心词是"前进","在徘徊中"是修饰语,说明"前进"的状态。也就是说,总的说来这两年是"前进"的,但"前进"并不顺当,有曲折,有斗争。

如何看待粉碎"四人帮"以后的两年,如何认识和理解《历史决议》对这两年的评价,学术界存在不同看法。一种流行的观点就是"两年徘徊",说:"'文革'以后又经过两年的徘徊"。显然,这种观点的落脚点是"徘徊",而不是"前进"。不能认为这种观点同《历史决议》的论断是一致的。究竟应该怎样评价这两年的历史呢?笔者从历史事实出发试作论述,以就正于理论界、学术界的朋友。

一

1980年1月16日,邓小平在中共中央召集的干部会议上的讲话中指出:"粉碎'四人帮'以后三年的前两年,做了很多工作,没有那两年的

---

① 《三中全会以来重要文献选编》(下),人民出版社1982年版,第821页。

准备，三中全会明确地确立我们党的思想路线、政治路线，是不可能的。所以，前两年是为三中全会做了准备。"①邓小平的这段话，是对从粉碎"四人帮"到十一届三中全会之前这段历史的客观公正的评价。这两年，党的工作取得重大进展，举其要者，主要做了以下几件大事。

（一）揭、批、查"四人帮"

粉碎"四人帮"是一个伟大的胜利，但如果不彻底清算"四人帮"的罪行，把他们的帮派体系彻底摧毁，已经取得的胜利就不能巩固和发展。因此，粉碎"四人帮"以后，开展了一场全国性的对"四人帮"的揭露和批判运动。在揭批"四人帮"的同时，对"四人帮"的帮派体系也进行了清查。到1978年，"四人帮"及其余党的帮派体系已经土崩瓦解，同"四人帮"篡党夺权阴谋活动有牵连的人和事已基本查清，全国性的清查工作基本结束。②经过这场群众运动，肃清了"四人帮"在各方面的流毒和影响，整顿了全国各级组织的领导班子，为十一届三中全会以后工作重点的转移提供了政治保证。

（二）为按劳分配和商品生产正名

在"文化大革命"中，正确的社会主义经济理论横遭批判，连"按劳分配""商品生产"都被认为是产生资本主义和新资产阶级分子的经济基础。粉碎"四人帮"后，在重大经济理论问题上正本清源、拨乱反正成为一项紧迫的任务。1978年5月5日，《人民日报》发表特约评论员文章《贯彻执行按劳分配的社会主义原则》。文章针对"四人帮"把按劳分配说成是"资本主义因素"、是"产生资本主义和资产阶级的经济基础和条件"、是"生产力发展的障碍"等谬论，运用马克思主义理论，有力地论证了按劳分配是社会主义的原则；实行按劳分配原则不但不会产生资本主义，而且是最终消灭一切形式的资本主义和资产阶级的重要条件；按劳分配是促进社会主义阶段生产发展的重要力量，而根本不是什么

---

① 《邓小平文选》第2卷，人民出版社1994年版，第242页。
② 参见程中原、王玉祥、李正华：《1976—1981年的中国》，中央文献出版社1998年版，第23页。

"生产力发展的障碍"。社会主义制度中的商品生产问题，既是一个重大的理论问题，又是一个重大的政策问题。能否正确认识和处理这个问题，关系到社会主义事业的成败。①在"文化大革命"中，"四人帮"篡改马克思主义商品、货币理论，诋毁社会主义商品生产、货币关系，破坏社会主义经济发展，在思想理论上造成了极大的混乱。1978年5月22日，《人民日报》发表署名"向群"的文章《驳斥"四人帮"诋毁社会主义商品生产的反动谬论》。文章通过分析社会主义商品生产和小商品生产、资本主义商品生产本质的不同，有力地论证了发展社会主义商品生产不会产生资产阶级。文章联系实际，分析了必须大力发展商品生产和商品流通的客观依据，从思想理论上为发展社会主义商品生产做了铺垫。②

（三）开展真理标准问题大讨论

1978年5月11日，《光明日报》发表《实践是检验真理的唯一标准》的特约评论员文章，拉开了真理标准问题大讨论的序幕。当天，新华社全文转发了这篇文章。5月12日，《人民日报》《解放军报》和上海、江苏、福建、河南四家省报同时转载，接着各地方报纸相继转载。这篇文章论述了马克思主义的实践第一观点，正确地指出任何理论都要接受实践的考验；"圣经上载了的才是对的"是错误的倾向，是"四人帮"强加在人们身上的精神枷锁，必须坚决打破。文章的发表在全国引起了强烈反响。高层有人指责和批评，但党内外绝大多数人支持和拥护文章的观点。这一讨论得到了邓小平、叶剑英、李先念、陈云等中央多数领导同志的支持。③7月22日，邓小平在同胡耀邦谈话时，明确肯定和支持真理标准问题的讨论，指出："《实践是检验真理的唯一标准》这篇文章是马克思主义的。争论不可避免，争得好。"④邓小平的支持有力地推动了真理

---

① 参见程中原、王玉祥、李正华：《1976—1981年的中国》，中央文献出版社1998年版，第80—83页。

② 参见程中原、王玉祥、李正华：《1976—1981年的中国》，中央文献出版社1998年版，第70—73页。

③ 参见程中原、王玉祥、李正华：《1976—1981年的中国》，中央文献出版社1998年版，第104—116页。

④ 《邓小平年谱（1975—1997）》（上），中央文献出版社2004年版，第345—346页。

标准问题讨论在全国的展开和深入。真理标准问题的讨论，实际上是在邓小平等中央负责同志领导和支持下的一场全国范围的马克思主义思想解放运动。它冲破了长期以来"左"的错误思想的束缚，打碎了"两个凡是"和个人崇拜的精神枷锁，为党的十一届三中全会重新确立马克思主义的思想路线、政治路线和组织路线作了充分的思想准备，在党和国家的历史进程中产生了重大而深远的影响。

（四）平反冤假错案

这一时期的平反冤假错案，以解放干部、落实干部政策和为错划右派摘帽为主要内容。胡耀邦组织撰写了《把"四人帮"颠倒了的干部路线是非纠正过来》一文，文章修改17次，[1]于1977年10月7日粉碎"四人帮"一周年之际，在《人民日报》以署名文章方式（署名杨逢春、叶扬）发表，第一次提出平反干部冤假错案的问题。1978年3月至4月，时任中央组织部部长的胡耀邦，分三批召开疑难案件座谈会，指出落实干部政策是关系到按照党章来建设马克思主义政党的大问题，并提出落实干部政策的四条标准。[2]9月20日，胡耀邦在全国信访工作会议上明确提出："凡是不实之词，凡是不正确的结论和处理，不管是什么时候、什么情况下搞的，不管是哪一级组织，什么人定的、批的，都要实事求是地改正过来。"[3]胡耀邦提出的这"两个不管"，与"两个凡是"针锋相对，有力地推动了落实干部政策和平反冤假错案工作的进一步开展。到1978年7月，按政策分配和安置中央国家机关干部5344名，占中央和国家机关53个单位原有待分配干部的87.2%，一大批在"文化大革命"中被打倒的中央和地方领导干部重新走上领导岗位。1978年4月5日，中共中央批准中央统战部和公安部《关于全部摘掉右派分子的帽子的请示报告》，

---

[1] 参见程中原、王玉祥、李正华：《1976—1981年的中国》，中央文献出版社1998年版，第123页。

[2] 参见程中原、王玉祥、李正华：《1976—1981年的中国》，中央文献出版社1998年版，第126页。

[3] 程中原、王玉祥、李正华：《1976—1981年的中国》，中央文献出版社1998年版，第127页。

决定全部摘掉右派分子的帽子。9月17日，中共中央批转中组部、中宣部、中央统战部、公安部和民政部《贯彻中央关于全部摘掉右派分子帽子决定的实施方案》。10月17日，中央组织部成立审查改正右派工作办公室，领导全国的右派改正工作。① 到11月，全国各地摘掉右派分子帽子的工作全部结束。这一举措，对于恢复和发扬党的实事求是的优良传统，恢复和健全正常的民主生活，造成生动活泼的政治局面、调动广大人民群众特别是知识分子的积极性，具有重要意义。②

（五）教育科学文化工作开始走上正轨

"文化大革命"中，教育战线成为重灾区，科技文化事业遭到严重破坏。粉碎"四人帮"以后，教育科学文化工作开始走上正轨。在教育方面，推倒了教育战线上的"两个估计"，恢复了高校招生考试制度，调动了亿万学生和广大教师的积极性，迅速扭转了林彪、"四人帮"造成的严重混乱局面，实现了教育领域的拨乱反正。在科技方面，1978年3月召开了全国科学大会，邓小平在会上强调"科学技术是生产力"。大会制定了《1978—1985年全国科学技术发展规划纲要（草案）》，对于调动各方面的力量向科学技术现代化进军产生了重大而深远的影响。在文艺方面，否定了所谓"文艺黑线专政"论。一大批遭到"四人帮"长期禁锢的优秀电影、戏曲和中外作品重新同群众见面。各种文艺创作逐步活跃，文艺园地开始出现百花齐放的繁荣景象。③

（六）发展对外友好关系，扩大对外经济技术交流

"文化大革命"后期，外国领导人来访的多，而我国领导人回访的少。"文革"结束以后，作为外交"还债"，我国领导人出访了许多国家，也

---

① 参见程中原、王玉祥、李正华：《1976—1981年的中国》，中央文献出版社1998年版，第129页。

② 参见程中原、王玉祥、李正华：《1976—1981年的中国》，中央文献出版社1998年版，第139—140页。

③ 参见程中原、王玉祥、李正华：《1976—1981年的中国》，中央文献出版社1998年版，第53页。

接待了许多国家领导人的来访。①通过相互访问，发展了同这些国家的友好合作关系。1978年8月12日，中日两国政府经过共同努力，在1972年中日两国政府联合声明的基础上，签订了《中日和平友好条约》，为中日两国长期友好奠定了政治基础。10月22—29日，应日本政府的邀请，时任国务院副总理邓小平对日本进行了为期八天的正式友好访问，进一步增进了中日友好关系。中美关系在1972年上海联合公报的基础上也取得了新的进展。1978年7月中美开始就建交问题进行谈判，并于1979年1月1日最终实现中美建交。这些外交活动开创了我国外交上的新格局，为十一届三中全会后实行对外开放赢得了广阔的国际空间。我国在积极发展对外友好关系的同时也加强了对外经济技术交流。为了学习和借鉴外国经济建设与经济管理的先进经验，1978年上半年，我国先后派代表团赴日本和欧洲考察。这是新中国成立后首次向发达资本主义国家派出国家级经济代表团。②这两个代表团走出国门，加深了我们对西方发达国家的了解，也看到了我国与西方发达国家的差距，对十一届三中全会以后我国对外开放国策的确立和实施产生了重要影响。

以上事实证明，从粉碎"四人帮"到十一届三中全会之前这两年，党的工作是前进的，而不是徘徊不前的，更不是像有人说的是"文化大革命"的继续，而是已经开始了拨乱反正的进程。

二

粉碎"四人帮"以后的两年，党的工作虽然是前进的，但在前进的过程中有曲折，有斗争，是在徘徊中前进的两年。

（一）第一个曲折和斗争是围绕"两个凡是"

粉碎"四人帮"以后，居于党和国家最高领导地位的华国锋，为树立和巩固自己作为毛泽东选定的接班人的政治权威，提出了"两个凡是"

---

① 参见程中原、王玉祥、李正华：《1976—1981年的中国》，中央文献出版社1998年版，第141页。

② 参见李正华：《中国改革开放的酝酿与起步》，当代中国出版社2002年版，第262页。

的错误方针:"凡是毛主席作出的决策,我们都坚决维护;凡是毛主席的指示,我们都始终不渝地遵循。"这实际上是要把毛泽东晚年发动和领导"文化大革命"的"左"的错误理论和实践继续贯彻执行下去,阻碍和拖延邓小平复出和为天安门事件平反,这就违反了广大干部群众的愿望,背离了历史的必然要求。

对"两个凡是"的错误方针,邓小平在还没有复出时就多次予以批驳,明确表示反对。1977年4月10日,邓小平致信华国锋、叶剑英和中共中央,针对"两个凡是"的错误观点,提出与之相对立的"准确的完整的毛泽东思想"的概念。他指出:"我们必须世世代代地用准确的完整的毛泽东思想来指导我们全党、全军和全国人民,把党和社会主义的事业,把国际共产主义运动的事业,胜利地推向前进。"[1]此后,他同前来看望的中共中央办公厅主任汪东兴、副主任李鑫谈话,明确地向他们表示:"'两个凡是'不行。"[2] 5月24日,邓小平同王震、邓力群谈话,进一步指出,"两个凡是"涉及的"是个重要的理论问题,是个是否坚持历史唯物主义的问题"。"毛泽东同志说,他自己也犯过错误。一个人讲的每句话都对,一个人绝对正确,没有这回事情。""彻底的唯物主义者,应该像毛泽东同志说的那样对待这个问题。马克思、恩格斯没有说过'凡是',列宁、斯大林没有说过'凡是',毛泽东同志自己也没有说过'凡是'。"在这次谈话中,邓小平还联系过去同林彪的斗争,提出"毛泽东思想是个思想体系"的概念。他说:"毛泽东思想是个思想体系。我和罗荣桓同志曾经同林彪作过斗争,批评他把毛泽东思想庸俗化,而不是把毛泽东思想当作体系来看待。我们要高举旗帜,就是要学习和运用这个思想体系。"[3] 7月21日,刚刚恢复中央领导职务的邓小平在十届三中全会上讲话,深刻而又具体地阐发了前述观点。他说:"我说要用准确的完整的毛泽东思想作指导的意思是,要对毛泽东思想有一个完整的准确的认识。要善于学习、掌握和运用毛泽东思想的体系来指导我们各项工作。"邓小平进一步指出:"毛泽东思想是个体系,是发展了的马克思

---

[1]《邓小平年谱(1975—1997)》(上),中央文献出版社2004年版,第157页。
[2]《邓小平年谱(1975—1997)》(上),中央文献出版社2004年版,第157页。
[3]《邓小平文选》第2卷,人民出版社1994年版,第38—39页。

主义","我们不能够只从个别词句来理解毛泽东思想,而必须从毛泽东思想的整个体系去获得正确的理解","要用毛泽东思想的体系来教育我们的党,来引导我们前进。"①

同邓小平相呼应,陈云、叶剑英、聂荣臻、徐向前等也在毛泽东逝世一周年之时分别撰写纪念文章,宣传毛泽东长期倡导的理论联系实际、一切从实际出发、实事求是的马克思主义基本原理。1977年9月28日,《人民日报》发表陈云的《坚持实事求是的革命作风》一文。此文把实事求是提到根本思想路线的高度,指出:"实事求是,这不是一个普通的作风问题,这是马克思主义唯物主义的根本思想路线问题。我们要坚持马克思列宁主义,坚持毛泽东思想,就必须坚持实事求是。如果我们离开了实事求是的革命作风,那末,我们就离开了马克思列宁主义、毛泽东思想,而成为脱离实际的唯心主义者,我们的革命工作就要陷于失败。所以,是否坚持实事求是的革命作风,实际上是区别真假马克思列宁主义、真假毛泽东思想的根本标志之一。"陈云批评"报刊上有些文章不懂得区别马列主义、毛泽东思想的字句和实质,不是满腔热情地去完整地准确地理解和宣传毛泽东思想的实质,用它作为分析具体问题的指南"②。其矛头直指"两个凡是"。

邓小平、陈云等老一辈无产阶级革命家互相配合,互相呼应,否定"两个凡是",倡导实事求是,从思想路线上正本清源、拨乱反正,为恢复马克思主义实事求是的思想路线奠定了理论基础,为十一届三中全会的胜利召开作好了思想准备。

(二)第二个曲折和斗争是围绕邓小平复出

邓小平是被"四人帮"打倒的。粉碎"四人帮"后,恢复邓小平的领导职务本是理所当然的事情。在粉碎"四人帮"后的第二天,叶剑英就向华国锋提出为邓小平平反、让邓小平复出的建议,以后又多次向华国锋提出。李先念也赞成叶剑英的建议。从1977年1月起,要求邓小平

---

① 《邓小平文选》第2卷,人民出版社1994年版,第42—44页。
② 《陈云年谱(1905—1995)》下卷,中央文献出版社2000年版,第215页。

复出的呼声日益高涨，广大干部群众通过集会、演讲、大字报、大标语等形式表达要求邓小平出来工作的迫切愿望。但华国锋却总是以要等到"瓜熟蒂落""水到渠成"为由，迟迟拖延不决，其真实意图是不想让邓小平出来工作。他认为邓小平第三次被打倒，是毛泽东画过圈、点过头的，"四人帮"尽管有错误，但他们的错误不是因为"批邓"错了，而是错在"批邓""另搞一套"。① 华国锋不但不能体察和满足这种愿望，反而把强烈反映这种要求的群众打成反革命分子，造成了新的冤假错案。②

在 1977 年 3 月的中央工作会议上，华国锋给各组组长下达了两条"禁令"，说："有两个敏感问题：一个是小平同志出来工作的问题，一个是天安门事件平反的问题，希望各组讨论的时候不要触及。"③ 面对华国锋的两条"禁令"，陈云毫不动摇，仍按会前同王震等老同志的约定，于 3 月 13 日在西南组提交了书面发言。他指出：为天安门事件平反和恢复邓小平在中央的领导工作是粉碎"四人帮"后面临的两件大事。他进一步明确指出："邓小平同志与天安门事件是无关的。为了中国革命和中国共产党的需要，听说中央有些同志提出让邓小平同志重新参加党中央的领导工作，是完全正确、完全必要的，我完全拥护。"④ 王震也按事先约定在小组会上发言，赞扬邓小平 1975 年主持中央和国务院工作取得了巨大成绩，说"他是同'四人帮'作斗争的先锋，'四人帮'千方百计地、卑鄙地陷害他。现在全党、全军、全国人民都热切地希望他早日出来参加党中央的领导工作。"⑤

陈云、王震的发言，得到王净、耿飚、姚依林等人的明确支持。华国锋迫于形势，不得不作出一些让步。他在 3 月 14 日召开的全体会议上的讲话中，一方面坚持认为粉碎"四人帮"后继续"批邓、反击右倾翻案风"是必要的；另一方面又表示，"四人帮""对邓小平同志进行打击、

---

① 参见程中原、王玉祥、李正华：《1976—1981 年的中国》，中央文献出版社 1998 年版，第 42 页。

② 参见程中原、王玉祥、李正华：《1976—1981 年的中国》，中央文献出版社 1998 年版，第 43 页。

③ 李正华：《中国改革开放的酝酿与起步》，当代中国出版社 2002 年版，第 50 页。

④ 《陈云传》(下)，中央文献出版社 2005 年版，第 1448 页。

⑤ 中华人民共和国国史学会主编：《国史研究通讯》1993 年第 4 期。

诬陷，这是他们篡党夺权阴谋的重要组成部分"。"'四人帮'对邓小平同志的一切诬蔑不实之词，都应当推倒，比如，他们诬蔑邓小平同志是天安门事件的总后台，经过调查，邓小平同志根本没有插手天安门事件"。华国锋说，要"在适当的时机让邓小平同志出来工作"。"中央政治局的意见是，经过党的十届三中全会和党的第十一次代表大会，正式作出决定，让邓小平同志出来工作，这样做比较适当。"① 过了四个月，1977年7月17日召开的中共十届三中全会正式恢复邓小平的工作。全会一致决定，恢复邓小平中共中央委员、中央政治局委员、常委、中共中央副主席、中共中央军委副主席、国务院副总理、中国人民解放军总参谋长的职务。②

邓小平重新回到中央领导岗位，这就在组织路线上冲破和否定了"两个凡是"，为十一届三中全会实现党的伟大历史转折奠定了组织基础。

（三）第三个曲折和斗争是围绕天安门事件的平反

发生在1976年清明节的天安门事件，是一场以悼念周恩来总理、反对"四人帮"为主题的革命群众运动，其实质是拥护以邓小平为代表的党的正确领导。但当时的中共中央政治局和毛泽东却对天安门事件的性质作出了错误的判断，定性为"反革命事件"，并且错误地撤销了邓小平的党内外一切职务。粉碎"四人帮"以后，叶剑英、陈云、李先念、王震等人一再呼吁：要为邓小平平反，要为天安门事件平反。广大干部群众也有同样的迫切要求。在党心民意的压力下，邓小平得以恢复名誉，再次复出。但中共十届三中全会对天安门事件仍未作出明确的决定。③

正如前文所述，在1977年3月的中央工作会议上，华国锋是把天安门事件的平反问题作为两条"禁令"之一宣布的。但陈云和王震还是冲破禁区，触及了这个敏感问题。陈云在书面发言中，对天安门事件提出四点看法："（一）当时绝大多数群众是为了悼念周总理。（二）尤其关心周恩来同志逝世后党的接班人是谁。（三）至于混在群众中的坏人是极少

---

① 《陈云传》（下），中央文献出版社2005年版，第1449页。
② 参见李正华：《中国改革开放的酝酿与起步》，当代中国出版社2002年版，第55—56页。
③ 参见李正华：《中国改革开放的酝酿与起步》，当代中国出版社2002年版，第70—71页。

数。(四)需要查一查'四人帮'是否插手,是否有诡计。"①王震在发言中,也认为天安门广场事件的本质和主流,是首都人民在"人民爱戴的好总理周恩来同志逝世后,自发地进行的大规模悼念活动,是首都人民对'四人帮'罪行的群众性声讨"②。在这样的形势下,华国锋在3月14日召开的全体会议上的讲话中,一方面仍坚持认为天安门事件是"反革命事件",但另一方面又表示,"群众在清明节到天安门去表示自己对周总理的悼念之情,是合乎情理的"。③

在中央工作会议后,广大干部群众要求为天安门事件平反的呼吁始终没有停止。在1978年11月的中央工作会议上,陈云再次要求中央对天安门事件有一个明确的态度。他指出:"关于天安门事件。现在北京市又有人提出来了,而且还出了话剧《于无声处》,广播电台也广播了天安门的革命诗词。这是北京几百万人悼念周总理,反对'四人帮',不同意批邓小平同志的一次伟大的群众运动,而且在全国许多大城市也有同样的运动。中央应该肯定这次运动。"④

经过党内外长达两年的共同努力,1978年中央工作会议期间,中共中央正式为天安门事件平反。11月14日,经中共中央政治局常委批准,中共北京市委常委扩大会议正式通过了为天安门事件平反的决定,并在次日的《北京日报》上公布。决定指出:"一九七六年清明节,广大群众到天安门广场悼念我们敬爱的周总理,完全是出于对周总理的无限爱戴、无限怀念和深切哀悼的心情;完全是出于对'四人帮'祸国殃民的滔天罪行深切痛恨,它反映了全国亿万人民的心愿。广大群众沉痛悼念敬爱的周总理,愤怒声讨'四人帮',完全是革命行动。对于因悼念周总理、反对'四人帮'而受到迫害的同志要一律平反,恢复名誉。"⑤11月25日,中央工作会议举行第三次全体会议,华国锋代表中共中央政治局在会上

---

① 《陈云年谱(1905—1995)》下卷,中央文献出版社2000年版,第206页。
② 程中原、王玉祥、李正华:《1976—1981年的中国》,中央文献出版社1998年版,第45页。
③ 程中原、王玉祥、李正华:《1976—1981年的中国》,中央文献出版社1998年版,第46页。
④ 《陈云传》(下),中央文献出版社2005年版,第1483页。
⑤ 《中共北京市委宣布:天安门事件完全是革命行动》,《人民日报》1978年11月16日。

讲话。他说："粉碎'四人帮'以后不久，中央就着手解决在天安门事件和这一类事件中革命群众被迫害的问题。""但是，问题解决得还不彻底，还没有为天安门事件的性质平反。中央认为，天安门事件完全是革命的群众运动，应该为天安门事件公开彻底平反。"①至此，天安门事件这一牵动亿万人心的问题得到了彻底解决。

天安门事件的平反，顺乎党心，合乎民意，是人民力量的胜利，是马克思主义真理的胜利，也是以邓小平、陈云为代表的正确领导同提出和推行"两个凡是"的错误领导进行斗争的结果，是按照实践是检验真理的唯一标准这个实事求是的思想路线去处理历史遗留问题的结果，是政治路线、组织路线转变的标志。

以上事实表明，从粉碎"四人帮"到十一届三中全会之前这两年，党的工作虽然在前进的过程中有曲折和斗争，但曲折斗争的结果是挣脱了束缚，冲破了阻挠，党心民意取得了胜利，党的工作在徘徊中前进。

三

粉碎"四人帮"以后的两年，党的工作尽管有曲折，有斗争，但基本走向是前进的，不是徘徊不前的局面，更不是"文化大革命"的继续，前文所述足以证明。如实肯定这两年，不存在为华国锋评功摆好的问题。

在1976年4月的天安门事件中，毛泽东提议华国锋担任党中央第一副主席兼国务院总理。1976年10月6日粉碎"四人帮"后深夜在玉泉山召开的政治局紧急会议，一致通过华国锋任中共中央主席、中央军委主席的决议（将来提请中央全会追认）。②从此，华国锋开始主持中央工作，直到十一届三中全会在实际上形成以邓小平为核心的第二代中央领导集体。华国锋在粉碎"四人帮"这一事件中是有功劳的，以后他也尊重邓小平、叶剑英、陈云等人的意见，做了不少有益的工作。但应该看到，华国锋主持中央工作时，特别是邓小平复出以后，很多关键性的决

---

① 《陈云传》（下），中央文献出版社2005年版，第1487页。
② 参见程中原、王玉祥、李正华：《1976—1981年的中国》，中央文献出版社1998年版，第9页。

策已经是在邓小平、陈云等人主导下提出或作出的了。

比如，工作着重点的转移。1978年9月，邓小平访问朝鲜后回国，途经东北视察，在沈阳军区讲揭批"四人帮"的问题时，提出要尽快结束这场运动，把全党工作的重心转移到经济建设上来。他说，揭批"四人帮"运动总要有个底，不能总这样搞下去，总不能再搞三年五年。如果搞得好，再有半年就可以了。有些单位搞得差不多了就可以结束，凡是结束了的单位，就要转入正常工作。① 华国锋接受邓小平关于及时实现工作重点转移的意见，并得到中央政治局的一致同意。华国锋在11月10日中央工作会议第一次全体会议上宣布：中央政治局决定，在讨论会议的三项原定议题之前，先讨论一个问题，这就是"要在新时期总路线和总任务的指引下，从明年一月起，把全党工作的着重点转移到社会主义现代化建设上来"。他还说："中央政治局常委和中央政治局一致认为，适应国内外形势的发展，及时地、果断地结束揭批'四人帮'的群众运动，把全党工作的着重点转移到社会主义现代化建设上来，是完全必要的。""这是一个关系全局的问题，是我们这次会议的中心思想。"② 对邓小平的东北谈话，华国锋非常看重，并遵照邓小平的意见转变全党工作中心，显示了邓小平此时的主导地位。胡耀邦在1980年11月的中央政治局会议上也明确说过："1978年9月份，小平同志在东北提出了全党工作着重点的转移，为三中全会的方针，为今后党的工作方针，作出了决策。"③

再如，恢复高考。邓小平在还未复出时，就开始筹划恢复已经废除了10年之久的高校招生考试制度。1977年5月24日，他在同王震、邓力群谈话时指出："要经过严格考试，把最优秀的人集中在重点中学和大学。"④ 7月29日，邓小平提出："是否废除高中毕业生一定要劳动两年才能上大学的做法？"⑤ 8月8日，他在科学和教育工作座谈会上的讲话中明

---

① 参见李正华：《中国改革开放的酝酿与起步》，当代中国出版社2002年版，第357页。
② 《陈云传》（下），中央文献出版社2005年版，第1476页。
③ 朱佳木：《我所知道的十一届三中全会》，中央文献出版社1998年版，第8页。
④ 《邓小平文选》第2卷，人民出版社1994年版，第40页。
⑤ 《邓小平年谱（1975—1997）》（上），中央文献出版社2004年版，第167页。

确指出:"今年就要下决心恢复从高中毕业生中直接招考学生,不要再搞群众推荐。从高中直接招生,我看可能是早出人才、早出成果的一个好办法。"①教育部根据邓小平的指示,于 8 月 13 日在北京召开第二次全国高等学校招生工作会议。会上发生了激烈争论。由于教育部门个别领导受"两个凡是"的束缚,不敢改革高校招生制度,怕否定"两个估计",触犯"两个凡是",对邓小平的正确主张抱犹豫、观望的态度。恢复高校招生考试制度又一次陷入困境。②9 月 19 日,邓小平同教育部主要负责同志谈话,针对会上激烈争论的问题,他再次重申从高中毕业生中直接招生的主张。他说:"为什么要直接招生呢?道理很简单,就是不能中断学习的连续性。十八岁到二十岁正是学习的最好时期。过去我和外宾也讲过,中学毕业后劳动两年如何如何好。实践证明,劳动两年以后,原来学的东西丢掉了一半,浪费了时间。"③关于招生条件,邓小平说:"招生主要抓两条:第一是本人表现好,第二是择优录取","政审,主要看本人的政治表现。政治历史清楚,热爱社会主义,热爱劳动,遵守纪律,决心为革命学习,有这几条,就可以了。"④根据邓小平的指示,第二次全国高等学校招生工作会议决定恢复高等学校招生统一考试制度。教育部发出了在邓小平指导下拟订并经他本人亲自修改的招生工作意见。1977 年冬天,高校招生考试制度恢复。恢复高考制度,是邓小平作出的一项深得人心的重大决策,此举涉及各行各业和千家万户,是一件功在千秋的大事。

陈云也在粉碎"四人帮"后的许多重大历史关头发挥了中流砥柱的作用。

在 1977 年 3 月的中央工作会议上,陈云不顾华国锋的两条"禁令",讲了为天安门事件平反和恢复邓小平在中央的领导工作这两个敏感问题,促使华国锋作出让步,表示要在适当的时机让邓小平出来工作。在 1978 年 11 月的中央工作会议开始后,陈云敏锐地意识到,工作着重点转移到

---

① 《邓小平文选》第 2 卷,人民出版社 1994 年版,第 55 页。
② 参见夏杏珍:《邓小平与教育战线的拨乱反正》,《当代中国史研究》2004 年第 4 期。
③ 《邓小平文选》第 2 卷,人民出版社 1994 年版,第 67—68 页。
④ 《邓小平文选》第 2 卷,人民出版社 1994 年版,第 69 页。

现代化建设上来这个中心思想已经成为全党的共识,当前影响安定团结局面的巩固、影响实现全党工作重点转移的主要障碍,是"文化大革命"中发生的一些重大政治事件和历史上遗留的一些重大问题没有解决。解决好这些问题,对实现安定团结和工作重点转移非常必要。11月12日,陈云在东北组发言,率先提出"坚持有错必纠的方针",列举了应该由中央考虑并作出决定的六个比较重大的问题,即薄一波等六十一人所谓叛徒集团案,在"文化大革命"中一些人被错误定为叛徒、陶铸、王鹤寿等人的问题;彭德怀的问题;天安门事件以及康生在"文化大革命"中犯有的严重错误。这些问题的提出有力地揭开了被捂住的盖子。[①] 陈云在东北组的发言得到与会同志的拥护,产生了巨大的影响,改变了华国锋预先设定的议程。会后分组讨论时,大多数人没有按照华国锋说的办,而是围绕陈云提出的坚持有错必纠方针、解决历史遗留问题进行热烈讨论。从此,华国锋就再也控制不住局面了。会议逐渐脱离他预设的轨道,开始朝着正确方向前进。

在经济领域,陈云对于华国锋在即将提交五届全国人大一次会议的《政府工作报告》中提出的不切实际的高指标表示了不同意见。当中共十一届二中全会讨论华国锋的工作报告时,陈云在东北组会上发言,提出五点切合当时中国经济实际的、非常务实的重要意见。[②] 1978年7—9月,国务院召开务虚会议,提出要组织国民经济的"新的大跃进",要以比原来设想更快的速度实现四个现代化。陈云看了务虚会上的重要发言和简报,察觉一股急躁冒进之风正在形成。为此,他对主持会议的李先念和谷牧提出:国务院务虚会最好用几天时间,专门听听反面意见。[③] 陈云的这些从实际出发的意见,对一些人的"新跃进"的主张不无制动作用。

在组织领域,陈云为平反冤假错案和解放老干部同样发挥了重要作用。由于陈云曾长期做组织工作,许多老干部同陈云比较熟悉,他们通过陈云向中央反映,争取解决他们的问题。陈云出面把许多案子转给华

---

① 参见《陈云年谱(1905—1995)》下卷,中央文献出版社2000年版,第226—227页。
② 参见《陈云年谱(1905—1995)》下卷,中央文献出版社2000年版,第217—219页。
③ 参见《陈云传》(下),中央文献出版社2005年版,第1472—1473页。

国锋、胡耀邦等人，请中央考虑及时予以解决。1976年11月25日，陈云致信叶剑英并华国锋，转交黄克诚夫人关于请求允许同意黄克诚回京治眼疾给华国锋、叶剑英的信。此事经中央政治局会议研究同意，黄克诚遂被从山西接到北京治疗。此举不仅改善了黄克诚的医疗条件和生活状况，而且也为黄克诚恢复工作创造了条件。①1978年1月3日，陈云又致信党中央主席、副主席，转交胡耀邦关于王鹤寿"历史问题"的来信，指出，王鹤寿是1937年国共合作时我党从国民党监狱中要出来的，他的历史是清楚的。建议由中组部把他的材料再审查一次，并把他调到北京治病。事后，王鹤寿即被从外地接回北京，并恢复了组织生活。②4月24日，陈云又致信党中央主席、副主席，转交曾志关于陶铸"历史问题"的来信。同王鹤寿的问题一样，陈云指出，陶铸是国共合作后由我党从监牢中向国民党要出来的，此案牵涉一大批省部级干部，弄清陶铸问题非常必要。建议由中组部主持，会同专案组，将全部卷宗和有关人员都调到北京再审查一次。③

事实表明，从粉碎"四人帮"到十一届三中全会之前这两年虽然是华国锋主持工作，但邓小平、陈云等人发挥着越来越大的主导作用。这一时期的进步是关键性的，是有目共睹的，也是来之不易的。因此，对这两年应该理直气壮地如实肯定。这符合历史事实，也符合《历史决议》的精神。

[原载《当代中国史研究》2007年第4期]

---

① 参见《陈云年谱（1905—1995）》下卷，中央文献出版社2000年版，第205页。
② 参见《陈云年谱（1905—1995）》下卷，中央文献出版社2000年版，第217页。
③ 参见《陈云年谱（1905—1995）》下卷，中央文献出版社2000年版，第220页。

历史转折成果的巩固与发展
——从十一届三中全会到中共十二大

1978年12月召开的中共十一届三中全会，是中华人民共和国历史上具有深远意义的伟大转折。这次会议实际上形成了以邓小平为核心的党的第二代中央领导集体，重新确立了马克思主义的思想路线、政治路线和组织路线，开辟了改革开放和社会主义现代化建设的新时期。党的十一届三中全会虽然确立了马克思主义的路线，但会议精神的贯彻和落实，转折成果的巩固和发展，都还需要一个相当长时间的后续过程。三中全会结束后，以邓小平为核心的第二代中央领导集体带领全党和全国各族人民，从思想路线、政治路线、组织路线等各个方面，全面贯彻落实并进一步发展三中全会所确立的马克思主义路线，经过四中、五中、六中全会，直到党的十二大召开，才使转折的成果得到巩固，转折的任务胜利完成。

一

在思想路线方面，十一届三中全会坚决批判了"两个凡是"的错误方针，充分肯定了必须完整地、准确地掌握毛泽东思想的科学体系；高度评价了关于真理标准问题的讨论，确定了解放思想、开动脑筋、实事求是、团结一致向前看的指导方针。全会公报指出："只有全党同志和全国人民在马列主义、毛泽东思想的指导下，解放思想，努力研究新情况新事物新问题，坚持实事求是、一切从实际出发、理论联系实际的原则，我们党才能顺利地实现工作中心的转变,才能正确解决实现四个现代化的具体道路、方针、方法和措施,正确改革同生产力迅速发展不相适应的生产关系和上层建筑。"① 从党的十一届三中全会结束到党的十二大召开,以邓小平为核心的党的第二代中央领导集体主要从以下几个方面对这一重要转折成果进行了巩固和发展。

(一) 重申四项基本原则,引导人们正确贯彻解放思想的方针

党的十一届三中全会确定了解放思想、开动脑筋、实事求是、团结一致向前看的指导方针。全会公报明确指出:"一个党,一个国家,一个民族,如果一切从本本出发,思想僵化,那它就不能前进,它的生机就停止了,就要亡党亡国。"② 在全会提出的解放思想、实事求是的号召下,广大干部和群众从过去盛行的个人崇拜和教条主义的精神枷锁中解脱出来,党内外思想活跃,出现了努力研究新情况、解决新问题的局面。

与此同时,社会上也出现了一股错误的思潮。极少数人打着"解放思想"的旗号,鼓吹资产阶级自由化,提出全盘否定毛泽东,散布怀疑以至否定毛泽东思想、社会主义道路、共产党的领导和无产阶级专政的错误言论。这股错误思潮同"文化大革命"时期遗留下来的一些社会问题相混合,引起了思想混乱。如果听任这股思潮蔓延和泛滥,三中全会所确立的马克思主义路线就会毁于一旦。面对这样的形势,党及时地重申四项基本原则,为人们正确贯彻解放思想的方针指明了方向。

在三中全会之后召开的理论工作务虚会上,邓小平代表党中央作了题为《坚持四项基本原则》的重要讲话,并针对上述错误思潮,重申四项基本原则。邓小平指出:"这四项基本原则并不是新的东西,是我们党长期以来所一贯坚持的。粉碎'四人帮'以至三中全会以来,党中央实行的一系列方针政策,一直是坚持这四项基本原则的。""尽管如此,中央认为今天还是有很大的必要来强调宣传这四项基本原则。"③ 原因是党

---

① 《三中全会以来重要文献选编》(上),人民出版社1982年版,第11页。
② 《三中全会以来重要文献选编》(上),人民出版社1982年版,第12页。
③ 《邓小平文选》第2卷,人民出版社1994年版,第165页。

内和社会上存在的错误思潮,偏离了解放思想的正确轨道,妨碍了我们的社会主义现代化建设事业的前进,因此,必须对极少数人所散布的反动言论给予痛击,用巨大的努力同这种错误思潮作坚决的斗争。邓小平的讲话对这股怀疑或反对四项基本原则的思潮进行了旗帜鲜明的、历史具体的、充分说理的批驳,为遏制这股错误思潮的蔓延和泛滥提供了锐利武器,为引导人们正确贯彻解放思想的方针提供了根本的政治保证。

党的十一届五中全会重点解决加强党的领导、改善党的领导的问题。在这次全会第三次会议上的讲话中,邓小平再次重申,解放思想决不能偏离四项基本原则的轨道。他指出:"三中全会确立了,准确地说是重申了党的马克思主义的思想路线。""实事求是,一切从实际出发,理论联系实际,坚持实践是检验真理的标准,这就是我们党的思想路线。""我们贯彻这条思想路线,就要反对教条主义,反对修正主义,坚持四项基本原则。离开坚持四项基本原则,就没有根,没有方向,也就谈不上贯彻党的思想路线。"又说:"什么叫解放思想?我们讲解放思想,是指在马克思主义指导下打破习惯势力和主观偏见的束缚,研究新情况,解决新问题。解放思想决不能够偏离四项基本原则的轨道,不能损害安定团结、生动活泼的政治局面。全党对这个问题要有一个统一的认识。如果像'西单墙'的一些人那样,离开四项基本原则去'解放思想',实际上是把自己放到党和人民的对立面去了。"①

党的十一届三中全会以后,为正确地贯彻解放思想的方针,党及时地重申四项基本原则,排除各种错误思潮的干扰,不仅使三中全会确立的马克思主义路线得到了继续坚持,而且被进一步丰富和发展,为实现全党工作中心的转变奠定了坚实的思想基础。

(二)起草并通过《关于建国以来党的若干历史问题的决议》,完成党在指导思想上的拨乱反正

起草并通过《关于建国以来党的若干历史问题的决议》,确立毛泽东的历史地位,坚持和发展毛泽东思想,统一全党和全国人民在若干重大

---

① 《邓小平文选》第2卷,人民出版社1994年版,第278—279页。

历史问题上的认识，完成党在指导思想上的拨乱反正，是党的十一届三中全会以后，以邓小平为核心的党的第二代中央领导集体，为贯彻落实会议精神，巩固发展转折成果所采取的又一个重大举措。

对于历史问题，十一届三中全会认为，在"适当的时候作为经验教训加以总结，统一全党和全国人民的认识，是必要的，但是不应匆忙地进行"，并认为"这既不影响我们实事求是地解决历史上的一切遗留问题，更不影响我们集中力量加快实现四个现代化这一当前最伟大的历史任务"。① 但三中全会以后，随着拨乱反正的不断深入，各项实际工作总是不可避免地要涉及对毛泽东和对"文化大革命"的评价问题。解决对毛泽东和毛泽东思想的评价问题，解决对"文化大革命"的评价问题，在全国上下、党内党外迫切地提了出来；国际上也等着看我们在这些问题上的态度。在这样的情况下，中央认为，对新中国成立以来的历史经验进行全面认真的总结的时机已经成熟。起草历史决议被提上了议事日程。

历史决议的起草工作，是在中共中央政治局、中央书记处领导下，由邓小平、胡耀邦主持进行的。起草小组主要由胡乔木负责。② 1980年3月19日，邓小平看过决议提纲草稿后，找胡耀邦、胡乔木、邓力群谈话，提出了起草历史决议的三条要求，成为起草历史决议总的原则和指导思想。邓小平说："中心的意思应该是三条。第一，确立毛泽东同志的历史地位，坚持和发展毛泽东思想。这是最核心的一条。……第二，对建国三十年来历史上的大事，哪些是正确的，哪些是错误的，要进行实事求是的分析，包括一些负责同志的功过是非，要做出公正的评价。第三，通过这个决议对过去的事情做个基本的总结。"③ 从这以后，一直到决议通过之前，邓小平又多次对决议稿的起草和修改提出意见。他始终围绕这三条要求，特别是确立毛泽东的历史地位、坚持和发展毛泽东思想这一最核心的要求，一而再，再而三地进行阐述、发挥。陈云对邓小平的三条基本要求坚决支持，并提出了十分重要的意见和建议。起草小组在整个起草过程中，严格贯彻邓小平的三条基本要求，为写好历史决议

---

① 《三中全会以来重要文献选编》（上），人民出版社1982年版，第13页。
② 参见《邓小平文选》第2卷，人民出版社1994年版，第291页注释。
③ 《邓小平文选》第2卷，人民出版社1994年版，第291—292页。

殚精竭虑，呕心沥血，"下了苦功夫"①。经过起草小组历时 20 个月的艰苦努力和党内的反复讨论，历史决议的起草工作圆满完成。

1981 年 6 月 27—29 日，党的十一届六中全会在北京举行。历史决议草案经讨论在 6 月 27 日的全体会议上获得一致通过。决议对新中国成立以来的若干重大历史事件，特别是"文化大革命"，作出了正确的总结，科学地分析了在这些事件中党的指导思想的正确和错误，分析了产生错误的主观因素和社会原因，实事求是地评价了毛泽东在中国革命中的历史地位，充分论述了毛泽东思想作为中国共产党的指导思想的伟大意义，达到了总结经验教训，统一全党思想，团结全国人民的目的，标志着党在指导思想上拨乱反正任务的胜利完成。

二

在政治路线方面，十一届三中全会果断地停止使用"以阶级斗争为纲"这个不适用于社会主义社会的口号，作出了把工作重点转移到社会主义现代化建设上来的战略决策；提出了要注意解决好国民经济重大比例严重失调的要求，制定了关于加快农业发展的决定。从党的十一届三中全会结束到党的中共十二大召开，以邓小平为核心的党的第二代中央领导集体主要从以下几个方面对这一重要转折成果进行了巩固和发展。

（一）正式通过《中共中央关于加快农业发展若干问题的决定》，充分调动亿万农民的积极性，使中国农村改革迈开了大步

农业是国民经济的基础，只有大力恢复和发展农业生产，逐步实现农业现代化，才能保证整个国民经济的迅速发展，进而实现党的工作中心的转移。为此，党的十一届三中全会深入讨论了农业问题，原则通过了《中共中央关于加快农业发展若干问题的决定（草案）》，提出了发展农业生产的一系列政策措施和经济措施，对于冲破"左"倾错误在农业问题上设置的禁区，解放和统一广大农村干部的思想，调动亿万农民的

---

① 《邓小平文选》第 2 卷，人民出版社 1994 年版，第 305 页。

积极性，大幅度提高粮食产量和增加农民收入，起到了重要作用。

但这个决定毕竟还是一个草案，而且是原则通过的。原因是这样的：中央工作会议原来宣布的正式议题之一就是讨论《关于加快农业发展速度的决定》。但对这个决定最初的稿子，代表们普遍表示不满意，认为太一般化、缺少措施、不解决问题。于是中央在会上正式决定由胡乔木主持关于农业问题决定稿的修改。胡乔木经过反复修改，拿出了一个成品，题目改为《中共中央关于加快农业发展若干问题的决定》。代表们看后普遍感到满意。但是，时间毕竟还是太短，缺少充分的讨论。因此，经胡乔木建议，这个决定草案在三中全会上只是原则通过，发到各地讨论和执行。①

经党的十一届三中全会原则通过的这个决定草案，于1979年1月11日被印发各省、市、自治区讨论和试行。②经过九个月来全国范围的学习、讨论和试行，深受亿万农民群众的欢迎，收到了很好的效果。1979年9月25—28日在北京召开的十一届四中全会，根据全国讨论和试行情况，集中广大群众和干部的意见，对决定草案作了必要的修改，并一致通过了《中共中央关于加快农业发展若干问题的决定》。全会正式通过的《中共中央关于加快农业发展若干问题的决定》，对我国农业的现状进行了分析、对历史经验进行了总结，对实现农业现代化进行了部署，提出了25项发展农业生产力的政策和措施，其中最重要的是：人民公社、生产大队和生产队的所有权和自主权应该受到国家法律的切实保护，任何单位和个人都不得任意剥夺或侵犯它的利益；任何单位和个人，绝对不允许无偿调用和占有生产队的劳力、土地、牲畜、机械、资金、产品和物资；人民公社各级经济组织必须认真执行各尽所能、按劳分配的原则，多劳多得，少劳少得，男女同工同酬；社员自留地、自留畜、家庭副业和农村集市贸易，是社会主义经济的附属和补充，不能当作所谓资本主义尾巴去批判；人民公社要继续稳定地实行三级所有、队为基础的制度，集中力量发展农村生产力；国家对农业的投资在整个基本建设投资中所

---

① 参见朱佳木：《我所知道的十一届三中全会》，中央文献出版社1998年版，第89—91页。
② 《中国共产党新时期历史大事记（1978.12—1998.10）》，中共党史出版社1998年版，第9页。

占的比重，三五年内要逐步提高到 18% 左右；粮食统购价格从 1979 年夏粮上市起提高 20%，超购部分在这个基础上再加价 50%；在今后一个较长的时间内，全国粮食征购指标继续稳定在 1971 年到 1975 年"一定五年"的基础上，并且从 1979 年起减少 50 亿斤，以利于减轻农民负担，发展生产。① 这个决定的公布和实行，对于推进农村改革，加快农业发展和实现党的工作中心的转移，产生了深远的影响和极大的推动作用。

（二）制定并执行调整、改革、整顿、提高的正确方针，使国民经济逐步走上稳步发展的健康轨道

"文化大革命"结束以后，我国国民经济取得了恢复性发展，但同时也还存在不少问题，主要是一些重大的比例失调状况没有完全改变过来。为此，党的十一届三中全会提出了要注意解决好国民经济重大比例严重失调的要求。全会公报明确指出："我们必须在这几年中认真地逐步地解决这些问题，切实做到综合平衡，以便为迅速发展奠定稳固的基础。"②

党的十一届三中全会以后，由于经济领域中"左"的错误还没有被完全清除，国民经济重大比例严重失调的状况不仅没有得到扭转，反而又出现了急于求成的问题。1979 年、1980 年的计划安排在物质、财政、外汇等方面都留有很大的缺口。这种严峻的现实引起了陈云的高度重视。1979 年 3 月 14 日，陈云和李先念联名致信中共中央，指出"现在的国民经济是没有综合平衡的。比例失调的情况是相当严重的"，"要有两三年的调整时期，才能把各方面的比例失调情况大体上调整过来"。③ 为此，中央政治局在 3 月 21—23 日召开会议，讨论国务院关于 1979 年国民经济计划和当前调整国民经济问题。在会上，陈云再次指出，"要有两三年调整时间，最好三年"，"现在比例失调的情况相当严重"。④ 邓小平在 23 日的讲话中赞成和支持陈云提出的调整方针，明确提出，中心任务是三

---

① 参见《三中全会以来重要文献选编》（上），人民出版社 1982 年版，第 184—187 页。
② 《三中全会以来重要文献选编》（上），人民出版社 1982 年版，第 6 页。
③ 《陈云文选》第 3 卷，人民出版社 1995 年版，第 248 页。
④ 《陈云文选》第 3 卷，人民出版社 1995 年版，第 252—253 页。

年调整，这是个大方针、大政策。①会议同意国家计委修改和调整1979年国民经济计划的意见，确定用三年时间对国民经济进行调整。4月5—28日，中共中央召开工作会议，正式通过实行"调整、改革、整顿、提高"的"新八字方针"，决定从1979年起，用三年时间对国民经济进行认真的调整。会议强调，经济建设工作中要认真清理经济方面长期存在的"左"的错误的影响，真正做到按经济规律办事，量力而行，循序渐进，讲求实效。

经过一年的调整，1979—1980年国民经济虚假膨胀和盲目发展的情况开始有所改变，国民经济主要比例关系开始改善，农业、轻工业发展加快，与重工业的比例关系走向协调，积累和消费的比例关系趋于合理。"新八字方针"的贯彻取得了初步成效。但由于"左"的思想的影响，对于国民经济调整问题"全党认识很不一致，也很不深刻，所以执行得很不得力"②。1979年底，不仅基本建设的总体规模没有降下来，相反财政收支逆差达170.7亿元，出现了新中国成立以来最大的赤字。由此可见，国民经济比例严重失调的情况并没有从根本上改变过来。

为了扭转这种被动局面，1980年12月16日，中共中央召开工作会议，专门讨论经济形势和经济调整问题。陈云在开幕会上的讲话中，批评了"左"的错误，力主继续进行经济调整。他指出，开国以来经济建设方面的主要错误是"左"的错误。关于调整问题，陈云透辟地指出：调整意味着某些方面的后退，而且要退够。这次调整不是耽误，如不调整才会造成大的耽误。我们这次调整是清醒的健康的调整，我们会站稳脚跟，继续稳步前进。③陈云的意见得到了邓小平的赞成和支持。他说："我完全同意陈云同志的讲话。这个讲话在一系列问题上正确地总结了我国三十一年来经济工作的经验教训，是我们今后长期的指导方针。"他很赞同陈云关于调整是"健康、清醒"的说法，指出"这次调整是三中全会以来的各项正确方针、政策的继续和发展，是三中全会实事求是、纠

---

① 参见《邓小平年谱（1975—1997）》（上），中央文献出版社2004年版，第497页。
② 《邓小平文选》第2卷，人民出版社1994年版，第354页。
③ 参见《陈云文选》第3卷，人民出版社1995年版，第281—282页。

正'左'倾错误的指导思想的进一步贯彻。"①按照陈云和邓小平的一致意见,这次中央工作会议决定:从1981年起对国民经济进行进一步调整。

由于中央态度坚决,意见统一,"新八字方针"最终得到了切实贯彻。1981年的调整工作进行得十分得力。到1981年底,农、轻、重的比例基本趋于合理,积累与消费的关系有了很大改善,财政收支做到了平衡,物价也恢复稳定,国民经济逐步走上稳步发展的健康轨道,为后来的全面改革和经济发展创造了稳定而宽松的环境。

三

在组织路线方面,十一届三中全会着重提出了健全社会主义民主和加强社会主义法制的任务;审查和解决了党的历史上一批重大冤假错案和一些重要领导人的功过是非问题。全会还增选了中央领导机构的成员。从十一届三中全会结束到党的十二大召开,以邓小平为核心的党的第二代中央领导集体主要从以下几个方面对这一重要转折成果进行了巩固和发展。

（一）继续平反冤假错案,全面解决历史遗留问题,凝聚一切力量团结一致向前看

党的十一届三中全会作出了把工作重点转移到社会主义现代化建设上来的战略决策,这就必然要求妥善解决党内和人民内部的矛盾,调动一切可以调动的积极因素,团结一切可以团结的力量,以保证工作中心转移的顺利实现。为此,党的十一届三中全会审查和解决了党的历史上一批重大冤假错案和一些重要领导人的功过是非问题。会议指出:1976年4月5日的天安门事件完全是革命行动,全会决定撤销中央发出的有关"批邓、反击右倾翻案风"运动和天安门事件的错误文件。会议审查和纠正了过去对彭德怀、陶铸、薄一波、杨尚昆等所作的错误结论,肯定了他们对党和人民的贡献。解决好这些问题,对于进一步巩固安定团

---

① 《邓小平文选》第2卷,人民出版社1994年版,第354、358页。

结的政治局面，实现全党工作中心的转移，使全党、全军、全国各族人民万众一心向前看，调动一切积极因素为四个现代化努力，起到了非常重要的作用。

党的十一届三中全会后，党继续平反冤假错案。党的十一届五中全会为中共中央副主席、中华人民共和国国家主席刘少奇平反昭雪，是十一届三中全会以后党继续平反冤假错案中影响最大的事件。1979年2月，中共中央决定，由中央纪律检查委员会和中央组织部联合对刘少奇一案进行复查。11月，中央纪律检查委员会和中央组织部联合复查组经过认真周密的核查，证明"文化大革命"中以中央名义作出的《关于叛徒、内奸、工贼刘少奇罪行的审查报告》中强加给刘少奇的种种罪名，没有一项是符合事实的。1980年2月，党的十一届五中全会通过《关于为刘少奇同志平反的决议》，正式为刘少奇平反昭雪，恢复名誉。决议撤销了原审查报告，恢复了刘少奇作为伟大的马克思主义者和无产阶级革命家、党和国家的主要领导人之一的名誉。

党在继续平反冤假错案的同时，全面解决历史遗留问题。1979年1月11日，中共中央作出《关于地主、富农分子摘帽问题和地富子女成份问题的决定》（以下简称《决定》）。宣布：除极少数坚持反动立场的以外，凡是多年来遵守政府法令，老实劳动，不做坏事的地主、富农分子以及反革命分子、坏分子，一律摘掉帽子，给予农村人民公社社员的待遇。地主、富农家庭出身的社员的子女，他们的家庭出身应一律为社员，不应再作为地主、富农家庭出身。①《决定》落实以后，全国先后大约有440多万人被摘掉了地主、富农的帽子。1979年7月13日，中共中央发出《关于对被定为右倾机会主义分子平反、改正问题的通知》，指出：在1959年以来的反右倾斗争中，因反映情况或在党内提出不同意见，被定为右倾机会主义分子或右倾错误的人，一律平反改正。这一决定使一大批党员、干部卸下了压在心头20多年之久的"右倾"的包袱，获得了政治上、精神上的解放。同年11月12日，中共中央批转中央统战部等六部门提出的《关于把原工商业者中的劳动者区别出来问题的请示报告》。

---

① 《中央决定给得到改造的四类分子摘帽》，《人民日报》1979年1月29日。

文件下达后，经过一年多的努力，在这项工作结束后，有 70 万小商、小贩、小手工业者被从原工商业者中区别出来，恢复了他们劳动者的身份。到 1981 年上半年，错划右派分子的案件也得到了改正。各种冤假错案的平反昭雪、各种历史遗留问题的解决，极大地促进了全国人民的团结和全社会的安定，有力地调动了全社会广大干部群众的积极性，推动了全党工作重点的转移。

（二）重视培养和选拔中青年干部，为贯彻三中全会以来的思想路线和政治路线提供组织保证

政治路线确定以后，干部就是决定性的因素。但当时的干部队伍经过"文化大革命"的摧残和破坏，出现了年龄偏大、青黄不接的状况。这种状况是与三中全会路线的要求不相适应的。为确保三中全会路线的贯彻落实，全会结束以后，邓小平和陈云等中央主要领导同志即把培养和选拔中青年干部问题提上了重要议事日程。

陈云比较早地认识到了培养和选拔中青年干部的必要性和紧迫性。1979 年 3 月，他在国务院财经委员会第一次会议上就提出要，"找一个，两个，三个，四个，或者五个年轻一些的，四十岁到五十岁的干部，到财经委员会工作。要有一点工作经验的，人数也不要多。这些人不是当秘书，而是在我们这里当'后排议员'。""这些人参与讨论问题，参与决定大政方针的事。培养这样的人，我看很有必要。"[①]

党的十一届五中全会在干部年轻化方面迈出了重要步伐。在这次会上成立了中央书记处，而"书记处的特点之一就是比较年轻"[②]。全会公报还明确指出：为了加强党对社会主义现代化事业的领导，党的各级领导机构必须努力吸收那些能够坚定地执行党的路线，具有独立工作能力而又年富力强的同志，参加领导工作。这不仅是为了适应现代化事业的繁重工作的需要，而且是为了保证党的路线、方针、政策的长期连续性，保证党的集体领导的长期稳定性的需要。在这次会议上，邓小平和陈云

[①] 《陈云文选》第 3 卷，人民出版社 1995 年版，第 257—258 页。
[②] 《三中全会以来重要文献选编》（上），人民出版社 1982 年版，第 388 页。

就培养和选拔中青年干部,都作了重要讲话。邓小平指出:"我们从党的十一大以来,特别是经过三中全会、四中全会,逐步确定了现阶段党的政治路线。三中全会确立了或者说重申了党的思想路线。三中全会以后,党中央考虑,不进一步解决党的组织路线问题,政治路线、思想路线就得不到可靠的保证。这次会议的一个主要任务就是解决这个问题。"又说:"当前最重要的还是选好接班人。从中央起,我们各级党委,特别是老同志,一定要时刻不忘严肃地对待这个问题,承担起这个庄严的责任。时间紧迫,再不及早妥善解决这个问题不行。"[1]陈云也指出:"现在从中央到县委,大部分人头发都已经白了。所以,有它的紧迫性,有它的必要性。现在我们主动地来选择人才,还有时间,再等下去,将来就没有时间了。党的交班和接班的问题,在国际共产主义运动中间,在我们中国党内,有过痛苦的教训,这一点,我不说大家也知道。"[2]其迫切之情,溢于言表。

1981年6月召开的党的十一届六中全会仍然关注干部队伍年轻化问题。全会把陈云《提拔培养中青年干部是当务之急》的意见作为全会的阅读文件。在这份文件里,陈云进一步指出:"从现在起,就成千上万地提拔培养中青年干部,让德才兼备的中青年干部在各级领导岗位上锻炼。"[3]这次全会后,中央又专门把各省、市、自治区的党委书记留下来开会,讨论培养和选拔中青年干部问题。在这次会上,陈云再次呼吁:"必须成千上万地提拔中青年干部。"[4]邓小平在这次会上的讲话中说:"选拔培养中青年干部这个问题太大了","这是个战略问题,是决定我们命运的问题。现在,解决这个问题已经是十分迫切了,再过三五年,如果我们不解决这个问题,要来一次灾难。"[5]又说:"我和陈云同志交过心的,老实说,就我们自己来说,现在叫我们退,我们实在是心里非常愉快的。当然,现在还不行。我们最大的事情是什么?国家的政策,党的方针,

---

[1] 《邓小平文选》第2卷,人民出版社1994年版,第275、280页。
[2] 《陈云文选》第3卷,人民出版社1995年版,第269页。
[3] 《陈云文选》第3卷,人民出版社1995年版,第293页。
[4] 《陈云文选》第3卷,人民出版社1995年版,第302页。
[5] 《邓小平文选》第2卷,人民出版社1994年版,第384页。

我们当然要过问一下，但是最大的事情是选拔中青年干部。我们两个人的主要任务是要解决这个问题。"①

在邓小平和陈云等中央主要领导同志的高度重视和直接领导下，干部队伍年轻化的进程不断推进，一批又一批的中青年干部被充实到各级领导班子，极大地提高了干部队伍的素质，增强了干部队伍的活力。所有这些，都从组织上进一步巩固了党的十一届三中全会确立的路线。

（三）逐步完成中央领导机构的人事调整，以保证三中全会以来党的正确路线和方针政策的贯彻落实

党的十一届三中全会为了稳定大局②，对中央人事采取了只上不下的办法。全会增选陈云为中央政治局委员、政治局常务委员、中央委员会副主席，增选邓颖超、胡耀邦、王震为中央政治局委员，并对人事问题作了重新安排。中央主要领导成员的调整，对于加强中央在马克思主义基础上的集体领导和团结一致，保证三中全会以来党的正确路线和方针政策的贯彻落实，巩固历史转折的成果，起到了重要作用。

党的十一届三中全会以后，全党在思想路线、政治路线和组织路线等方面全面贯彻会议精神，巩固和发展转折成果，经过三年多时间的努力，基本上完成了拨乱反正的艰巨任务，实现了中华人民共和国历史上的重大转折。在这个基础上，1982年9月，党召开了十二大，批准了党的十一届三中全会的路线。从此，我们国家进入了全面开创社会主义现代化建设新局面的历史时期。

[原载《毛泽东邓小平理论研究》2008年第2期]

---

① 《邓小平文选》第2卷，人民出版社1994年版，第388页。

② 邓小平在三中全会前的中央工作会议期间，在谈到对中央几个有错误的领导人如何处理时说："现在世界上就看我们有什么变动，加人可以，减人不行，管你多大问题都不动，硬着头皮也不动。这是大局。"参见朱佳木：《我所知道的十一届三中全会》，中央文献出版社1998年版，第57页。

对编纂资料性国史书的几点思考
——以《中华人民共和国日史》为例

中共十一届三中全会以来，随着中华人民共和国史研究的广泛开展，一批体例各异、详略不一的资料性国史书相继出版。四川人民出版社2003年8月推出的卷帙浩繁的《中华人民共和国日史》（以下简称《日史》），就是其中之一。该书以年分卷，逐日记事，上自1949年10月1日起，下至1999年12月31日止，共计50卷。编纂者称该书是"国家断代性质历史"，"第一部以日为史的国史史书"。①但笔者粗略翻阅几卷后，却发现实际情况远非像所宣传的那样，从而引发了对如何编纂资料性国史书的几点思考。现以《日史》为例试陈管见，以就教于学界同仁。

一、编纂资料性国史书要遵循编史的规范和要求

笔者认为，编纂资料性国史书应遵循以下基本规范和要求：

（1）资料性国史书是资料书，但从性质上讲属于史书。因此，它不应当等同于一般的资料书，不是纯粹的资料汇编，更不是史料的简单堆积，而应具有主线，并按照主线要求对材料进行取舍，做到详略得当，轻重平衡。就是说，要具有史书性和与之相适应的学术性。

（2）资料性国史书应能反映每个年份的历史全貌，不能遗漏重大事

---

① 《中华人民共和国日史》第1卷，四川人民出版社2003年版，第7、579页。

件。因此,编写资料性国史书首先要对全年的事件有一个全局性的把握,然后再抓住关键问题选择条目。对国内的大事,不仅要包括政治、经济、科技、文教、军事、外交、民族、宗教等方面的重大事件,还应包括社会、人口、疆域、行政区划、气象、生态、资源等方面的重要变化;不仅要包括中国的对外联系,还应包括国际社会对中国的反应。

(3)资料性国史书条目的撰写,应该是一个再创造的过程。除引用原文外,对资料中的文字应当在不改变原意的前提下,以通行的现代语法修辞为标准,进行重新组织,并力求通顺、准确、精练,而不应原文照搬。对讲话、文件、公告等文献的简介,不能只是归纳小标题,而应把其中的要点提炼出来,重新组织语言,并做到内容完整,重点突出,文字精练。因此,编纂资料性国史书是编写,而不是简单的编辑。

(4)编纂资料性国史书应按照"史"的要求进行撰写,不能只记当时,就事论事。必要时,还要借鉴纪事本末体的写法,叙述史事过程,使读者了解事件的来龙去脉。重要条目之间要前后呼应,首尾相接。有关人物的讲话、文章、发言、起草的文电等,在所涉及的事件首次出现时,应在保持原意的基础上作综述性介绍。

如果用上述规范和要求来衡量《日史》,这部"历史巨著"其实距离真正的资料性国史书相去甚远。

首先,该书基本上是把《人民日报》的资料按照时间顺序排列起来,全书看不出取舍材料详略和轻重的标准,更看不出主线。为了使每天都有条目,该书有时甚至选取一些无关紧要的新闻报道充数。比如,第50卷第9页1999年1月2日条称:"新华社报道:海尔集团1998年实现工业销售收入162亿元。这个数字,比1997年增长50%,利税增长47%,两项指标再次居于我国家电行业前列。"而且全天就这么一条。是不是海尔集团和类似海尔集团的其他大企业每年工业销售收入的统计都上书了呢?并不是。由此可见,什么条目要上,什么条目不上,《日史》没有标准,比较随意。

其次,该书遗漏了许多重大事件。例如,在第1卷1949年部分,10月21日政务院召开第一次政务会议、10月22日中央人民政府最高人民法院和最高人民检察署分别成立、12月2日政务院召开第九次政务会议、

12月6日毛泽东启程访问苏联、12月18日毛泽东就与斯大林会谈情况致电刘少奇、12月24日毛泽东与斯大林会谈等重大事件，都未见出条。在1950年部分，3月18日中共中央发出《镇压反革命活动的指示》、6月24日政务院召开第三十六次政务会议、8月13—14日东北边防军召开高级干部会议、10月15—21日召开第二次全国公安会议等重大事件也遗漏了。书中不见这些重大事件，怎么能称得上"以日为史的国史史书"呢？

再次，该书的条目基本上未加编撰，大部分是原文照搬当年的报刊资料。这里仅举一例：第50卷第26页1999年1月20日条称："国务院扶贫开发领导小组举行第二次全体会议，国务院副总理温家宝在会上强调，今明两年解决贫困人口温饱问题任务很重，难度越来越大，必须加倍努力地工作，有针对性地采取措施，力争今年解决1000万以上农村贫困人口的温饱问题，确保如期完成'八七'扶贫攻坚计划。"这显然是照搬《人民日报》，连"今明两年""今年"等当时的时态、语态都没转换，更谈不上对其内容进行加工提炼了。

最后，该书大部分条目只记当时，就事论事，对重大事件既不作背景铺垫，也不作背景介绍。比如，第1卷第479页1950年10月10日条写了"中共中央颁布《关于镇压反革命活动的指示》"，但此前并没有关于反革命分子活动猖獗、对新生人民政权造成危害的条目。如果前面没有这样的条目，在本条中加以回顾，说明镇压反革命是完全必要的也可以。但该书只列举了《指示》中的五条规定，对镇压反革命的背景未作任何交代。类似这样的条目，书中俯拾皆是。这种编纂资料性国史书的方法，是难以使读者得到完整的国史知识的。

二、编纂资料性国史书要确保史实准确

资料性国史书的价值在于为进一步研究提供真实可靠的资料。因此，准确性是资料性国史书的生命。编纂资料性国史书只注重收集和占有史料是远远不够的，还必须在史料的考订和校勘方面下苦功夫，以确保史实的准确。而《日史》的编写者由于对史料疏于考订和校核，致使该书

错误百出。下面试举几个重要的史实错误。

（1）第1卷第9页1949年10月1日开篇之条称："在9月21日至10月1日举行的中国人民政治协商会议第一届全体会议上……"。这里出现了时间错误。中国人民政治协商会议第一届全体会议的闭幕时间是9月30日，而不是10月1日，因为9月30日晚即举行了大会闭幕式，朱德致闭幕词，毛泽东宣布大会闭幕。①

（2）第1卷第15页1949年10月1日条称："中央人民政府政务院财政经济委员会成立。"这里又出现了时间错误。中央人民政府政务院财政经济委员会成立的时间是10月21日，是在"九爷府"举行的成立大会。当天下午，陈云在政务院第一次政务会议上，汇报了上午财政经济委员会的成立情况。②

（3）第1卷第66—67页1949年12月2日条称："中央人民政府委员会第四次会议……任命刘伯承为西南军政委员会主席，贺龙、邓小平、熊克武、龙云、刘文辉、王维舟为副主席。"这里出现了史实错误。实际是，这次会议除任命刘伯承为西南军政委员会主席外，并没有任命副主席。在随后发布的西南军政委员会领导人名单中，也无副主席一职。③ 正式任命贺龙、邓小平、熊克武、龙云、刘文辉、王维舟为西南军政委员会副主席，是在1950年6月28日中央人民政府委员会第八次会议上。④ 与此相关，第133—134页1950年2月8日条称："西南军政委员会在重庆成立。刘伯承任主席，贺龙、邓小平、王维舟、熊克武、刘文辉、龙云任副主席。"这里的时间和人名排序均错了。因为，2月8日仍未正式任命这6位副主席；并且在正式任命时，王维舟的名字排在最后，而不是在熊克武、刘文辉、龙云之前。

（4）第1卷第261页1950年4月30日条称："青年团中央公布中国

---

① 参见《中国人民政协第一届全体会议胜利闭幕》，《人民日报》1949年10月1日。
② 参见《陈云传》（上），中央文献出版社2005年版，第636页。
③ 参见《中央人民政府委员会第四次会议通过的二十七项任命名单（之一）》，《人民日报》1949年12月5日。
④ 参见《中央人民政府委员会第八次会议通过任命的及批准任命的各项名单》，《人民日报》1950年7月5日。

新民主主义青年团团旗图样及制法规则","团旗为长方形,其长与高为三与二之比。团旗通用尺度定为如下三种,酌情选用,长288厘米,高182厘米;长182厘米,高128厘米;长96厘米,高64厘米"。这里的史实和数字都有错误。首先,4月30日,青年团中央只是"确定"团旗图样及制法规则,公布的时间是在5月3日;其次,三种团旗通用尺度中第一种的高应为192厘米,而不是182厘米;第二种的长应为192厘米,而不是182厘米。①

（5）第1卷第311页1950年6月6日条称:"中国共产党七届三中全会在北京举行","会议经毛泽东提议,补选陈云为中央书记处书记"。这与事实不符。因为在三中全会之前的6月4日,中共中央书记处就已作出关于"陈云在任弼时休假期内参加中央书记处"的决定;三中全会作的决定仍然是批准他在任弼时休假期间参加中央书记处,而不是补选为中央书记处书记。直到任弼时10月27日逝世之后,陈云才由书记处候补书记正式递补为书记处书记。②

（6）第27卷第103—104页4月2日条称:"董必武……1927年赴莫斯科中山大学学习。1931年回国"。事实并非如此。董必武是1928年赴莫斯科中山大学学习,1932年回国的。③

（7）第27卷第198—199页6月15日条称:"邓小平向中央提出成立国务院政治研究室。研究室负责人为胡乔木、吴冷西、胡绳、李蠹、熊复、于光远、邓力群。"这里出现了史实错误。事实是:邓小平在6月15日就成立国务院政治研究室事致中央的信中,提出的研究室的负责人是六位,依次为胡乔木、吴冷西、胡绳、熊复、于光远、李鑫。李鑫（"李蠹"应为"李鑫"之误）不是排在熊复和于光远之前,此时也还没有邓力群,只是到邓小平的信经中央政治局会议审议通过,毛泽东圈阅同意,国务院政治研究室正式成立时,才增加邓力群为政治研究室负责人之一。④

---

① 参见《青年团团旗图样及制法》,《人民日报》1950年5月3日。
② 参见《陈云年谱（1905—1995）》中卷,中央文献出版社2000年版,第56、69页。
③ 参见《董必武传（1886—1975）》（上）,中央文献出版社2006年版,第259、262—263页。
④ 参见《邓小平年谱（1975—1997）》（上）,中央文献出版社2004年版,第57页。

（8）第27卷第307页9月17日条称："江青在大寨召集座谈会发表讲话"。又称："在全国农业学大寨会议期间，江青要求在大会上播放她的讲话录音，印发她的讲话稿。华国锋为此请示毛泽东，毛泽东严厉批评江青的讲话是'放屁，文不对题'。毛泽东指示：'稿子不要发，录音不要放，讲话不要印。'"这里把毛泽东在不同场合，向不同人说的话合并到一起了。事实是：在江青要求播放她的讲话录音、印发她的讲话稿后，华国锋请示了毛泽东。毛泽东指示："稿子不要发，录音不要放，讲话不要印。"9月24日，邓小平在陪同毛泽东会见越南劳动党第一书记黎笋后，汇报江青在农业学大寨会议期间关于评论《水浒》的谈话情况。毛泽东气愤地说："放屁！文不对题。那是学农业，她搞批《水浒》。"[①]

（9）第50卷第61页3月19日条称："中共中央召开全国'三讲'教育工作电视电话会议。"这与实际情况不符。准确地说，这次会议是"全国'三讲'教育工作会议"，而不是"全国'三讲'教育工作电视电话会议"。这次会议只是在3月19日上午开幕时用了电视电话会的形式，在各省、自治区、直辖市设立了分会场，但会议在3月21日闭幕前，没有再采用过这种形式。[②]

这样编纂的资料性国史书，怎么可能让人放心使用呢？

三、编纂资料性国史书要由高素质的专业队伍来承担

编纂资料性国史书是一项严肃的科学工作，并不是任何人都能胜任的。这项工作对编纂者的专业素质有特定的要求，例如要具备必要的史学理论和史学知识，要掌握一定的版本、考证、校勘、辨伪、辑佚、史体等方面的治史本领。因此，资料性国史书的编纂队伍不能用挂虚名、打招牌的办法来组织，也不能靠招募一些非专业人员，用下载、仪器扫描、资料录入等现代化手段来赶制书稿，而应当由专门从事国史研究的

[①] 《毛泽东传（1949—1976）》下卷，中央文献出版社2003年版，第1751页；《邓小平年谱（1975—1997）》（上），中央文献出版社2004年版，第103页。

[②] 参见《全国"三讲"教育工作会议在京开幕》，《人民日报》1999年3月20日；《全国"三讲"教育工作会议闭幕》，《人民日报》1999年3月22日。

学者来承担，只有这样才能保证史书的质量。

《日史》编辑委员会设顾问57人，名誉主席5人，名誉副主席5人，主席5人，副主席25人，主任2人，副主任32人，编委306人，名誉主编5人，主编5人，副主编5人，真可谓阵容庞大。[①]但只要看看名单，人们便不难发现，其中真正能坐下来编写的和专门从事国史研究的，并没有几个人。但就是靠这样一支编写队伍，却仅用3年多时间就编成并出版了这部皇皇50卷、洋洋2000万字的"历史巨著"。试问，这能是学术性工作吗？这样的书能达到该书编写者所期望的"科学性、准确性、权威性"的标准吗？

《日史》这种东拼西凑、粗制滥造、错误百出的大部头"巨著"，居然能出版，不能不说是一种奇特的现象。这种现象反映了当今学术界和新闻出版界少数人急功近利的浮躁之风。就是少数人不是在老老实实研究的基础上进行学术创新，推出精品力作，而是打着"社会效益""主流文化"的幌子，拉一些不知情的名人作招牌，笼络一些涉世未深的年轻人攒"套书"，热衷于拼凑数量，搞低层次重复，以求获得经济效益和名不副实的社会效应。笔者以为，长此以往，会将学术工作引上邪路。应当继续提倡和践行求实、严谨、厚积薄发的学风，戒骄戒躁，甘于寂寞，潜心研究，一丝不苟。唯其如此，才能产生出真正对历史对人民负责的史书。

［原载《当代中国史研究》2008年第3期］

[①] 见该书第1卷或第50卷"中华人民共和国日史编辑委员会"名单。

《中国共产党历史》第二卷对中华人民共和国史研究的意义

经中共中央批准,《中国共产党历史》第二卷(以下简称"《党史》二卷")于2011年1月正式出版。该书全面记载了中国共产党自1949年10月中华人民共和国成立至1978年12月中共十一届三中全会召开这段历史,也就是新中国前29年的历史。由于这段波澜壮阔而又曲折复杂的历史,在中国共产党历史和中华人民共和国史(以下简称"国史")上都占有特殊的地位,因此,《党史》二卷的出版不仅是党史研究的一项重大成果,而且对国史研究也具有重要意义。

一、《党史》二卷对正确把握新中国前29年历史的重大问题提供了基本参照

相对于改革开放新时期,新中国前29年的历史对于国史研究工作者来说,是一段比较难以把握的历史。一方面,社会主义革命和社会主义建设取得了重大成就,"确立了社会主义基本制度,在一穷二白的基础上建立了独立的比较完整的工业体系和国民经济体系,使古老的中国以崭新的姿态屹立在世界的东方"。① 另一方面,"由于国际局势复杂多变,由于国内建设任务的艰巨繁重,由于缺乏领导社会主义建设的现成经验,

---

① 《十六大以来重要文献选编》(下),中央文献出版社2008年版,第520页。

1957年后发生了把阶级斗争扩大化和在经济建设上急躁冒进的错误,后来,又发生了'文化大革命'这样全局性的、长时间的严重错误"①。因此,这段历史中的难点和敏感问题多,无论从总体上还是对具体历史问题的把握都有一定的难度。

在国史研究中,对新中国前29年重大历史问题及重要事件的把握,主要是依据中共中央《关于建国以来党的若干历史问题的决议》(以下简称《历史决议》)及中共十一届三中全会以来党的历次重要会议和中央领导人的有关重要论述,这些依据今后仍然是从事国史研究必须遵循的基本指导原则。《党史》二卷在上述依据的基础上,准确记述了新中国前29年中国共产党的重大历史问题并进行了恰当的评价,为国史研究中正确把握这些问题提供了新的参照。这是《党史》二卷的出版对国史研究最为重要的意义。

《历史决议》是把握新中国前29年的重大历史问题时最重要的依据,《党史》二卷以《历史决议》的基本精神和基本论断为指导原则编写而成。比如《党史》二卷根据《历史决议》的分期方式,将这29年的历史分为"中华人民共和国的成立和向社会主义过渡的实现(1949年10月—1956年9月)""社会主义建设的全面展开和对中国建设社会主义道路的艰辛探索(1956年9月—1966年5月)""'文化大革命'的内乱和林彪、江青两个反革命集团的覆灭(1966年5月—1976年10月)""在徘徊中前进和实现伟大的历史转折(1976年10月—1978年12月)"四编。但《历史决议》只是对若干历史问题的粗线条叙述和原则性论断,没有也不可能做到面面俱到。而《党史》二卷虽然遵循《历史决议》,却"几乎对所有重大事件的来龙去脉都做了相当详细的记述"②,并充分吸收编写期间"党中央对若干重大历史问题的新观点、新判断、新结论,也在充分吸收党史学界有益研究成果基础上,站在新的时代高度不断深化对历史问题

---

① 《中国共产党历史》第2卷(1949-1978),中共党史出版社2011年版,第1062页。
② 《书写信史的浩大工程——就〈中国共产党历史〉第二卷访中央党史研究室副主任章百家》,《光明日报》2011年3月29日,第13版。

的认识"①，从而"大大丰富和充实了《历史决议》的内容"②。因此，《党史》二卷的出版对新中国前29年历史的研究具有《历史决议》所无法替代的作用和意义。

关于对新中国前29年的总体评价，《党史》二卷把新中国成立后党领导人民为实现国家繁荣富强、人民共同富裕而不懈奋斗作为这段历史的主题和主线。强调这29年历史的主流和本质是党在马克思列宁主义、毛泽东思想指导下，领导人民进行社会主义革命和社会主义建设并取得伟大成就的历史，是中国共产党探索适合中国国情的建设社会主义道路、继续推进马克思主义中国化并取得重要思想成果的历史，是党加强自身建设、经受各种考验而不断发展壮大的历史。并指出："综观新中国成立后29年的历史，中国共产党领导社会主义革命和社会主义建设取得的成就是具有决定意义的，这些成就从根本上改变了中国人民的前途命运，为当代中国发展进步奠定了坚实基础。"③

关于统购统销这个颇有争议的问题，《党史》二卷评价说："历史地看，实行粮食等主要农产品的统购统销，是我国工业化初创阶段必须采取的一项重大决策。在当时的历史条件下，这项政策不仅稳定了市场，在不高的水准上解决了全国人民经济生活中最重要的吃、穿问题，而且基本满足了初期工业建设对大宗粮食的需要。""总的来说，主要农产品的统购统销，在我国实现工业化的初期是一个适合当时需要的积极举措。实施这一政策20多年的实践说明，它对供给和支持经济建设，保证人民基本生活安定，维持物价和社会秩序稳定，每逢灾年调集粮食赈灾度荒等，都起到了重要作用，是功不可没的。""当然也应看到，统购统销制度在客观上割断了农民历来同市场的联系，限制了商品生产的发展，这在当时的历史条件下是难以避免的。"④

---

① 《迎接建党90周年 党史工作大有作为——访中共中央党史研究室主任欧阳淞》，《中国社会科学报》2011年5月26日。

② 逄先知：《一部重要的党史著作——读〈中国共产党历史〉第二卷》，《人民日报》2011年1月14日，第10版。

③ 《中国共产党历史》第2卷（1949—1978），中共党史出版社2011年版，第1062页。

④ 《中国共产党历史》第2卷（1949—1978），中共党史出版社2011年版，第228、229页。

关于对生产资料私有制的社会主义改造这个问题，《党史》二卷分析了当时的实际情况，用事实说明社会主义改造是社会经济客观发展的趋势，适应了生产力发展的要求，而不是人为制造的。正如书中所说："我国的社会主义经济制度，是随着不断解放和发展生产力而建立起来的。""在我国社会主义改造中，虽然也出现过一部分群众生产积极性不高的情况，但从总的方面看，所有制关系的变革不但没有破坏生产力，而且明显地促进了生产力的发展。在农业合作化过程中，粮食产量逐年都有所增长，农田水利建设和农业技术改造逐年都有所发展。原有私营企业在接受改造过程中，生产增长和效益提高也比较显著。"①书中同时也指出了社会主义改造后期出现的缺点、偏差及遗留的一些问题。

对于反右派斗争，《党史》二卷从两个方面进行了评析：一方面指出："事实表明，反对社会主义制度和党的领导的敌对势力确实存在，对极少数右派分子的猖狂进攻坚决予以反击，借以教育广大党员和人民，是正确的和必要的。反右派斗争在全国人民中间澄清了根本的大是大非，稳定了新建立起来的社会主义制度。如果放弃这种斗争，不在问题发生的范围内鲜明地击退极少数右派分子的进攻，就会造成思想上和政治上的严重混乱。在这方面，党所取得的经验是具有长远意义的。"另一方面又指出："由于当时党对阶级斗争和右派进攻的形势作了过分严重的估计，并且沿用革命时期大规模的急风暴雨式的群众性政治运动的斗争方法，对斗争的猛烈发展又没有能够谨慎地加以控制，致使反右派斗争被严重地扩大化。"②

对于"大跃进"，《党史》二卷是这样写的："毛泽东发动'大跃进'运动的初衷，是希望以最快的建设速度尽快改变贫穷落后面貌，使中国真正发展、强大起来，以自立于世界民族之林。这种愿望，与广大干部群众的普遍愿望是一致的。问题在于实际工作中背离了党一贯倡导的实事求是的思想路线，没有经过深入细致的调查研究和科学论证，便从主观愿望出发，夸大主观意志和主观努力的作用，提出了一些超越历史发

---

① 《中国共产党历史》第2卷（1949—1978），中共党史出版社2011年版，第360、363页。
② 《中国共产党历史》第2卷（1949—1978），中共党史出版社2011年版，第455、456页。

展阶段的目标和方针、政策,造成了实际工作中违反自然规律和经济规律的情况。这种头脑发热的现象,不仅毛泽东有,其他中央领导人有,而且在当时的党员干部中较为普遍地存在,是当时那个发展阶段由急于改变中国'一穷二白'落后面貌的心情而萌发出的一种历史现象。"书中详细叙述了"大跃进"造成的严重破坏和巨大损失,同时又强调:"广大干部群众以空前的热情和干劲,战天斗地,昼夜苦干,所付出的辛勤劳动也取得了一部分实际成果。还有那些修建得合乎需要的农田水利工程,那些新增加的后来形成了生产能力的工业设施,不仅在当时发挥了作用,而且在以后相当长的时期内继续发挥着效益。科学技术也有了可喜的发展,尤其是在某些尖端科技领域填补了一些空白。在全国许多从来没有工业的地方办起工业,虽然很大一部分当时没有能够巩固,但终究为这些地区后来的工业发展奠定了最初的基础。"①

对"文化大革命"的评价,《党史》二卷全面准确地体现了《历史决议》的基本精神:"实践证明,'文化大革命'不是也不可能是任何意义上的革命或社会进步。它根本不是'乱了敌人',而只是乱了自己,因而始终没有也不可能由'天下大乱'达到'天下大治'。"对"文化大革命"发生原因的分析也基本依照《历史决议》,没有作更多的新推断。所不同的是《党史》二卷不仅详细叙述了"文化大革命"发生发展的过程,而且用较大篇幅专门讲了其严重危害,认为"'文化大革命'对我们党、国家和民族造成的危害是全面而严重的,在政治、思想、文化、经济、党的建设等方面都产生了灾难性的后果"②。

《党史》二卷对新中国前29年的总体评价及对上述难点和敏感问题的正确把握,在总体精神上与《历史决议》保持一致的基础上,无论是在叙述的广度还是在评价的深度方面都比《历史决议》有所前进,"因而它是与时俱进的,是新意迭出的"③,更为重要的是,《党史》二卷"这部

---

① 《中国共产党历史》第 2 卷(1949—1978),中共党史出版社 2011 年版,第 502、501 页。
② 《中国共产党历史》第 2 卷(1949—1978),中共党史出版社 2011 年版,第 981、966 页。
③ 《迎接建党 90 周年 党史工作大有作为——访中共中央党史研究室主任欧阳淞》,《中国社会科学报》2011 年 5 月 26 日。

书的写作是在中央指导下进行的,可以说反映了党对自身历史的总体认识和经验总结;同时,这部书也集中反映了党史学界的主流观点;修改定稿的最后阶段还请中央各部门和各地帮忙把关,吸收了他们的意见"①。也就是说,《党史》二卷提出的新观点和作出的新评价,既得到了中央的认可,又反映了学界的共识,因而既有权威性,又有代表性,国史研究工作者在把握这些重大历史问题时应予以重视和参照。当然,重视与参照这些准确记述和评价,并不是要以此为准,照搬照抄,更不是把它当成最后的结论而无所作为。正如《党史》二卷执笔者之一、中共中央党史研究室原副主任章百家所说:"党史的研究是开放的,与时俱进的。党史二卷中的表述,是我们今天对这些历史的认知与评价。我们随同社会前进,当回过头来再观察这段历史的时候,还会有新的发现、新的认识,还会受到新的启迪。"②国史研究工作者应不断挖掘新史料,开拓新思路,采取新方法,提出新问题,在《党史》二卷已有成果的基础上把新中国前29年历史的研究不断推向深入。

二、《党史》二卷为深入研究新中国前29年历史提供了有价值的新史料

《党史》二卷的出版不仅在观点方面为国史研究提供了重要参照,而且为研究新中国前29年的历史提供了大量有价值的新史料。

（一）该书披露了许多档案资料

据中共中央党史研究室主任欧阳淞介绍:"《党史》二卷运用了不少新发掘的史料,借鉴了学术界的最新研究成果。在《党史》二卷的注释中,第一手文献资料有495个,第一次公开使用的文献资料有144

---

① 《书写信史的浩大工程——就〈中国共产党历史〉第二卷访中央党史研究室副主任章百家》,《光明日报》2011年3月29日,第13版。
② 《书写信史的浩大工程——就〈中国共产党历史〉第二卷访中央党史研究室副主任章百家》,《光明日报》2011年3月29日,第13版。

个。"① 这些文献档案不仅增强了该书的权威性和新意②，而且对国史工作者研究相关问题具有重要的史料价值。

经过统计后笔者发现，在《党史》二卷此次披露的140多件档案资料中，全面建设社会主义时期的数量最多，占了70多件。③ 而正是这个历史时段，难以把握的问题较多，披露的档案资料较少。因此，该书公布的这些文献档案，将在一定程度上改善国史研究工作者对中共八大后曲折发展十年的研究条件，同时对其前后两个时段特别是"文化大革命"的研究也将起到相应的推动作用。

笔者还发现，在《党史》二卷公布的这些档案资料中，毛泽东的文电、书信、讲话、谈话、批示等占了相当的一部分，总计有80多件，其中1949—1956年有20多件，全面建设社会主义时期有50多件，"文化大革命"时期有10多件。毛泽东作为党的第一代中央领导集体的核心，与党和国家的历史紧密相联，因此，很多国史问题研究的突破都有赖于有关毛泽东档案的解密及相关研究的推进。《党史》二卷此次公布的这些文献档案，对于研究毛泽东生平和思想及新中国前29年历史无疑都具有十分重要的史料价值。而且在《毛泽东年谱》新中国成立后部分目前尚未出版的情况下，这些档案资料尤显珍贵。

下面试举几例，以为证明。

例一，该书利用俄罗斯总统档案馆保存的《斯大林同志与中华人民共和国中央人民政府毛泽东主席会谈记录》（1949年12月16日、1950年1月22日），及毛泽东1949年12月18日致刘少奇电等档案资料，详细地披露了双方会谈的主要内容，④ 对研究新中国成立初期的中苏关系及《中苏友好同盟互助条约》的签订等问题，具有重要的史料价值。

---

① 《迎接建党90周年 党史工作大有作为——访中共中央党史研究室主任欧阳淞》，《中国社会科学报》2011年5月26日。

② 章百家在接受采访时说："党史二卷里凡是有新意的地方，实际都与档案开放密切相关。"《党史第二卷：中国共产党的集体自传》，《时代周报》第136期，2011年6月30日。

③ 新中国前七年和"文化大革命"十年各占30多件，在徘徊中前进的两年只占了不多的几件。

④ 参见《中国共产党历史》第2卷（1949—1978），中共党史出版社2011年版，第30—31、32页。

例二，该书利用毛泽东1950年8月4日在中共中央政治局会议上的讲话、俄罗斯总统档案馆保存的《苏联驻华大使罗申转呈毛泽东关于中国暂不出兵的初步意见致斯大林电》（1950年10月3日），以及毛泽东1956年9月23日在接见苏共中央代表团的谈话中对朝鲜战争爆发前一些情况的回忆等档案资料，详细记述了抗美援朝艰难曲折的决策过程。又利用毛泽东1951年6月13日关于停战谈判问题致高岗、金日成电，1953年8月15日、18日致金日成电等文献档案，[①]反映了朝鲜战争的历史进程及朝鲜停战后中国为和平解决朝鲜问题所作的努力。这些讲话、电文及谈话为研究抗美援朝战争及当时的中苏、中朝关系等问题，都提供了重要而关键的史料。

例三，该书利用中共中央《关于报道当前党外人士对党政各方面工作的批评的指示》（1957年5月14日）、《关于打击、孤立资产阶级右派分子的指示》（1957年6月26日）、毛泽东1957年7月8日在上海干部会议上的讲话记录、9月22日在中共八届三中全会前夕同省市委书记的谈话记录、10月7日在八届三中全会各组组长会议上的谈话纪要等档案资料，[②]记述了从全党整风转为反右派斗争，以及反右派斗争从发动、展开直至扩大化的详细过程，为国史研究工作者准确把握这个敏感和难点问题提供了新的史料。

例四，该书利用毛泽东1958年8月19日、21日在协作区主任会议上的讲话记录，8月30日在北戴河会议上的讲话，10月21日在中共河北省委负责人汇报徐水工作时的谈话纪要，11月3日、6日、7日在第一次郑州会议上的讲话，11月12日给邓小平的信，11月21日、23日在武昌会议上的讲话，11月28日在中共中央办公厅通知上的批语，1959年4月5日在中共八届七中全会上的讲话记录等档案资料，[③]全面记述了

---

① 参见《中国共产党历史》第2卷（1949—1978），中共党史出版社2011年版，第69—74、79、312、313页。

② 参见《中国共产党历史》第2卷（1949—1978），中共党史出版社2011年版，第446、458、454、448页。

③ 参见《中国共产党历史》第2卷（1949—1978），中共党史出版社2011年版，第486、495、507、511、510、513、515、518、530页。

"大跃进"和人民公社化运动从发动到全面展开的过程，以及从1958年11月第一次郑州会议到1959年7月庐山会议前期，党中央和毛泽东为初步纠正"左"的错误所作的努力。这些档案资料对国史研究工作者准确把握"大跃进"具有重要的史料价值。

另外，关于1959年庐山会议、20世纪60年代的国民经济调整、"四清"运动和"文化大革命"等历史事件，《党史》二卷也都有数量不等的档案公布，对国史工作者研究这些问题将会有所助益。而且该书使用的档案资料都经过中央档案馆核对，[①]因此既权威又准确。

（二）该书整理了一系列统计数据

《党史》二卷不仅运用了大量准确可靠的数据，[②]而且根据编写和说明问题的需要，按照不同的时间、单位等方式，对统计数据进行了一系列加工整理，为国史工作者在研究相关问题时直接利用这些数据成果提供了十分便利的条件。

一方面，《党史》二卷以五年计划为时间单位，加工整理了新中国前29年实行的四个五年计划的统计数据，用翔实的数字展现了社会主义革命和建设在探索中曲折发展的历史进程。对"一五"计划，该书提供了三个阶段上的完成数据：一是到1955年即"一五"计划头三年完成的比例；二是到1956年即社会主义改造基本完成时实现的份额；三是到1957年各项指标大幅度超额完成时的全面数据。[③]对"二五"计划，书中记述了"大跃进"时期年度计划及"二五"计划各项指标被不断地、大幅度地提高和修改的复杂情形，列举了国民经济受到严重破坏及出现严重困难的具体数据。对"二五"计划后两年，《党史》二卷提供了从1961—1962年实行国民经济调整并开始出现复苏局面的大量数字。[④]1963—1965

---

① 参见《中国共产党历史》第2卷（1949—1978），中共党史出版社2011年版，第1073页。
② 《党史》二卷中的所有数据都经过国家统计局、中国社会科学院经济研究所的核对。参见《中国共产党历史》第2卷（1949—1978），中共党史出版社2011年版，第1073页。
③ 参见《中国共产党历史》第2卷（1949—1978），中共党史出版社2011年版，第217—218、360、417—421页。
④ 参见《中国共产党历史》第2卷（1949—1978），中共党史出版社2011年版，第601—603页。

年是从"二五"计划到"三五"计划的过渡阶段,该书展现了三年继续调整所取得重要进展的具体数据,并就1965年国民经济调整任务全面完成时的主要数据与1957年(即"一五"计划达到的水平)进行了对照。①对"三五"计划,该书提供了三组数据:一是1966—1968年由于严重动乱造成的全国工农业生产持续下降;二是1969年出现一定幅度增长及工农业总产值等主要数据与1966年(即"三五"计划开局之年)的对照;三是1970年完成的年度指标及"三五"计划完成时的各项具体指标。②对"四五"计划,《党史》二卷也是整理了三组数据:一是1971年(开局之年)、1973年(批判极左思潮之年)和1975年(全面整顿之年)分别完成的年度指标;二是从1965—1975年间三线建设取得的成就;三是"四五"计划完成时的各项指标及主要数据与1970年(即"三五"计划达到水平)的对照。③

另一方面,《党史》二卷以历史时期为时间单位,对新中国前29年社会主义革命和建设在各个不同阶段的统计数据进行了加工。该书整理、公布了1949年10月到1952年底国民经济恢复时期、1953—1956年社会主义改造时期、1956—1966年全面建设社会主义时期和1966—1976年"文化大革命"时期社会主义革命和建设所取得成就的统计数据,同时提供了十年建设时期国民经济遭受严重挫折及十年"文化大革命"时期经济发展受到巨大损失的系统数字。④

上述经过整理公布的统计数据连同该书公布的140多件档案资料,一并成为国史工作者研究新中国前29年历史的重要史料。

---

① 参见《中国共产党历史》第2卷(1949—1978),中共党史出版社2011年版,第671—672、676—678页。
② 参见《中国共产党历史》第2卷(1949—1978),中共党史出版社2011年版,第800、821、823—824页。
③ 参见《中国共产党历史》第2卷(1949—1978),中共党史出版社2011年版,第826、862、941、828、941—942页。
④ 参见《中国共产党历史》第2卷(1949—1978),中共党史出版社2011年版,第176—179、363、732—735、972—975、741—742、969—970页。

三、《党史》二卷为研究编纂新中国前 29 年历史提供了有益的借鉴和启示

《党史》二卷在研究和编写中国共产党历史的过程中采用了许多新方法，这些方法对研究和编写新中国前 29 年的历史具有重要的启发和借鉴意义。

（一）《党史》二卷准确把握新中国前 29 年历史的科学方法，为国史编研中如何记述和评价这段历史提供了有益借鉴

新中国前 29 年是一段正确与失误相互渗透、成就与曲折交相发生的历史，把握起来需要一定的方法。《党史》二卷的方法是：

第一，首先肯定这 29 年中错误与成就相比，成就是主要的。该书在结束语中总结了党领导社会主义革命和建设九个方面的伟大成就。①

第二，在肯定成就的前提下，不回避党在这一时期犯过的错误及造成的后果，做到"成绩讲够，错误讲透"②。比如《党史》二卷就记述了"文化大革命"在多方面给党、国家和民族造成的灾难性后果：在政治上，党和国家政治生活遭到巨大的破坏，党的组织和政权机构受到空前的浩劫和损失；在思想上，造成人们思想的极大混乱，导致严重地混淆敌我和是非；在文化上，对科学文化事业和民族传统文化造成极大破坏，使文化事业出现严重的倒退；在经济上，经济发展受到严重损失，拉大了同许多国家和地区的差距；在党的建设上，党组织的建设遭到了极为严重的破坏和损失。③

第三，对于党所犯的错误不是刻意渲染，而是结合当时的国际环境

---

① 参见《中国共产党历史》第 2 卷（1949—1978），中共党史出版社 2011 年版，第 1063—1064 页。

② 张启华：《用历史唯物主义观点正确书写党的历史——贺〈中国共产党历史〉第二卷出版》，《光明日报》2011 年 1 月 14 日，第 2 版。

③ 参见《中国共产党历史》第 2 卷（1949—1978），中共党史出版社 2011 年版，第 966—970 页。

和国内条件分析错误发生的原因,以利于吸取教训,避免重犯。比如对反右派斗争严重扩大化的原因,书中从两个方面作了分析:一方面,从新中国成立到社会主义改造基本完成,在短短的七年里实现这样深刻的社会变革,不能不引起社会各阶级、各阶层的不同反应,人们对这个变革需要有一个观察、适应的过程。在一些人的心目中,中国要不要共产党领导和要不要走社会主义道路的问题,实际上并没有完全解决。一小部分人仍存有崇尚西方资本主义政治和经济制度的倾向。在国际国内政治气候的影响下,这种倾向就会突出地表现出来,以至发生极少数人向党、向社会主义的进攻。对反社会主义的倾向进行反击和斗争,事实上是不可避免的,也是完全必要的。另一方面,在党内,包括党的领袖,在短短七年里完全改变战争年代阶级斗争的思维方式,是相当困难的。由于这种情况,党在反右派斗争中发生严重扩大化的错误,也是难以避免的。①

第四,强调党主要是依靠自己的力量纠正错误。比如该书第十三章就专门记述了1958年11月第一次郑州会议到1959年7月庐山会议前期,党为初步纠正"大跃进"和人民公社化运动中"左"倾错误所作的努力及有益探索。对"文化大革命"这样的错误,书中也指出是"我们党最终依靠自己的力量结束了这场内乱,在总结正反两方面经验教训的基础上,义无反顾地走上社会主义改革之路"②。

第五,强调党善于总结历史经验教训,特别是善于通过总结教训提高对客观规律的认识,使错误成为正确的先导,从而成功地开辟未来。

总之,《党史》二卷以科学的方法实事求是地反映了新中国前29年的历史,既充分肯定党领导社会主义革命和社会主义建设取得的伟大成就,又如实表述了党所犯的错误及其后果,同时深入分析了党犯错误的主客观原因,是对新中国前29年历史的全面把握。虽然国史研究和党史研究"无论在研究角度、范围、重点上,还是在研究方法上,都必然会

---

① 参见《中国共产党历史》第2卷(1949—1978),中共党史出版社2011年版,第459—460页。

② 参见《中国共产党历史》第2卷(1949—1978),中共党史出版社2011年版,第505—538、982页。

有很多不同",但"党史是国史的核心内容",①因此,在新中国前29年的研究和编写中也必然存在如何从总体上把握这段历史的问题。在这方面,《党史》二卷的上述方法,可以为国史编研中如何正确记述和评价这段历史提供有益借鉴。

(二)《党史》二卷在比较宽阔的视域下多方面反映党的历史,这种记述方法对新中国前29年历史的研究和编写具有启示意义

《党史》二卷与其他反映同时期党史的著作相比视野更宽阔、内容更丰富。

一是"注意在世界大势的背景下,反映每一阶段党是怎样联系国际形势和对外关系的发展变化,对国际形势作出判断,进而确定国内自己的发展道路"②。比如该书每一编都设专章或节叙述新中国前29年中国际形势的变化以及党的外交方针和对外关系等。

二是注重从政治、经济、军事、国防、文化、民族、社会、外交、党建等多方面反映党的历史。该书把新中国成立后党的民族工作和少数民族地区的发展写入党史,记述了民族区域自治制度作为一项基本政治制度的确立过程,介绍了西藏和平解放和民主改革、少数民族地区经济社会的发展进步等同类党史书很少涉及的内容。

三是注重写人民群众。《党史》二卷每一编都写了在党的领导下人民群众参与政治、经济、文化等各方面工作的内容,写了人民群众的奋斗和智慧,充分体现出人民群众的伟大实践和创造,展示了人民群众创造历史的主体地位。比如该书对"文化大革命"中人民群众同"左"倾错误和林彪、江青两个反革命集团的斗争作了客观反映。另外,还把许多战斗英雄、劳动模范、科学家等先进人物及其感人事迹载入了党的历史。书中提到的英雄楷模有杨根思、黄继光、邱少云、罗盛教等;劳动模范有马恒昌、苏长有、赵桂兰、郝建秀、孟泰、王崇伦等;科学家有钱学森、李四光、钱三强、茅以升、邓稼先、郭永怀、陈景润、袁隆平等。

---

① 朱佳木:《论中华人民共和国史研究》,《当代中国史研究》2009年第1期,第37页。
② 张化:《党史〈二卷〉的新意》,《北京日报》2011年2月21日。

这些先进人物是人民群众发扬主人翁精神,以极大的热情投身于社会主义建设事业的典型代表。

四是注重写党和人民的精神风貌。本书对党在不同历史时期不同环境下形成的革命精神和奉献精神都予以浓墨重彩的展现,如对中国20世纪60年代前半期党和人民奋发图强的历史风采就有这样一段精彩的描述:"帝国主义越是封锁,国民经济越是困难,人民却越是团结在党的周围。这是因为,人民群众坚信,党所代表的是中国人民的根本利益。在党的领导下,全国人民万众一心,发展工农业生产,改变贫穷落后面貌,建设伟大的社会主义国家。这是一个艰苦奋斗的年代,一个乐于奉献的年代,一个理想闪光的年代和一个意气风发的年代。这种时代性的社会风尚和思想氛围,给中国社会主义建设的历史烙下了深刻的印记。"[①] 另外,该书还记述了焦裕禄、王进喜、雷锋等时代楷模在平凡的工作岗位上做出的不平凡业绩,进一步展现了党和人民坚持理想、甘于奉献的精神风貌。

《党史》二卷这种宽视野、多领域反映党的历史的记述方法是本书的一个特点,也是一种创新,对新中国前29年历史的研究和编写具有启示意义。国史研究的范围比党史研究要宽得多,因此,国史更应也更有条件编写得丰富多彩。只有注意了四面八方,写出来的国史才是立体的,也才更能体现出自己的学科特点和优势。

(三)《党史》二卷对历史人物和历史事件的评价客观公允,表述比较周全,这种评价方法对国史编研中进行历史评价时具有参考价值

《党史》二卷不是简单地叙述历史,而是夹叙夹议,在叙述历史过程中对若干历史事件及历史问题作了深入而恰当的分析和评价。该书对历史事件和历史人物的评价采取以下方法,并呈现如下特点:

一是坚持历史唯物主义的观点,用客观公允的标准评价历史人物和历史事件,并将历史事件放在当时的历史条件下进行分析和判断,而不

---

① 《中国共产党历史》第2卷(1949—1978),中共党史出版社2011年版,第705页。

是离开历史条件的变化，用今天的标准与要求去衡量和评价。这从前文所列的《党史》二卷对新中国前29年的总体评价及对统购统销、社会主义改造、反右派斗争、"大跃进"运动和"文化大革命"等重要历史问题的评价中即可看出。

二是坚持唯物辩证法的观点，用一分为二的方法评价历史问题，并力求表述周全。比如书中对三线建设的评价，一方面指出"对于改善我国国民经济布局、推进中西部落后地区的经济社会发展有较大作用。三线建设的实施，对于提高国家的国防能力是完全必要的"。但同时又指出"由于对战争作了立足于'早打'、'大打'的估计，三线建设在部署上要求过急，铺开的摊子过大；注重了战备要求，忽视了经济效益，增加了建设费用，造成不少浪费"。[①]又比如对上山下乡的评价，该书一方面指出"知识青年到农村和边疆，经受了锻炼，接触了生产实践，增长了才干，为开发、振兴祖国的不发达地区作出了贡献。后来，他们中间也出现了一批国家建设人才"。另一方面又指出"在青春年华失去接受学校教育的机会，造成人才生成的断层，给国家的现代化建设带来长远的危害"[②]。这些评价既指出其积极的一面，又指出其负面的作用，表述周全，评价公允，很有说服力。该书对新中国成立初期知识分子思想改造运动、七千人大会、"四清"运动、"三支两军"、革命委员会、"五七"干校等历史问题的评价也是采取这种一分为二的方法。

三是实事求是地评价历史人物的功过是非，不因有过功绩而掩饰其错误，也不因犯过错误而抹杀其贡献。《党史》二卷正确评价了毛泽东在带领党和人民进行社会主义革命和建设的过程中建立的伟大历史功绩，以及对中国建设社会主义道路进行探索的首创精神。对于毛泽东在这一历史进程中所犯的错误，该书一方面指出其应负的个人责任，另一方面着重从历史根源、社会背景及制度弊端等方面分析发生错误的原因，并指出这是在探索社会主义建设道路的过程中发生的。这样的全面评价符合历史事实，符合历史唯物主义的基本观点，也符合《历史决议》的基

---

① 《中国共产党历史》第2卷（1949—1978），中共党史出版社2011年版，第694页。
② 《中国共产党历史》第2卷（1949—1978），中共党史出版社2011年版，第819页。

本精神。

《党史》二卷上述评价历史人物和事件的方法对国史编研中进行历史评价时具有一定的参考价值。另外,《党史》二卷注重发掘新史料和借鉴学术界最新研究成果,这种研究方法也是国史编研工作不断创新、与时俱进的重要保证。

可见,《党史》二卷的出版无论是在观点和史料上,还是在编研方法上,对新中国前29年历史的研究和编写都具有重要意义。国史研究工作者应充分重视对《党史》二卷的研究和利用,把新中国前29年历史的研究和编写工作更好地推向深入。

[原载《当代中国史研究》2012年第3期]

《中国共产党的三十年》相关问题再考

一、胡乔木写作《中国共产党的三十年》的缘起

关于胡乔木写作《中国共产党的三十年》的缘起，传统的观点认为是他为刘少奇纪念建党 30 周年写的讲话稿，其依据是杨尚昆的回忆："1951 年党成立三十周年时，为中央写一篇讲述党领导中国人民革命事业取得胜利的文章，这任务自然就落到乔木的头上。这篇长文他只花了不到一个星期就写成了。乔木对党的三十年的历史早已成竹在胸，当然可以一挥而就。主席看了十分满意，说不要作为中央领导人的讲话稿了，就以'胡乔木'署名发表。这就是《中国共产党的三十年》。"① 对此，《胡乔木传》编写组副组长程中原在一篇访谈中讲得更加明确和具体。他说："1951 年为庆祝中国共产党建立 30 周年，中共中央决定召开隆重的纪念大会，毛泽东出席大会，由刘少奇在会上代表中央讲话。为少奇同志起草讲话的任务落到了胡乔木的肩上。""交给毛审阅后，毛很满意，并提出要以胡乔木的名义发表。胡乔木说：这篇东西是专门为少奇同志起草的啊。毛泽东表示，少奇那里的工作他去做。""少奇同志就亲自动手写了一个稿子。钢笔直行书写，看得出来也是一气呵成的。"②

---

① 《胡乔木传》编写组编：《我所知道的胡乔木》，当代中国出版社 2012 年版，第 1—2 页。
② 程中原：《在历史的漩涡中》，中国文史出版社 2008 年版，第 300 页。

程中原后来在一篇文章中修正了自己的观点，认为"《中国共产党的三十年》是胡乔木为纪念建党30周年而写的一份党史资料"①。其依据是2005年中央文献研究室和中央档案馆编辑出版的《建国以来刘少奇文稿》第3册公布的刘少奇1951年6月13日关于修改和发表《中国共产党的三十年》一文的一段批语："这是乔木同志写的准备作为党的三十周年纪念在国内外发表的党史资料，想以马列学院名义发表。请各同志即刻阅看，并提出修改意见，于收到后当日退回为盼。"②据程中原之说，王建国撰文（以下简称"王文"），认为"这个批语足以证明该文不是为刘少奇写的讲话稿"，并进一步指出"刘少奇在这里所说的'党史资料'也不是通常意义上的党史研究资料"③。

笔者认为，如果未对杨尚昆的回忆和刘少奇的批语缘何有如此差异，以及从前者到后者中间发生怎样的变化等问题作出分析和考察，仅凭刘少奇的批语就断定《中国共产党的三十年》不是胡乔木为刘少奇写的讲话稿，说服力不够。

王文提出疑问，为什么刘少奇的讲话稿要毛泽东的秘书来写？一个纪念讲话稿为什么会长达5.2万字？这是因为胡乔木既是毛泽东的秘书，又是中央政治局的秘书。即使单以毛泽东秘书的身份，胡乔木为刘少奇等其他中央领导人起草讲话稿也是经常的事。另外，文章在写作过程中超出预想的情况时有发生。胡乔木1941年到毛泽东身边工作，得到毛泽东长期的教诲和熏陶。他协助毛泽东编辑党的历史文献，接触了丰富的党史资料，又列席参加讨论高级干部对历史经验的总结，参与起草第一个历史决议，对中国共产党30年的历史烂熟于胸，一旦写起来一发而不可收，也在情理之中。

二、刘少奇对《中国共产党的三十年》修改的次数

关于刘少奇对《中国共产党的三十年》修改的次数，《建国以来刘少

---

① 程中原：《〈中国共产党的三十年〉写作与发表经过》，《党的文献》2009年第1期。
② 《建国以来刘少奇文稿》第3册，中央文献出版社2005年版，第491页。
③ 王建国：《〈中国共产党的三十年〉相关问题再探讨》，《党的文献》2011年第3期。

奇文稿》第3册编者的观点是修改了两次,"时间分别在一九五一年六月十三日之前和同月十三日至十七日之间"①。程中原的观点是修改了三次:6月13日之前在抄清稿上改了一次,6月13日至17日之间在铅印稿上改了两次。②王文既不同意《建国以来刘少奇文稿》第3册的观点,也不同意程中原的观点。虽然也认为是修改了三次,但修改时间与程中原文章的观点不同:6月13日之前完成了第一次修改,6月15日至17日之间进行了第二次修改,6月17日之后进行了第三次修改。

关于《中国共产党的三十年》,《建国以来刘少奇文稿》第3册除公布刘少奇6月13日的批语之外,还公布了刘少奇6月17日为报送《中国共产党的三十年》给毛泽东的信,这封信是弄清刘少奇修改的次数及每次修改时间的主要依据。刘少奇在信中说:"乔木此篇经过我的修改之后,印发给各同志看了,并召集各同志讨论了一次,又加了一次修改。请你即加审阅,阅后即退乔木进行翻译,因国外内等着要用。后面还有两段,另次送上。"③从信中可以看出,刘少奇对《中国共产党的三十年》的修改只有两次:一次是在6月13日"印发给各同志看"之前,一次是在"召集各同志讨论了一次"之后,时间是在6月13日至17日之间。

程中原认为,刘少奇在6月13日印发各同志至"召集各同志讨论"前进行了第二次修改,"召集各同志讨论"后至6月17日上报毛泽东前进行了第三次修改,这种说法是不能成立的。原因正如王文所分析的,"铅印稿'分发'给了'各同志'分别提修改意见,每个人的修改意见应在各自的铅印稿上,不会同时出现在同一份铅印稿上",留有毛泽东、刘少奇、胡乔木、陈伯达笔迹的铅印稿不能作为刘少奇在开会前进行过第二次修改的证据。

王文提出刘少奇对《中国共产党的三十年》进行了第三次修改,而且是在6月17日毛泽东审阅之后进行的,并举出《建国以来刘少奇文稿》第3册第465、476页的三处修改为证。《建国以来刘少奇文稿》第3册第465—484页收入了刘少奇两次修改中较为集中的部分,共有30

---

① 《建国以来刘少奇文稿》第3册,中央文献出版社2005年版,第484页。
② 参见程中原:《〈中国共产党的三十年〉写作与发表经过》,《党的文献》2009年第1期。
③ 《建国以来刘少奇文稿》第3册,中央文献出版社2005年版,第491—492页。

多个自然段。其中胡乔木的原稿用楷体字排印,刘少奇加写和改写的文字用宋体字排印,毛泽东加写和改写的文字用仿宋体字排印。一般说来,对毛泽东改后的文稿,刘少奇不大可能进行再修改。从王文的举例中,笔者发现,该文误将用楷体字排印的胡乔木的原稿当成了毛泽东的修改,因此才有了"第三次修改"的误判。

三、如何看待毛泽东、刘少奇对《中国共产党的三十年》的修改

关于如何看待毛泽东、刘少奇对《中国共产党的三十年》的修改,王文认为:"胡乔木在《中国共产党的三十年》写作过程中所做的工作主要是基础性、资料性的。在书中观点把握和提升方面起关键作用的是毛泽东和刘少奇。"《中国共产党的三十年》是胡乔木的代表作之一,"值得商榷"。

王文所举毛泽东加写和改写的三处例证,其实都是胡乔木的原文(在《建国以来刘少奇文稿》中均以楷体字排印可证),有的还经过了刘少奇的修改,被误认为"均出自毛泽东之手"。王文所说"毛泽东、刘少奇亲自加写和改写的内容就约1.3万字(其中毛泽东与刘少奇的文字大约各占一半)",是据此误判的结果。事实上,据《建国以来刘少奇文稿》第3册编者的统计,刘少奇总计修改480余处[1],毛泽东修改了几处且文字不多,所谓"各占一半"的说法无法成立。

诚然,不管毛泽东、刘少奇修改的文字有多少,都是对《中国共产党的三十年》的重要修改,而且有多处修改堪称点睛之笔,但这并不能成为抹杀胡乔木功绩的理由。《中国共产党的三十年》是胡乔木名副其实的代表作。它是"新中国第一部具有开创性的简明党史著作",文字晓畅,史实简要,立论鲜明,逻辑性强,显示了胡乔木"善于驾驭史料和能够以概括的语言抓住历史的脉络的本领"。[2] 它对此后的中共党史研究和

---

[1] 参见《建国以来刘少奇文稿》第3册,中央文献出版社2005年版,第484页。
[2]《胡乔木传》编写组编:《我所知道的胡乔木》,当代中国出版社2012年版,第498、47页。

宣传产生了重大而深远的影响，胡乔木也以中共党史专家闻名天下。

刘少奇将胡乔木的初稿称为"党史资料"，并不是认为这个初稿只完成了资料性的工作，而应是对其拟作用途的文体认定。《中国共产党的三十年》要总结建党 30 年来的历史和经验，担负的是宣传中共党史的政治使命。由于事关重大，为慎重起见，必须分发各有关同志征求意见，然后根据意见作进一步的修改。这是党处理涉及重大题材和负有重要使命的文稿时所采取的一贯做法，以胡乔木时任中宣部副部长、新闻总署署长、毛泽东秘书的特殊身份来说，更应如此。

［原载《党的文献》2013 年第 2 期］

立破并举的姊妹篇
——党的十八届三中、四中全会两个《决定》的内在关联性

党的十八届三中全会通过的《中共中央关于全面深化改革若干重大问题的决定》(以下简称"三中全会《决定》")和党的十八届四中全会通过的《中共中央关于全面推进依法治国若干重大问题的决定》(以下简称"四中全会《决定》"),在精神和内容方面具有紧密的内在联系。两个《决定》一破一立,形成了立破并举的姊妹篇。研究党的十八届三中、四中全会两个《决定》的内在关联性,对于从整体上贯彻落实这两次全会的主要精神,学习领会以习近平同志为核心的党中央治国理政的总体思路,具有重要的理论价值和现实意义。

一、两个《决定》是党的十八大作出的战略部署在时间轴上的顺序展开

三中全会《决定》和四中全会《决定》开宗明义,都指出本《决定》是为贯彻落实党的十八大战略部署而作出的。这就明确揭示了两个《决定》与党的十八大之间共同的源流关系。全面深化改革与全面推进依法治国都是以习近平同志为核心的党中央治国理政总体战略布局中的重要组成部分,是党的十八大作出的战略部署在时间轴上的顺序展开。

党的十八大是在我国进入全面建成小康社会决定性阶段召开的一次十分重要的大会。大会提出了夺取中国特色社会主义新胜利的基本要求，确定了2020年全面建成小康社会的目标，对在新的时代条件下推进中国特色社会主义从经济建设、政治建设、文化建设、社会建设、生态文明建设等方面作出了总体战略部署，描绘了全面建成小康社会、加快推进社会主义现代化的宏伟蓝图，是我们党团结带领全国各族人民坚定不移沿着中国特色社会主义道路继续前进、为全面建成小康社会而奋斗的政治宣言和行动纲领。

关于深化改革，党的十八大报告从五个方面进行了部署。报告指出，要加快完善社会主义市场经济体制，完善公有制为主体、多种所有制经济共同发展的基本经济制度，完善按劳分配为主体、多种分配方式并存的分配制度，更大程度更广范围发挥市场在资源配置中的基础性作用，完善宏观调控体系，完善开放型经济体系，推动经济更有效率、更加公平、更可持续发展。加快推进社会主义民主政治制度化、规范化、程序化，从各层次各领域扩大公民有序政治参与，实现国家各项工作法治化。加快完善文化管理体制和文化生产经营机制，基本建立现代文化市场体系，健全国有文化资产管理体制，形成有利于创新创造的文化发展环境。加快形成科学有效的社会管理体制，完善社会保障体系，健全基层公共服务和社会管理网络，建立确保社会既充满活力又和谐有序的体制机制。加快建立生态文明制度，健全国土空间开发、资源节约、生态环境保护的体制机制，推动形成人与自然和谐发展现代化建设新格局。

关于依法治国，党的十八大报告从立法、执法、司法、守法等环节对法治建设的全过程和各方面提出了明确要求。报告指出，法治是治国理政的基本方式。要推进科学立法、严格执法、公正司法、全民守法，坚持法律面前人人平等，保证有法必依、执法必严、违法必究。完善中国特色社会主义法律体系，加强重点领域立法，拓展人民有序参与立法途径。推进依法行政，切实做到严格规范公正文明执法。进一步深化司法体制改革，坚持和完善中国特色社会主义司法制度，确保审判机关、检察机关依法独立公正行使审判权、检察权。深入开展法制宣传教育，弘扬社会主义法治精神，树立社会主义法治理念，增强全社会学法尊法守法用法意识。提高领导干部运用法治思维和法治方式深化改革、推动发展、化解矛盾、维护稳定的能力。党领导人民制定宪法和法律，党必须在宪法和法律范围内活动。任何组织或者个人都不得有超越宪法和法律的特权，绝不允许以言代法、以权压法、徇私枉法。

党的十八大报告作出的总体战略部署，特别是关于深化改革和依法治国的具体部署，对于确保到2020年实现全面建成小康社会宏伟目标具有决定性意义，必须科学谋划布局，全面贯彻落实。

党的十八大之后，以习近平同志为核心的党中央即着手考虑党的十八届三中全会的议题。党的十八大提出了全面建成小康社会的宏伟目标，强调必须以更大的政治勇气和智慧，不失时机深化重要领域改革，坚决破除一切妨碍科学发展的思想观念和体制机制弊端，构建系统完备、科学规范、运行有效的制度体系，使各方面制度更加成熟更加定型。以习近平同志为核心的党中央站在党和国家工作全局的高度，认为要完成党的十八大提出的各项战略目标和工作部署，必须抓紧推进全面改革。2013年4月，中共中央政治局经过深入思考和研究、广泛听取党内外各方面意见，决定十八届三中全会研究全面深化改革问题并作出决定。同年4月20日，中共中央发出《关于对党的十八届三中全会研究全面深化改革问题征求意见的通知》。各地区各部门一致认为，党的十八届三中全会重点研究全面深化改革问题，顺应了广大党员、干部、群众的愿望，抓住了全社会最关心的问题，普遍表示赞成。

党的十八届三中全会后，以习近平同志为核心的党中央又着手研究和考虑十八届四中全会的议题。党的十八大提出了全面建成小康社会的奋斗目标，党的十八届三中全会对全面深化改革作出了顶层设计，实现这个奋斗目标，落实这个顶层设计，需要从法治上提供可靠保障。基于这样的考虑，2014年1月，中共中央政治局决定，十八届四中全会重点研究全面推进依法治国问题并作出决定。同年1月27日，中共中央发出《关于对党的十八届四中全会研究全面推进依法治国问题征求意见的通知》。从各方面反馈的意见看，大家一致认为，党的十八届四中全会研究全面推进依法治国问题并作出决定，意义重大而深远，符合党和国家事业发展需要和全党全国各族人民期盼。

由此可见，三中全会《决定》和四中全会《决定》都是以习近平同志为核心的党中央为实现党的十八大描绘的全面建成小康社会、加快推进社会主义现代化的宏伟蓝图进行的战略布局，两个决定共同服务于落实十八大作出的总体部署，是十八大作出的战略部署在时间轴上的顺序展开，因而两个《决定》之间具有内在的逻辑关系，必须一体学习领会，并一以贯之地抓好落实。

二、全面深化改革需要法治保障，全面依法治国需要深化改革

三中全会《决定》和四中全会《决定》在以习近平同志为核心的党中央治国理政的总体框架中都处于关键位置，发挥重要作用，二者紧密相联，互相支撑。全面深化改革需要法治保障，全面推进依法治国也需要深化改革。

党的十八届三中全会是在我国改革开放新的重要关头召开的一次重要会议。全会通过的《决定》深刻剖析了我国改革发展稳定面临的重大理论和实践问题，阐明了全面深化改革的重大意义和未来方向，提出了全面深化改革的指导思想、目标任务、重大原则，描绘了全面深化改革的新蓝图、新愿景、新目标，合理布局了深化改革的战略重点、优先顺序、主攻方向、工作机制、推进方式和时间表、路线图，汇集了全面深化改革的新思想、新论断、新举措，形成了改革理论和政策的一系列重大突破，是新形势下我国推进改革的顶层设计，是我们党在新的历史起点上全面深化改革的科学指南和行动纲领。

正因为全面深化改革需要法治保障，所以以习近平同志为核心的党中央在党的十八届三中全会作出全面深化改革若干重大问题决定之后，紧接着就确定党的十八届四中全会以依法治国为主要议题，对全面推进依法治国作出总体部署。这是以习近平同志为核心的党中央治国理政的精彩之笔，表明我们党对中国特色社会主义建设规律的认识达到了新的水平。

党的十八届四中全会是在我国改革开放新的重要关头召开的又一次重要会议。全会通过的《决定》立足我国社会主义法治建设实际，直面我国法治建设领域的突出问题，明确提出了全面推进依法治国的指导思想、总体目标、基本原则，提出了关于依法治国的一系列新观点、新举措，回答了党的领导和依法治国关系等一系列重大理论和实践问题，对科学立法、严格执法、公正司法、全民守法、法治队伍建设、加强和改进党对全面推进依法治国的领导作出了全面部署，回应了人民呼声和社会关切，是新形势下全面推进依法治国的顶层设计，是加快建设社会主义法治国家的纲领性文件。

党的十八届三中全会将推进法治中国建设作为全面深化改革的重要组成部分进行了具体部署，并针对这些年来群众对司法不公意见比较集中的问题，将司法改革列为全面深化改革的重点之一，提出了一系列相互关联的新举措，包括改革司法管理体制，推动省以下地方法院、检察院人财物统一管理，探索建立与行政区划适当分离的司法管辖制度；健全司法权力运行机制，完善主审法官、合议庭办案责任制，让审判者裁判、由裁判者负责；严格规范减刑、假释、保外就医程序；健全错案防止、纠正、责任追究机制，严格实行非法证据排除规则；建立涉法涉诉信访依法终结制度；废止劳动教养制度，完善对违法犯罪行为的惩治和矫正法律等。这些改革举措，对确保司法机关依法独立行使审判权和检察权、健全权责明晰的司法权力运行机制、提高司法透明度和公信力、更好保障人权都具有重要意义。党的十八届四中全会又在此基础上就全面推进依法治国进行了顶层设计和全面部署，提出180多项对依法治国具有重要意义的改革举措。将这些举措落到实处，最根本的办法还是要靠改革。

综上可知，三中全会《决定》和四中全会《决定》在精神和内容方面具有内在关联性，二者互相促进，互为保障，又各有侧重。全面深化改革更加侧重对妨碍科学发展的思想观念和各方面体制机制的弊端进行破除；全面推进依法治国更加侧重形成系统完备、科学规范、运行有效的制度体系，目的是使各方面制度更加成熟更加定型。两个《决定》紧密相联，互相支撑，体现了"破"和"立"的辩证统一，形成了立破并举的姊妹篇。

三、两个《决定》双轮驱动，协同为全面建成小康社会提供动力和保障

在以习近平同志为核心的党中央协调推进全面建成小康社会、全面深化改革、全面依法治国、全面从严治党的治国理政总体布局中，全面深化改革与全面推进依法治国在当前党和国家事业发展中处于关键位置和重要地位，对于确保到2020年实现全面建成小康社会宏伟目标具有决定性意义。

党的十八大根据我国经济社会发展实际，顺应全国各族人民过上更加美好生活的新期待，提出了在中国共产党成立一百年时全面建成小康社会的奋斗目标，并在十六大、十七大确立的全面建设小康社会目标基础上提出了新的要求。

要如期全面建成小康社会，实现上述奋斗目标，任务十分艰巨，时间也只有五年了。为确保第一个百年奋斗目标如期实现，以习近平同志为核心的党中央周密部署，精心谋划，扎实工作，依次推出全面深化改革和全面推进依法治国两个重大问题的决定，使两个《决定》双轮驱动，协同为实现全面建成小康社会宏伟目标提供制度动力和法治保障。

三中全会《决定》指出，改革开放是党在新的时代条件下带领全国各族人民进行的新的伟大革命，是当代中国最鲜明的特色，是决定当代中国命运的关键抉择，是党和人民事业大踏步赶上时代的重要法宝。面对新形势新任务，全面建成小康社会，进而建成富强民主文明和谐的社会主义现代化国家、实现中华民族伟大复兴的中国梦，必须在新的历史起点上全面深化改革。

经过30多年的改革开放和社会主义现代化建设，我国经济社会发展取得举世瞩目的历史性成就。但同时也要看到，当前我国发展仍面临一系列突出矛盾和挑战，前进道路上还有不少困难和问题。比如：发展中不平衡、不协调、不可持续问题依然突出，科技创新能力不强，产业结构不合理，发展方式依然粗放，城乡区域发展差距和居民收入分配差距依然较大，社会矛盾明显增多，教育、就业、社会保障、医疗、住房、

生态环境、食品药品安全、安全生产、社会治安、执法司法等关系群众切身利益的问题较多，部分群众生活困难，形式主义、官僚主义、享乐主义和奢靡之风问题突出，一些领域消极腐败现象易发多发，反腐败斗争形势依然严峻，等等。这些问题直接关系着全面建成小康社会奋斗目标的如期实现。而要解决这些矛盾和问题，关键在于全面深化改革。

正是基于全面深化改革对于全面建成小康社会的重要意义，以习近平同志为核心的党中央自党的十八大以来反复强调，改革开放是决定当代中国命运的关键一招，也是决定实现"两个一百年"奋斗目标、实现中华民族伟大复兴的关键一招，实践发展永无止境，解放思想永无止境，改革开放也永无止境，停顿和倒退没有出路，改革开放只有进行时、没有完成时，并在党的十八大召开后不久，即决定党的十八届三中全会研究全面深化改革问题并作出决定。三中全会《决定》与全面建成小康社会的奋斗目标相对接，将时间设计到2020年，按这个时间段提出改革任务，到2020年在重要领域和关键环节改革上取得决定性成果。目前，三中全会《决定》提出的各项重大改革举措正在逐步展开并日益引向深入，为全面建成小康社会提供着源源不断的制度动力和社会活力。可以说，三中全会《决定》的目标完成之日，也就是全面建成小康社会的实现之时。

四中全会《决定》同样是着眼于全面建成小康社会奋斗目标而顺序作出的。《决定》指出，我国正处于社会主义初级阶段，全面建成小康社会进入决定性阶段，改革进入攻坚期和深水区，国际形势复杂多变，我们党面对的改革发展稳定任务之重前所未有、矛盾风险挑战之多前所未有，依法治国在党和国家工作全局中的地位更加突出、作用更加重大。面对新形势新任务，我们党要更好统筹国内国际两个大局，更好维护和运用我国发展的重要战略机遇期，更好统筹社会力量、平衡社会利益、调节社会关系、规范社会行为，使我国社会在深刻变革中既生机勃勃又井然有序，实现经济发展、政治清明、文化昌盛、社会公正、生态良好，实现我国和平发展的战略目标，必须更好发挥法治的引领和规范作用。

法律是治国之重器，法治是国家治理体系和治理能力的重要依托。全面推进依法治国，是解决党和国家事业发展面临的一系列重大问题，促进社会公平正义、维护社会和谐稳定、确保党和国家长治久安的根本要求，是完善和发展中国特色社会主义制度、推进国家治理体系和治理能力现代化的重要方面。要实现党的十八大作出的一系列战略部署，确保到2020年实现全面建成小康社会宏伟目标，不断开拓中国特色社会主义事业更加广阔的发展前景，就必须在全面推进依法治国上作出总体部署、采取切实措施、迈出坚实步伐，从法治上为全面建成小康社会提供制度化方案和可靠保障。

正是因为全面推进依法治国对于全面建成小康社会具有保障作用，以习近平同志为核心的党中央自党的十八大以来高度重视依法治国，强调落实依法治国基本方略，加快建设社会主义法治国家，必须全面推进科学立法、严格执法、公正司法、全民守法进程，强调坚持党的领导，更加注重改进党的领导方式和执政方式。依法治国，首先是依宪治国；依法执政，关键是依宪执政；新形势下，我们党要履行好执政兴国的重大职责，必须依据党章从严治党、依据宪法治国理政。党领导人民制定宪法和法律，党领导人民执行宪法和法律，党自身必须在宪法和法律范围内活动，真正做到党领导立法、保证执法、带头守法。在党的十八届三中全会召开后不久，即决定党的十八届四中全会研究全面推进依法治国问题并作出决定。四中全会《决定》也注重与全面建成小康社会的奋斗目标相对接，在起草过程中突出了全面建成小康社会、全面深化改革、全面推进依法治国的逻辑联系。目前，四中全会《决定》提出的各项改革举措正在贯彻落实，为全面建成小康社会提供着有力的法治保障和制度支撑。

总之，三中全会《决定》和四中全会《决定》紧密相联，相辅相成，共同服务于全面建成小康社会宏伟目标的实现。由两个《决定》双轮驱动，协同为实现全面建成小康社会宏伟目标提供制度动力和法治保障，第一个百年奋斗目标一定能够如期实现！

［原载《红旗文稿》2015年第6期］

建设中国特色社会主义必须坚持人民主体地位

中国特色社会主义是亿万人民自己的事业。在新的历史条件下夺取中国特色社会主义新胜利，必须充分发挥人民主人翁精神，最广泛地动员和组织人民积极投身改革开放和社会主义现代化建设，最大限度地集中全社会、全民族的智慧和力量，更好保证人民当家作主，更好保障人民权益，使中国特色社会主义获得最广泛最牢固的群众基础。

一、必须坚持人民主体地位

人类历史是在社会基本矛盾运动中前进的，这一过程的主体是人民群众。围绕人在历史上的作用问题，哲学史上存在着两种根本对立的观点，即英雄史观和群众史观。英雄史观从社会意识决定社会存在的前提出发，抹杀人民群众的历史作用，宣扬英雄人物创造历史。与此相反，群众史观从社会存在决定社会意识的立场出发去考察和说明人类历史，认为人民是历史的创造者，群众是真正的英雄，英雄人物和领袖人物也是在人民提供的历史舞台上发挥作用的。早在马克思主义创立之际，马克思、恩格斯就鲜明指出，"历史活动是群众的活动"，决定历史发展的是"行动着的群众"。[①] 这就科学地阐明了人民群众在社会历史发展中的主体作用，打破了长期占据统治地位的英雄史观，确立了历史唯物主义的

---

① 《马克思恩格斯文集》第1卷，人民出版社2009年版，第287页。

人民史观，实现了历史观上的伟大变革。

人民，只有人民，才是创造世界历史的动力。作为社会生产力中最活跃最革命的因素，人民群众既是社会物质生产活动的主体、物质财富的创造者，又是社会精神生产活动的主体、精神财富的创造者。唯物史观在肯定人民群众是历史创造者的同时，并不否认杰出人物在历史发展过程中的重要作用。唯物史观从人民群众创造历史这一基本原理出发，科学地说明了个人在历史上的作用。邓小平在谈到毛泽东的贡献时曾指出，"没有毛主席，至少我们中国人民还要在黑暗中摸索更长的时间"[①]。坚持群众史观与承认个人尤其是杰出人物的重要作用是辩证统一的。首先，人民群众，既是整体概念，也是由每一个具体的人组成的集合概念。每个现实的人都不同程度地参与一定的社会生活，并在历史上留下某种痕迹。其次，在一些情况下，杰出人物会对历史发展产生深刻影响，有时甚至能决定个别历史事件的结局，从而使历史进程发生某种改变。但是，不管什么样的推动历史进步的杰出人物，不管他们在历史上发挥过多么大的作用，他们都是从人民群众中产生的，都受到社会发展规律的制约，并以能否得到最广大人民群众的拥护为前提条件，不可能决定和改变历史发展的总进程和总趋势。

回顾中国革命、建设和改革历程，人民群众创造历史的主体作用贯穿始终，始终是决定我国前途和命运的根本力量。在新民主主义革命时期，正是广大人民群众以奋不顾身的抗争精神，汇成坚不可摧、排山倒海的革命洪流，筑成真正的铜墙铁壁，最终推翻了帝国主义、封建主义、官僚资本主义的"三座大山"，实现了民族独立和人民解放。在社会主义革命和建设时期，全国各族人民焕发出冲天干劲，以无比的英雄气概和高昂的热情投身建设事业，在短时间内实现了社会制度的历史性跨越，取得社会主义建设的伟大成就，用心血和汗水为后来的社会主义建设奠定了重要的物质基础。在新时期，改革开放认识和实践上的每一次突破和发展，每一个方面经验的创造和积累，无不来自亿万人民的实践和智慧。农村改革如此，城市及其他领域的改革同样如此。可以说，90多年

[①] 《邓小平文选》第2卷，人民出版社1994年版，第345页。

来，我们党取得的所有成就都是依靠人民共同奋斗的结果。

中国特色社会主义事业之所以得到广大人民群众的衷心拥护和积极参与，最根本的原因在于我们一开始就使这项事业深深扎根于人民群众之中。中共十八届三中全会强调改革开放积累的宝贵经验，其中很重要的一条就是"坚持以人为本，尊重人民主体地位，发挥群众首创精神，紧紧依靠人民推动改革"[1]。我们党的党员人数再多，放在人民中间也只是少数。党的力量在人民，党的宗旨为人民，我们党的宏伟奋斗目标，离开了人民支持就会无法实现。人民是我们一切事业成功的根本力量，也是我们党的工作的最高裁决者和最终评判者，我们党的执政水平和执政成效必须而且只能由人民来评判。建设中国特色社会主义，必须充分发挥人民群众的积极性主动性创造性，紧紧依靠人民群众共同推进。只要我们党充分尊重人民群众的主体地位，始终与人民同甘共苦、共同奋斗，中国特色社会主义事业就拥有了取之不尽、用之不竭的力量源泉。

二、更好保证人民当家作主

人民当家作主是社会主义民主的本质和核心，也是我国社会主义政治制度的最大优越性。坚持人民主体地位，就是要使人民真正成为国家、社会和自己命运的主人。新中国成立特别是改革开放以来，我们党团结带领人民在发展社会主义民主上不断取得重大进展，有力保证了人民当家作主的实现。但也要看到，由于历史文化传统和现实条件等多种因素的制约，我国民主政治建设还不完善。如何更好地保证人民当家作主，增强党和国家活力、调动人民积极性，提高人民群众有序参与国家、社会治理和自我治理的能力，还有很长的路要走。我们要从以下几方面深化改革，更好地保证人民当家作主。

第一，坚持中国特色社会主义政治发展道路。政治发展道路是否正确，对一个国家的盛衰兴亡具有决定性意义。中国特色社会主义政治发

---

[1] 《中国共产党第十八届中央委员会第三次全体会议文件汇编》，人民出版社2013年版，第22页。

展道路，是历史和人民的选择，是为实践所证明了的符合我国国情和性质、发展人民民主的唯一正确道路，必须始终不渝地坚持。坚持这条政治发展道路，关键是要坚持党的领导、人民当家作主、依法治国有机统一，积极稳妥推进政治体制改革，坚持和完善社会主义根本政治制度和基本政治制度，更加注重健全民主制度、丰富民主形式，从各层次各领域扩大公民有序政治参与，充分发挥我国社会主义政治制度优越性。推进政治体制改革，必须坚持正确方向，既积极借鉴人类政治文明有益成果，又不能照搬西方政治制度模式。近年来，中东、北非等一些发展中国家脱离本国国情、照搬西方模式，结果先后陷入民主失灵的困境，导致政局动荡、社会混乱、经济凋敝，教训极其惨痛。

第二，推动人民代表大会制度与时俱进。人民代表大会制度体现了我国"一切权力属于人民"的社会主义民主实质，是人民当家作主的重要途径和最高实现形式，有着显著的优越性。西方"三权分立"制度一定程度上确实可以避免某一个利益集团独揽权力，保证了统治集团内部的"民主"，但这种制度设计并不能保证人民的民主权利，因为参与制衡的每一方都是某一利益集团的代表，不能保证权力行使的广泛代表性。放弃人民代表大会制度，照搬资本主义国家"三权分立"的政治制度，必然会从根本上动摇人民当家作主的政治地位。人民代表大会制度符合中国国情，是保证人民当家作主的根本政治制度。坚持人民主体地位，必须坚持人民代表大会制度，同时推进人民代表大会制度理论和实践创新，充分发挥人民代表大会制度的根本政治制度作用。要完善中国特色社会主义法律体系，健全"一府两院"由人大产生、对人大负责、受人大监督制度，健全人大讨论、决定重大事项制度，加强人大预算决算审查监督、国有资产监督职能。落实税收法定原则。提高基层人大代表特别是一线工人、农民、知识分子代表比例，通过建立健全代表联络机构、网络平台等形式密切代表同人民群众的联系，更好地动员和组织人民通过各级人民代表大会行使国家权力。

第三，推进协商民主广泛多层制度化发展。协商民主是我国社会主义民主政治的特有形式和独特优势，是党的群众路线在政治领域的重要体现。在党的领导下，以经济社会发展重大问题和涉及群众切身利益的实际问题为内容，在全社会开展广泛协商，坚持协商于决策之前和决策实施之中。协商民主以宪法和相关政策为依据，以中国共产党领导的多党合作和政治协商制度为保障，集协商、监督、参与、合作于一体，实现了知情权、参与权、表达权和监督权的有机结合，体现了人民当家作主的本质要求，有利于完善人民有序政治参与、密切党同人民群众的血肉联系、促进决策科学化民主化。要加快协商民主的制度建设，构建程序合理、环节完整的协商民主体系，拓宽国家政权机关、政协组织、党派团体、基层组织、社会组织的协商渠道，深入开展立法协商、行政协商、参政协商、社会协商。发挥统一战线在协商民主中的重要作用，完善中国共产党同各民主党派的政治协商，发挥人民政协作为协商民主重要渠道作用，重点推进政治协商、民主监督、参政议政制度化、规范化、程序化。

第四，发展基层民主。基层民主是群众身边的民主，体现人民当家作主最直接，保障人民权益效果最明显。在城乡社区治理、基层公共事务和公益事业中实行群众自我管理、自我服务、自我教育、自我监督，是人民依法直接行使民主权利的重要方式，是人民民主的生动实践。要健全基层党组织领导的充满活力的基层群众自治机制，以扩大有序参与、推进信息公开、加强议事协商、强化权力监督为重点，拓宽范围和途径，丰富内容和形式，保障人民享有更多更切实的民主权利。开展形式多样的基层民主协商，推进基层协商制度化。健全以职工代表大会为基本形式的企事业单位民主管理制度，加强社会组织民主机制建设，保障职工参与管理和监督的民主权利。

三、从人民群众中汲取智慧和力量

建设中国特色社会主义是一项前无古人的事业，发展进程中不可避免地会遇到许多新情况、新问题，而解决这些新问题从老祖宗那里是找不到现成答案的。解决问题的办法归根结底只能来自人民群众创造历史的丰富多彩的实践。改革任务越繁重，我们越要依靠人民群众的支持和参与，善于从人民的实践创造和发展要求中完善改革的政策主张，善于通过提出和贯彻正确的改革措施带领人民前进。

从人民群众中汲取智慧和力量，就要深入实际进行调查研究。调查研究是谋事之基、成事之道。没有调查，就没有发言权，更没有决策权。"知屋漏者在宇下，知政失者在草野。"我们党制定的各项改革方针政策是否符合实际，采取的相关措施是否取得了预期效果，这些政策和措施还有没有需要改进和完善的地方，基层群众的感受往往更为直接、更为真切，具有最大的发言权。领导干部要经常深入实际、深入基层、深入群众，交一批真朋友，搞一些实调研，把事情的真相和全貌调查清楚，把问题的本质和规律把握准确，把解决问题的思路和对策研究透彻，集中群众的智慧和力量去发展事业、完善政策、改进措施，以利于把各项工作做得更好。开展调查研究，不仅要"身入"基层，更要"心到"基层，真心实意地同群众交朋友、拉家常，直接了解基层干部群众的所想、所急、所盼，尽可能多听一听基层和一线的声音，尽可能多接触第一手材料，这样才能真正听到实话、察到实情、获得真知、收到实效。

要善于从人民群众的实践创造中总结提炼经验。善于总结经验，是我们党发扬成绩、纠正错误、提高自己的科学领导方法，也是党的优良传统。实践证明，凡是成功的政策，大都来自群众的创造，来自群众经验的提升。邓小平指出："农村改革中的好多东西，都是基层创造出来，我们把它拿来加工提高作为全国的指导。"[①] 要善于发现人民群众在生产生活实践中的创造，善于总结他们解决实际问题的新举措新经验，注重积累、注重发展，把总结经验同指导工作、推动经济社会发展结合起来。要坚持在实践发展中对以往的经验进行检验，对的就坚持，不对的就赶快改，做得不够的就加以补充，新问题出来就抓紧研究解决，保证党和国家的工作始终沿着正确方向前进。

领导干部要拜人民为师、甘做群众的小学生。人民群众中蕴藏着无穷无尽的创造潜力，蕴藏着促进社会进步的巨大热情和聪明才智。要做群众的先生，先做群众的学生，这是党领导革命、建设、改革的一条重要经验。要坚持问政于民、问需于民、问计于民，把政治智慧的增长、

[①] 《邓小平文选》第3卷，人民出版社1993年版，第382页。

执政本领的增强、领导艺术的提高深深扎根于人民群众的实践沃土中，不断从人民群众中吸取营养和力量，不断提高各项决策和工作的科学化水平。

四、实现好维护好发展好最广大人民根本利益

坚持人民主体地位，不仅是一种政治立场、政治要求，更是一个以实现好维护好发展好最广大人民根本利益为具体内容的实践过程。只有人民的根本利益得到尊重和维护，人民主体地位才有真实可靠的保障，否则就会流于形式、止于空谈。我们党是全心全意为人民服务的政党，除了人民利益没有任何自己的特殊利益。人民利益，既是党的领导机关一切决策的最高标准，也是每一个党员干部行动的最高标准。在新的历史条件下，坚持人民主体地位，必须始终把人民利益放在第一位，坚持以人为本，实现好维护好发展好最广大人民的根本利益，做到发展为了人民，发展依靠人民，发展成果由人民共享。

要尊重人民利益，充分考虑人民群众的意愿和感受。密切联系群众是我们党的最大政治优势，脱离群众是我们党执政后的最大危险。近年来，在一些地方、一些部门，发生了一些群体性事件，一个重要原因就是没有充分听取群众的意见和建议，没有回应好群众的合理合法诉求。要牢固树立以人民为中心的工作导向，从群众的现实需要出发，站在群众的角度思考问题，真诚倾听群众呼声，真实反映群众愿望，真情关心群众疾苦，依法保障人民群众经济、政治、文化、社会等各项权益。凡是涉及群众切身利益的重大决策，都要认真进行社会稳定风险评估，充分听取群众意见和建议，充分考虑不同群众的利益和承受能力，绝不能干劳民伤财、违反群众意愿的事。

要解决好人民群众的切身利益问题。要关心群众。群众利益无小事，在领导干部看来或许很小的事，具体到某个群众身上就可能是件大事。凡是涉及群众切身利益和实际困难的事情，再小也要尽全力去办。要从群众最关心、最迫切需要解决的实际问题入手，下大气力解决好群众反映强烈的突出问题，重点解决好关系人民群众切身利益的教育、就业、

收入分配、社会保障、住房、医疗等问题,切实帮助群众尤其是困难群众解决实际困难,努力使人民生活得更加幸福、更有尊严。

要妥善协调好各方面的利益关系。人民群众的整体利益是由各方面的具体利益构成的。我们所有的政策措施和工作,都应该正确反映并有利于妥善处理各种利益关系,都应该认真考虑和兼顾不同阶层、不同方面群众的利益。应当看到,最大多数人的利益是最紧要和最具决定性的因素。我们在对待人民群众利益问题上,既不能漠视眼前利益,又不能吃祖宗饭、断子孙路,不考虑人民群众的长远利益;既不能忽视每个人的具体利益,又不能因小失大、只见树木不见森林,不顾及人民群众的整体利益。要把个人利益与集体利益、局部利益与整体利益、当前利益与长远利益正确地统一起来,在整个社会生产和建设发展的基础上,不断使全体人民得到并日益增加看得见的利益,让人民群众的利益实实在在、长长久久。

[原载《前线》2015 年第 5 期]

自信 自豪 自警
——习近平"七一"重要讲话的三个特点

习近平"七一"重要讲话①，全面回顾了我们党 95 年来团结带领全国各族人民不懈奋斗走过的光辉历程和作出的伟大历史贡献，深刻阐明了近代以来我国社会发展的规律性认识，以不忘初心、继续前进为主题，明确提出了面向未来、面对挑战，做好改革发展稳定各项工作、加强和改善党的领导、加强自身建设的要求，科学展望了党和人民事业发展的光明前景。"七一"重要讲话立意高远、内涵丰富、思想深刻，体现着自信、自豪和自警的精神。

一、"七一"重要讲话通篇体现着对我们党 95 年光辉历程及辉煌成就的高度自信

"七一"重要讲话指出："全党要坚定道路自信、理论自信、制度自信、文化自信。当今世界，要说哪个政党、哪个国家、哪个民族能够自信的话，那中国共产党、中华人民共和国、中华民族是最有理由自信的。有了'自信人生二百年，会当水击三千里'的勇气，我们就能毫无畏惧面对一切困难和挑战，就能坚定不移开辟新天地、创造新奇迹。"这是何等的豪迈之气。

---

① 指习近平：《在庆祝中国共产党成立 95 周年大会上的讲话》（2016 年 7 月 1 日）。

中国共产党之所以如此自信，就是缘于我们党经过95年的不懈奋斗和探索，开辟了中国特色社会主义道路，形成了中国特色社会主义理论体系，确立了中国特色社会主义制度，而这条道路、这套理论和制度体系适合中国国情，具有中国特色，使中华民族伟大复兴展现出前所未有的光明前景。

为此，习近平总书记在"七一"重要讲话中指出：我们要坚信，中国特色社会主义道路是实现社会主义现代化的必由之路，是创造人民美好生活的必由之路。我们要坚信，中国特色社会主义理论体系是指导党和人民沿着中国特色社会主义道路实现中华民族伟大复兴的正确理论，是立于时代前沿、与时俱进的科学理论。我们要坚信，中国特色社会主义制度是当代中国发展进步的根本制度保障，是具有鲜明中国特色、明显制度优势、强大自我完善能力的先进制度。中国共产党人和中国人民完全有信心为人类对更好社会制度的探索提供中国方案。

在"七一"重要讲话中，习近平总书记特别强调了文化自信，指出文化自信是更基础、更广泛、更深厚的自信。在5000多年文明发展中孕育的中华优秀传统文化，在党和人民伟大斗争中孕育的革命文化和社会主义先进文化，积淀着中华民族最深层的精神追求，代表着中华民族独特的精神标识。这是中国自信最深厚的文化根基。

基于四个自信，习近平总书记再次强调，今天，我们比历史上任何时期都更接近中华民族伟大复兴的目标，比历史上任何时期都更有信心、有能力实现这个目标。我们完全可以说，中华民族伟大复兴的中国梦一定要实现，也一定能够实现。在庆祝中国共产党成立95周年的庄严场合重申此点，给人以特别的力量和自信，必将激励每一个共产党员为实现中华民族伟大复兴的中国梦而努力奋斗。

二、"七一"重要讲话通篇体现着对我们党95年来伟大历史贡献的充分自豪

"七一"重要讲话概括了我们党为中华民族作出的三个伟大历史贡献，阐明了这三大历史贡献对中华民族的重大意义。他指出，在95年波澜壮

阔的历史进程中，中国共产党紧紧依靠人民，跨过一道又一道沟坎，取得一个又一个胜利，为中华民族作出了伟大历史贡献。

关于第一个伟大历史贡献，习近平总书记指出，就是我们党团结带领中国人民进行28年浴血奋战，打败日本帝国主义，推翻国民党反动统治，完成新民主主义革命，建立了中华人民共和国。这一伟大历史贡献的意义在于，彻底结束了旧中国半殖民地半封建社会的历史，彻底结束了旧中国一盘散沙的局面，彻底废除了列强强加给中国的不平等条约和帝国主义在中国的一切特权，实现了中国从几千年封建专制政治向人民民主的伟大飞跃。

关于第二个伟大历史贡献，习近平总书记指出，就是我们党团结带领中国人民完成社会主义革命，确立社会主义基本制度，消灭一切剥削制度，推进了社会主义建设。这一伟大历史贡献的意义在于，完成了中华民族有史以来最为广泛而深刻的社会变革，为当代中国一切发展进步奠定了根本政治前提和制度基础，为中国发展富强、中国人民生活富裕奠定了坚实基础，实现了中华民族由不断衰落到根本扭转命运、持续走向繁荣富强的伟大飞跃。

关于第三个伟大历史贡献，习近平总书记指出，就是我们党团结带领中国人民进行改革开放新的伟大革命，极大激发广大人民群众的创造性，极大解放和发展社会生产力，极大增强社会发展活力，人民生活显著改善，综合国力显著增强，国际地位显著提高。这一伟大历史贡献的意义在于，开辟了中国特色社会主义道路，形成了中国特色社会主义理论体系，确立了中国特色社会主义制度，使中国赶上了时代，实现了中国人民从站起来到富起来、强起来的伟大飞跃。

这三个伟大历史贡献是我们党顺应历史潮流、勇担历史重任、作出巨大牺牲，带领全国各族人民经过95年不懈奋斗和艰辛探索而得来的，是中国共产党和中国人民用鲜血、汗水、泪水写就的，是中华民族发展史上不能忘却、不容否定的壮丽篇章，也是中国人民和中华民族继往开来、奋勇前进的现实基础。这样的伟大历史贡献，值得我们全党和全国人民倍加珍惜，倍感自豪。

"七一"重要讲话还把我们党为中华民族作出的历史贡献放在几千年

人类发展长河中去定位和考察。这样的宽宏视野，使我们党更加有理由对自己的成就感到自豪和骄傲。因为这三大历史贡献，不仅是改变了近代中国的历史，而且使具有5000多年文明历史的中华民族全面迈向现代化，让中华文明在现代化进程中焕发出新的蓬勃生机；使具有500年历史的社会主义主张在世界上人口最多的国家成功开辟出具有高度现实性和可行性的正确道路，让科学社会主义在21世纪焕发出新的蓬勃生机；使具有60多年历史的新中国建设取得举世瞩目的成就，中国这个世界上最大的发展中国家在短短30多年里摆脱贫困并跃升为世界第二大经济体，彻底摆脱被开除球籍的危险，创造了人类社会发展史上惊天动地的发展奇迹，使中华民族焕发出新的蓬勃生机。

三、"七一"重要讲话通篇体现着对我们党面临的新的历史性考验的清醒自警

"七一"重要讲话指出，我们回顾历史，不是为了从成功中寻求慰藉，更不是为了躺在功劳簿上、为回避今天面临的困难和问题寻找借口。尽管我们党95年走过了光辉历程，取得了伟大成就，为中华民族作出了历史性贡献，有自信和自豪的充足理由，但我们党始终保持清醒头脑，对面临的新的历史性重大考验始终怀有忧患意识。

当前，我国经济社会发展势头总体是好的。国家繁荣昌盛，社会和谐稳定，人民安居乐业。但同时也存在一些突出矛盾和问题。比如：发展中不平衡、不协调、不可持续问题依然突出，科技创新能力不强，产业结构不合理，发展方式依然粗放，城乡区域发展差距和居民收入分配差距依然较大，社会矛盾明显增多，教育、就业、社会保障、医疗、住房、生态环境、食品药品安全、安全生产、社会治安、执法司法等关系群众切身利益的问题较多，部分群众生活困难。在党风廉政建设方面，我们党员干部队伍的主流始终是好的。同时，我们也要清醒地看到，当前一些领域消极腐败现象仍然易发多发，一些重大违纪违法案件影响恶劣，反腐败斗争形势依然严峻复杂，人民群众还有许多不满意的地方。

针对我们党在发展过程中遇到的这些挑战和问题，习近平总书记在

讲话中再次重申"三个没有变",即我国仍处于并将长期处于社会主义初级阶段的基本国情没有变,人民日益增长的物质文化需要同落后的社会生产之间的矛盾这一社会主要矛盾没有变,我国是世界上最大发展中国家的国际地位没有变。这是我们党对自身发展阶段和历史定位的一种清醒认识。在庆祝中国共产党成立95周年的重要场合再次重申这一点,有助于提醒我们全党,不要被胜利冲昏头脑。

"得众则得国,失众则失国"。密切联系群众是我们党的最大政治优势,脱离群众是我们党执政后的最大危险。我们党作为执政党,面临的最大威胁就是腐败。面对党风廉政建设和反腐败斗争的严峻形势,习近平总书记在讲话中振聋发聩地指出,治国必先治党,治党务必从严。如果管党不力、治党不严,人民群众反映强烈的党内突出问题得不到解决,那我们党迟早会失去执政资格,不可避免被历史淘汰。他再次号召全党,要以自我革命的政治勇气,着力解决党自身存在的突出问题,不断增强党自我净化、自我完善、自我革新、自我提高能力,经受"四大考验"、克服"四种危险",确保党始终成为中国特色社会主义事业的坚强领导核心。

意味深长的是,"七一"重要讲话以毛泽东讲的"赶考"的话来结篇,非常有深意,体现着我们党的忧患意识。它提醒全党,虽然60多年的实践证明,我们党在这场历史性考试中取得了优异成绩。但这场考试还没有结束,还在继续。今天,我们党团结带领人民所做的一切工作,就是这场考试的继续。为此,习近平总书记要求全党一定要"不忘初心、继续前进",时刻准备应对重大挑战、抵御重大风险、克服重大阻力、解决重大矛盾,永远保持谦虚、谨慎、不骄、不躁的作风,永远保持艰苦奋斗的作风,勇于变革、勇于创新,永不僵化、永不停滞,继续在这场历史性考试中经受考验,努力向历史、向人民交出新的更加优异的答卷!只有这样,才能使我们的党、我们的国家、我们的人民永远立于不败之地。

[原载《当代中国史研究》2016年第4期]

共同服务于如期全面建成小康社会
——党的十八届三中、四中、五中全会的内在关联性

党的十八届五中全会是在全面建成小康社会进入决胜阶段召开的一次十分重要的大会。这次全会与此前召开的十八届三中、四中全会在内容和精神上具有紧密的内在关联性。从总体上学习和领会这三次全会的基本精神，把握其中的内在联系，对于深入贯彻落实十八届五中全会精神，进而更好地把握以习近平同志为核心的党中央治国理政的总体思路和战略部署，具有十分重要的理论价值和现实意义。

一、三次中央全会的议题都是着眼于确保到2020年全面建成小康社会这个奋斗目标而设定

到2020年全面建成小康社会，是我们党对全国人民的庄严承诺，是十八大确定的"两个一百年"奋斗目标的第一个百年奋斗目标。为确保这个宏伟目标如期实现，十八大以来，以习近平同志为核心的党中央站在全局和战略的高度，精心谋划，科学部署，先后召开了十八届三中、四中和五中全会。这三次中央全会的议题都是着眼于确保到2020年全面建成小康社会这个奋斗目标而设定的。

2013年11月召开的十八届三中全会，将议题确定为重点研究全面深化改革问题，并作出了《中共中央关于全面深化改革若干重大问题的决定》。这是着眼于确保到2020年全面建成小康社会这个奋斗目标而设定

的。经过 30 多年的改革开放和社会主义现代化建设,我国经济社会发展取得举世瞩目的历史性成就。但同时也要看到,当前我国发展仍面临一系列突出矛盾和挑战,前进道路上还有不少困难和问题。这些问题直接关系着全面建成小康社会奋斗目标的如期实现。而要解决这些矛盾和问题,关键在于全面深化改革。正是基于全面深化改革对于全面建成小康社会的重要意义,以习近平同志为核心的党中央自十八大以来反复强调,改革开放是决定当代中国命运的关键一招,也是决定实现"两个一百年"奋斗目标、实现中华民族伟大复兴的关键一招,并在十八大召开后不久,即决定十八届三中全会研究全面深化改革问题。这个议题的设定抓住了问题的核心和关键,对如期实现到 2020 年全面建成小康社会这个宏伟目标具有重大意义。

2014 年 10 月召开的十八届四中全会,将议题确定为重点研究全面推进依法治国问题,并作出了《中共中央关于全面推进依法治国若干重大问题的决定》。这也是着眼于确保到 2020 年全面建成小康社会这个奋斗目标而设定的。习近平总书记在《关于〈中共中央关于全面推进依法治国若干重大问题的决定〉的说明》中指出:"现在,全面建成小康社会进入决定性阶段,改革进入攻坚期和深水区。我们党面对的改革发展稳定任务之重前所未有、矛盾风险挑战之多前所未有,依法治国在党和国家工作全局中的地位更加突出、作用更加重大。全面推进依法治国是关系我们党执政兴国、关系人民幸福安康、关系党和国家长治久安的重大战略问题,是完善和发展中国特色社会主义制度、推进国家治理体系和治理能力现代化的重要方面。我们要实现党的十八大和十八届三中全会作出的一系列战略部署,全面建成小康社会、实现中华民族伟大复兴的中国梦,全面深化改革、完善和发展中国特色社会主义制度,就必须在全面推进依法治国上作出总体部署、采取切实措施、迈出坚实步伐。"这就清楚地说明了四中全会议题的设定与全面建成小康社会的关系。这次全会对如期实现到 2020 年全面建成小康社会这个奋斗目标从法治上提供了可靠保障。

2015 年 10 月召开的十八届五中全会,将议题确定为重点研究"十三五"规划建议问题,并提出了《中共中央关于制定国民经济和社会发展第十三个五年规划的建议》。这更是为确保如期实现全面建成小康社会这个奋斗目标而设定的。到 2020 年还有五年时间，全面建成小康社会、实现我们党确定的"两个一百年"奋斗目标的第一个百年奋斗目标已进入决胜阶段。这五年恰好是实施一个五年规划的时间。因此，为确保到 2020 年如期实现全面建成小康社会这个宏伟目标，有必要制定和实施"十三五"规划建议，阐明未来五年党和国家的战略意图，明确发展的指导思想、基本原则、目标要求、基本理念、重大举措，描绘好国家发展蓝图。这对于奋力夺取全面建成小康社会的伟大胜利，进而为实现第二个百年奋斗目标、实现中华民族伟大复兴的中国梦奠定更加坚实的基础，具有十分重大的现实意义和深远的历史意义。为此，2015 年 1 月，中共中央政治局决定，十八届五中全会重点研究"十三五"规划建议问题并提出建议。

二、三次中央全会的内容都是紧紧围绕到 2020 年全面建成小康社会这个奋斗目标而施策

在新的国际国内形势下，如期全面建成小康社会既具有充分条件也面临艰巨任务，需要在新中国成立特别是改革开放以来打下的坚实基础上坚定信心，锐意进取，奋发有为。为此，十八届三中、四中、五中全会接连通过了两个决定和一个建议。这些文件的核心内容都是围绕确保到 2020 年如期全面建成小康社会这个宏伟目标而精心施策和总体谋划的。

为解决我国发展道路上遇到的影响全面建成小康社会的矛盾和挑战，十八届三中全会通过的决定，深刻剖析了我国改革发展稳定面临的重大理论和实践问题，阐明了全面深化改革的重大意义和未来方向，提出了全面深化改革的指导思想、目标任务、重大原则，描绘了全面深化改革的新蓝图、新愿景、新目标，合理布局了深化改革的战略重点、优先顺序、主攻方向、工作机制、推进方式和时间表、路线图，汇集了全面深化改革的新思想、新论断、新举措，形成了改革理论和政策的一系列重大突破，是新形势下我国推进改革的顶层设计，是我们党在新的历史起

点上全面深化改革的科学指南和行动纲领。自决定通过以来的两年间，经过全党和全国人民的共同努力，我国全面深化改革取得突破性进展，啃下了很多改革阻力较大、多年都啃不动的"硬骨头"，让老百姓有了实实在在的获得感。这些改革成就的取得，为我们克服前进道路上的困难和障碍，确保到2020年如期全面建成小康社会铺平了道路。

为给如期全面建成小康社会提供可靠法治保障，加强依法治国在党和国家工作全局中的地位和作用，十八届四中全会通过的决定，立足我国社会主义法治建设实际，直面我国法治建设领域的突出问题，明确提出了全面推进依法治国的指导思想、总体目标、基本原则，提出了关于依法治国的一系列新观点、新举措，回答了党的领导和依法治国关系等一系列重大理论和实践问题，对科学立法、严格执法、公正司法、全民守法、法治队伍建设、加强和改进党对全面推进依法治国的领导作出了全面部署，回应了人民呼声和社会关切，是新形势下全面推进依法治国的顶层设计，是加快建设社会主义法治国家的纲领性文件。决定通过一年多来，全会提出的180多项对依法治国具有重要意义的改革举措正在逐步落到实处，一些改革方案已经出台，一些重要改革举措已经全面推开，一些重大改革任务已经开展试点，一些改革事项正在研究论证，我国社会主义法治国家建设特别是司法体制改革取得突破性进展。这就为到2020年如期全面建成小康社会奠定了坚实的法治基础。

为奋力夺取全面建成小康社会决胜阶段的伟大胜利，十八届五中全会通过的建议，从党和国家战略全局出发，坚持目标导向和问题导向相统一、立足国内和全球视野相统筹、全面规划和突出重点相协调、战略性和操作性相结合，明确提出"十三五"规划的指导思想、基本原则、目标要求、基本理念、重大举措，描绘了未来五年国家发展蓝图，体现了"四个全面"战略布局，体现了习近平总书记系列重要讲话精神，反映了十八大以来党中央决策部署，顺应了我国经济发展新常态的内在要求，有很强的思想性、战略性、前瞻性、指导性，是动员全党全国各族人民夺取全面建成小康社会伟大胜利的纲领性文件。"十三五"时期与实现全面建成小康社会奋斗目标的时间节点高度契合，"十三五"规划也是全面建成小康社会收官的规划。"十三五"规划是紧紧围绕实现这个奋斗目标来制定的。建议的通过为到2020年如期全面建成小康社会提供了重要的体制和机制保障。

三、三次中央全会既有各自重要地位和作用，又三位一体，共同服务于如期全面建成小康社会

为确保到2020年全面建成小康社会这个宏伟目标的如期实现，以习近平同志为核心的党中央在十八届三中、四中、五中全会上，顺次提出全面深化改革、全面依法治国和制定"十三五"规划建议等重大举措，构成确保如期全面建成小康社会的战略布局。在这个战略布局中，三次中央全会既有各自的重要地位和作用，又三位一体，共同服务于如期全面建成小康社会。

十八届三中全会提出的全面深化改革，是确保如期全面建成小康社会战略布局中具有突破性和先导性的关键环节。它不仅构成三中全会的灵魂和主题，而且作为一条红线贯穿四中、五中全会始终，成为如期全面建成小康社会的决定性动力。

十八届四中全会在这个战略布局中具有承上启下的地位和作用。四中全会始终贯穿改革精神。它在三中全会就推进法治中国建设提出的一系列改革举措基础上，又就全面推进依法治国进行了顶层设计和全面部署，提出180多项对依法治国具有重要意义的改革举措。将这些举措落到实处，最根本的办法还是要靠改革。同时，四中全会决定的贯彻落实及取得的成效，又为五中全会制定"十三五"规划建议创设了良好的法治环境，提供了有力的法治保障。这对确保如期全面建成小康社会同样具有重要意义。

在这个由三次中央全会构成的战略布局中，十八届五中全会是直接服务于如期全面建成小康社会的。这次全会的重要地位和作用，就是将夺取全面建成小康社会决胜阶段的伟大胜利、确保如期实现全面建成小康社会奋斗目标的途径和思路，用制定"十三五"规划建议的方式明确下来，并以这次全会确立的五大发展理念等举措将这一战略任务落到实处。全会通过的建议，秉承三中、四中全会的基本精神，继续强调坚持

深化改革和坚持依法治国，并将其确定为如期实现全面建成小康社会奋斗目标、推动经济社会持续健康发展必须遵循的两项原则。这对于确保如期全面建成小康社会具有决定性意义。

总之，这三次中央全会无论在议题上还是内容上都具有紧密的内在联系。它们相互贯通，分工合作，构成"三位一体"的战略布局，共同确保全面建成小康社会宏伟目标的如期实现。

［原载《前线》2016 年第 6 期］

新中国社会主义现代化建设奋斗目标的历史演进

把我国建设成为社会主义现代化国家，是几代中国共产党人始终不渝的奋斗目标。为把这一宏伟目标变成现实，在新中国的不同历史时期，中国共产党人根据我国社会主义现代化建设的实际进程，提出了一系列接续奋斗的具体目标，引领我国社会主义现代化建设不断向前推进。回顾我国社会主义现代化建设奋斗目标的历史演进，展示我们党团结带领全国各族人民为实现这一宏伟目标而不懈奋斗的光辉历程及取得的伟大成就，对于总结我们党推进社会主义现代化建设的历史经验，激励全国各族人民为实现这一宏伟目标而继续团结奋斗，具有十分重要意义。

一、从实现社会主义工业化到实现"四个现代化"

把中国建设成为现代化国家，实现中华民族的伟大复兴，是近代以来无数仁人志士孜孜以求的梦想。但这一梦想只有在中国共产党的领导下、走社会主义道路才能变成现实。中国共产党建立后，团结带领全国各族人民，经过28年浴血奋斗，取得了新民主主义革命的胜利，建立了中华人民共和国，确立了社会主义基本制度，实现了中国历史上最深刻最伟大的社会变革，为当代中国一切发展进步奠定了根本政治前提和制度基础，也为在新中国实现社会主义现代化扫清了障碍，开辟了道路，创造了条件。

现代化首先是工业化。新中国成立后，以毛泽东为主要代表的中国共产党人，从当时一穷二白的基本国情出发，决定先从实现社会主义工业化入手，并在推动工业化建设的进程中逐步提出了到20世纪末实现"四个现代化"的奋斗目标。

早在1949年3月召开的七届二中全会上，我们党就指出了中国由农业国转变为工业国的发展方向。新中国成立后，经过三年的国民经济恢复，获得了开始进行大规模经济建设的条件。在此背景下，毛泽东在1953年正式提出了以社会主义工业化为主体的党在过渡时期总路线。按照过渡时期总路线的设想，实现"一化三改"特别是实现国家的社会主义工业化需要经过一个相当长的时期。当时估计大约需要经过三个五年计划，即15年左右的时间。但后来社会主义改造提前完成了，以优先发展重工业为主要特征的"一五"计划也取得巨大成功。这在为新中国的工业化奠定初步基础的同时，也一度助长了急于求成的情绪，所制定的发展战略逐渐脱离了中国实际。"大跃进"运动使新中国的工业化进程遭受了曲折，也促使中国共产党人从挫折和教训中开始重新确立更加符合经济规律和中国国情的社会主义工业化和现代化发展战略。

1963年9月6日至27日，党中央召开工作会议，讨论《关于工业发展问题》初稿。这份文件提出："在三年过渡阶段之后，我们的工业发展可以按两步来考虑：第一步，搞十五年，建立一个独立的完整的工业体系，使我国工业大体赶上世界先进水平；第二步，再用十五年，使我国工业接近世界的先进水平。"① 该文件改变了之前单纯追求个别工业指标的做法，提出了建立独立完整的工业体系的任务，体现了我们党对工业化建设规律认识的深化。文件中还提出，要"在一个不太长的历史时期内把我国建设成为一个农业现代化、工业现代化、国防现代化和科学技术现代化的伟大的社会主义国家"②。这个文件虽然后来没有正式下发，但它对我国工业发展提出的"两步走"设想，特别是后来对我国社会主义现

---

① 三年过渡阶段指1963、1964、1965年。这次中共中央工作会议确定把这三年作为第二个五年计划到第三个五年计划的过渡阶段，继续对国民经济实行调整、巩固、充实、提高的方针。参见《邓小平传（1904—1974）》（下），中央文献出版社2014年版，第1285页。

② 《邓小平传（1904—1974）》（下），中央文献出版社2014年版，第1285页。

代化内涵的初步表述、"四个现代化"的奋斗目标及发展步骤的提出作了重要准备。

1964年12月，周恩来在三届全国人大一次会议上所作的《政府工作报告》中提出了"四个现代化"的奋斗目标。之所以在这次会议上提出这一目标，是因为"调整国民经济的任务已经基本完成，工农业生产已经全面高涨，整个国民经济已经全面好转，并且将要进入一个新的发展时期"[①]。三届全国人大一次会议不仅要总结前几年的经验教训，更要为此后一个时期的发展确立目标，指明方向，以统一人们的思想，提振人们的信心，步调一致继续前进。

在这次会议上，周恩来将"四个现代化"的具体内涵正式表述为现代农业、现代工业、现代国防和现代科学技术，并提出了从"三五"计划开始，分两步来实现这一奋斗目标的战略安排，即："第一步，建立一个独立的比较完整的工业体系和国民经济体系；第二步，全面实现农业、工业、国防和科学技术的现代化，使我国经济走在世界的前列"[②]。这是我们党首次正式完整地提出"四个现代化"的奋斗目标，产生了深远影响。

1975年1月，周恩来在四届全国人大一次会议上所作的《政府工作报告》中，郑重地重申了他在三届全国人大一次会议上提出的实现"四个现代化"的"两步设想"。而且对实现"四个现代化"的"两步走"设想作出了具体的时间安排。第一步，在1980年以前，建成一个独立的比较完整的工业体系和国民经济体系。第二步，至20世纪末，全面实现农业、工业、国防和科学技术的现代化，使我国国民经济走在世界的前列。[③]

二、从实现"四个现代化"到全面建设小康社会

党的十一届三中全会后，以邓小平为主要代表的中国共产党人科学总结新中国成立后我国社会主义现代化建设的历史经验，立足中国正处

[①] 《建国以来重要文献选编》第19册，中央文献出版社1998年版，第456页。
[②] 《周恩来选集》下卷，人民出版社1984年版，第439页。
[③] 参见《周恩来传》（四），中央文献出版社2008年版，第1908页。

于并将长期处于社会主义初级阶段的基本国情，遵循实事求是、一切从实际出发的原则，对实现"四个现代化"的内涵标准和发展步骤进行了调整，提出了"中国式现代化"的命题和"小康社会"的具体目标，制定了"三步走"发展战略。在此基础上，我们党根据小康社会的建设进程，逐步提出了全面建设小康社会的奋斗目标，有力地推进了中国社会主义现代化建设的历史进程。

进入改革开放新时期，全党把工作重点转移到了经济建设上来，一心一意进行"四个现代化"建设。在领导社会主义现代化建设的进程中，邓小平从我国人口多、底子薄的基本国情以及与西方国家发展水平差距较大的具体实际出发，对"四个现代化"的内涵和标准作了丰富和调整。1979年3月21日，邓小平在会见英中文化协会会长麦克唐纳时，首次提出了"中国式的现代化"的命题。他说："我们定的目标是在本世纪末实现四个现代化。我们的概念与西方不同，我姑且用个新说法，叫做中国式的四个现代化。"①"中国式的现代化"的提法为调整我国现代化的内涵和标准赢得了主动和空间。1979年10月4日，邓小平在中共省、市、自治区委员会第一书记座谈会上的讲话中，明确指出了这一点。他说："我们开了大口，本世纪末实现四个现代化。后来改了个口，叫中国式的现代化，就是把标准放低一点。"②

两个月以后，即1979年12月6日，邓小平在会见日本首相大平正芳，回答他关于中国将来会是什么样的情况，整个现代化的蓝图是如何构思的问题时，首次提出"小康"的概念，并将我国现代化的标准进行了具体化。他指出："我们的四个现代化的概念，不是像你们那样的现代化的概念，而是'小康之家'。"邓小平用人均国民生产总值的指标说明了"小康之家"的具体内涵。他说："到本世纪末，中国的四个现代化即使达到了某种目标，我们的国民生产总值人均水平也还是很低的。要达到第三世界中比较富裕一点的国家的水平，比如国民生产总值人均一千美元，也还得付出很大的努力。"③后来考虑到人口增长因素，又把这一标

---

① 《邓小平年谱（1975—1997）》（上），中央文献出版社2004年版，第496页。
② 《邓小平文选》第2卷，人民出版社1994年版，第194页。
③ 《邓小平文选》第2卷，人民出版社1994年版，第237页。

准放在人均国民生产总值争取达到 800 美元的水平上。

把中国建设成为社会主义现代化强国，实现中华民族的伟大复兴，最终目的都是为了实现国家富强、民族振兴、人民幸福。坚持以人民为中心，是新中国 70 年现代化建设一以贯之的鲜明特色。小康目标的提出充分体现了这一点。这一目标把国家的现代化建设和人民生活水平的提高紧密联系在一起，克服了之前的现代化目标偏重国家整体经济实力的增长、忽视个体生活水平提高的问题，因而一经提出就受到全国人民的热烈响应，极大地调动了人民群众建设社会主义现代化国家的积极性，对此后中国的社会主义现代化建设产生了极为深远的影响。

小康目标提出后，邓小平又提出了"三步走"发展战略，即分解决人民温饱问题、人民生活总体上达到小康水平、基本实现现代化三个步骤发展的战略。这一战略安排把"到 20 世纪末实现四个现代化"改为"人民生活总体上达到小康水平"，把基本实现现代化的时间推到了 21 世纪中叶，避免了急于求成、指标过高的问题。

在"三步走"发展战略的指引和全国人民的积极努力下，我国改革开放和社会主义现代化建设事业迅速推进。到 2000 年，国内生产总值已达 89404 亿元，人均国民生产总值比 1980 年翻两番的任务，已经超额完成。[①] 由此，我国现代化建设"三步走"战略的第一步、第二步目标顺利实现，人民生活总体上实现了由温饱到小康的历史性跨越。小康目标的基本实现，是我国社会主义制度的伟大胜利，是改革开放和社会主义现代化建设事业取得的伟大成就。

但此时达到的小康还是低水平的、不全面的、发展很不平衡的小康，实现工业化和现代化还有很长的路要走，巩固和提高此时达到的小康水平，还需要进行长时期的艰苦奋斗。因此，2000 年 10 月召开的中共十五届五中全会，又提出了从 21 世纪开始全面建设小康社会的目标和任务。中共十六大制定了全面建设小康社会的具体目标，提出要在 21 世纪头 20 年，集中力量，全面建设惠及十几亿人口的更高水平的小康社会。中共十六大提出在优化结构和提高效益的基础上，国内生产总值到 2020 年

---

① 参见《十五大以来重要文献选编》（中），中央文献出版社 2011 年版，第 754—755 页。

力争比 2000 年翻两番，综合国力和国际竞争力明显增强。①这次大会确立的全面建设小康社会的目标，是经济、政治、文化全面发展的目标，符合我国国情和现代化建设实际，意义十分重大。

中共十七大在十六大确立的全面建设小康社会目标的基础上，提出了新的更高的要求。在经济方面，提出要增强发展协调性，在优化结构、提高效益、降低消耗、保护环境的基础上，实现人均国内生产总值到 2020 年比 2000 年翻两番，将经济发展指标落实到人均国民生产总值上。②中共十七大同样注重发展目标的全面性，对扩大社会主义民主、加强文化建设、加快发展社会事业、建设生态文明等提出了明确要求。这些目标要求对切实提高人民的生活水平，调动人民的生产积极性，具有重要意义。

三、从全面建成小康社会到全面建成社会主义现代化强国

党的十八大基于我国经济社会发展的新形势特别是小康社会建设的实际进程，将"全面建设小康社会"提升为"全面建成小康社会"，并在党的十六大、十七大确立的全面建设小康社会目标的基础上，提出了新的更高要求。在经济方面，党的十八大提出要在发展平衡性、协调性、可持续性明显增强的基础上，实现国内生产总值和城乡居民人均收入比 2010 年翻一番。③这不仅提高了总量标准，而且落实到了人均收入上，更加充分地体现了全面小康社会的本质要求。

中共十八大根据国内外形势的新变化，顺应各族人民过上更加美好生活的新期待，把握经济社会发展的趋势和规律，在我国社会主义现代化建设"三步走"战略目标基础上，明确提出了"两个一百年"奋斗目标，即到中国共产党成立一百年时全面建成小康社会；到新中国成立一百年时，建成富强民主文明和谐的社会主义现代化国家。"两个一百年"奋斗目标，既与时俱进、鼓舞人心，又立足现实、切实可行，为中华儿女团

---

① 参见《十六大以来重要文献选编》（上），中央文献出版社 2011 年版，第 14—15 页。
② 参见《十七大以来重要文献选编》（上），中央文献出版社 2011 年版，第 15—16 页。
③ 参见《十八大以来重要文献选编》（上），中央文献出版社 2014 年版，第 13—14 页。

结奋进、开辟未来树起了一面新的光辉旗帜，向世人清晰地勾画了实现我国社会主义现代化的时间表和路线图。

全面建成小康社会，是我们党向人民、向历史作出的郑重承诺，是全中国人民的共同期盼。实现这个宏伟目标，标志着我们向全面建成社会主义现代化强国迈出了至关重要的一步。2020 年，我们将努力实现第一个百年奋斗目标，全面建成小康社会。那将是中国历史乃至人类历史上一个令人激动的重大时刻。当前，全面建成小康社会进入决胜阶段，脱贫攻坚战大力推进，贫困人口脱贫明显加快。2018 年末我国农村贫困人口减少至 1660 万人，农村贫困发生率下降至 1.7%。[①] 截至 2019 年 5 月中旬，全国共有 436 个贫困县脱贫摘帽，占全部贫困县的 52.4%，[②] 贫困县摘帽进程过半，解决区域性整体贫困步伐加快。正如习近平所说："从现在的情况看，只要国际国内不发生大的波折，经过努力，全面建成小康社会目标应该可以如期实现。"[③]

中共十九大综合分析国际国内形势和我国发展条件，特别是中国特色社会主义进入新时代后我国社会主要矛盾发生的变化，提出从 2020 年到 21 世纪中叶，在全面建成小康社会的基础上，分两个阶段全面建成社会主义现代化强国。第一个阶段，从 2020 年到 2035 年，在全面建成小康社会的基础上，再奋斗 15 年，基本实现社会主义现代化。第二个阶段，从 2035 年到本世纪中叶，在基本实现现代化的基础上，再奋斗 15 年，把我国建成富强民主文明和谐美丽的社会主义现代化强国。[④] 这一战略安排，把党的十三大提出的到 21 世纪中叶基本实现社会主义现代化的时间提前了 15 年，是我们未来 30 年乘势而上、向着第二个百年奋斗目标进军的时间表和路线图。关于基本实现社会主义现代化的目标，党的十九大从经济、政治、文化、民生、社会、生态六个方面进行了谋划；关于全面建成社会主义现代化强国的目标，党的十九大提出了五大文明

---

① 参见国家统计局综合司：《沧桑巨变七十载 民族复兴铸辉煌——新中国成立 70 周年经济社会发展成就系列报告之一》，国家统计局网站，2019 年 7 月 1 日。
② 参见《过半贫困县脱贫摘帽 解决区域性整体贫困步伐加快》，《人民日报》2019 年 7 月 3 日。
③ 《习近平关于全面依法治国论述摘编》，中央文献出版社 2015 年版，第 11 页。
④ 参见《十九大以来重要文献选编》（上），中央文献出版社 2019 年版，第 20 页。

同步提升的要求。这些目标和要求，体现了新时代"两步走"战略安排的全局性和前瞻性。这些目标只有原则性发展方向，没有具体翻番指标，体现了我国现代化从量的提升到质的飞跃的发展要求。

党的十九届四中全会是在"两个一百年"奋斗目标历史交汇点上召开的一次具有开创性、里程碑意义的重要会议。全会在党的十八届三中全会提出的"推进国家治理体系和治理能力现代化"这个重大命题的基础上，专题研究国家制度和国家治理问题，对坚持和完善中国特色社会主义制度、推进国家治理体系和治理能力现代化进行了系统总结，提出了与时俱进完善和发展的前进方向和工作要求，充分体现了以习近平同志为核心的党中央高瞻远瞩的战略眼光和强烈的历史担当，对于决胜全面建成小康社会、开启全面建设社会主义现代化国家新征程具有重要的现实意义和深远的历史意义。

在党的坚强领导下，经过 70 年的不懈努力和接续奋斗，我国社会主义现代化建设取得巨大成就，我们的国家发生了翻天覆地的变化，中华民族迎来了站起来、富起来到强起来的伟大飞跃。今天我们比历史上任何时期都更接近中华民族伟大复兴的目标，也更有信心和能力全面建成社会主义现代化强国。只要我们紧密团结在以习近平同志为核心的党中央周围，坚持以习近平新时代中国特色社会主义思想为指导，坚忍不拔，锲而不舍，锐意进取，埋头苦干，不懈奋斗，全面建设社会主义现代化强国的宏伟目标一定可以实现。

[原载《党的文献》2019 年第 6 期]

新中国法治建设史
研究

依法治国基本方略实施考察

党的十五大把依法治国确立为党领导人民治理国家的基本方略之后,我们党根据我国社会主义初级阶段的基本国情,采取了一系列有力的实施举措,取得了显著的实施成效,极大地推进了我国社会主义法治化进程。

一、依法治国基本方略的实施举措

依法治国基本方略,是我们党随着治国实践的不断发展而逐步提出并于党的十五大正式确立的。1994年12月9日,江泽民在第一次中央领导同志法制讲座开始之前的讲话中首次提出了"以法治国"[①]。1996年2月8日,在第三次中央领导同志法制讲座结束时的讲话中,江泽民又把"以法治国"的提法改为"依法治国",并将其确立为"党和政府管理国家和社会事务的重要方针"。[②]1996年3月,八届全国人大四次会议根据中共中央的建议,把"依法治国,建设社会主义法制国家"作为基本方针,载入《国民经济和社会发展"九五"计划和2010年远景目标纲要》。1997年9月,党的十五大把"依法治国"正式确立为党领导人民治理国家的基本方略,并将依法治国的目标由"建设社会主义法制国家"改为

---

① 《中共中央举办法律知识讲座》,《人民日报》1994年12月10日。
② 《江泽民论有中国特色社会主义》,中央文献出版社2002年版,第326页。

"建设社会主义法治国家",极其鲜明地突出了"法治"。[①]1999年3月15日,九届全国人大二次会议通过的宪法修正案,又将"依法治国,建设社会主义法治国家"这一基本方略载入宪法,使其具有了法律效力。

确立了依法治国基本方略之后,我们党主要采取了以下有力举措,进行了建设社会主义法治国家的伟大实践。

(一)加强和完善立法工作

依法治国基本方略的确立,对立法工作提出了更高的要求。全国人大及其常委会把加强和完善立法工作作为首要任务,在以下几个方面进行了卓有成效的工作。

1. 大力加强立法工作

立法是国家的一项基本政治活动,是实行依法治国基本方略的重要基础和依据,加强立法是依法治国题中应有之义。1979年以来,全国人大及其常委会把立法工作摆到了重要议事日程上来。1982年制定了新宪法;五届、六届和七届全国人大及其常委会先后制定了138部法律,对10部法律进行了修改,包括一系列有关国家机构的法律、民法通则和一系列单行民事法律、刑法、三大诉讼法(刑事诉讼、民事诉讼、行政诉讼)以及一批经济方面、保障公民权利、涉外方面、行政管理方面的重要法律,为我国社会主义法制建设奠定了基础。

1992年党的十四大确定我国经济体制改革的目标是实现社会主义市场经济。从此,我国立法工作进入了一个新的阶段。全国人大及其常委会围绕建立和完善社会主义市场经济体制的目标,制定了一系列重要法律。在市场主体方面,先后制定了公司法、合伙企业法、个人独资企业法。在维护市场经济秩序方面,制定了反不正当竞争法、产品质量法、审计法、价格法等。在金融方面,先后制定了中国人民银行法、商业银行法、证券法等。八届、九届全国人大及其常委会先后制定了104部法律,对57部法律进行了修改,通过了8件法律解释。[②]十届全国人大及其

---

① 《十一届三中全会以来党的历次全国代表大会中央全会重要文件选编》(下),中央文献出版社1997年版,第435页。

② 参见《新中国的法制路》,《人民日报》2004年9月8日。

常委会组成以来，按照党的十五大、十六大提出的到 2010 年形成中国特色社会主义法律体系的立法工作目标，总结前几届全国人大及其常委会的立法工作经验，提出了本届全国人大及其常委会要争取基本形成中国特色社会主义法律体系的立法工作目标，又在总结经验、广泛征求立法项目建议、深入调查研究、充分听取各方面意见的基础上，制定了五年立法规划。所有这些立法工作，都为依法治国基本方略的实施提供了重要的法律保障。

2. 对部分不适应社会主义市场经济和改革开放新要求的法律及时进行了修订

1996 年我国修改了刑事诉讼法。原刑事诉讼法、民事诉讼法、行政诉讼法等程序性法律文件中"国家本位主义"思想较浓，修订后的刑事诉讼法就很好地体现了国家权力的有限性以及政府与公民权利义务的平衡性。1997 年我国又对刑法进行了重大修改。由于纷繁复杂的经济生活使犯罪呈现形式多样化和犯罪手段智能化，1979 年刑法已远远不能适应现实生活的需要。新修订的刑法只在条文上就比原刑法多了两倍多（原刑法只有 192 条，修订后的刑法增加到 452 条）。单是新刑法的三条原则，即罪刑法定原则、罪责相适应原则、法律面前人人平等原则，就充分证明了新刑法的完善和科学。1999 年我国对合同法进行了重大修订，将原来的三个合同法（经济合同法、涉外经济合同法、技术经济合同法）合为一体，修正了其中相互矛盾的地方，并注意了与国际经济的接轨，使新合同法更加和谐完整。社会主义市场经济引起了婚姻家庭财产关系的变化。为适应这种新变化的要求，2001 年九届全国人大又对婚姻法进行了修改和完善。①

3. 改革和完善国家立法体制与立法工作制度

改革开放以前，我国实行的是高度集中的立法体制，立法权集中在全国人大及其常委会。1979 年后，为适应改革开放、加快立法步伐的需要，我国对立法体制进行了重大改革：扩大了全国人大常委会的立法权；授权国务院可以根据宪法和法律制定行政法规；赋予省、自治区、直辖

---

① 参见《有中国特色社会主义法律体系框架基本形成》，《人民日报》2002 年 9 月 26 日。

市人大及其常委会根据本行政区域的具体情况和实际需要，在不同宪法、法律、行政法规相抵触的前提下制定地方性法规的权力；授权较大的市的人大及其常委会根据本市的具体情况和实际需要，在不同宪法、法律、行政法规和本省、自治区的地方性法规相抵触的前提下，可以制定地方性法规，报省、自治区人大常委会批准后施行；规定民族自治地方的人大有权依照当地民族的政治、经济和文化特点，制定自治条例和单行条例，对法律和行政法规作变通规定；赋予经济特区所在地的省市制定特区法规的权力，等等。这种新的立法体制，有利于充分发挥地方立法的主动性和积极性。

在对立法体制进行重大变革的同时，为规范立法活动，保证立法工作有序进行，全国人大及其常委会对立法工作制度不断进行完善。2000年3月，九届全国人大三次会议审议通过了《中华人民共和国立法法》，对我国的立法活动应当遵循的原则、立法权限、授权立法、立法程序、法律解释、法律适用、法规规章备案等一系列制度作出了规定。立法法的颁布施行，对于规范立法活动，健全国家立法制度，维护国家法制统一，有着十分重要的意义。

（二）全面推进依法行政

行政权力是国家权力中最活跃、最普遍的权力，最经常、最广泛、最密切地关联着社会公共利益和公民个人利益。它保障公民权利的责任最大，也最容易侵犯公民权利。因此，各级行政机关能否严格依据法律规定行使行政权力，直接决定着依法治国的成败。毫不夸张地说，如果依法行政得不到全面有效地推进，一个国家要想建成法治国家是难以想象的。为保证依法治国基本方略的顺利实施，必须全面推进依法行政。

作为全面推进依法行政的根本性举措，2003年8月27日，十届全国人大常委会通过了《中华人民共和国行政许可法》。行政许可法严格控制了行政许可的设定范围和设定权，规范了行政许可的程序，对提高办事效率和提供优质服务提出了明确要求，对行政许可的法律责任和监督作出了详细规定，使得行政审批制度改革的成果得以巩固，有利于进一步推进政府转变职能，形成行为规范、运转协调、公正透明、廉洁高效的行政管理体制。

为促使政府进一步转变管理职能，改革行政管理方式，规范行政机关的行政行为，2004年3月，国务院又颁布了《全面推进依法行政实施纲要》（以下简称《纲要》），提出经过十年左右坚持不懈的努力，基本实现建设法治政府的目标。《纲要》还规定了七项具体任务和措施来保证这一目标的实现，包括：转变政府职能与深化行政管理体制改革；提高制度建设质量；法律实施应确保法制统一与政令畅通；建立健全科学民主决策机制和政府信息公开制度；积极探索建立化解社会矛盾、解决各类纠纷的机制；强化对行政行为的制约和监督；不断提高行政机关工作人员依法行政的观念和能力等。《纲要》的颁布实施，为我国全面推进依法行政提供了重要的法律制度保障。

（三）着重提高领导干部的法律素质

依法治国基本方略是在党的领导下实施的，党的各级领导干部的法制观念和依法办事能力如何，直接关系着方略实施的成效。因此，为保证依法治国基本方略的顺利实施，必须着重提高领导干部的法律素质。

为调动各级领导干部学法、用法的积极性，自1994年以来，中共中央先后举办了12次法制讲座（详情如表1所示）。

中共中央高级领导人开设法制课，学习法律知识，既体现了中共高层领导人实施依法治国基本方略的坚强决心，也起到了强烈的教育、示范和激励作用，极大地促进了各级领导干部带头学法。

表1　1994年以来中共中央法制讲座一览表

次别	日期	主讲人	讲座题目
1	1994年12月9日	最高人民法院常务副院长曹建明	《国际贸易法律制度与关贸总协定》
2	1995年1月20日	中国社会科学院研究员王家福	《社会主义市场经济法律制度建设问题》
3	1996年2月8日	中国社会科学院研究员王家福	《关于依法治国、建设社会主义法制国家的理论和实践问题》
4	1996年12月9日	中国外交学院副教授卢松	《国际法在国际关系中的作用》
5	1997年5月6日	中国社会科学院法学所研究员吴建	《"一国两制"与香港基本法》

续表

次别	日期	主讲人	讲座题目
6	1997年12月23日	北京大学法学院教授罗玉中	《科技进步与法制建设》
7	1998年5月12日	最高人民法院常务副院长曹建明	《金融安全与法制建设》
8	1998年12月14日	中国人民大学法学院教授龙翼飞	《社会保障与法制建设》
9	1999年6月11日	西南政法大学教授李昌麟	《依法保障和促进农村的改革、发展与稳定》
10	1999年11月26日	中国政法大学教授王卫国	《依法保障和促进国有企业的改革与发展》
11	2000年9月22日	中国社会科学院法学所研究员夏勇	《西部开发与加快中西部发展的法治保障》
12	2001年7月11日	中国社会科学院研究员郑成思	《运用法律手段保障和促进信息网络健康发展》

资料来源：根据2002年10月30日《人民日报》第9版相关资料制作而成。

（四）在全民中深入开展普法教育

公民法律素质的高低，直接影响依法治国的进程。实践表明，如果人们的法律意识和法制观念淡薄，再好的法律和制度得不到遵守，也会形同虚设。因此，在加强立法工作的同时，必须坚持不懈地加强在民众中进行普及法制宣传教育工作。正是基于普法教育在法制建设中的特殊地位，我们党从1986年开始，在全国范围内先后实施了四个五年普法规划，对全体公民有组织、有步骤地进行了大规模的普及法律常识的宣传教育活动。

"一五"普法的目标是通过普及法律常识，使全体公民增强法制观念，知法、守法，养成依法办事的习惯。普法活动将宪法、刑法、刑事诉讼法、民事诉讼法（试行）、婚姻法、继承法等与广大公民工作和生活密切相关的法律常识作为基本内容，确定了两个重点对象：第一是各级干部，尤其是各级领导干部；第二是青少年。"一五"普法，是在全国广大公民中进行的一次法律常识的启蒙，深得人心，收到了良好效果，得到了社会各界和海内外舆论的普遍赞誉。

为巩固"一五"普法的成果，不断适应社会主义法制建设的要求，七届全国人大常委会第十八次会议作出决议，决定从1991年到1995年在全体公民中实施第二个五年普法教育规划。"二五"普法除继续学习宪法外，主要学习了行政诉讼法、义务教育法、集会游行示威法、国旗法等。这次普法还重点强调专业法律的学习，如土地管理法、森林法、水法、环保法、文物保护法、食品卫生法等。"二五"普法的对象和"一五"普法相同，但重点对象是：县、团级以上各级领导干部，特别是党政军高级领导干部；执法人员，包括司法人员和行政执法人员；青少年，尤其是大、中学校的在校学生。到1995年底，全国8.1亿普法对象中，有7亿人参加了"二五"普法学习。总的来看，通过这几年的普法工作，公民的宪法观念和法律意识在"一五"启蒙教育的基础上得到了进一步增强。

"一五"普法和"二五"普法对于提高全民族的法律素质起到了积极作用。为进一步增强全体公民的法制观念，保证我国国民经济和社会发展"九五"计划和2010年远景目标纲要的实现，1996年4月，八届全国人大常委会第十九次会议通过《关于继续开展法制宣传教育的决议》，决定从1996年到2000年在全体公民中实施第三个五年普法规划。"三五"普法以推进依法治国，建设社会主义法治国家的进程为目标，以学习宪法和有关社会主义市场经济的法律为重点；以突出抓好邓小平民主法制思想的学习为首要任务，以县级以上领导干部，司法、执法人员，企事业经济管理人员和青少年为重点对象。"三五"普法还采取了分类指导的方法，对不同的地区、部门、岗位、对象，确定了不同的学习内容，采取了不同的学习方法，提出了不同的学习要求。"三五"普法期间，全国8亿多普法对象中有7.5亿参加了各种形式的学法活动，50多部重要法律法规被全国普法办公室列入重点宣传普及计划。

2001年4月28日，九届全国人大常委会第二十一次会议通过《关于进一步开展法制宣传教育的决议》，决定从2001年到2005年在全体公民中实施法制宣传教育的第四个五年规划。"四五"普法的总体目标是：通过深入开展法制宣传教育，扎实推进依法治理工作，不断提高全体公民的法律素质和全社会的法治化管理水平，实现由增强全民的法律意识向提高全民的法律素质转变，各项事业的管理由注重依靠行政手段向注重运用法律手段转变。"四五"普法把学习邓小平民主法制理论和党的依法治国基本方略作为首要任务，重点学习宣传宪法和国家基本法律，各级领导干部、司法和行政执法人员、青少年、企业经济管理人员是法制宣传教育的重点对象。目前,"四五"普法正在各级党委、政府的领导下如火如荼地进行着。

二、依法治国基本方略的实施成效

经过长期的不懈努力,依法治国基本方略的实施取得了显著成效。

(一)以宪法为核心的中国特色社会主义法律体系初步形成

改革开放20多年来,经过各方面的共同努力,我国立法工作取得了举世瞩目的巨大成就。从1979年起,到2004年8月十届全国人大常委会第十一次会议结束时止,全国人大及其常委会共审议通过了包括宪法在内的法律335件(现行有效的213件)、有关法律问题的决定139件、法律解释10件;国务院制定了970多件行政法规(现行有效的650多件);有立法权的地方人大及其常委会制定了上万件地方性法规(现行有效的7500多件);民族自治地方制定了600多件自治条例和单行条例。经过不懈努力,以宪法为核心的中国特色社会主义法律体系已初步形成。①

从这些法律的构成上看,既有规定国家根本制度、国家机关设置、公民基本权利和义务的宪法和宪法性法律,也有规定国家行政机关组织、职权、行为、职权程序的行政法,规定国家行政机关侵犯公民、法人的权利进行救济的行政诉讼法,又有规定犯罪和刑罚的刑法,规定公开有效地进行惩治犯罪和保护无辜者的刑事诉讼法,还有规定市场经济主体制度、公司、企业、物权、债权、合同、担保、银行、票据、海商、保险、破产、期货交易、房地产、专利、不正当竞争、继承、人身权等的民商法,规定国家从整体利益出发干预经济生活、维护经济秩序和宏观调控市场的经济法,规定解决民事、商事、经济纠纷的民事诉讼法,以及规定保护劳动者权益,提供劳动就业、社会养老、医疗、失业、意外

---

① 参见《加强立法工作 推进依法治国——全国人大及其常委会立法工作50年》,《人民日报》2004年9月23日。

事故保险、救助社会弱者的社会法等。这些法律规范为依法治国,建设社会主义法治国家,奠定了坚实的法制基础。

(二)法制队伍素质改善

法制队伍包括立法队伍、司法队伍、行政执法队伍、法律服务队伍等与法律有关的特定社会群体。近年来,这支队伍不断加强自身建设,业务素质不断提高,队伍规模不断扩大,在我国法制建设中正发挥着越来越重要的作用。

在业务素质方面,接受过法学高等教育的人员越来越多,学历层次也越来越高,法制队伍职业化建设取得了可喜的成绩。以法官队伍为例,截至2003年2月底,法官中大学本科学历人数由五年前的52117人增加到82764人,硕士、博士由五年前的1591人增加到3774人。[①] 法官队伍整体素质的明显提高,为完成各项审判任务,特别是新型疑难案件的审判提供了有力的人才保证。

在队伍规模方面,我国法制队伍在数量上有了很大增加。以检察官队伍为例,截止到2001年12月底,我国共有各类检察干部213269人,其中检察长3585人、副检察长10509人、检察委员会委员14352人、检察员102866人、助理检察员35554人、书记员22574人、司法警察11282人,其他干部12547人。[②] 我国法制队伍不仅在数量上有所增加,而且在知识结构、专业结构、年龄结构等方面都有明显改善,内部比例也日趋合理,基本适应了社会的需要,初步形成了法律部门之间互相协调、优势互补的良好局面。

(三)法律服务工作发展迅速

所谓法律服务,主要是指具有特定资格的法律工作者,如律师、公证员、基层法律服务工作者等,运用自己所掌握的法律知识,依法为公民、法人和其他组织提供法律帮助。法律服务工作包括律师工作、公证

---

① 参见《法官队伍建设迈向职业化》,《光明日报》2003年4月4日。
② 参见《中国法律年鉴(2002年)》,中国法律年鉴社2002年版,第1241页。

工作和法律援助工作等。党的十五大以来,我国法律服务工作取得了较快的发展,主要表现在以下几个方面。

一是法律服务范围进一步拓展,业务量大幅度增加(详情如表2所示)。

表2　1997—2001年律师、公证工作发展状况一览表

项目		1997年	1998年	1999年	2000年	2001年
律师工作	民事诉讼代理(件)	454273	526633	592455	640610	667232
	经济诉讼代理(件)	403337	414229	426358	438672	402669
	刑事辩护(件)	275188	286668	309767	317108	339549
	行政诉讼代理(件)	29618	35865	39006	41785	43800
	非诉讼法律事务(件)	1222239	851433	716287	770087	1162715
	涉外及涉港澳台法律事务(件)	24765	21618	18793	30531	10609
	解答法律咨询(万件)	425.92	489.86	419.2	457.4	403.4
	代写法律事务文书(万件)	95.9	125.9	96.6	111.3	113.9
公证工作	办理公证文书(万件)	982.8	1022.8	1644.6	1249.7	1007.2

资料来源:根据《中国法律年鉴(2002年)》(中国法律年鉴社2002年版)第1253页整理而成。

二是法律服务队伍发展迅速。这从表3中1997—2001年律师、公证员队伍发展数字的对比中就可以明显地看出。

表3　1997—2001年律师、公证员队伍发展状况一览表

项目		1997年	1998年	1999年	2000年	2001年
律师队伍	律师事务所(个)	8441	8946	9144	9541	10225
	律师工作人员(人)	98902	101220	111433	117260	122585
公证员队伍	公证处(个)	3162	3179	3189	3189	3186
	公证人员(人)	17431	18159	18654	19211	19303

资料来源:根据《中国法律年鉴(2002年)》(中国法律年鉴社2002年版)第1253页整理而成。

三是我国法律援助工作取得很大进展。1994年1月,司法部正式提出建立法律援助制度,旨在为贫者、弱者、残疾者提供法律帮助。1996

年底，国家编委正式批准成立司法部法律援助中心。1997年5月，中国法律援助基金会正式成立。经过几年的努力，法律援助工作取得很大进展。据不完全统计，全国各地已经建立政府法律援助机构2892个，共有法律援助专职人员9798名，十年来共解答法律咨询近600万人次，办理各类法律援助案件81万余件，有130余万人获得了法律援助诉讼服务（详情如表4所示）。[①]

表4 1999—2003年全国法律援助办案情况及援助人员构成

项目		1999年	2000年	2001年	2002年	2003年	2004年
办案情况（件）	民事	42438	62671	79815	65791	95053	
	刑事	41597	48293	57888	60693	67807	
	总数	91726	114287	147269	135748	166433	
人员构成（人）	法律专业	2801	4352	5837	6537	7643	7993
	人员总数	3920	6109	8458	8285	9457	9798

资料来源：根据2004年9月8日《人民日报》第15版相关资料制作而成。

（四）广大干部群众的法律素质显著提高

所谓广大干部群众的法律素质，是指广大干部群众所具有的法律意识、法制观念、法律知识和运用法律能力的总和。经过全国规模的普法运动，广大干部群众的法律素质明显提高。

从党的各级领导干部方面来看，通过全民普法教育，特别是在中共中央法制讲座的带动下，各级领导干部学法用法的自觉性有所增强，依法管理国家事务、经济文化事业和社会事务的能力有所提高。通过普法，各级领导干部在观念上发生了很大变化：在管理对象上，由过去偏重抓经济建设忽视抓法制建设，转变为一手抓经济建设，一手抓法制建设；在管理职能上，由原来的包揽一切具体事务向服务与监督及宏观决策转变；在管理手段上，由过去的单纯依靠行政命令的领导方式向依法决策、依法管理、依法办理的领导方式转变；在管理观念上，由原来的"法就是刑""法就是处罚和严管"全方位的单向度执法向"法是广泛领域内人

[①] 参见《我国法律援助体系初步建立 10年来130余万人得援助》，《人民日报》2004年8月30日。

们行为的规范"的系统执法转变，做到依法施政。

从广大人民群众的方面来看，随着全民性普法运动的不断深入，广大人民群众从法制的高度认识到了自己当家作主的地位，依法维护自身合法权益的能力不断增强；履行法律义务的自觉性不断提高；依法纳税、依法服兵役、遵纪守法等观念逐步确立；运用法律武器同各种违法犯罪行为作斗争，依法举报违法犯罪的现象不断增多；遇到问题找法、解决问题靠法的观念开始确立。

三、依法治国基本方略实施中存在的问题

通往法治国家的道路漫长而又艰难，对于我们这个缺乏法治传统的国家来说更是如此。毋庸置疑，我国的法制建设在许多方面已经取得了重大成效，但同时不容否认的是，依法治国在立法、执法、司法、守法等各个环节也的确程度不同地存在这样那样的问题，有的甚至还相当严重。

（一）立法质量有待进一步提高

立法的数量与立法的质量是辩证统一的。没有一定的数量，质量也就无法保证，但数量离开了质量也变得毫无意义。一个国家的立法水平，既要看法律的数量，更要看法律的质量。应该说我国目前的立法在数量上已经是相当可观，国家政治生活、经济生活、社会生活等主要方面基本上都做到了有法可依。但由于主客观因素的影响，我国的立法在质量上仍有待于进一步提高，这突出表现在以下几个方面：

一是部分法律可操作性较差。有些法律、法规制定得过于笼统，条文规定过于原则化。有些地方性法规或规章甚至规定一些口号性的条款。这样制定出来的法律因无详细具体的法律规定可循，执法者不能有效操作，致使法律只能束之高阁。

二是法律体系不和谐的问题依然存在。我国的立法是多层次的，各种法律、法规和规章之间相互冲突比较严重。这些冲突表现在规章之间、规章与法规之间、法规相互之间、规章与法律之间、法规与法律之间，

以及法律与法律之间。

三是部分法律的稳定性和持久性较差。法律的特点在于稳定，而我国有些法律、法规是在突击、应急的情况下制定出来的，缺乏稳定性和持久性，如一些试行、暂行、草案等性质的法律或法规就说明了这个问题。

（二）执法方式有待进一步改进

应该肯定的是，随着社会主义法制建设的不断加强，我国执法人员的素质和执法水平有了很大的提高，但同时不容否认的是，个别执法人员有法不依、随意执法的现象也同样存在。在众多可供选择的执法手段中，个别执法人员不是使用劝导、说服、指导的方法，而更多的是滥使处罚或强制。有的执法人员在执法过程中态度蛮横，做法粗暴，不是以理服人、以法服人，而是以势压人，有的甚至滥施淫威，在人民群众中造成极其恶劣的影响。

（三）法律意识有待于进一步增强

卢梭曾指出，一切法律之中最重要的法律"既不是铭刻在大理石上，也不是铭刻在铜表上，而是铭刻在公民的内心里"[①]。可见公民的法律意识对于法治社会的重要意义。应该说，随着社会主义法制化建设特别是全民性普法运动的不断深入，广大干部群众的法律意识正在不断增强，法律素质也在不断提高，但这距离法治国家目标的要求还有一段不小的差距，公民的法律意识仍需进一步增强。

公民法治观念比较淡薄的表现主要有以下几个方面：一是法律的权威和尊严还停留在法律条文本身，远远没有落实到全体人民的观念和行动中去。一些人对法律的认识比较模糊，法治观念在干部和群众中还没有完全树立起来。二是有些领导干部不能正确认识和处理党的政策和国家法律的关系。错误地认为"法律法规不如红头文件，红头文件不如领导讲话"。三是一些部门和地方领导干部，从本部门、本地区利益出发，

---

① ［法］卢梭：《社会契约论》，何兆武译，商务印书馆1980年版，第73页。

不顾整体利益,庇护、容忍以致纵容假冒伪劣产品的生产和交易,等等。

依法治国,建设社会主义法治国家是一项艰巨而又漫长的社会系统工程。新的世纪,只要我们在建设中国特色社会主义,发展社会主义民主政治的进程中,继续坚定不移地加强社会主义法治建设,依法治国,中国就一定能建成社会主义法治国家,一个物质文明、政治文明、精神文明全面发展的社会主义现代化国家就一定会以崭新的姿态屹立于世界民族之林。

[原载《当代中国史研究》2005年第1期]

新时期我国法制建设的历史进程与基本经验

改革开放以来,我国法制建设得到了迅速而又全面的发展,成为新中国法制建设史上最好的时期。经过20多年的不懈努力,我国法制建设取得了辉煌的成就,同时也积累了丰富的历史经验,为当代中国经济社会的成功发展提供了有力的法制保障和稳定的社会环境。

一、新时期我国法制建设的历史进程

在我国新时期法制建设史上,有两个具有里程碑意义的重大事件:一个是1982年宪法的公布实施,一个是1997年依法治国基本方略的确立。以这两个重大事件为标志,我国新时期法制建设的历程可以划分为以下三个阶段:

(一)从1978年中共十一届三中全会的召开到1982年宪法的公布实施,这是我国新时期法制建设的恢复阶段

1978年12月召开的中共十一届三中全会,深刻反思"文革"期间全面破坏社会主义法制的惨痛历史,作出了加强社会主义法制建设的重大决定。全会公报明确指出:"为了保障人民民主,必须加强社会主义法制,使民主制度化、法律化,使这种制度和法律具有稳定性、连续性和极大的权威,做到有法可依,有法必依,执法必严,违法必

究。"① 中国社会主义法制建设从此揭开了新的篇章。

"文化大革命"期间，检察机关曾一度被撤销，由公安机关代行其职权。②1978年3月5日，五届全国人大一次会议通过的《中华人民共和国宪法》第四十三条规定重新设立人民检察院。当年6月1日最高人民检察院正式办公。司法部是国家的司法行政机关，主持全国司法行政事宜。1959年，司法部被撤销。改革开放以来，鉴于法制建设的迫切需要，1979年6月15日，中共中央政法小组建议中央恢复司法部。7月1日，五届全国人大二次会议通过了新的《中华人民共和国人民法院组织法》，从法律上确定了司法行政机关的设立。9月13日，五届全国人大常委会第十一次会议作出决定重新设立司法部。③1978年人民调解制度得到恢复，1979年律师制度得到恢复。④1980年2月25日，司法部发出《关于逐步恢复国内公证业务的通知》，要求立即开始受理几项主要的国内公证业务。停办20年之久的国内公证业务自此恢复起来。⑤

在司法制度得到恢复的同时我国法学教育在经过十年浩劫之后也开始恢复。1978年7月11日，中国人民大学法律系正式恢复。⑥8月5日，北京政法学院复办。该院1983年5月7日改名为中国政法大学。⑦1979年12月，国务院批准教育部的报告，决定恢复华东政法学院、西北政法学院。⑧

---

① 《十一届三中全会以来党的历次全国代表大会中央全会重要文件选编》（上），中央文献出版社1997年版，第27页。
② 参见《中国法律年鉴（1987）》，法律出版社1987年版，第12页。
③ 参见《当代中国的司法行政工作》，当代中国出版社1995年版，第56页。
④ 参见杨一凡、陈寒枫主编：《中华人民共和国法制史》，黑龙江人民出版社1996年版，第37页。
⑤ 参见钱辉、毕建林主编：《中华人民共和国法制大事记（1949—1990）》，吉林人民出版社1992年版，第1618页。
⑥ 参见周振想、邵景春主编：《新中国法制建设四十年要览（1949—1988）》，群众出版社1990年版，第408页。
⑦ 参见钱辉、毕建林主编：《中华人民共和国法制大事记（1949—1990）》，吉林人民出版社1992年版，第1617页。
⑧ 参见周振想、邵景春主编：《新中国法制建设四十年要览（1949—1988）》，群众出版社1990年版，第454页。

这一阶段，我国法制建设在恢复的同时也得到了很大的发展，尤其是在立法方面取得了重要成果。1979年6月召开的五届全国人大二次会议通过了《中华人民共和国刑法》和《中华人民共和国刑事诉讼法》等7部重要法律，创新中国成立以来全国人大一次通过法律最多的纪录，从而结束了新中国长期没有刑法的历史。1982年3月10日，《中华人民共和国民事诉讼法（试行）》颁布，这是新中国成立后制定的第一部民事诉讼法。

随着社会主义法制建设的恢复与发展，1978年宪法越来越不能适应新形势的需要。1980年9月，五届全国人大三次会议接受中共中央的修宪建议，决定成立宪法修改委员会，对1978年宪法进行全面修改。经过宪法修改委员会两年零三个月的艰苦努力，1982年12月4日，1982年宪法经五届全国人大五次会议审议通过并于当日公布实施。1982年宪法继承和发展了1954年宪法的基本原则，全面总结了新中国成立以来社会主义革命和建设的基本经验，是一部具有中国特色、适应新时期社会主义现代化建设需要的新宪法。它的公布实施是我国社会主义法制建设史上重要的里程碑，标志着我国法制建设恢复工作的基本完成。

（二）从1982年宪法的公布实施到1997年依法治国基本方略的确立，这是我国新时期法制建设的全面发展阶段

自1982年以来，两代中央领导集体都高度重视社会主义法制建设。邓小平在1992年南方谈话中提出了"还是要靠法制，搞法制靠得住些"[①]的重要思想，并在不同场合系统阐述了新时期加强社会主义法制建设的具体任务和要求。1989年9月26日，江泽民刚刚当选为中共中央总书记不久，在中外记者招待会上回答《纽约时报》记者提问时郑重宣布："我们绝不能以党代政，也绝不能以党代法。……我们一定要遵循法治的方针。"[②]向世人公开表明了中共第三代中央领导集体实施法治的坚定立场和坚强决心。在党的高度重视和坚强领导下，我国社会主义法制建设进入

---

① 《邓小平文选》第3卷，人民出版社1993年版，第379页。
② 《就我国内政外交问题 江泽民等答中外记者问》，《人民日报》1989年9月27日。

了全面而又快速的发展阶段。

在这一阶段，全国人大及其常委会对现行宪法先后进行过两次修正。即1988年七届全国人大一次会议和1993年八届全国人大一次会议。1988年的宪法修正案增加了"国家允许私营经济在法律规定的范围内存在和发展。私营经济是社会主义公有制经济的补充。国家保护私营经济的合法权利和利益，对私营经济实行引导、监督和管理"及"土地的使用权可以依照法律的规定转让"等重要内容。1993年的宪法修正案将建设有中国特色社会主义的理论和基本路线明确载入宪法，规定"国家实行社会主义市场经济"，并把"国营经济""国营企业"全部改为"国有经济""国有企业"，为建立和发展社会主义市场经济提供了宪法依据。

在立法工作方面，截止到1998年3月1日，除宪法及其两个修正案以外，全国人大及其常委会共制定法律233件、有关法律问题的决定94件；国务院发布和批准发布行政法规795件；国务院各部门和地方政府根据法定权限制定规章约26000件。[①]这些法律、法规和规章，反映了改革开放的进程，肯定了改革开放的成果，对于保障和推进改革开放和社会主义现代化建设发挥了积极作用。

在行政执法方面，为保证国家行政机关及其工作人员依法行政和保护当事人的合法权益，1989年4月4日，七届全国人大二次会议通过了行政诉讼法，正式确定了"民告官"的行政诉讼制度，标志着我国依法行政开始进入重视保护公民权利和监督行政权力的新阶段；1994年5月12日，八届全国人大常委会第七次会议通过了国家赔偿法，1996年3月17日，八届全国人大四次会议通过了行政处罚法，这些都为纠正和处罚违法行政行为提供了法律保障。此外，我国还逐步健全了与严格执法有密切关系的国家行政机关。1983年9月15日，根据1982年宪法第九十一条的规定，中华人民共和国审计署正式成立。[②]1986年11月15日，经六届全国人大常委会第十八次会议决定，国务院重新设立了监察

---

① 参见《中国法律年鉴（1987—1997）》，中国法律年鉴社1998年版，第10页。

② 参见钱辉、毕建林主编：《中华人民共和国法制大事记（1949—1990）》，吉林人民出版社1992年版，第805页。

部，① 以对国家行政机关贯彻实施国家法律、法规和政策的情况以及国家行政机关工作人员遵纪守法的情况进行监督。

在司法工作方面，审判工作由原来的刑事、民事审判扩展为刑事、民事、经济、行政、海事审判。人民法院受理的各类一审案件从1978年的44万余件增长到1997年的528万件，年均递增13.88%。其中刑事案件自1979年到1997年共审结706万余件；民事案件自1978年到1997年共审结2973万余件，年均递增13.66%；各类经济纠纷案件自1979年到1997年共审结1017万件，年均递增29.43%。到1997年底，全国法院系统工作人员从1979年的5.9万余人发展到28万余人，法官中具有大专以上文化水平的已占80%以上。② 人民法院通过依法打击犯罪、维护社会治安和经济秩序、依法保护公民的民主权利和其他合法权益，为改革开放和现代化建设提供了稳定的社会环境。检察工作自1978年恢复重建以来，也有很大发展。截止到1997年，全国共设立人民检察院3846个，检察干警221514人，其中检察官159638人。③ 1995年11月1日，最高人民检察院成立了反贪污贿赂总局，④ 随后各级人民检察院都相继设立了举报中心和反贪污贿赂局。这对于反腐败斗争和惩治贪污、行贿、受贿犯罪发挥了重要作用。

在法律服务方面，律师制度自1979年恢复以来，律师队伍和律师业务发展很快。截止到1997年底，全国已有律师事务所8441个，律师100198人；全国有公证机构3162个，公证人员17431人；全国已经在15个大中城市建立法律援助中心47个；全国有人民调解委员会985313个，专职司法助理员57029人，调解人员10273940人。全国共有乡镇街道法律服务所35207个，法律服务人员119155人，担任乡镇企业法律顾问488569处。⑤

---

① 参见周振想、邵景春主编：《新中国法制建设四十年要览（1949—1988）》，群众出版社1990年版，第698页。
② 参见《中国法律年鉴（1987—1997）》，中国法律年鉴社1998年版，第12—13页。
③ 转引自张宝锋：《我国五十年法制建设的历程及昭示》，《中州学刊》2000年第5期。
④ 参见杨一凡、陈寒枫主编：《中华人民共和国法制史》，黑龙江人民出版社1996年版，第920页。
⑤ 转引自刘瀚、李林：《我国法制建设20年成就与展望》，《求是》1998年第23期。

在普法工作方面，为提高全体公民的法律素质，自1986年以来，我国开始在全体公民中有组织、有步骤地实施普及法律常识的五年规划。到中共十五大召开之前，已经实施了两个五年普法规划，"三五"普法也已经正式启动。经过普法教育，公民的法律素质普遍得到提高，依法维护自身合法权益的能力不断增强，履行法律义务的自觉性不断提高，遇到问题找法、解决问题靠法的观念开始确立。为了提高领导干部的法制观念和依法办事的能力，自1994年以来，中共中央开始举办法制讲座。到中共十五大召开之前，已经举办了5次，起到了很好的教育、示范和激励作用，极大地调动了各级领导干部学法、用法的积极性。

（三）从1997年依法治国基本方略确立以来，我国新时期法制建设进入了全新发展阶段

以江泽民为核心的党的第三代中央领导集体，深刻总结中共十一届三中全会以来特别是十三届四中全会以来我国法制建设的历史经验，在中共十五大报告中明确提出了"依法治国，建设社会主义法治国家"的奋斗目标，并把依法治国确立为党领导人民治理国家的基本方略。1999年3月15日，九届全国人大二次会议通过的宪法修正案，又将"依法治国，建设社会主义法治国家"载入宪法，这是我国新时期法制建设史上的又一个里程碑。

从中共十五大到十六大的五年中，建设社会主义法治国家的进程不断推进。在立法方面，中共十五大提出了"加强立法工作，提高立法质量，到2010年形成有中国特色社会主义法律体系"的立法目标。为此，九届全国人大及其常委会加快了立法步伐，五年中共审议通过113件法律、法律解释和有关法律问题的决定[1]，国务院颁布行政法规150件[2]。其中2000年3月15日，九届全国人大三次会议审议通过的《中华人民共和国立法法》，对于规范立法活动，健全国家立法制度，维护国家法制统

---

[1] 参见李鹏：《全国人民代表大会常务委员会工作报告——2003年3月10日在第十届全国人民代表大会第一次会议上》，《人民日报》2003年3月22日。

[2] 参见朱镕基：《政府工作报告——2003年3月5日在第十届全国人民代表大会第一次会议上》，《人民日报》2003年3月20日。

一,具有十分重要的意义。在行政执法方面,从 1997 年以来,全国各地政府陆续开展了行政执法责任制的建制及推行工作。到 2002 年 6 月,全国有 29 个省、自治区、直辖市通过发布规章、文件等形式,制定了各级行政机关实行行政执法责任制的制度。① 1999 年 4 月 29 日,九届全国人大常委会第九次会议通过了《中华人民共和国行政复议法》,同年 10 月 1 日正式实施。行政复议法的颁布实施,对于促进依法行政,维护司法公正,具有重要意义。在进一步提高领导干部的法律素质方面,中共中央继续举办法制讲座。十五大以后,中央又举办了 7 次法制讲座。② 九届全国人大常委会从 1998 年以来,也先后举办 30 次法制讲座。③ 在普法方面,"三五"普法顺利结束,"四五"普法正式实施。所有这些都极大地推进了社会主义法治国家的建设进程。

2002 年 11 月召开的中共十六大,实现了中央领导集体的交替。以胡锦涛为总书记的新一届中央领导集体高度重视社会主义法制建设,坚决贯彻落实依法治国基本方略,把建设社会主义法治国家的伟大实践继续推向前进。12 月 26 日,新一届中央政治局在第一次集体学习中就学习了宪法。充分体现了新一届中央领导集体推进依法治国,建设社会主义法治国家的鲜明立场和坚定决心,使我国社会主义法制建设迈出了新的步伐。

在 2003 年 3 月召开的十届全国人大一次会议上,人大常委会提出了争取在本届任期内基本形成中国特色社会主义法律体系的立法目标。为此,十届全国人大常委会在总结经验,广泛征求立法项目建议,深入调查研究,充分听取各方面意见的基础上,制定了五年立法规划。列入规划的立法项目共 76 件,涵盖了中国特色社会主义法律体系的各个法律部门。这一年,十届全国人大常委会共审议了 12 件法律和有关法律问题的

---

① 参见《一场静悄悄的自我革命——各地实行行政执法责任制综述》,《人民日报》2002 年 9 月 4 日。
② 详见张金才《依法治国基本方略实施考察》表 1,本书第 125 页。
③ 参见《人大常委会举行第三十次法制讲座》,《人民日报》2002 年 12 月 29 日。

决定草案，通过了其中的 10 件。① 其中审议通过的行政许可法是继行政诉讼法、国家赔偿法、行政处罚法和行政复议法之后又一部规范政府行为的重要法律。同年，国务院制定公布行政法规 28 件。②

2004 年 3 月召开的十届全国人大二次会议审议通过了宪法修正案草案，在宪法中确立了"三个代表"重要思想在国家政治生活和社会生活中的指导地位，提出了完善对私有财产的保护、国家尊重和保障人权等重要修改，实现了指导思想的又一次与时俱进，体现了以人为本的鲜明特色。这一年，十届全国人大常委会共审议了 33 件法律、法律解释和有关法律问题决定的草案，通过了 25 件。③ 国务院制定了《全面推进依法行政实施纲要》，明确了建设法治政府的目标和任务；制定了 32 件行政法规，④ 为经济社会发展进一步提供了法律保障。

为了反对和遏制"台独"分裂势力分裂国家，促进祖国和平统一，维护台海地区和平稳定，维护国家主权和领土完整，维护中华民族的根本利益，2005 年 3 月 14 日，十届全国人大三次会议高票通过了《反分裂国家法》，当天由国家主席胡锦涛签署并立即予以实施。该法充分体现了我国以最大的诚意、尽最大的努力争取和平统一的一贯主张，同时表明了全中国人民维护国家主权和领土完整，绝不允许"台独"分裂势力以任何名义、任何方式把台湾从中国分裂出去的共同意志和坚定决心。

二、新时期我国法制建设的基本经验

我国新时期法制建设在二十几年的历史进程中积累了丰富的历史经验，这些历史经验可以归结为以下几个方面：

---

① 参见《吴邦国在十届全国人大二次会议上作的常委会工作报告（摘登）》，《人民日报》2004 年 3 月 11 日。
② 参见《中国法律年鉴（2004）》，中国法律年鉴社 2004 年版，第 80 页。
③ 《吴邦国在十届全国人大三次会议上作的常委会工作报告（摘登）》，《人民日报》2005 年 3 月 10 日。
④ 参见温家宝：《政府工作报告——2005 年 3 月 5 日在第十届全国人民代表大会第三次会议上》，《人民日报》2005 年 3 月 15 日。

（一）必须正确处理党的领导与法制建设的关系

新中国法制建设的实践表明，能否正确处理党的领导与法制建设的关系，直接关系到法制建设的成败。新时期我国法制建设之所以取得了辉煌的成就，首要的原因就在于我们既坚持了党的领导，又维护了法律的权威，正确处理了党与法的关系。这是总结新时期我国法制建设的伟大实践所得出的一条基本经验。中国共产党是中国特色社会主义事业的领导核心。毋庸置疑，进行社会主义法制建设必须坚持党的领导。这是法制建设健康发展的根本保证。但是，进行社会主义法制建设又必然要求法律具有至高无上的权威地位，任何权力都必须依法行使并受法律的约束，任何组织或个人都不得凌驾于宪法和法律之上，都不得有超越于宪法和法律之外的特权。这样一来就有一个如何处理党与法的关系的问题。我们党自觉遵循法律至上的原则。从中共十二大开始，就在党章中明确规定："党必须在宪法和法律的范围内活动。"[①] 以后历次党的全国代表大会都重申党的组织和党员必须带头遵守宪法和法律。这就树立和维护了法律至高无上的权威。

（二）必须正确处理法制建设与经济建设的关系

法制建设和经济建设同为中国特色社会主义建设事业的重要组成部分，但法制建设属于上层建筑，而经济建设属于经济基础。上层建筑必须为经济基础服务，不存在脱离现实经济的抽象的法律。我国的社会主义法制建设必须紧紧围绕经济建设这个中心来进行，必须为改革开放和社会主义现代化建设的全局服务。这是我国新时期法制建设的一条成功经验，也是我国法制建设一项必须遵循的指导原则。改革开放以来，我国的社会主义法制建设始终服从和服务于经济建设，为改革开放和社会主义现代化建设提供了有力的法制保障和稳定的社会环境。1982年现行宪法公布实施以后，随着我国改革开放的不断深入和社会主义现代化建

[①] 《十一届三中全会以来党的历次全国代表大会中央全会重要文件选编》（上），中央文献出版社1997年版，第289页。

设事业的进一步发展,又先后通过了四个宪法修正案,而每个宪法修正案都是以根本法的形式确认改革开放的最新成果。全国人大及其常委会也一直把加快经济立法放在首位。在七届全国人大的五年任期内,全国人大及其常委会共通过了 59 个法律、27 个关于法律问题的决定,其中经济法占立法总数的 1/3 以上。[①]1993 年开始任期的八届全国人大进一步提出了建立社会主义市场经济法律体系框架的立法指导思想。五年中,全国人大及其常委会共制定了 117 件法律和有关法律问题的决定,有 1/3 属于市场经济方面的立法,而且几乎涉及市场经济的各个方面。这些法律在规范市场经济主体行为、维护市场秩序、加强宏观调控、建立健全社会保障制度、促进对外开放等方面,起到了重要的作用。实践证明,经济建设是法制建设的强大动力,法制建设是经济建设的有力保障。只有正确处理经济建设和法制建设的关系,才能实现法制建设和经济建设的同步发展。

(三)必须把民主建设与法制建设结合起来

社会主义民主和社会主义法制是相互依存、相互促进的,二者互为条件。社会主义法制建设必须以发展民主为基础;社会主义民主建设必须以健全法制为保障。改革开放以来,我们在加强社会主义法制建设的同时,大力发展社会主义民主,把民主建设与法制建设紧密结合起来,极大地促进了社会主义法制建设的健康发展。这是我国新时期社会主义法制建设的又一条成功经验。邓小平历来主张民主和法制是不可分割的。他在谈到法制建设时,总是和民主建设联系在一起。1978 年 10 月 3 日,邓小平在同胡乔木、邓力群、于光远谈话时指出:"民主和法制实际上是一件事情。"[②]后来他又多次指出:"发扬社会主义民主,健全社会主义法制,两方面是统一的。"[③]江泽民继承并发展了邓小平民主法制思想,他

---

① 参见杨一凡、陈寒枫主编:《中华人民共和国法制史》,黑龙江人民出版社 1996 年版,第 31 页。
② 《邓小平年谱(1975—1997)》(上),中央文献出版社 2004 年版,第 394 页。
③ 《邓小平文选》第 2 卷,人民出版社 1994 年版,第 276 页。

在中共十五大报告中指出:"发展民主必须同健全法制紧密结合"①。以胡锦涛为总书记的新一届中央领导集体也十分重视社会主义民主建设对社会主义法制建设的促进作用。改革开放以来,正是由于我们党始终把民主建设与法制建设结合在一起,才使得社会主义法制建设在取得辉煌成就的同时,社会主义民主建设也有了很大发展。人民代表大会作为国家权力机关的地位和作用得到了充分尊重和发挥,人民代表大会制度进一步巩固和完善,中国共产党领导的多党合作和政治协商制度进一步加强,基层民主不断扩大,农村村民自治、城市居民自治和企业民主管理不断推进。所有这些成就,反过来又都极大地促进了社会主义法制建设的健康发展。

(四)必须把立足中国国情与借鉴外国经验结合起来

进行社会主义法制建设,一要立足中国国情,二要借鉴外国经验,把二者有机地结合起来。这是新时期我国法制建设取得成功的又一条基本经验。各国国情的差异性,决定了各国的法制建设必然呈现多样性。因此,各国进行法制建设必须从本国国情出发。建设中国特色的社会主义法治国家,也必须从中国的实际出发,立足于中国国情。旧中国是一个缺乏法制传统的国家,法制基础比较薄弱。正如邓小平所说:"旧中国留给我们的,封建专制传统比较多,民主法制传统很少。"②面对这样的国情,我国新时期的法制建设从一开始采取的就是政府推进型的模式,由政府规划法制蓝图,确立法制目标,提供法制动力,而没有像许多西方资本主义国家那样走自下而上的社会演进路子。在立足中国国情的同时,我们也注意吸收和借鉴外国法制建设的成功经验。西方资本主义国家已经有长达几百年的法治历史,建立起了比较成熟完备的法治社会,同时也积累了许多对人类社会有益的文明成果和成功经验。其中许多成果和经验对我国今天的法制建设不乏启发和借鉴意义。我们完全可以结合国情,批判地吸收,为我所用。这样就可以少走弯路,加快法制建设的步

---

① 《十一届三中全会以来党的历次全国代表大会中央全会重要文件选编》(下),中央文献出版社1997年版,第436页。

② 《邓小平文选》第2卷,人民出版社1994年版,第332页。

伐。我国在制定 1954 年和 1982 年宪法时，就吸收和借鉴了外国的经验。在制定 1982 年宪法过程中，宪法修改委员会秘书处非常注意收集各国的全套法典，当时仅宪法就收集了 35 个国家的。[①] 正是由于我们在进行社会主义法制建设的过程中，既立足中国国情，又注意借鉴外国经验，我国新时期法制建设才取得了如此辉煌的成就。

（五）必须不断完善法律监督体系

绝对的权力导致绝对的腐败。法律监督是社会主义法制建设的重要一环。改革开放以来，我国建立健全了法律监督和制约机制，不断完善法律监督体系，有力地保障了社会主义法制建设的顺利进行。第一，加强了全国人大及其常委会对宪法法律实施的监督，以确保制定出来的各项法律、法规得到切实的贯彻实施；第二，加强了人大及其常委会对审判机关和检察机关的法律监督和工作监督，以确保司法机关公正司法；第三，加强了检察机关对审判机关和行政机关的监督工作，以确保审判机关公正判决，行政机关依法行政；第四，加强了上级法院对下级法院审判工作的指导和监督，对下级法院不公正的审判和执行中的错误行为坚决依法纠正；第五，加强了公安、检察、法院之间的相互制约和监督；第六，建立了冤案、错案责任追究制度，等等。这些法律监督制度的健全与完善，对于保证宪法和法律的贯彻实施，促进依法行政、公正司法，起到了十分重要的作用。

中共十一届三中全会以来，我国法制建设经过二十几年的恢复与发展，正沿着建设社会主义法治国家的道路胜利前进。我国法制建设所取得的辉煌成就，为今后的法制建设打下了坚实的基础；在此过程中所积累的历史经验，为今后的法制建设提供了有益的借鉴。

[原载《当代中国史研究》2006 年第 2 期]

---

① 参见中共北京市委党史研究室编：《彭真在北京》，中央文献出版社 2002 年版，第 418 页。

刘少奇与新中国第一部宪法的制订和通过

新中国第一部宪法,即 1954 年宪法,是在毛泽东的主持下制订的。刘少奇自始至终参与其中,并发挥了重要作用。但长期以来,由于资料不足等原因,学者们对刘少奇参与制订 1954 年宪法的研究较少。新近出版的《建国以来刘少奇文稿》第 6 册,披露了一些刘少奇参与 1954 年宪法起草情况的新史料,补充了一些已公开资料的不完整部分。本文着重考察刘少奇在新中国第一部宪法的酝酿、起草直至通过等各个环节中所起的重要作用,展现他为新中国第一部宪法的制订所作出的历史贡献。

一、刘少奇与新中国第一部宪法的酝酿

新中国成立初期,中国人民政治协商会议全体会议代行全国人民代表大会的职权,《中国人民政治协商会议共同纲领》起着临时宪法的作用。这种政治体制是与开国之初的状况相适应的,对于维护民族独立和国家统一,稳定社会,保护和扶植先进生产关系,促进国民经济迅速恢复和发展,发挥了至关重要的作用,但它毕竟带有临时性和过渡性。随着国内政治局势的稳定和国民经济的恢复,召开全国人民代表大会和制订中华人民共和国宪法的议题,开始列入中共中央的议事日程。

起初,中共中央曾设想在晚些时候,也就是待将来民族资产阶级的问题解决了,中国基本进入社会主义社会后,再来制订宪法。1952 年,刘少奇率中共中央代表团访问苏联时,受毛泽东委托,于 10 月 20 日致

信斯大林，把中共中央关于制订宪法的设想作了详细的阐述，并征求其意见。刘少奇在信中说："在中国党内有人提出了制订宪法的问题。当然，如果要制订宪法就应召开全国人民代表大会。但在中国是否要急于制订宪法也还可以考虑。因为中国已有一个共同纲领，而且它在群众中在各阶层中均有很好的威信，在目前过渡时期即以共同纲领为国家的根本法是可以过得去的。如果在目前要制订宪法，其绝大部分特别是对资产阶级和小资产阶级的关系也还是要重复共同纲领，在基本上不会有什么改变，不过把条文的形式及共同纲领的名称加以改变而已。因此，我们考虑在目前过渡时期是否可以暂时不制订宪法，而以共同纲领代替宪法，共同纲领则可以在历次政协全体会议或全国人民代表大会加以修改补充，待中国目前的阶级关系有了基本的改变以后，即中国在基本上进入社会主义以后，再来制订宪法。而那时我们在基本上就可以制订一个社会主义的宪法。"①

斯大林看过信后，于10月24日、28日同刘少奇进行了两次会谈。

在10月24日的会谈中，斯大林对刘少奇说："同意你们目前使用共同纲领，但应准备宪法。"②

在10月28日的会谈中，刘少奇问斯大林10月24日所说应准备的宪法，是否是指社会主义性质的宪法。斯大林回答道："不是。我说的是现阶段的宪法。"③鉴于此，刘少奇对10月20日给斯大林信中所阐述的中共中央的制宪设想作了进一步的解释。他说："在共同纲领初制订时，人们曾经怀疑我们是否真要实行共同纲领，但三年来我们真正实行了共同纲领，因此共同纲领在人民中及各党派中威信很好。如果我们在今后两三年内制订宪法，势必重复共同纲领，承认资本家的财产及剥削雇佣劳动为合法。但是再过七八年以后，我们又要把资本家的企业国有化，再制订社会主义性质的宪法，似乎是有些不好。"④

斯大林仍坚持他的看法，大意是：如果你们不制订宪法，不进行选

---

① 《建国以来刘少奇文稿》第4册，中央文献出版社2005年版，第530页。
② 《建国以来刘少奇文稿》第4册，中央文献出版社2005年版，第535页。
③ 《建国以来刘少奇文稿》第4册，中央文献出版社2005年版，第535页。
④ 《建国以来刘少奇文稿》第4册，中央文献出版社2005年版，第535—536页。

举,敌人可以用两种说法向工农群众进行宣传反对你们:一是说你们的政府不是人民选举的;二是说你们国家没有宪法。因政协不是人民经选举产生的,人家就可以说你们的政权是建立在刺刀上的,是自封的。此外,共同纲领也不是人民选举的代表大会通过的,而是由一党提出,其他党派同意的东西,人家也可以说你们国家没有法律。你们应从敌人(中国的和外国的敌人)那里拿掉这些武器,不给他们这些借口。我同意你在信中所提出的意见把共同纲领改变成宪法——基本大法,这种宪法自然是一种粗制品,但有一个宪法,比没有要好。在宪法中,你们可以规定这样的条文:第一,全体人民包括资本家、富农在内均有选举权。第二,承认企业主和富农的财产权。第三,承认外国人在中国的企业的租借权;但这种权利如果政府不愿给外国人,可以在实行时不给或少给。这些事实,都是在中国存在的,并不妨害你们搞宪法。我想你们可以在1954年搞选举和宪法。我认为这样作,对你们是有利的。①

刘少奇向斯大林表示:"在1954年进行选举和制订宪法,我想是没有特殊困难的。"斯大林说:"那你们这样作是比较要好些的。"②

10月26日、30日,刘少奇将两次同斯大林会谈的情况分别用电报向毛泽东和中共中央作了汇报。毛泽东和中共中央接受了斯大林的制宪建议。1952年11月间,中共中央决定立即着手准备召开全国人民代表大会,制订宪法。

二、刘少奇与新中国第一部宪法的起草

1953年1月13日,中央人民政府委员会举行第二十次会议,正式作出《关于召开全国人民代表大会及地方各级人民代表大会的决议》,决定在当年召开由人民用普选方法产生的地方各级人民代表大会,在此基础上召开全国人民代表大会,并在大会上制订宪法。③会议还决定,成立中华人民共和国宪法起草委员会,毛泽东为主席,刘少奇等32人为委员。

---

① 参见《建国以来刘少奇文稿》第4册,中央文献出版社2005年版,第536页。
② 《建国以来刘少奇文稿》第4册,中央文献出版社2005年版,第537页。
③ 参见《建国以来重要文献选编》第4册,中央文献出版社1993年版,第16—17页。

宪法起草委员会虽然成立了，但宪法起草工作并未立即进行，而是一直推迟到 1953 年底。这期间，除在 6 月 6 日晚，刘少奇同周恩来、朱德、邓小平、陈伯达、胡乔木，一起在毛泽东处开过一次研究制订宪法问题的会议外①，宪法起草工作没有任何进展。究其原因，主要是因为作为制订宪法指导思想和基本依据的过渡时期总路线，还处在酝酿和完善的过程中。1953 年 12 月，过渡时期总路线宣传提纲审定工作刚一结束，担任宪法起草委员会主席的毛泽东便带着由陈伯达、胡乔木、田家英等组成的宪法起草小组，赴杭州起草宪法。

在整个宪法起草期间，刘少奇主要参与了以下几件事情。

（一）多次主持或出席会议，对宪法草案进行讨论

宪法起草小组的工作于 1954 年 1 月 9 日开始后，毛泽东即于 1 月 15 日致电刘少奇等，通报宪法起草小组的工作计划。1 月 16 日，刘少奇复电毛泽东："此间同志同意主席所定宪法起草工作及讨论的计划，即将来电印发在京各中委及候补中委，并要他们阅读所列参考文件。"②

2 月 26 日，宪法草案初稿三读稿拟出后，毛泽东致信刘少奇及书记处各同志，要求"印发中央各同志阅看"，以便中央讨论。③ 2 月 28 日和 3 月 1 日，刘少奇主持中共中央政治局扩大会议，讨论并基本通过宪法草案初稿三读稿。会议决定：由董必武、彭真、张际春负责，以董必武为主，根据中央政治局讨论的意见及宪法起草小组的意见，将三读稿加以研究和修改。④ 3 月 9 日，宪法草案初稿四读稿形成。3 月 12 日、13 日和 15 日，刘少奇再次主持中共中央政治局扩大会议，讨论四读稿。会议决定：（1）由陈伯达、胡乔木、董必武、彭真、邓小平、李维汉、张际春、田家英共 8 人组成宪法小组，负责初稿的最后修改；（2）组成宪法起草委员会办公室，以李维汉为秘书长。⑤

---

① 参见《朱德年谱（1886—1976）》（下），中央文献出版社 2006 年版，第 1450 页。
② 《刘少奇年谱（1898—1969）》下卷，中央文献出版社 1996 年版，第 318 页。
③ 参见《建国以来毛泽东文稿》第 4 册，中央文献出版社 1990 年版，第 450 页。
④ 参见《刘少奇年谱（1898—1969）》下卷，中央文献出版社 1996 年版，第 321 页。
⑤ 参见《刘少奇年谱（1898—1969）》下卷，中央文献出版社 1996 年版，第 321—322 页。

3月17日，毛泽东从杭州回到北京。3月23日，刘少奇出席中华人民共和国宪法起草委员会第一次会议。毛泽东在会上代表中国共产党提出《中华人民共和国宪法草案（初稿）》。会议决定：宪法草案除宪法起草委员会全体会议讨论外，政协全国委员会也进行分组讨论，并分发各大行政区、各省市自治区的领导机关和各民主党派、各人民团体的地方组织进行讨论。①

接着，刘少奇连续主持召开五次宪法起草委员会会议，对宪法草案初稿逐章逐节地进行讨论。5月27日，主持宪法起草委员会第二次会议，讨论《中华人民共和国宪法草案（初稿）》的序言和第一章总纲。5月28日，主持宪法起草委员会第三次会议，讨论《中华人民共和国宪法草案（初稿）》的第二章。5月29日，主持宪法起草委员会第四次会议，讨论《中华人民共和国宪法草案（初稿）》的第二、三章。在讨论"民族自治机关"时刘少奇说：宪法规定少数民族有自治地方和自治机关，是保护了少数民族，不规定，他们就要吃亏。这样规定是限制了少数民族，还是限制了大民族？我看是限制了汉族，不是要侵犯少数民族，而是限制侵犯少数民族。我们每一个有关少数民族的法律都是保护少数民族的，例如选举法也是这样。如果有一个法律不充分保护少数民族，这个法律就行不通。5月31日，主持宪法起草委员会第五次会议，讨论《中华人民共和国宪法草案（初稿）》的第二、四章，并对宪法草案初稿再次进行通盘讨论。6月8日，主持宪法起草委员会第六次会议，讨论《中华人民共和国宪法草案（修正稿）》。②

6月11日，刘少奇出席宪法起草委员会第七次会议，会议讨论通过《中华人民共和国宪法草案（修正稿）》和关于宪法起草工作经过的报告。③这次会议对宪法草案（修正稿）的全部条文作了最后的审查，全部条文定为106条。

经过广泛讨论和反复修改，宪法草案提交全国人民公开讨论的条件已经成熟。6月14日，中央人民政府委员会举行第三十次会议，会议通

---

① 参见《刘少奇年谱（1898—1969）》下卷，中央文献出版社1996年版，第322页。
② 参见《刘少奇年谱（1898—1969）》下卷，中央文献出版社1996年版，第323—324页。
③ 参见《刘少奇年谱（1898—1969）》下卷，中央文献出版社1996年版，第324页。

过《中华人民共和国宪法草案》和《关于公布中华人民共和国宪法草案的决议》，决定将宪法草案交付全国人民讨论。在这以后的近三个月中，全国有1.5亿人参加了讨论。根据大家提出的意见，宪法起草委员会在9月8日召开第八次会议，中共中央在9月9日召开政治局常委会议，对宪法草案再次进行修改。9月9日，中央人民政府委员会举行第三十四次会议，讨论通过宪法草案，决定正式把它提交全国人民代表大会。刘少奇先后出席了上面所说的各次会议。①

（二）对宪法草案作出重要修改

刘少奇除主持或出席会议对宪法草案进行讨论外，还亲自对宪法草案进行修改。新近披露的史料表明，刘少奇对宪法草案初稿进行过三次修改：一次是对1954年2月27日印发的中华人民共和国宪法草案初稿三读稿的修改；一次是对1954年3月10日印发的中华人民共和国宪法草案初稿四读稿的修改；一次是对1954年5月25日印发的宪法草案座谈会各组召集人联席会议对于宪法草案初稿的修改意见稿的修改。②

笔者经过统计，发现这3次修改共加写和改写44处，涉及条文22条。③ 由于没有刘少奇修改前的稿本可做对比，因此无法准确分析这44处修改哪些是加写的、哪些是改写的，被改掉的内容又是什么，为什么要这样改，等等。但笔者将这44处修改与1954年9月20日第一届全国人民代表大会第一次会议通过的《中华人民共和国宪法》逐条逐字进行比对，发现这44处修改全部被采纳，一字未改。因此完全可以说这些修改都是重要修改，是刘少奇对新中国第一部宪法的制订所作的重要贡献。

三、刘少奇与新中国第一部宪法的通过

经过八个多月的紧张工作，宪法草案的起草修改工作基本完成，即将提交第一届全国人民代表大会第一次会议讨论。

---

① 参见《刘少奇传》（下），中央文献出版社1998年版，第761页。
② 参见《建国以来刘少奇文稿》第6册，中央文献出版社2008年版，第127页。
③ 参见《建国以来刘少奇文稿》第6册，中央文献出版社2008年版，第122—127页。

受毛泽东的委托,刘少奇主持起草《关于中华人民共和国宪法草案的报告》。在起草过程中,刘少奇于9月5日、6日、7日、9日,连续四次同周恩来、朱德等人到毛泽东住处开会,讨论关于宪法草案的报告。[①]9月12日,刘少奇主持宪法起草委员会第九次会议,讨论并通过《关于中华人民共和国宪法草案的报告》。[②]

1954年9月15日,第一届全国人民代表大会第一次会议在北京隆重召开,刘少奇受宪法起草委员会的委托,向大会作《关于中华人民共和国宪法草案的报告》。刘少奇在报告中,首先回顾了中国人民100多年来反对帝国主义、封建主义、官僚资本主义的英勇斗争的历史和中国近现代关于宪法问题、宪政运动的历史,回顾了中华人民共和国成立以来中国发生巨大变化的历史,阐述了中华人民共和国宪法产生的历史意义。接着,他从新中国的国家性质、过渡到社会主义社会的步骤、我国人民民主的政治制度和人民的权利义务、民族区域自治等方面,说明了宪法草案的基本内容。

在报告的第三部分,刘少奇对全国人民群众在讨论宪法草案时提出的各种意见作了简要回答。报告指出,对于这些意见,宪法起草委员会都作了考虑。由于采纳了群众的意见,宪法草案已经有了若干改动,有些是内容的改动,有些是文字和修辞上的改动。报告列举了宪法起草委员会考虑了人民群众的意见后对于宪法草案所作的一些较重要的修改,并一一加以说明。报告还摘要列举了经过宪法起草委员会考虑认为不应当采纳的一些意见,如有些人提议在序言中详细叙述我国的革命历史;有些人提议在第五条中列举我国现有的各种生产资料所有制的时候,还应当提到国家资本主义;有些人提议在宪法草案第二章第三节内具体列出国务院所属各部、各委员会的名称;有些人提出地方各级人民代表大会也应当同全国人民代表大会一样设立常务委员会;有些人提议在宪法序言中增加关于中国人民政治协商会议地位和任务的规定;还有些人提议在宪法中增加规定我国疆域的条文等,并一一说明了没有采纳的理由。

---

① 参见《朱德年谱(1886—1976)》(下),中央文献出版社2006年版,第1482页。
② 参见《刘少奇年谱(1898—1969)》下卷,中央文献出版社1996年版,第326页。

报告在最后结论中指出:"我们的宪法草案,经过全国人民代表大会通过以后,将成为我国的国家根本法。这个宪法既然是表达了人民群众的亲身经验和长期心愿,它就一定能够在我国的国家生活中起巨大的积极的作用,一定会鼓舞人民群众为保卫和发展我们的胜利成果而斗争,为粉碎一切企图破坏我国社会制度和国家制度的敌人而斗争,为促进我国建设事业的健全发展和加速我国建设的进度而斗争。"报告在号召全国人民和一切国家机关必须遵守宪法的同时,特别对执政的中国共产党提出新的要求:"中国共产党是我们国家的领导核心。党的这种地位,决不应当使党员在国家生活中享有任何特殊的权利,只是使他们必须担负更大的责任。中国共产党的党员必须在遵守宪法和一切其他法律中起模范作用。一切共产党员都要密切联系群众,同各民主党派、同党外的广大群众团结在一起,为宪法的实施而积极努力。"①

第一届全国人民代表大会代表对刘少奇所作的宪法草案报告进行了分组讨论,并提出了一些意见。9月20日,刘少奇指示中共中央宣传部秘书长胡绳:"这些意见,请你考虑一下,是否有什么可采的地方?如有可采者,请即刻改好一份送我,今天还来得及改。"②笔者将发表在1954年9月16日《人民日报》上的改前本与后来收入《刘少奇选集》的改后本进行对照,发现后者将"关于民族自治问题"这个标题改成了"关于民族区域自治问题";在论述过渡时期民族资产阶级对国家还可以作出一定的贡献时,把"接受社会主义改造"单列了出来。这些都是采纳了会上的意见后所作的修改。

经过充分讨论,第一届全国人民代表大会在9月20日一致通过了《中华人民共和国宪法》。同日,第一届全国人民代表大会第一次会议主席团公布了该宪法,新中国第一部宪法就此诞生。在这部宪法的制订过程中,刘少奇无疑发挥了重要作用。

[原载《党的文献》2009年第6期]

---

① 《建国以来刘少奇文稿》第6册,中央文献出版社2008年版,第391、392页。
② 《建国以来刘少奇文稿》第6册,中央文献出版社2008年版,第407页。

刘少奇与20世纪60年代初的政法工作调整

20世纪60年代初，为克服"大跃进"运动造成的困难，我国开始对国民经济进行调整，与此同时，政法等其他战线的调整和纠偏工作也开展起来。但长期以来，学术界对该时期的政法工作调整研究得较少，从刘少奇的角度研究这一问题的更少。本文拟考察刘少奇在20世纪60年代初政法工作调整中所发挥的重要作用，展现他为政法工作调整所作出的历史贡献。

一

1958年"大跃进"后，由于受"左"的指导思想的影响，政法工作在取得成绩的同时，也出现了不少偏差，少数地方甚至发生了很严重的错误。主要问题是混淆敌我矛盾和人民内部矛盾的界限，不依法办案，打击面过宽，造成了许多错案、假案，在群众中产生了很坏影响。

一是不少地方发生了非法捕人和变相捕人押人的严重现象。宪法规定："中华人民共和国公民的人身自由不受侵犯。任何公民，非经人民法院决定或者人民检察院批准，不受逮捕。"[①] 逮捕拘留条例又规定："经人民法院决定或者人民检察院批准逮捕的人犯，由人民法院、人民检察

---

① 《建国以来重要文献选编》第5册，中央文献出版社1993年版，第540页。

院或者公安机关执行逮捕。"① 但 1958 年后，不少地方不按照国家的宪法、法律和法令办事，非法逮捕和变相捕押人，严重破坏了人民民主专政的法制。1962 年 5 月 23 日，刘少奇指出："这几年打击面宽了，是个事实。劳动教养本来是处理人民内部问题的，结果用了同处理敌我问题一样的办法。行政拘留本来是有严格的时限的，结果长期拘留，不依法办事。行政拘留、集训、劳动教养，变成和逮捕一样。有的单位还自己搞拘留、搞劳改，这是非法的，不允许的。此外，有的党政负责人，随便批准捕人，根本不要公安局、检察院这一套。甚至有的公社、工厂、工地也随便捕人。这种破坏法制的行为，必须坚决制止。"②

二是许多司法部门提出了一些不切实际的"跃进"规划和措施。受全国"大跃进"运动的影响，一些司法部门提出司法工作也要"大跃进"。许多地方提出苦战一年到三年，实现"无反革命，无盗窃，无抢劫，无强奸"，甚至"无民事纠纷"等"左"倾空想口号。提出对审判工作要求做到"几满意"，就是党组织、公安、检察机关、群众、当事人对案件处理结果都要表示满意。在办案数量上，普遍提出了每人月结几十件甚至上百件的高指标。为了实现"几无"的目标，各地普遍大搞搜捕，大搞集训（地、富、反、坏分子），要求多捕、多判、多管制，企图用强化阶级斗争的方法，在短时期内消灭一切反革命活动和其他刑事犯罪活动。1958 年全国各级人民法院共受理一审刑事案件 183 万件，较 1957 年猛增 1.6 倍。③

三是司法制度受到严重破坏，造成了许多错案。在"大跃进"运动中，法律规定的程序制度受到了较大的冲击。首先是公安、检察、法院三机关分工负责、互相配合、互相制约的刑事诉讼制度被破除了，代之以"一长代三长""一员顶三员"④ 的错误做法。这就把侦查、起诉、审判

---

① 《中华人民共和国逮捕拘留条例》，《人民日报》1954 年 12 月 21 日。
② 《刘少奇选集》下卷，人民出版社 1985 年版，第 451 页。
③ 参见《当代中国的审判工作》（上），当代中国出版社 1993 年版，第 87、89 页。
④ "一长代三长""一员顶三员"就是公安局局长、检察长、法院院长实行"分片包干"办案，一个地区的案件由其中一长负责主持办理，他可以代行其他两长的职权，侦查员、检察员、审判员也是如此。

三道刑事诉讼程序变成了一道程序，取消了分工负责，也就放弃了互相制约。其次是公开审判、合议、辩护等审判制度和一些所必需的诉讼程序被取消或简化了，而普遍实行法庭审判与群众辩论相结合的所谓群众路线审判方式，实际上是将被告人交给群众批判斗争，威吓逼供，不许被告人据实申辩，更谈不上律师辩护，群众的检举材料有的不经过查对核实就作为定案根据。此外，"审判权由人民法院统一行使"的原则也遭到破坏，一些地方发生了行政机关、人民公社、工作组非法进行审判的混乱现象，造成了不少错案。①

四是不少地方判了一批不应判的人，盲目长判和轻罪重判的现象也比较普遍。那几年各地普遍滋长了盲目长判的势头，有的法院还规定判刑起点为五年，然后一五、一十地往上加刑。不少地区以判处五年以上徒刑的案件占判案总数比例的大小来衡量是不是有右倾偏差，认为长判的比例越大越好。例如，河南叶县有两个老农民因抵制密植（规定每亩下种60斤至80斤），少下了麦种，竟被县法院以"破坏生产罪"各判处了三年徒刑。②

五是在一些地方相当普遍地发生了侵犯人民群众民主权利的违法乱纪现象。有些地方对人民群众写给党中央和国务院反映工作情况、揭露缺点错误的信件随便检查，公然扣压。有些单位在发现了反动标语后，不是经公安部门依法进行侦察，而是采取查对笔迹等手段，粗暴地侵犯人民群众的民主权利。据邓力群回忆："某省委院里发现'打倒×××'的标语，不得了了，就人人对笔迹。少奇同志不以为然，举了个例子说：一九四一年延安边区开县长会议，雷击打死一个县长，有个人就说：'雷公为什么不打死毛泽东！'公安机关说他是反革命，毛主席批评他们不注意原因。原因是当年征公粮由原来的十四万担增加到了二十万担，负担过重，群众不满。这是合理的反映。于是，毛主席就号召干部自己动手生产，减轻人民负担，共同抗日。这是马克思主义者的作法。对我们不满意、说些不满的话的人，决不能当做反革命分子处理。"③

---

① 参见《当代中国的审判工作》（上），当代中国出版社1993年版，第89—90页。
② 参见《当代中国的审判工作》（上），当代中国出版社1993年版，第100页。
③ 邓力群：《红旗岁月》，当代中国出版社1998年版，第189页。

为克服"大跃进"运动造成的困难，充分调动人民群众建设社会主义的积极性，必须对政法工作存在的上述缺点和错误进行全面的总结和调整。对此，刘少奇给予了特别的关注。

二

1960年下半年，中共中央开始纠正"大跃进"运动中的"左"倾错误，决定对国民经济实行"调整、巩固、充实、提高"的方针，并号召各地区、各部门大兴调查研究之风，总结"大跃进"以来的经验教训。在此背景下，政法工作调整也随之开展起来。刘少奇1961年四五月在湖南农村调查期间，通过典型案例的处理，就政法工作调整作了许多重要指示，对于帮助政法战线恢复实事求是的作风、纠正工作错误，起了很大的作用。

闻名全国的刘桂阳案件就是刘少奇亲自过问后得到妥善处理的典型案例。刘桂阳是湖南省郴州地区鲤鱼江电厂的运煤女工。1960年6月她回家乡郴县农村探亲，看到农村生活很苦，认为这都是人民公社造成的，心想"农村的情况，必须让党中央、毛主席知道"。于是她写了12张反对人民公社的标语，于7月26日将其中的6张贴在中南海国务院北门墙上，并且喊门口的警卫战士去看，说"这标语是我贴的"，还说："我是代表全国人民来这里说话的，这些情况只要让党中央知道，就是明天枪毙我，我也心甘情愿。"刘桂阳被押解回原籍后，郴县人民法院认为她反对人民公社就是反革命，于同年9月27日以"现行反革命"罪判处五年徒刑。①刘少奇了解这一情况后，认为这样处理是错误的，建议对案件进行复查。湖南省公安厅对案件复查后，给中央的汇报中提出：刘桂阳一贯表现较好，同共产党在根本利益上没有矛盾，张贴标语的动机不是以推翻人民民主政权为目的，因此可按人民内部矛盾处理，建议无罪释放。1961年2月10日，刘少奇在《公安工作简报》1960年第8期刊登的《湖南省公安厅对刘桂阳案处理意见》一文上批示："我同意湖南公安厅对刘

---

① 参见《当代中国的审判工作》（上），当代中国出版社1993年版，第98页。

桂阳案的处理意见。将此件寄湖南省委，建议张平化同志亲自找刘桂阳谈一次，一方面适当地鼓励她认真向中央反映农村情况，另一方面适当地批评她对人民公社的认识，和她采取的方法，以便引导她走上正确的道路。"2月14日，这一批示作为中共中央文件下发。①1961年四五月到湖南后，刘少奇又一次提起这件事。他对湖南省公安厅负责人说："根据什么判她的罪？法律有这一条吗？无非是根据她写了'反动标语'。反动标语是以反革命为目的，她跑到北京，还相信中央，这能说是以反革命为目的吗？她对公社的认识有错误，采取的方法是错误的，但这不应该判罪。"②刘少奇对处理这个案件的指示，正确区分了两类不同性质的矛盾，充满了实事求是的精神，对政法干部教育很深。

　　在调查期间，刘少奇还过问了一件饲养员破坏耕牛案：长沙县广福公社天华大队的一头耕牛在1957年2月死亡，解剖后在牛肺内发现一根三寸多长的铁丝，被认为是饲养员冯国全有意破坏，铁丝是冯从牛颈部钉进去的。冯因此遭到批斗和关押。调查组向刘少奇汇报了这件事，刘少奇当即指出："这不可能吧？牛皮那么厚，牛劲那么大，怎么能钉进去呢？这件事还要查，不仅要查当事人，还要问问老兽医或专门学过这种医的人。"并指示省公安厅对此进行复查。经过调查，查明铁丝是一个小孩出于好奇喂牛吃铁丝，然后穿过胃壁进到肺中造成死亡的，这个案件完全是冤案。省公安厅为冯国全平了反，并于6月30日向中共湖南省委和公安部写了《关于长沙县广福公社天华大队社员冯国全破坏耕牛一案的调查报告》。7月10日，刘少奇在北京审阅了这个调查报告后写信给公安部部长谢富治："各地如冯国全这样的冤案还是有的，应由各地公安政治机关进行认真的调查研究，作出合乎实际情况的结论。"③刘少奇亲自指导湖南省公安厅调查处理所谓破坏耕牛案，对政法干部在处理案件时应当怎样对事实进行调查，怎样透过现象识别本质，又怎样得出符合实际情况的结论，是一次生动、具体的示范教育。在刘少奇亲自过问这两个典型案例的教育影响下，在最高人民法院的指导督促下，大多数省、

---

① 参见《刘少奇年谱（1898—1969）》下卷，中央文献出版社1996年版，第506—507页。
② 《刘少奇传》（下），中央文献出版社1998年版，第869页。
③ 《刘少奇传》（下），中央文献出版社1998年版，第870页。

自治区、直辖市对 1958 年至 1961 年判处的一部分刑事案件进行了复查，纠正了其中的冤假错案。

1961 年，由于生活困难，许多地方的农村偷摸现象严重，社会治安比较乱，而当时基层人民法院的人民法庭普遍被撤销，因此对这一类问题没有一个处理的地方。公社、生产队干部对之束手无策，不是放任不管，就是乱打乱罚。刘少奇到长沙、宁乡两个县视察工作了解到这种情况后，特别指出法院要再搞起人民法庭。根据刘少奇的指示，湖南省委于 5 月 8 日批转了湖南省高级人民法院党组关于在全省重新建立人民法庭的报告，要求一个区建一个法庭，以便利群众诉讼。长沙县人民法院在省、市两级法院的帮助指导下，很快建起了 13 个人民法庭。

6 月间，长沙县人民法院写出了人民法庭工作情况的报告。7 月 15 日，刘少奇在看了报告后致信中央负责公检法工作的彭真、谢富治、谢觉哉、张鼎丞："长沙县人民法院关于人民法庭工作情况的报告，我已看过，觉得很好。请中央政法小组加以讨论，最好在全国其他地方也进行试办，以便进一步总结经验。总之，目前大量的社会治安问题，各级党委和人民政府是不能放任不管的，而党委和政府又只能依靠政法机构去管，政法机构采取什么形式和方法去管这类问题，这是要在实际经验中才能解决的。长沙县人民法院一个多月的经验，就可以看出解决这个问题的端倪了，所以值得重视。"[1] 8 月 1 日，最高人民法院把刘少奇的批示连同长沙县人民法院的报告转发给地方各级人民法院，要求各地参照长沙县的经验试办人民法庭。9 月以后，各地按照刘少奇的指示和最高人民法院的要求，抓紧了恢复和建立人民法庭的工作。不久，全国各地普遍建立起区人民法庭。人民法庭恢复后广泛开展巡回审判活动，发扬了方便群众的优良传统，抓紧处理了当时比较突出的大量的农村治安问题，还及时处理了大量的民事纠纷，对于保护农民的合法权益，维护农村的社会安定起了积极的作用。

七千人大会后，刘少奇对政法工作调整倾注了更大的心血和精力。

1962 年 3 月，刘少奇在《公安工作简报》1962 年第 6 期上看到《关

---

[1] 《刘少奇年谱（1898—1969）》下卷，中央文献出版社 1996 年版，第 530 页。

于1961年公安工作情况的通报》。通报称，1961年是公安工作困难最大的一年，但捕人最少、杀人最少。根据他对实际情况的了解，刘少奇认为这个材料反映的情况是虚假的，掩盖了公安政法工作中的主要矛盾。3月15日，他写信给中央政法小组负责人和公安部部长，严厉批评这种不如实反映情况的做法："此件看过。我认为这是一方面的你们能够控制的好的情况。请你注意另一方面的情况，就是从一九五九年以来，有许多地方公安机关，甚至公社大队等用长期拘留、长期劳改、劳教等方式，实际上逮捕了许多人，饿死和折磨死了一些人。而这些是你们不能够控制的，没有统计的，或者统计不确实。一九六一年，这种情况还没有完全停止。去年我在湖南就还看见这种情况。你们应该严格地检查、揭露、批判和纠正这种违法的情况。"①

3月17日，刘少奇在武汉向毛泽东汇报中央常委扩大会议情况后，约当时也在武汉的罗瑞卿等人和湖北省委第一书记王任重谈话，对政法工作提出了尖锐的批评："这四年的经验教训多得很，你们要好好总结，主要经验是混淆两类矛盾。混敌为我的也有，但主要是混我为敌。下面不按照法律，县、公社甚至大队用长期拘留、劳改、劳教等办法，不知折磨死了多少人。""你们要认真检查，彻底揭露、批判。"在谈到可能造成的影响时，他说："当然，揭露出来是不好看的，是很丑的，但是，有那个事实嘛，怕什么丑呢？今天不揭，明天还要揭；你自己不揭，别人要揭；活人不揭，死后下一代也要揭。"在王任重等谈到这几年政法机关经常被批评为"右倾"的情况时，刘少奇激动地说："你们怕'右倾'吗？无非是撤职。坚持真理，撤职也是好的，也光荣嘛！"②刘少奇的批评给了公安、政法部门的领导人很大震动。公安部党组整理了谈话记录，送给刘少奇审阅，并准备印发到下级单位。刘少奇没有同意印发这个讲话。他于4月4日在送审稿上批示："这个记录稿不要印。过去，你们已经印得有些过多了，将来会出毛病的。四年来，公安政法工作方面的确有不少新的经验需要总结，如果你们搜集了材料，我可以参加，和你们一道，

---

① 《刘少奇年谱（1898—1969）》下卷，中央文献出版社1996年版，第551页。
② 《刘少奇年谱（1898—1969）》下卷，中央文献出版社1996年版，第551页。

认真地系统地进行总结。这是一件严肃的事情，不要这样草率、零星地印发东西。"①

中央政法小组建议由中央召开一次党的全国政法工作会议，中央批准了这个建议。4月28日，刘少奇召集会议，听取中央政法小组关于筹备全国政法工作会议的情况汇报。在谢觉哉等人汇报后，刘少奇指出："我们无产阶级的法律还没有成熟，还没有真正建立起来。过去列宁写了《国家与革命》，斯大林也搞了一些东西，毛主席规定了我们专政工作的路线，又提出两类矛盾问题。现在的经验是两方面的，赫鲁晓夫不要专政，斯大林后期把肃反扩大化，我们也有混淆两类矛盾的经验。现在要纠正，要总结经验教训，要从理论上、方针原则上、机构分工上和具体办法上搞出一套来。"在谈到政法工作和党的领导的关系时说："检察院、法院要独立办事，党委不要干涉具体事务，党委什么都干涉不好。以后下面公检法向上级写报告要直接报，不要经党委批准，经过党委批准是错误的。要有对立面，唱对台戏，三机关互相制约也是对立面，也是唱对台戏。什么事情一个渠道是不行的，老百姓都能反映情况嘛。这几年犯的'左'的错误是在党委的绝对领导下犯的，这是一条重要的经验。"②刘少奇上述重要指示和实践，有力地推动了政法工作的调整。

三

为全面总结1958年后政法工作的经验教训，明确此后一个时期政法工作的方针、政策，刘少奇指导中央政法小组起草了《关于一九五八年以来政法工作的总结报告》。刘少奇十分重视这个文件的起草，于1962年5月23日专门约请中央政法小组成员开会，详细谈了他对报告初稿的意见。在谈话中，刘少奇明确指出："这几年的政法工作，就问题方面来说，总的经验教训是混淆两类不同性质的矛盾，主要是误我为敌，打

---

① 《刘少奇年谱（1898—1969）》下卷，中央文献出版社1996年版，第552—553页。
② 《刘少奇年谱（1898—1969）》下卷，中央文献出版社1996年版，第554页。

击面过宽。就是说随随便便，马马虎虎，没有把两类不同性质的矛盾清楚地、严格地、细致地区分开来。同时，又没有严格区分处理两类不同性质矛盾的两种不同的方法。处理人民内部矛盾，只能用说服、民主的办法，批评与自我批评的方法。压服，只能用来处理敌我矛盾。这是根本不同的两种方法。要强调用两种不同的方法处理两类不同性质的矛盾。这几年的错误，主要是用处理敌我问题的办法去处理人民内部矛盾。用对付敌人的专政的办法来处理自己人的问题，处理劳动人民的问题，这是个根本错误。这不是共产党的方法，而是国民党作风，是站在人民之上，向人民施用压力。"①

刘少奇肯定报告指出目前这个时期主要的教训是混淆两类不同性质的矛盾是对的，但同时又指出在这个问题上讲得还不够，特别是没有着重强调要严格区分处理两类矛盾的两种不同方法。他说："要严格区分两类不同性质的矛盾，还要严格区分处理两类不同性质矛盾的两种不同的方法。搞错了，就要犯大错误。过去对矛盾性质认识错了的也有，但主要是错在用处理敌我矛盾的方法去处理人民内部矛盾。党和政府中的国民党作风，主要表现在这上面。用敌对手段处理人民内部问题，甚至党内问题，这样处理的结果，不仅不会解决矛盾，相反会使矛盾更加激化，甚至造成分裂。这个问题要好好讲一下。"刘少奇进一步指出："不能用处理敌我问题的办法处理人民内部矛盾，相反，只要是没有危险的，倒是可以用处理人民内部矛盾的办法来处理敌我问题。"②

对政法机关的性质和任务问题，刘少奇也作了全面阐述。他提出，公安机关、检察院、法院不仅要处理敌我矛盾，而且要成为处理人民内部矛盾的机关，这个观念要好好研究一下。"你们叫公安局嘛，名为公安，就是要管公共安宁，公共是谁呢？是人民。敌人怕公安机关，这是应该的。说人民也怕公安机关，那不一定，如果把工作做好了，人民就喜欢你们，认为你们可靠。过去的'丘八'，人人怕，但我们的人民解放

---

① 《刘少奇选集》下卷，人民出版社1985年版，第450页。
② 《刘少奇选集》下卷，人民出版社1985年版，第450—451、452页。

军,人民就不怕。这是个工作问题,态度问题。在严格区分两类不同性质矛盾和两类矛盾的不同处理方法的前提下,帮助人民,教育人民,保护人民,人民就不怕你们,就喜欢你们。""无产阶级法制,就是人民民主的法制,也就是社会主义法制。法制不一定是指专政方面的,人民内部也要有法制,国家工作人员和群众也要受公共章程的约束。"他进一步指出:"无产阶级专政条件下,国家也是教育机关。要把人民教育成共产主义者,不光是靠学校教育。你们是专政工具,同时也有教育人民、处理人民内部矛盾的任务。"①

刘少奇还针对当时有些地方党委和政府非法干涉人民法院审判案件的情况说:"法院独立审判是对的,是宪法规定了的,党委和政府不应该干涉他们判案子。"又指出,"不要提政法机关绝对服从各级党委领导。它违法,就不能服从。如果地方党委的决定同法律、同中央的政策不一致,服从哪一个?在这种情况下,应该服从法律、服从中央的政策。"②刘少奇的这些话对当时流行的轻视法制的思想是一个有力的批判,对人民法院依法独立进行审判也是一个有力的支持。

刘少奇还提出,搞这个文件,总结经验,要从实际出发,然后提高到一般原则和理论高度。哪些方面需要作理论说明的,就从理论上讲清楚。不要光从原理出发,要解决实际问题。总结报告写好后,要提请中央书记处讨论通过,由中央批准后发下去,把今后一个时期的方针、政策讲清楚,指导全国的政法工作。③刘少奇的上述谈话,对政法机关纠正错误,总结经验,改进工作,具有重大的指导意义。

这以后,中央政法小组经过反复修改,并多次送刘少奇审阅,形成了一份正式文件,准备提交中央工作会议讨论。但由于在不久后召开的北戴河会议上,毛泽东重提阶级斗争,改变了会议的原定议程,批"单干风""翻案风""黑暗风",政治气氛发生了变化。《关于一九五八年以来政法工作的总结报告》严肃地揭露了1958年后政法工作中发生的一些缺点和错误,属于刮"黑暗风"之列,自然就不便批发全党全国了。尽

---

① 《刘少奇选集》下卷,人民出版社1985年版,第451、452页。
② 《刘少奇选集》下卷,人民出版社1985年版,第452页。
③ 参见《刘少奇选集》下卷,人民出版社1985年版,第450—452页。

管如此，刘少奇在这一时期所提出的思想和意见，对政法战线的纠偏和调整工作仍起了重要作用。七千人大会后的一段时间里，政法工作有了较大程度的改善，并开始走上健康发展的轨道。

［原载《当代中国史研究》2010 年第 1 期］

改革开放以来我国法制建设的
发展历程及伟大成就

改革开放以来，我国法制建设得到全面恢复与发展，成为新中国法制建设史上最好的时期。经过长期不懈努力，我国法制建设取得伟大成就：确立依法治国基本方略；中国特色社会主义法律体系基本形成；依法行政不断推进；司法和司法行政工作全面发展；公民法律素质明显提高。这些成就，为当代中国经济社会发展提供了有力的法制保障和稳定的社会环境。

一、确立依法治国基本方略

依法治国基本方略，是以江泽民为核心的党的第三代中央领导集体，在继承和发展邓小平民主法制思想、科学总结党的十一届三中全会后我国民主与法制建设实践经验的基础上，随着法制建设的不断发展而逐步提出并于党的十五大正式确立的。

邓小平的民主法制思想内容丰富，体系完整，其实质和精髓就是后来概括的依法治国。首先，邓小平反对把一个国家的命运建立在一两个人的声望上面，认为"还是要靠法制，搞法制靠得住些"[①]；其次，邓小平强调制度的重要性，认为"领导制度、组织制度问题更带有根本性、全

[①] 《邓小平文选》第3卷，人民出版社1993年版，第379页。

局性、稳定性和长期性"①；最后，邓小平强调要把民主建设与法制建设结合起来，认为"必须使民主制度化、法律化，使这种制度和法律不因领导人的改变而改变，不因领导人的看法和注意力的改变而改变"②。这些重要思想，为依法治国基本方略的提出和确立奠定了坚实的理论基础。

以江泽民为核心的党的第三代中央领导集体，继承并发展邓小平民主法制思想，确立了依法治国基本方略，使新时期法制建设进入新的历史阶段。

1989年9月26日，江泽民在中外记者招待会上回答《纽约时报》记者提问时就郑重宣布："我们绝不能以党代政，也绝不能以党代法。这也是新闻界讲的究竟是人治还是法治的问题，我想我们一定要遵循法治的方针。"③这就向世人公开表明了党的第三代中央领导集体实施法治的坚定立场和坚强决心。

1994年12月9日，江泽民在第一次中央领导同志法制讲座开始前的讲话中首次提出了"以法治国"。他指出，"建设社会主义法制，实行以法治国，是为了把我们国家建设成为富强、民主、文明的社会主义现代化国家。"④

1996年2月8日，江泽民在第三次中央领导同志法制讲座结束时的讲话中，又把"以法治国"的提法改为"依法治国"，并将其确定为"党和政府管理国家和社会事务的重要方针"。他说："加强社会主义法制建设，依法治国，是邓小平建设有中国特色社会主义理论的重要组成部分，是我们党和政府管理国家和社会事务的重要方针。"在这次讲话中，江泽民首次阐述了依法治国的具体内容，他指出："实行和坚持依法治国，就是使国家各项工作逐步走上法制化的轨道，实现国家政治生活、经济生活、社会生活的法制化、规范化；就是广大人民群众在党的领导下，依照宪法和法律的规定，通过各种途径和形式，管理国家事务，管理经济和文化事业，管理社会事务；就是逐步实现社会主义民主的制度化、法

---

① 《邓小平文选》第2卷，人民出版社1994年版，第333页。
② 《邓小平文选》第2卷，人民出版社1994年版，第146页。
③ 《就我国内政外交问题 江泽民等答中外记者问》，《人民日报》1989年9月27日。
④ 《中共中央举办法律知识讲座》，《人民日报》1994年12月10日。

律化。"① 江泽民关于依法治国内涵的论述，表明党的第三代中央领导集体关于依法治国基本方略的设想渐趋成熟。

1996年3月17日，八届全国人大四次会议通过的《国民经济和社会发展"九五"计划和2010年远景目标纲要》，把"依法治国，建设社会主义法制国家"②作为一项重大方针确定下来，并提出了具体任务和要求。

1997年9月12日，江泽民在党的十五大报告中把"依法治国"正式确立为党领导人民治理国家的基本方略。报告指出："依法治国，就是广大人民群众在党的领导下，依照宪法和法律规定，通过各种途径和形式管理国家事务，管理经济文化事业，管理社会事务，保证国家各项工作都依法进行，逐步实现社会主义民主的制度化、法律化，使这种制度和法律不因领导人的改变而改变，不因领导人看法和注意力的改变而改变。依法治国，是党领导人民治理国家的基本方略，是发展社会主义市场经济的客观需要，是社会文明进步的重要标志，是国家长治久安的重要保障。"

党的十五大报告还把依法治国的目标由"建设社会主义法制国家"改为"建设社会主义法治国家"，鲜明地突出了法治。报告指出："我国经济体制改革的深入和社会主义现代化建设跨越世纪的发展，要求我们在坚持四项基本原则的前提下，继续推进政治体制改革，进一步扩大社会主义民主，健全社会主义法制，依法治国，建设社会主义法治国家。"③这样，党的十五大报告对依法治国作了深入、全面、精辟的论证和概括，从而把它作为党领导人民治理国家的基本方略正式确立了下来。

1999年3月15日，九届全国人大二次会议通过的宪法修正案，又将"依法治国，建设社会主义法治国家"载入宪法，④上升为国家意志，使其具有了法律效力。

依法治国基本方略的确立，是新时期法制建设发展到一定阶段的必然产物，是新时期法制建设史上具有里程碑意义的成果。从此，我国法

---

① 《江泽民文选》第1卷，人民出版社2006版，第511页。
② 《十四大以来重要文献选编》（中），人民出版社1997年版，第1890页。
③ 《江泽民文选》第2卷，人民出版社2006年版，第28—29页。
④ 《十五大以来重要文献选编》（上），人民出版社2000年版，第808页。

制建设进入以贯彻依法治国基本方略为主要内容、以建设社会主义法治国家为奋斗目标的新的发展阶段。

二、中国特色社会主义法律体系基本形成

党的十七大报告明确宣布:"中国特色社会主义法律体系基本形成"[①]。这是改革开放以来,我国法制建设所取得的一项极其重大的成就。

"文化大革命"十年中,立法工作受到干扰,除通过一部1975年宪法外,未制定任何法律。党的十一届三中全会后,为适应改革开放和社会主义现代化建设事业的需要,全国人大及其常委会大力加强立法工作。截止到1998年3月八届全国人大任期结束前,除宪法及其两个修正案以外,全国人大及其常委会共制定法律233件、有关法律问题的决定94件;国务院发布和批准发布行政法规795件;国务院各部门和地方政府根据法定权限制定规章约26000件。[②]这些法律、法规和规章,在结构上基本覆盖了我国经济生活、政治生活和社会生活的主要方面,为形成中国特色社会主义法律体系奠定了基础。

1997年党的十五大报告首次提出"加强立法工作,提高立法质量,到2010年形成有中国特色社会主义法律体系"[③]。为此,九届全国人大及其常委会加快了立法步伐,五年中,共审议通过113件法律、法律解释和有关法律问题的决定。其中,由常委会审议通过102件,由常委会审议后提请代表大会审议通过7件,另有4件有关法律问题的决定由代表大会审议通过。在前几届工作的基础上,九届全国人大经过不懈努力,到任期结束前,构成中国特色社会主义法律体系的各个法律部门已经齐全,每个法律部门中主要的法律已经基本制定出来,加上国务院制定的行政法规和地方人大制定的地方性法规,中国特色社会主义法律体系已

[①] 《十七大以来重要文献选编》(上),中央文献出版社2009年版,第3页。
[②] 参见《中国法律年鉴(1987—1997)》,中国法律年鉴社1998年版,第10页。
[③] 《全国人民代表大会常务委员会工作报告——2003年3月10日在第十届全国人民代表大会第一次会议上》,《人民日报》2003年3月22日。

经初步形成。①

2002年,党的十六大报告重申"加强立法工作,提高立法质量,到2010年形成中国特色社会主义法律体系"②。为此,十届全国人大及其常委会从一开始就明确提出了在任期内"以基本形成中国特色社会主义法律体系为目标、以提高立法质量为重点"的立法工作思路,并在总结经验,广泛征求立法项目建议,深入调查研究,充分听取各方面意见的基础上,制定了五年立法规划。列入规划的立法项目共76件,涵盖了中国特色社会主义法律体系的各个法律部门。五年来,十届全国人大及其常委会共审议宪法修正案草案、法律草案、法律解释草案和有关法律问题的决定草案106件,通过了其中的100件。一批在中国特色社会主义法律体系中具有支架作用的重要法律相继出台。构成中国特色社会主义法律体系的各个法律部门已经齐全,各个法律部门中基本的、主要的法律及配套规定已经制定出来,中国特色社会主义法律体系已经基本形成。③

为确保2010年形成中国特色社会主义法律体系,十一届全国人大及其常委会自2008年3月依法履职以来,在提高立法质量的前提下,一手抓法律制定,一手抓法律清理。两年来共审议通过法律和有关法律问题的决定23件,废止法律和有关法律问题的决定8件,对59件法律的141个条文作出修改,在形成中国特色社会主义法律体系上迈出决定性步伐。④

中国特色社会主义法律体系,是一个部门齐全、层次分明、结构协调、体例科学的统一整体,主要由七个法律部门和三个不同层级的法律规范构成。七个法律部门是:宪法及宪法相关法,民法商法,行政法,经济法,社会法,刑法,诉讼与非诉讼程序法。三个不同层级的法律规范是:法律,行政法规,地方性法规、自治条例和单行条例。截至2009

---

① 参见《全国人民代表大会常务委员会工作报告——2003年3月10日在第十届全国人民代表大会第一次会议上》,《人民日报》2003年3月22日。

② 《十六大以来重要文献选编》(上),中央文献出版社2005年版,第25—26页。

③ 参见《全国人民代表大会常务委员会工作报告——2008年3月8日在第十一届全国人民代表大会第一次会议上》,《人民日报》2008年3月22日。

④ 参见《全国人民代表大会常务委员会工作报告——2010年3月9日在第十一届全国人民代表大会第三次会议上》,《人民日报》2010年3月18日。

年 8 月底，全国人大及其常委会共制定现行有效的法律 229 件，涵盖全部七个法律部门；国务院共制定现行有效的行政法规 682 件；地方人大及其常委会共制定现行有效的地方性法规 7000 余件；民族自治地方人大共制定现行有效的自治条例和单行条例 600 余件；五个经济特区共制定现行有效的法规 200 余件；国务院部门和有立法权的地方政府共制定规章 2 万余件。这些现行有效的法律、法规和规章，构成了中国特色社会主义法律体系的具体内容。①

中国特色社会主义法律体系的基本形成，使国家经济、政治、文化、社会生活的各个方面基本做到了有法可依。这一重要成就，为依法治国、建设社会主义法治国家、实现国家长治久安提供了有力的法制保障。

三、依法行政不断推进

改革开放以来，我国建立了一系列规范和监督政府行为的法律制度，各级人民政府的行政权力已逐步纳入法制化轨道，依法行政的观念在国家行政机关及其工作人员中基本确立。新时期法制建设在行政领域取得了突出成就。

1987 年党的十三大提出"要制定行政诉讼法"②的任务后，有关部门加快了起草行政诉讼法的进度。经过反复征求意见和研究修改，行政诉讼法草案于 1989 年 4 月 4 日由七届全国人大二次会议审议通过。行政诉讼法规定：公民、法人或者其他组织对行政机关和行政工作人员作出的具体行政行为不服的，有权依法向人民法院提起诉讼。人民法院经过审理，对具体行政行为存在主要证据不足、适用法律法规错误、违反法定程序、超越职权、滥用职权等情形的，可以判决撤销或者部分撤销，并可以判决被告重新作出具体行政行为。③ 行政诉讼法的制定与实施，标志着"民告官"行政诉讼制度的正式确立，我国依法行政开始进入重视保

---

① 参见《国家经济、政治、文化、社会生活各个方面基本做到有法可依》，《光明日报》2009 年 9 月 23 日。
② 《十三大以来重要文献选编》（上），人民出版社 1991 年版，第 40 页。
③ 参见《十三大以来重要文献选编》（上），人民出版社 1991 年版，第 492—508 页。

护公民权利和监督行政权力的新阶段。

国家赔偿制度是继行政诉讼制度之后的又一项重要制度，1994年5月12日《中华人民共和国国家赔偿法》的颁布，是我国国家赔偿制度走向完备的重要标志。国家赔偿法规定，行政机关及其工作人员违法行使行政职权侵犯人身权和财产权的，受害人有获得赔偿的权利，并对行政赔偿请求人和行政赔偿义务机关、赔偿程序、赔偿方式和计算标准等作了规定。[1]国家赔偿法的制定和实施，是新时期法制建设史上的一件大事。它与行政诉讼法相配套，确立了我国国家赔偿的法律制度，在保障公民的基本权利和促进国家机关及其工作人员依法行使职权方面迈出了重要步伐。

为从法律制度上规范政府的行政处罚行为，制止乱处罚、乱罚款的现象，保护公民、法人或者其他组织的合法权益，八届全国人大四次会议于1996年3月17日通过了行政处罚法。该法规定，对违反行政管理秩序的行为，应当给予行政处罚的，只能由法律、法规或者规章设定，并由行政机关依照该法规定的程序实施。没有法定依据或者不遵守法定程序的，行政处罚一律无效。行政机关发现公民、法人或者其他组织有依法应当给予行政处罚的行为的，必须全面、客观、公正地调查，收集有关证据。行政处罚决定作出后，当事人有权申请行政复议、提起行政诉讼或者依法提出赔偿要求。[2]行政处罚法是继行政诉讼法和国家赔偿法之后规范政府行为的又一部重要法律，是关于行政处罚制度的第一部通则性法典。它的颁布实施对于促进政府依法行政、维护社会秩序和公共利益具有重要意义。

为防止和纠正违法的或者不当的具体行政行为，保护公民、法人和其他组织的合法权益，保障和监督行政机关依法行使职权，1999年4月29日，九届全国人大常委会第九次会议审议通过了《中华人民共和国行政复议法》。行政复议法规定，公民、法人或者其他组织认为具体行政行为侵犯其合法权益的，可以向行政机关申请行政复议。行政复议机关经

---

[1] 参见《中华人民共和国国家赔偿法》（1994年5月12日第八届全国人民代表大会常务委员会第七次会议通过），《人民日报》1994年5月13日。

[2] 参见《十四大以来重要文献选编》（下），人民出版社1999年版，第1893—1908页。

过审理，可以依法决定撤销、变更或者确认该具体行政行为违法，可以责令行政机关在一定期限内履行法定职责或者重新作出具体行政行为。①行政复议法把行政复议制度作为行政机关内部自我纠正错误的一种监督制度加以法律化和规范化。它的颁布实施对于促进依法行政、维护司法公正具有重要意义。

党的十六大以来，我国政府在实施和完善上述法律制度的基础上，采取制定行政许可法、颁布依法行政实施纲要和全面清理行政法规等重要举措，不断推进依法行政，加快建设法治政府。

为规范行政许可的设定和实施，保护公民、法人和其他组织的合法权益，维护公共利益和社会秩序，2003年8月27日，十届全国人大常委会第四次会议通过了《中华人民共和国行政许可法》。行政许可法对行政许可设定的事项和程序等作了严格的限制和规定：凡是公民、法人或者其他组织能够自主决定的，市场竞争机制能够有效调节的，行业组织或者中介机构能够自律管理的，行政机关采用事后监督等其他行政管理方式能够解决的事项，一般不设定行政许可。②行政许可法是继行政诉讼法、国家赔偿法、行政处罚法和行政复议法后又一部规范政府行为的重要法律。它的颁布施行，对于进一步推进行政管理体制改革，从源头上预防和治理腐败，保障和监督行政机关有效实施行政管理具有重要意义。

为促使政府进一步转变管理职能，改革行政管理方式，规范行政机关的行政行为，2004年3月，国务院颁布了《全面推进依法行政实施纲要》，提出经过十年左右坚持不懈的努力，基本实现建设法治政府的目标。纲要规定了七项具体任务和措施来保证这一目标的实现，包括转变政府职能与深化行政管理体制改革；提高制度建设质量；法律实施应确保法制统一与政令畅通；建立健全科学民主决策机制和政府信息公开制度；积极探索建立化解社会矛盾、解决各类纠纷的机制；强化对行政行为的制约和监督；不断提高行政机关工作人员依法行政的观念和能力

---

① 参见《中华人民共和国行政复议法》（1999年4月29日第九届全国人民代表大会常务委员会第九次会议通过），《人民日报》1999年4月30日。

② 参见《十六大以来重要文献选编》（上），中央文献出版社2005年版，第428—447页。

等。①纲要的颁布实施，为全面推进依法行政提供了重要的法律制度保障。

为更好地适应加快建设法治政府、全面推进依法行政的要求，2007年初，国务院决定对截至 2006 年底现行有效的行政法规共 655 件进行全面清理。2008 年 1 月 15 日，时任国务院总理温家宝签署中华人民共和国国务院第 516 号令，公布《国务院关于废止部分行政法规的决定》，对主要内容被新的法律或者行政法规所代替的 49 件行政法规予以废止；对适用期已过或者调整对象已经消失，实际上已经失效的 43 件行政法规宣布失效。此次行政法规的全面清理是全面推进依法行政、加快建设法治政府的一件大事。它从源头上厘清了依法行政的依据，对维护全国法制统一和政令畅通、促进民主法制建设与时俱进具有重要意义。

四、司法和司法行政工作全面发展

司法是社会主义法制的重要组成部分。改革开放以来，我国司法和司法行政机关健全组织机构，拓展工作领域，加强队伍建设，使司法和司法行政工作都得到全面发展，为落实依法治国基本方略、全面建设小康社会作出了重要贡献。

在审判工作方面，1979 年 9 月 9 日，中共中央发出指示，要求"迅速健全各级司法机构"②，人民法院开始逐步恢复其原有的机构，如刑事审判庭、民事审判庭等，并开始履行职能。随着经济体制改革的不断深化，经济案件大幅度增加。为加强经济案件的审判工作，最高人民法院于 1979 年 9 月设立经济审判庭，各省、自治区、直辖市高级人民法院在 1979 年底至 1980 年内也先后设庭。到 1985 年各级人民法院普遍设立了经济审判庭。1986 年 11 月，人民法院出现了第一个行政审判庭。行政诉讼法颁布以后，各级人民法院都先后设立了行政审判庭。1987 年以后，为进一步做好当事人对终审案件的申诉工作，各级人民法院将信访机构改为告诉申诉审判庭。

---

① 参见《十六大以来重要文献选编》（中），中央文献出版社 2006 年版，第 1—16 页。
② 《当代中国的审判工作》（上），当代中国出版社 1993 年版，第 155 页。

在人民法院组织机构健全和完善的过程中，各项审判工作也全面开展。1978年全国法院受理各类案件52万余件，2008年达到1072万余件，净增19倍多。收案范围也由原来的刑事、民事审判，扩展为刑事、民事、经济、行政、海事五类审判，还有涉外和涉港、澳、台的案件的审判。这些审判活动，依法打击犯罪，维护社会治安和经济秩序，依法保护公民的民主权利和其他合法权益，为改革开放和现代化建设提供了稳定的社会环境。在审判工作开展的过程中，人民法院自身及队伍建设也有很大发展。改革开放之初，全国共有3187个法院、11万名干警，其中法官只有6万人。截至2007年，增加至3557个法院、30万名干警，其中法官达19万人。①

在检察工作方面，1978年3月5日，五届全国人大一次会议通过的《中华人民共和国宪法》第四十三条规定重新设立人民检察院。同年6月1日最高人民检察院正式办公，地方各级人民检察院也相继组建。检察机关开始全面恢复并不断完善。1987年以后，各级人民检察院陆续将信访机构改为控告申诉检察厅。1995年11月10日，最高人民检察院反贪污贿赂总局正式挂牌成立，随后各级人民检察院都相继设立了举报中心和反贪污贿赂局。这对于反腐败斗争和惩治贪污、行贿、受贿犯罪发挥了重要作用。为加强对查办职务犯罪工作的外部监督，最高人民检察院经中央同意并报告全国人大常委会，从2003年9月起开展了人民监督员制度试点工作，规定职务犯罪案件中拟作撤案、不起诉处理和犯罪嫌疑人不服逮捕决定的"三类案件"，全部纳入人民监督员监督程序。截至2007年底，全国已有86%的检察院开展试点。人民监督员共对21270件"三类案件"进行了监督，其中不同意办案部门意见的930件，检察机关采纳543件，从而促进了司法公正。②

在检察机关恢复和完善的过程中，检察工作也得到很大发展。各级人民检察院认真履行法律监督职责，并重点查办贪污贿赂、渎职侵权等大案要案。据2008年统计，全国检察机关共受案51961件，其中贪污贿

---

① 参见《追求公平正义之路——人民法院跨越三十年》，《人民日报》2008年11月6日。
② 参见《最高人民检察院工作报告——2008年3月10日在第十一届全国人民代表大会第一次会议上》，《人民日报》2008年3月23日。

赂案 39077 件，渎职侵权案 12844 件；共立案 33546 件，其中贪污贿赂案 26306 件，渎职侵权案 7240 件；共结案 33749 件，其中贪污贿赂案 26435 件，渎职侵权案 7314 件。[①] 在检察工作开展的过程中，检察机关自身及队伍建设也有很大发展。截至 2008 年底，全国共有检察机构 3634 个，检察人员 214436 人，其中检察长 3561 人，副检察长 11065 人。[②]

在司法行政工作方面，1979 年 9 月 13 日，五届全国人大常委会第十一次会议作出决定："为了适应社会主义法制建设的需要，加强司法行政工作，设立司法部。"[③] 司法部重建（曾于 1959 年撤销）以后，县级以上各级地方人民政府也相继设立了司法厅（局），农村乡镇和城市街道办事处设置了司法助理员，担负管理调解委员会和法制宣传教育的任务，从而形成了从中央到基层政权多层次的司法行政机构系统。

在司法行政机关恢复与健全的过程中，司法行政工作也全面恢复和开展。律师制度于 1979 年得到恢复，公证制度于 1980 年得到恢复。30 多年来，律师和公证队伍不断壮大，业务范围不断拓宽。截至 2008 年底，全国共有律师事务所 14467 个，专职律师 140135 人，兼职律师 8116 人；公证处 3035 个，公证员 22284 人。1980 年 1 月，我国重新颁布了《人民调解委员会暂行组织通则》，1982 年 12 月，人民调解制度写入国家根本法，极大地鼓舞了调解人员，进一步推动了人民调解工作的发展。到 2008 年底，全国已有人民调解委员会 82.74 万个，调解人员 479.29 万人。[④] 1994 年 1 月，司法部正式提出建立法律援助制度，旨在为贫者、弱者、残疾者提供法律帮助。1996 年底，国家编委正式批准成立司法部法律援助中心。1997 年 5 月，中国法律援助基金会正式成立。经过十几年的努力，法律援助工作取得很大进展。据统计，截至 2008 年底，全国各地已建立政府法律援助机构 3268 个，共有法律援助工作人员 12778 人，2008 年共受理各类法律援助案件 546859 件，有 670821 人获

---

① 参见《中国法律年鉴（2009 年）》，中国法律年鉴社 2009 年版，第 1004 页。
② 参见《中国法律年鉴（2009 年）》，中国法律年鉴社 2009 年版，第 1003 页。
③ 《当代中国的司法行政工作》，当代中国出版社 1995 年版，第 56—57 页。
④ 参见《中国法律年鉴（2009 年）》，中国法律年鉴社 2009 年版，第 1016 页。

得了法律援助服务。①

五、公民法律素质明显提高

所谓公民法律素质，是指公民所具有的法律意识、法制观念、法律知识和运用法律能力的总和。从1985年起，全国人大常委会先后通过了五个在全民中普及法律知识的决定，并已连续实施了四个五年普法规划。经过全国规模的普法运动，全体公民的法律素质明显提高：依法维护自身合法权益的能力不断增强；履行法律义务的自觉性不断提高；运用法律武器同各种违法犯罪行为作斗争的现象不断增多；遇到问题找法、解决问题靠法的观念开始确立。所有这些都极大地推动了新时期法制建设的历史进程。

"一五"普法（1986—1990年）的目标是通过普及法律常识，使全体公民增强法制观念，知法、守法，养成依法办事的观念和习惯。工人、农民、知识分子、干部、学生、军人，以及其他劳动者和城镇居民中一切有接受教育能力的公民接受了普及法律常识的教育。"一五"普法将宪法、刑法、刑事诉讼法、民事诉讼法（试行）、婚姻法、继承法等与广大公民工作和生活密切相关的法律常识作为基本内容。"一五"普法确定了两个重点对象：第一是各级干部，尤其是各级领导干部；第二是青少年。"一五"普法，是在全国广大公民中进行的一次法律常识的启蒙，收到了良好效果，得到了社会各界和海内外舆论的普遍赞誉。

为巩固"一五"普法的成果，不断适应社会主义法制建设的要求，1991年3月，七届全国人大常委会第十八次会议作出《关于深入开展法制宣传教育的决议》，决定从1991年到1995年在全体公民中实施第二个五年普法教育规划。"二五"普法除继续学习宪法外，主要要求学习行政诉讼法、义务教育法、集会游行示威法、国旗法等。这次普法还重点强调学习专业法律，如土地管理法、森林法、水法、环保法、文物保护法、

---

① 参见《中国法律年鉴（2009年）》，中国法律年鉴社2009年版，第1018页。

食品卫生法等。"二五"普法的对象和"一五"普法相同，但重点对象是县团级以上各级领导干部，特别是党政军高级领导干部；执法人员，包括司法人员和行政执法人员；青少年，尤其是大中学校的在校学生。到1995年底，全国8.1亿普法对象中，有7亿人参加了"二五"普法学习。总的来看，公民的宪法观念和法律意识在"一五"普法启蒙教育的基础上得到了进一步增强。

"一五"普法和"二五"普法对于提高全民族的法律素质起到了积极作用。为进一步增强全体公民的法制观念，1996年4月，八届全国人大常委会第十九次会议通过《关于继续开展法制宣传教育的决议》，决定从1996年到2000年在全体公民中实施第三个五年普法规划。"三五"普法以推进依法治国，建设社会主义法治国家的进程为目标，以学习宪法和有关社会主义市场经济的法律为重点；以突出抓好邓小平民主法制思想的学习为首要任务；以县级以上领导干部，司法、执法人员，企事业经济管理人员和青少年为重点对象。"三五"普法还采取了分类指导的方法，对不同的地区、不同的部门、不同的岗位、不同的对象，确定了不同的学习内容，采取了不同的学习方法，提出了不同的学习要求。"三五"普法期间，全国8亿多普法对象中有7.5亿参加了各种形式的学法活动，50多部重要法律法规被全国普法办公室列入重点宣传普及计划。"三五"普法使公民的法律意识和法制观念在"一五"普法和"二五"普法的基础上又得到进一步增强。

为进一步提高全民法律素质和全社会法治化管理水平，2001年4月，九届全国人大常委会第二十一次会议通过《关于进一步开展法制宣传教育的决议》，决定从2001年到2005年在全体公民中实施法制宣传教育的第四个五年规划。"四五"普法注重由增强全民的法律意识向提高全民的法律素质转变，各项事业的管理由注重依靠行政手段向注重运用法律手段转变。"四五"普法把学习邓小平民主法制理论和党的依法治国基本方略作为首要任务，重点学习宣传宪法和国家基本法律，各级领导干部、司法和行政执法人员、青少年、企业经济管理人员是法制宣传教育的重点对象。"四五"普法期间，全国省、市、县三级共建立学法讲师团3000多个，各地、各部门共举办地（市）级以上领导干部法制讲座近万场，其中举办省部级领导干部法制讲座 400 多场。[①] 全国共有 8.5 亿普法对象接受了普法教育，实际接受教育面达 90% 以上。经过"四五"普法，以宪法为核心的法律知识得到较为广泛的普及，人民群众的法律意识进一步增强；依法治理工作深入开展，各项事业的法治化管理水平进一步提高，为推进依法治国基本方略的实施、促进经济社会发展作出了积极贡献。

为适应新形势新任务对法制宣传教育工作提出的新要求，2006 年 4 月，十届全国人大常委会第二十一次会议通过《关于加强法制宣传教育的决议》，决定从 2006 年到 2010 年在全体公民中实施法制宣传教育的第五个五年规划。"五五"普法的主要任务是：深入学习宣传宪法，努力提高全体人民特别是各级领导干部和公务员的宪法意识；围绕促进经济社会全面协调可持续发展，深入学习宣传经济社会发展的相关法律法规；围绕实现好维护好发展好人民群众的根本利益，深入学习宣传与群众生产生活密切相关的法律法规；围绕完善社会主义市场经济体制，深入学习宣传整顿和规范市场经济秩序的法律法规；围绕构建社会主义和谐社会，深入学习宣传维护社会和谐稳定、促进社会公平正义的相关法律法规。"五五"普法的对象是一切有接受教育能力的公民，重点是领导干部、公务员、青少年、企业经营管理人员和农民。"五五"普法首次把农民作为法制宣传教育的重点对象具有深远意义。目前，"五五"普法正在各级党委政府的领导下蓬勃开展。

由上可知，我国法制建设在改革开放以来取得了伟大成就。但毋庸讳言的是，我国法制建设在立法、执法、司法、普法等各个环节也的确程度不同地存在这样那样的不足。在立法方面，如何更好地处理权力与权利的关系、法律稳定性与实践变动性的关系、法律规定前瞻性与可行性的关系，仍有一定的完善空间。在执法方面，个别执法人员存在有法不依、随意执法的现象。在众多可供选择的执法手段中不是使用劝导、说服的方法，而是滥使处罚或强制。有的执法人员在执法过程中态度蛮横，做法粗暴，不是以理服人、以法服人，而是以势压人，有的甚至滥

[①] 参见《"五五"普法国家中高级干部学法讲师团成立》，《人民日报》2006 年 11 月 17 日。

施"权威",在人民群众中造成恶劣影响。在司法方面,由于我国司法独立缺乏相应的制度支持,法院审判案件、检察机关开展法律监督,有时会受到能够在人、财、物上制约它们的职能部门的直接或间接的干预或影响,而它们却缺乏足够的独立地位和力量与之抗争,以至于难以完全依照法律规定办理案件。就司法机关本身来说,通过刑讯逼供等手段造成冤假错案等现象也时有发生。在普法方面,有些地区和部门在实际落实过程中存在形式化倾向,使中共中央、国务院精心部署的法制宣传教育规划难以达到预期效果。

总之,我国法制建设是一项艰巨复杂的系统工程,在充分肯定成就的同时,也要认识到存在的不足。只有这样,才能始终保持清醒的头脑,在建设社会主义法治国家奋斗目标的指引下,不断把我国法制建设胜利地推向前进。

[原载《毛泽东邓小平理论研究》2010年第6期]

近十年来中国法制建设的历程及成就

近十年来，以胡锦涛为总书记的党中央领导集体高度重视社会主义法制建设，全面落实依法治国基本方略，开创了社会主义法制建设新局面，中国法制建设取得伟大成就，为当代中国经济社会发展提供了有力的法制保障和稳定的社会环境。

一、中国特色社会主义法律体系如期形成

2011年3月10日，吴邦国委员长在十一届全国人大四次会议上所作的全国人大常委会工作报告中郑重宣布，到2010年底，"中国特色社会主义法律体系已经形成"[1]。这是改革开放以来特别是中共十六大以来，中国法制建设取得的一项极其重大的成就。

1997年，中共十五大报告首次提出"加强立法工作，提高立法质量，到2010年形成有中国特色社会主义法律体系"[2]的目标。2002年，中共十六大重申"加强立法工作，提高立法质量，到2010年形成中国特色社会主义法律体系"[3]。为此，十届全国人大及其常委会明确提出了"以基本形成中国特色社会主义法律体系为目标、以提高立法质量为重点"的立法工作思路，并在总结经验，广泛征求立法项目建议，深入调查研究，

---

[1] 《全国人民代表大会常务委员会工作报告》，《人民日报》2011年3月19日。
[2] 《十五大以来重要文献选编》（上），人民出版社2000年版，第33页。
[3] 《十六大以来重要文献选编》（上），中央文献出版社2005年版，第25—26页。

充分听取各方面意见的基础上，制定了五年立法规划。列入规划的立法项目共76件，涵盖了中国特色社会主义法律体系的各个法律部门。五年任期中，十届全国人大及其常委会共审议宪法修正案草案、法律草案、法律解释草案和有关法律问题的决定草案106件，通过了其中的100件。一批在中国特色社会主义法律体系中具有支架作用的重要法律相继出台。①为确保到2010年形成中国特色社会主义法律体系，十一届全国人大及其常委会在提高立法质量的前提下，一手抓制定，一手抓清理，废止了8部法律和有关法律问题的决定，对59部法律作出修改；国务院废止了7部行政法规，对107部行政法规作出修改；地方人大及其常委会共废止地方性法规455部，修改地方性法规1417部，②基本解决了法律法规中存在的明显不适应、不一致、不协调等问题。

到2010年底，中国已制定现行有效法律236件、行政法规690多件、地方性法规8600多件，并全面完成对现行法律和行政法规、地方性法规的集中清理工作。③至此，涵盖社会关系各个方面的法律部门已经齐全，各法律部门中基本的、主要的法律已经制定，相应的行政法规和地方性法规比较完备，法律体系内部总体做到科学和谐统一。一个立足中国国情、适应改革开放和社会主义现代化建设需要、集中体现党和人民意志的中国特色社会主义法律体系已经形成，中共十五大提出到2010年形成中国特色社会主义法律体系的立法工作目标如期完成。

中国特色社会主义法律体系，是以宪法为统帅，以法律为主干，以行政法规、地方性法规为重要组成部分，由宪法相关法、民法商法、行政法、经济法、社会法、刑法、诉讼与非诉讼程序法等多个法律部门组成的有机统一整体。截至2011年12月底，中国除通过现行宪法外，已制定现行有效法律239件，行政法规714件，地方性法规、自治条例、单行条例8921件。④这些现行有效的法律、法规，构成了中国特色社会主义法律体系的具体内容。

---

① 参见《全国人民代表大会常务委员会工作报告》，《人民日报》2008年3月22日。
② 参见《中国特色社会主义法律体系》（2011年10月），《人民日报》2011年10月28日。
③ 参见《全国人民代表大会常务委员会工作报告》，《人民日报》2011年3月19日。
④ 参见《中国法治建设年度报告（2011）》，《法制日报》2012年7月18日。

中国特色社会主义法律体系是中国特色社会主义永葆本色的法制根基，是中国特色社会主义创新实践的法制体现，是中国特色社会主义兴旺发达的法制保障。中国特色社会主义法律体系的形成，是中国社会主义法制建设史上的重要里程碑，是中国特色社会主义制度逐步走向成熟的重要标志，具有重大的现实意义和深远的历史意义。

二、依法行政全面推进

近十年来，中国政府采取制定行政许可法、颁布依法行政实施纲要、推进行政审批制度改革和开展行政复议工作等重要举措，全面推进依法行政，加快建设法治政府，法制建设在行政领域取得了突出成就。

一是制定行政许可法。为规范行政许可的设定和实施，保护公民、法人和其他组织的合法权益，维护公共利益和社会秩序，2003年8月27日，十届全国人大常委会第四次会议通过了《中华人民共和国行政许可法》。行政许可法对行政许可设定的事项和程序等作了严格的限制和规定：凡是公民、法人或者其他组织能够自主决定的，市场竞争机制能够有效调节的，行业组织或者中介机构能够自律管理的，行政机关采用事后监督等其他行政管理方式能够解决的事项，一般不设定行政许可。[①] 行政许可法是继行政诉讼法、国家赔偿法、行政处罚法和行政复议法后又一部规范政府行为的重要法律，它的颁布施行对于进一步推进行政管理体制改革，从源头上预防和治理腐败，保障和监督行政机关有效实施行政管理具有重要意义。

二是颁布《全面推进依法行政实施纲要》，加快建设法治政府。为促使政府进一步转变管理职能，改革行政管理方式，规范行政机关的行政行为，2004年3月，国务院颁布了《全面推进依法行政实施纲要》（以下简称《纲要》），提出经过十年左右坚持不懈的努力，基本实现建设法治政府的目标。《纲要》规定了七项具体任务和措施来保证这一目标的实

[①] 参见《十六大以来重要文献选编》（上），中央文献出版社2005年版，第428—447页。

现。①《纲要》的颁布实施,为全面推进依法行政提供了重要的法律制度保障。《纲要》实施以来,推进依法行政、建设法治政府取得重大成就:法治政府制度体系总体上已经形成,行政程序建设加快,行政权力运行逐步规范,行政权力监督和行政问责力度明显加强,政府工作人员依法行政意识和能力不断提高。②

三是推进行政审批制度改革。2001年9月,国务院成立行政审批制度改革工作领导小组,领导小组办公室设在监察部,行政审批制度改革工作全面启动。改革实施十年来,国务院部门的审批项目进行了五轮全面清理,共取消调整审批项目2183项,占原有审批项目总数的60.6%;各省(区、市)本级共取消调整审批项目3.6万余项,占原有审批项目总数的68.2%。③为进一步减少和规范行政审批,2012年8月22日,国务院总理温家宝主持召开国务院常务会议,决定在以往工作基础上,再取消和调整314项部门行政审批项目,其中取消184项、下放117项、合并13项。至此,国务院十年来分六批共取消和调整了2497项行政审批项目,占原有总数的69.3%。④行政审批制度改革促进了政府职能转变,增强了市场配置资源的基础性作用,规范了政府行为,提高了行政效能,完善了政府系统预防和治理腐败的体制机制。

四是开展行政复议工作。行政复议工作是化解社会矛盾纠纷的重要渠道和手段,对保障人民群众合法权益、维护社会和谐稳定具有重要作用。自1999年行政复议法实施起,全国平均每年通过行政复议解决8万多起行政争议案件。⑤2008年,全国共收到行政复议申请案件78002件,平均审结率近96.1%,80%以上的行政复议案件基本实现了"案结事了"。⑥2009年,国务院共收到行政复议申请案件831件,办结799件。

---

① 参见《十六大以来重要文献选编》(中),中央文献出版社2006年版,第1—16页。
② 参见马凯:《加快建设中国特色社会主义法治政府》,《求是》2012年第1期。
③ 参见《中国行政审批改革步入"快车道",十年取消调整六成审批项目》,《人民日报》2012年1月7日。
④ 参见《温家宝主持召开国务院常务会议,决定取消和调整314项部门行政审批项目》,《人民日报》2012年8月23日。
⑤ 参见《中国的法治建设》,《人民日报》2008年2月29日。
⑥ 参见《中国法治建设年度报告(2008)》,《法制日报》2009年6月3日。

其中，正式立案并办结的行政复议案件中，作出维持裁决的占57%，作出变更、确认违法以及其他裁决的占43%。①2010年，国务院共收到行政复议案件申请814件，办结695件。其中，立案受理164件，裁决108件。裁决撤销、变更、确认违法和以其他方式纠正违法或者不当行政行为的25件，占已决案件的23%。②2011年，国务院共收到行政复议申请982件（含2010年结转136件），办结832件；立案受理213件，办结131件。其中，裁决维持75件，维持率占57.2%；因相对人自愿撤回申请而终止行政复议25件，和解率占19.1%；撤销28件，变更3件，纠错率为23.7%。③通过加强行政复议工作，及时纠正了大量违法或者不当的行政行为，进一步规范了行政执法。

三、司法及司法行政工作持续发展

近十年来，中国司法和司法行政机关健全组织机构，拓展工作领域，加强队伍建设，为实施依法治国基本方略、建设社会主义法治国家作出了重要贡献。

十届全国人大五年任期中，各级司法机关认真履行宪法和法律赋予的职责，切实增强司法能力，努力提高司法水平，确保法律严格实施，维护社会公平正义，为中国经济社会发展提供了坚实的司法保证。在审判工作方面，各级人民法院从维护社会和谐稳定和国家长治久安出发，认真开展审判和监督指导工作。2003—2007年，最高人民法院共审理各类案件20451件，监督指导地方各级人民法院和专门法院审结各类案件3178.4万件。④在检察工作方面，全国检察机关认真履行批捕、起诉职责，依法查办和积极预防职务犯罪，强化对诉讼活动的法律监督，维护司法公正。2003—2007年，共批准逮捕各类刑事犯罪嫌疑人4232616人，提起公诉4692655人；立案侦查贪污贿赂、渎职侵权犯罪案件179696件

---

① 参见《中国法治建设年度报告（2009）》，《法制日报》2010年6月21日。
② 参见《中国法治建设年度报告（2010）》，《法制日报》2011年6月22日。
③ 参见《中国法治建设年度报告（2011）》，《法制日报》2012年7月18日。
④ 参见《最高人民法院工作报告》，《人民日报》2008年3月23日。

209487人；对应当立案而不立案的，督促侦查机关立案94766件；对违法插手民事经济纠纷等不应当立案而立案的，督促侦查机关撤案18266件；对应当逮捕而未提请逮捕、应当起诉而未移送起诉的，决定追加逮捕63500人、追加起诉42430人；对依法不应当追究刑事责任或证据不足的，决定不批准逮捕255931人、不起诉34433人；对认为确有错误的刑事判决、裁定提出抗诉15161件；对认为确有错误的民事、行政裁判提出抗诉63662件、再审检察建议24782件。①

自2008年十一届全国人大开始任期以来，各级司法机关紧紧围绕经济社会发展大局，扎实推进社会矛盾化解、社会管理创新、公正廉洁执法三项重点工作，加大执法办案力度，深化司法改革，加强队伍建设，各项工作取得新进展。

在审判工作方面，2008—2011年，全国法院受理各类案件46031387件，审结、执结42894909件。② 目前，全国基层法院执法办案工作得到显著加强，审判质量和司法水平有了显著提升，确保了司法的公正与高效。2008—2011年上半年，全国基层法院共审理和执行各类案件30381840件，占全国法院审理和执行案件总数的89.28%。其中全国基层法院审理盗窃、杀人、抢劫等各类刑事案件2539175件，有力维护了国家安全和社会稳定；审理婚姻家庭、损害赔偿、债权债务、劳动争议、合同纠纷等各类民商事案件19578953件，妥善化解了大量社会矛盾，促进了经济社会健康发展；审理行政诉讼和国家赔偿案件363021件，保障了行政相对人合法权益；执结各类案件7836134件，最大限度地实现了当事人的合法权益；审理申诉和申请再审案件64557件，依法纠正确有错误的裁判，维护了司法公正。③

在检察工作方面，2008—2011年，全国检察机关共批准逮捕各类犯罪嫌疑人3798787人，提起公诉4734946人。④ 基层检察院与群众接触最广泛，处于打击犯罪、维护稳定的第一线，是检察机关服务群众最直接

---

① 参见《最高人民检察院工作报告》，《人民日报》2008年3月23日。
② 本数据由《中国法治建设年度报告》2008年至2011年各年相关统计数据相加而得。
③ 参见《一审案件三年来超89%服判息诉》，《人民日报》2011年10月26日。
④ 本数据由《中国法治建设年度报告》2008年至2011年各年相关统计数据相加而得。

的窗口。2008 年以来，全国基层检察院平均每年批准逮捕刑事犯罪嫌疑人 90.32 万余人、提起公诉 106.8 万余人，立案侦查涉嫌犯罪的国家工作人员 3.6 万多人。2008 年 1 月至 2011 年 8 月，全国基层检察院共提出刑事抗诉 11048 件，对刑事立案、侦查、审判及刑罚执行和监管活动中的违法情况提出纠正意见 534455 件次；对认为确有错误的民事、行政裁判，提请上一级检察院抗诉 32037 件，向人民法院提出再审检察建议 23226 件，为维护执法司法公正和社会公平正义发挥了积极作用。①

在开展司法工作的过程中，司法队伍建设也有很大发展。截至 2011 年 6 月，全国已有 3115 个基层法院，下设 9880 个人民法庭；基层法院（含人民法庭）已有法官及其他工作人员 250827 人，占全国法院总人数的 76.9%。② 截至 2010 年底，全国检察机构已达 3643 个，检察人员已达 223334 人，其中检察长 3538 人，副检察长 11380 人。③ 这支司法队伍在社会主义法制建设进程中作出了重要贡献。

在司法行政工作方面，十年来，法律服务队伍不断壮大，业务范围不断拓宽。截至 2011 年底，全国律师事务所已达 1.8 万家，律师 21.5 万人；公证机构 3006 家，公证员 1.22 万人，全年共办理各类公证 1076 万件；基层法律服务所 1.9 万家，基层法律服务工作者 7.3 万余人；各类行业性、专业性人民调解组织 2.5 万个，调解纠纷 61.9 万件。法律援助工作不断推进。截至 2011 年，已有 21 个省（区、市）建立了省级法律援助专项资金，28 个省（区、市）成立了法律援助管理工作机构。④ 这些司法行政工作在化解社会矛盾、维护公平正义、服务经济发展、维护社会稳定中发挥了重要作用。

四、司法体制改革不断深化

推进司法体制改革是中共十六大作出的重大战略决策。在中共中央

---

① 参见《基层检察院三年批捕 270 余万人》，《人民日报》2011 年 10 月 26 日。
② 参见《一审案件三年来超 89% 服判息诉》，《人民日报》2011 年 10 月 26 日。
③ 参见《中国法律年鉴（2011 年）》，中国法律年鉴社 2011 年版，第 1054 页。
④ 参见《中国法治建设年度报告（2011）》，《法制日报》2012 年 7 月 18 日。

的高度重视和直接领导下，中央政法委员会坚持从人民群众反映的突出问题和影响司法公正的关键环节入手，按照公正司法和严格执法的要求，组织有关方面深入调研论证，广泛听取意见，并报经中共中央批准，于2004年底提出了改革和完善诉讼制度等十个方面的改革任务，成为新中国成立以来集中进行的一次重要司法改革。经过不懈努力，司法改革任务中绝大多数已经完成或基本完成。

一是加强了对司法权的监督制约，一些影响司法公正的突出问题得到有效解决。法律监督机制逐步健全，司法机关接受监督的自觉性进一步提高。2005年5月至2010年3月，人民陪审员共参与全国法院审理案件近200万件，占基层法院普通程序案件总数的19.5%。人民监督员制度自2003年启动试点以来，全国3137个检察院先后选任人民监督员共3万多人次，监督案件3万多件。[①] 二是改革完善刑事司法制度，在尊重和保障人权方面取得新进展。最高人民法院从2007年1月1日起统一行使死刑案件核准权，确保死刑只适用于极少数罪行极其严重、性质极其恶劣、社会危害性极大的刑事犯罪分子。宽严相济的刑事政策进一步落实，未成年人司法制度进一步完善，刑罚执行的法律监督更加规范，教育改造质量进一步提高。三是改革和完善工作机制，进一步提高司法效率。建立健全人民调解、行政调解、司法调解的多元化矛盾纠纷解决机制。积极推进司法鉴定体制改革，全国人大常委会作出了《关于司法鉴定管理问题的决定》，统一的司法鉴定管理体制逐步形成，多头鉴定、重复鉴定的现象得到初步改变。四是进一步加大司法救助和法律援助力度，有效缓解打官司难问题。2006年12月1日起开始执行的新的《律师服务收费管理办法》，严格收费程序，严惩违法违规收费行为。2007年4月1日起开始施行的新的《诉讼费用交纳办法》平均降低诉讼费用60%，全国每年约减收诉讼费80亿元。全国法院在降低诉讼费用的同时，进一步加大司法救助力度，较好地缓解了人民群众，特别是困难群众打不起官司和打官司难的问题。五是改革和完善干部管理体制，政法队伍政治业务素质进一步提高。中共中央印发《关于进一步加强和改

[①] 参见《中国司法体制机制改革在攻坚克难中不断深化》，《人民日报》2011年2月16日。

进党对政法工作领导的意见》，对加强和改进新形势下党对政法工作的领导，加强政法队伍建设提出明确要求。最高人民法院、最高人民检察院进一步完善了司法行政工作与审判、检察业务相分离的管理制度。中央政法部门相继制定完善了公开招考、竞争上岗、干部交流等制度，切实加强党风廉政建设，严肃查处违法违纪案件，确保政法队伍清正廉洁。六是改革和完善司法保障机制，为政法机关履行职责提供更多保障。司法机关所需经费由县级以上财政保证，公安派出所、人民法庭、司法所经费列入县级财政预算，保障了县级特别是中西部地区县级政法机关的正常运行。①

经过司法改革，司法体制和工作机制进一步理顺，监督制约机制进一步完善，政法队伍整体素质进一步提高，执法环境和执法保障进一步改善，公正、高效、权威的社会主义司法制度正在逐步完善。在此基础上，中共十七大又从发展社会主义民主政治、加快建设社会主义法治国家的战略高度，提出了"深化司法体制改革，优化司法职权配置，规范司法行为，建设公正高效权威的社会主义司法制度"②的新要求。为此，2008年底，中共中央转发《中央政法委员会关于深化司法体制和工作机制改革若干问题的意见》，部署了4个方面60项改革任务，对深化司法体制改革进行具体落实。在中央的高度重视和统一部署下，政法机关和各有关部门密切配合，中国司法体制改革逐步深化，呈现整体推进、扎实有序、举措频出的良好态势。

目前，所定各项司法改革任务基本上都已出台实施意见。通过改革，强化对司法权的监督制约，促进了公正廉洁执法；落实宽严相济的刑事政策，促进了社会和谐稳定；完善政法队伍管理体制机制，提升了凝聚力、战斗力；改革政法经费保障体制，提升了政法机关依法履职能力。中国特色社会主义司法制度在改革中不断完善和发展，为提升司法机关的能力水平、维护社会公平正义提供了有力保障，赢得了广大人民群众

---

① 参见《党的十六大以来司法体制机制改革取得明显成效》，《人民日报》2007年9月23日。
② 《十七大以来重要文献选编》（上），中央文献出版社2009年版，第24页。

的拥护支持。[①]

五、法制宣传教育取得显著成效

近十年间,连续实施了"四五"和"五五"两个五年普法规划,法制宣传教育工作取得显著成效。经过全国规模的普法运动,全体公民的法律素质进一步提高;依法维护自身合法权益的能力不断增强;履行法律义务的自觉性不断提高;运用法律武器同各种违法犯罪行为作斗争的现象不断增多;遇到问题找法、解决问题靠法的观念逐步确立。所有这些都极大地推动了新时期法制建设的历史进程。

起始于2001年的"四五"普法规划,到2005年胜利完成。期间,全国省、市、县三级共建立学法讲师团3000多个,各地、各部门共举办地(市)级以上领导干部法制讲座近万场,其中举办省部级领导干部法制讲座400多场。[②] 全国共有8.5亿普法对象接受了普法教育,实际接受教育面达90%以上。[③] 经过"四五"普法,以宪法为核心的法律知识得到较为广泛的普及,人民群众的法律意识进一步增强;依法治理工作深入开展,各项事业的法治化管理水平进一步提高,为推进依法治国基本方略的实施、促进经济社会发展作出了积极贡献。

为适应新形势新任务对法制宣传教育工作提出的新要求,2006年4月,十届全国人大常委会第二十一次会议通过《关于加强法制宣传教育的决议》,决定从2006年到2010年在全体公民中实施法制宣传教育的第五个五年规划。"五五"普法的对象是一切有接受教育能力的公民,重点是领导干部、公务员、青少年、企业经营管理人员和农民。"五五"普法首次把农民作为法制宣传教育的重点对象,具有深远意义。

在中共中央、国务院的领导下,"五五"普法坚持法制宣传教育与法

---

① 参见《全面落实司法体制改革各项措施,把改革成果更多地惠及人民群众》,《人民日报》2012年1月21日。

② 参见王比学:《"五五"普法国家中高级干部学法讲师团成立》,《人民日报》2006年11月17日。

③ 参见《中国的法治建设》(2008年2月),《人民日报》2008年2月29日。

治实践相结合,多层次、多领域依法治理活动不断深化。到 2010 年底,全国已有 26 个省(自治区、直辖市)、241 个市(地、州、盟)、1856 个县(市、区、旗)全面开展了法治创建活动。"五五"普法期间,以"维护宪法法律权威、促进社会和谐稳定"为主题的普法讲师团巡回报告 7.86 万场次,2.46 万人次省部级领导干部参加法制讲座,组织公务员法律知识考试 2700 多万人次,培训农民工 1.56 亿人次。① 全民法制宣传教育的开展,依法治理和法治创建活动的推进,全体公民宪法和法律意识明显增强,全社会法治化管理水平逐步提高,法制宣传教育在落实依法治国基本方略、服务经济社会发展、维护社会和谐稳定方面发挥了重要作用。

中共十七大和十七届五中全会提出了进一步深入开展法制宣传教育的任务。中国特色社会主义法律体系的形成,整个社会和广大人民群众法治意识的不断增强,对法制宣传教育提出了新的更高要求。为进一步增强全社会法治观念、推进依法治国进程,2011 年 4 月,十一届全国人大常委会第二十次会议通过《关于进一步加强法制宣传教育的决议》,决定从 2011 年到 2015 年在全体公民中实施法制宣传教育的第六个五年规划。5 月,召开第七次全国法制宣传教育工作会议,"六五"普法全面启动。

2011 年是实施"六五"普法规划的第一年。一年中,全国共举办"六五"普法骨干培训班 540 多期,培训骨干 5.8 万人。中共中央宣传部、司法部、中国法学会还成立了"六五"普法国家中高级干部学法讲师团。围绕中国特色社会主义法律体系的形成,组织学习宣传以宪法为统帅的中国特色社会主义法律体系。围绕"服务经济社会科学发展",组织开展专项活动 17.2 万多场次,法制宣传报告会 31.8 万多场次,开展送法活动 56.3 万多场次。围绕人民群众关心、关注的热点问题,组织开展食品药品管理、社会治安综合治理、流动人口服务和管理、突发事件应急管理、交通安全等相关法律法规的学习宣传教育。组织开展与维权、信访、投诉、调解等相关的法律法规的学习宣传,引导群众依法表达利益诉求,依法解决矛盾纠纷。全国共组织维护稳定专项法制宣传活动 22.8 万多场

---

① 参见《"五五"普法规划实施回眸》,《人民日报》2011 年 4 月 22 日。

次，开展重点地区、特殊人群法制宣传 9.2 万多场次，开展学校周边法制宣传 31.5 万多场次，促进了社会和谐稳定。①目前，"六五"普法正在各级党委、政府的领导下蓬勃开展。

[原载《当代中国史研究》2012 年第 5 期]

---

① 参见《中国法治建设年度报告（2011）》，《法制日报》2012 年 7 月 18 日。

中共十八大以来司法体制改革的进展及成效

中共十八大以来,在以习近平同志为核心的党中央坚强领导下,中国司法体制改革积极、稳妥推进。目前,一些改革方案已经出台,一些重要改革举措已经全面推开,一些重大改革任务已经在全国各地开展试点。司法体制改革取得了突破性进展和明显成效。

一、司法管理体制改革有序推进

司法管理体制是司法体制的重要组成部分,司法管理体制改革是司法体制改革的重要内容。中共十八大以来,党和国家在司法管理体制方面出台了一系列改革举措,为司法机关和司法人员依法独立、公正地行使职权提供了制度保障。

(一)最高人民法院设立巡回法庭

最高人民法院设立巡回法庭是中共十八届四中全会作出的重大改革部署。2014年12月2日,中共中央全面深化改革领导小组第七次会议审议通过《最高人民法院设立巡回法庭试点方案》。2015年1月28日,最高人民法院第一巡回法庭在广东省深圳市挂牌,巡回区为广东、广西、海南三省区。1月31日,最高人民法院第二巡回法庭在辽宁省沈阳市揭牌成立,巡回区为辽宁、吉林、黑龙江三省。

第一和第二巡回法庭挂牌成立并于2015年2月2日正式办公以来,

各项工作有序开展，取得了良好开局。截至 2015 年 12 月 31 日，第一巡回法庭共受理案件 898 件，结案 843 件，法官人均结案数 70.25 件；全年共接待来访 10769 人次，办理来信 2196 件。① 第二巡回法庭共受理案件 876 件，结案率 93%。接待涉诉信访 33000 人次。② 第二巡回法庭还于 2015 年 10 月 27 日首次在高校公开审理案件，开创了庭审走进法学院的先河。③ 巡回法庭一开始就站在一个较高的起点上，并在机构设置、运行机制、人员管理、监督机制等方面进行了创新，对于有序推进司法管理体制改革发挥了试点和探路作用。

（二）设立跨行政区划人民法院、人民检察院

设立跨行政区划人民法院、人民检察院，是中共十八届四中全会提出的又一项涉及司法管理体制的重要改革举措。2014 年 12 月 2 日，中共中央全面深化改革领导小组第七次会议审议通过《设立跨行政区划人民法院、人民检察院试点方案》，明确在北京和上海试点设立跨行政区划人民法院、人民检察院。

2014 年 12 月 28 日，备受各界关注的上海市第三中级人民法院正式挂牌，这是全国第一家跨行政区划法院。同日，上海市人民检察院第三分院正式成立，这是全国首个跨行政区划的人民检察院。12 月 30 日，北京市第四中级人民法院、北京市人民检察院第四分院正式成立并开始履职，标志着我国在探索设立跨行政区划人民法院和人民检察院方面迈出了新步伐。

在北京和上海设立的首批跨行政区划人民法院、人民检察院主要是跨区域管辖部分行政诉讼案件及其他重大案件。北京四中院自成立至 2015 年 4 月 20 日，已立案 458 件，其中"民告官"案件 286 件。而 2014 年全年北京全市法院受理的以区县政府为被告的"民告官"案件不过 216 件。④ 设立不到 4 个月，此类行政案件收案量已超过 2014 年全市

---

① 参见《最高法院巡回法庭晒出一周年成绩单》，《光明日报》2016 年 1 月 31 日。
② 参见《与大法官聊"家门口的最高法院"》，《光明日报》2016 年 1 月 25 日。
③ 参见《最高法第二巡回法庭首次在高校公开审理案件》，《人民日报》2015 年 10 月 28 日。
④ 参见《北京四中院的一百二十天》，《光明日报》2015 年 5 月 1 日。

的总和，反映出跨行政区划法院在摆脱地方保护和行政干预方面的意义。这一点从其全年收案量来看表现得更加明显。截至 2015 年 12 月 29 日，四中院一年共受理各类案件 1892 件，其中行政案件 1396 件，占 73.8%；民商事案件 379 件，占 20%；刑事案件 30 件，占 1.6%；执行案件 87 件，占 4.6%；结案共计 1700 件，法定审限内结案率达 99.44%，实现了良好的审判质效。[①] 截至 2015 年底，上海市三中院共受理各类案件 1370 件，其中行政案件 610 件。[②]

（三）设立知识产权法院

设立知识产权法院是中共十八届三中全会提出的改革任务。2014 年 6 月 6 日，中共中央全面深化改革领导小组第三次会议审议通过《关于设立知识产权法院的方案》。8 月 31 日，十二届全国人大常委会第十次会议作出决定，在北京、上海、广州设立知识产权法院。2014 年 11 月 6 日、12 月 16 日、12 月 28 日，北京、广州、上海知识产权法院先后挂牌成立。

2015 年 1 月 3 日，最高人民法院公布《关于北京、上海、广州知识产权法院案件管辖的规定》，明确了新的管辖体制。一年来，三家知识产权法院依法履职，知识产权司法保护初见成效。如北京知识产权法院自成立以来，一年共收案 7918 件，结案 3250 件，其中第一批遴选的 18 名一线主审法官人均收案 400 件，结案 159 件，审结了一批疑难、复杂、具有影响力的案件。[③]

知识产权保护制度是市场经济最重要的制度之一，对知识产权保护最有效的保护手段是司法手段。知识产权法院的设立，是我国知识产权案件审判体制的重大革新，是司法体制改革的一项基础性、制度性措施，对于统一知识产权案件裁判标准、提升知识产权司法保护品质具有重要

---

① 参见《北京四中院成立一周年收案近 1900 件》，《光明日报》2015 年 12 月 31 日。
② 参见《首家跨行政区划法院上海市三中院成立一年多跨区审案屏蔽"打招呼"》，《人民日报》2016 年 1 月 19 日。
③ 参见《北京知识产权法院成立一周年：收案近 8000 件 审判去行政化》，《光明日报》2015 年 11 月 14 日。

意义，为推动实施国家创新发展战略提供了强有力的司法保障。

（四）完善司法人员分类管理制度

完善司法人员分类管理制度是当前正在推行的一项基础性司法体制改革试点工作，基本思路是将法院工作人员分为法官、审判辅助人员和司法行政人员三类分别管理，并对法官实行员额制，严格限定法官员额比例。审判辅助人员包括执行员、法官助理、书记员、司法警察、司法技术人员等。检察院工作人员分为检察官、检察辅助人员和司法行政人员，其中检察辅助人员包括检察官助理、书记员、司法警察、检察技术人员等。

2015年9月15日召开的中共中央全面深化改革领导小组第十六次会议审议通过《法官、检察官单独职务序列改革试点方案》。各试点省份根据方案，结合本地区实际制定了各自的工作方案。上海市制定的改革方案是将法院工作人员分成法官、审判辅助人员、司法行政人员三大类，分占33%、52%、15%的员额比例。法官员额比例从原来的49%下降到33%。该市八家先行试点法院、检察院首批共产生531名入额法官、308名入额检察官。试点法院首批入额法官员额比例为27.6%，未用足33%的员额比例，给未来发展留足空间。[①] 此项改革的目的和意义是完善司法人员分类管理制度，创设对法官、检察官单独职务序列，与行政职级相对脱钩，实行不同于普通公务员的管理制度。审判辅助人员、检察辅助人员按国家有关规定管理，司法行政人员按综合管理类公务员管理。单独职务序列管理制度可以使每一类人员都有各自的晋升渠道和职业发展空间，从而达到整合司法资源、优化司法队伍、提高司法效率、调动司法人员积极性的目的。

（五）健全防止人为干扰司法制度

健全防止人为干扰司法制度是中共十八届四中全会提出的改革举措。2015年2月27日召开的中共中央全面深化改革领导小组第十次会议审

---

① 参见《上海：法官员额制激荡一江春水》，《人民日报》2015年5月20日。

议通过《领导干部干预司法活动、插手具体案件处理的记录、通报和责任追究规定》。3月,中共中央办公厅、国务院办公厅和中共中央政法委员会(以下简称"中央政法委")分别印发了《领导干部干预司法活动、插手具体案件处理的记录、通报和责任追究规定》《司法机关内部人员过问案件的记录和责任追究规定》(以下简称"两个规定"),为司法机关依法独立、公正行使职权提供了制度保障。

"两个规定"主要建立了三项制度:一是司法机关对领导干部干预司法活动、插手具体案件处理的记录制度;二是党委政法委对领导干部违法干预司法活动、插手具体案件处理的通报制度;三是纪检监察机关对领导干部违法干预司法活动以及司法人员不记录或者不如实记录的责任追究制度。这三项制度紧密衔接,前后呼应,构成一个有机整体。

为贯彻落实"两个规定",最高人民法院于2015年8月19日发布了实施办法,同时要求各高级人民法院依照"两个规定"及其实施办法制定实施细则,并抓好贯彻落实工作。同年11月,中央政法委公开通报了五起领导干部干预司法活动、插手具体案件处理和司法机关内部人员过问案件的典型案件。[①] 这是"两个规定"颁布实施以来中央政法委首次公开通报此类典型案件,发挥了重要的警示作用,取得了良好的法治效果和社会效果,有力推动了"两个规定"的全面落实。

二、司法权运行机制改革逐步推开

中共十八大以来,司法权运行机制改革逐步推开,并取得了明显成效,对于优化司法职权配置,健全司法权力分工负责、互相配合、互相制约机制,拓宽人民群众有序参与司法渠道具有重要意义。

(一)完善人民法院、人民检察院司法责任制

完善司法责任制是中共十八届三中、四中全会确定的重要改革任务。

---

① 这5起典型案例的具体内容请参见:《中央政法委首次通报五起干预司法典型案例》,《人民日报》2015年11月7日。

2015年8月召开的中共中央全面深化改革领导小组第十五次会议审议通过了《关于完善人民法院司法责任制的若干意见》和《关于完善人民检察院司法责任制的若干意见》。

《关于完善人民法院司法责任制的若干意见》提出了改革的总体目标，即实现"让审理者裁判、由裁判者负责"，确保法院依法独立、公正行使审判权，让人民群众在每一个司法案件中都感受到公平正义。围绕这一目标，意见提出了改革裁判文书签署机制、加强法官履职保障等40多项具体改革措施。传统的审判模式强调内部层层审批，导致"审者不判、判者不审、判审分离、权责不清"，为此，意见提出彻底改革裁判文书的签署机制。审判责任的认定是意见的核心内容，受到社会各界高度关注。意见规定，故意违反法律法规或者因重大过失导致裁判错误并造成严重后果的，依法应当承担违法审判责任，并就违法审判必须追责的七种情形进行了具体规定。意见坚持权力与制约并行，保障与监督并重，为构建公正高效的审判权运行机制和公平合理的司法责任认定、追究机制提供了重要的制度保障。

《关于完善人民检察院司法责任制的若干意见》将检察官办案主体地位与加强监督制约相结合，要求检察官必须在司法一线办案，明确检察人员应当对其履行检察职责的行为承担司法责任，在其职责范围内对办案质量终身负责。意见根据检察人员主观上是否存在故意或重大过失，客观上是否造成严重后果或恶劣影响，将司法责任分为故意违反法律法规责任、重大过失责任和监督管理责任，并按照"谁办案谁负责、谁决定谁负责"的要求，通过明晰检察官职责权限和完善检察权运行机制，形成了对检察人员司法办案工作的全方位、全过程规范监督制约体系。

意见出台后，各试点省份结合实际制定了具体实施方案，推行办案责任制改革。改革前，上海第二中级人民法院的案子需领导过目才能签发；改革后，97%的案件合议庭判决，同时主审法官身上的担子也越来越重。① 为保证检察官依法公正办案，海南的检察官需接受上级监督、案

---

① 参见《上海一位主审法官的改革体验》，《人民日报》2014年12月10日。

件管理部门的监督、同级监督和纪律监督等四重监督。[①]司法改革及严格的办案质量责任制，既调动了司法人员的工作积极性和主动性，提高了司法效率，又保证了办案质量及司法公正，司法权运行机制改革成效初步显现。

（二）积极推进司法公开

司法公开是法治文明发展的必然要求，也是司法体制改革的重要内容。在最高人民法院的推动下，全国各级法院重点建设了审判流程、裁判文书、执行信息三大公开平台。

一是推进审判流程公开。2014年11月，中国审判流程信息公开网正式开通。目前，全国已有25个省份基本建成统一的审判流程信息公开平台。案件当事人及其诉讼代理人自案件受理之日起，即可凭有效证件号码随时登录、查询、下载相关案件的流程信息、材料等，案件的程序性诉讼文书可电子送达。

二是推进裁判文书公开。2013年11月，最高人民法院开通了中国裁判文书网，建立了全国统一的裁判文书公开平台，并率先在该网公布了本院裁判文书。自2014年1月1日起，各级法院的生效裁判文书陆续在中国裁判文书网公布，目前该网已经成为全球最大的裁判文书网。2015年12月15日，中国裁判文书网改版升级，实现了少数民族语言裁判文书的公开，提供了蒙古、藏、维吾尔、朝鲜、哈萨克等语种文书的浏览和下载服务功能，提升了裁判文书的应用价值，有力促进了裁判尺度的统一。

三是推进执行信息公开。中国执行信息网提供被执行人信息、全国法院失信被执行人名单、执行案件流程信息、执行裁判文书信息公开服务。截至2015年11月1日，已累计公布执行信息5068万条，提供执行案件信息查询3380万人次。[②]在检务公开方面，人民检察院案件信息公开系统于2014年10月1日运行，目前全国3600多个检察院都在这一系统

---

① 参见《海南：全力推进"谁办案谁负责"》，《人民日报》2015年5月27日。
② 参见《最高法院开展主题教育活动成效明显》，《光明日报》2015年12月17日。

集中公开办案流程、办案结果、办案文书，进一步拓宽了人民群众了解、参与、监督检察工作的渠道。这一系统已建立了四个平台：案件程序性信息查询平台，当事人及其家属、律师可以通过该平台查询案件进展情况；重要案件信息发布平台，各级检察院通过该平台发布重大案件办理进展情况以及典型案例；法律文书公开平台，各级检察机关在该平台发布起诉书、申诉复查决定书等重要法律文书；辩护与代理网上预约平台，律师可以通过该平台和检察机关进行网上预约办理有关业务。

司法公开和信息化建设的推进，为人民群众提供了更加优质、便捷、高效的司法服务，开放、动态、透明、便民的阳光司法机制正在逐步形成。

（三）完善人民陪审员、人民监督员制度

完善人民陪审员、人民监督员制度是中共十八届三中、四中全会提出的一项重要改革举措。2015年2月27日召开的中共中央全面深化改革领导小组第十次会议审议通过了《深化人民监督员制度改革方案》；4月1日召开的中共中央全面深化改革领导小组第十一次会议审议通过了《人民陪审员制度改革试点方案》。

此次改革人民陪审员制度，主要是针对该制度存在的人民陪审员广泛性和代表性不足、陪审案件范围不够明确及其他需要改进的问题。《人民陪审员制度改革试点方案》改革了人民陪审员选任条件，将原来担任人民陪审员的年龄从23周岁提高到28周岁，学历要求从大专以上降低到高中以上文化程度，并且规定农村地区和贫困偏远地区公道正派、德高望重的人不受学历要求限制。方案合理界定并适当扩大人民陪审员参审的范围，规定涉及群体利益、社会公共利益的，人民群众广泛关注或者其他社会影响较大的第一审刑事、民事、行政案件，原则上实行陪审制审理。首次规定可能判处十年以上有期徒刑、无期徒刑的第一审刑事案件，原则上实行人民陪审制审理。

《深化人民监督员制度改革方案》在人民监督员选任管理方式、监督范围、监督程序、知情权保障等方面进行了完善。其亮点之一是改革选任机制，规定人民监督员由司法行政机关负责选任。司法行政机关按照

人民监督员的选任条件和选任程序，综合考虑报名者的政治素质、代表性和群众基础等因素，选任人民监督员，并规定在人民监督员拟任人选中，机关、团体、事业单位工作人员一般不超过选任总数的50%，从制度上解决了"检察机关自己选人监督自己"的问题，提高了人民监督员制度的公信力和权威性。方案拓展了人民监督员的监督案件范围，明确人民监督员可对检察院办理直接受理立案侦查的11种情形的案件实施监督；提出完善人民监督员监督程序，明确了参与案件监督的人民监督员的产生程序、案情介绍程序、评议表决及审查处理程序等；提出完善人民监督员知情权保障机制，明确建立职务犯罪案件台账制度、人民监督员监督事项告知制度、人民监督员参与案件跟踪回访及执法检查机制等。方案出台后，北京、河北等省市结合各自实际开展了人民陪审员改革试点。截至2014年底，北京市的法院共选任人民陪审员2363名，2014年共参审案件71439件，占全市一审普通程序案件的93.5%，人民陪审员作用得到了有效发挥。①2015年，全国人民陪审员共参审案件284.6万件。②

实行人民监督员制度，引入外部监督力量，改变了检察机关查办职务犯罪案件的具体程序和要求，健全了对犯罪嫌疑人、被告人的权利保护机制，是对司法权力制约机制的重大改革和完善。

（四）检察机关开展公益诉讼改革试点

探索建立检察机关提起公益诉讼制度是中共十八届四中全会提出的改革任务。2015年5月5日召开的中共中央全面深化改革领导小组第十二次会议审议通过了《检察机关提起公益诉讼改革试点方案》。7月1日，十二届全国人大常委会第十五次会议作出《关于授权最高人民检察院在部分地区开展公益诉讼试点工作的决定》。2日，最高人民检察院印发《检察机关提起公益诉讼改革试点方案》，决定在北京、内蒙古、江苏、云南等13个省区市的检察机关中开展为期两年的试点工作，重点针

---

① 参见《北京五家法院试行人民陪审员改革》，《光明日报》2015年7月31日。
② 参见《最高人民法院工作报告》，《人民日报》2016年3月21日。

对生态环境和资源保护、国有资产保护、国有土地使用权出让、食品药品安全等领域侵害国家和社会公共利益的情况，及时提起民事或行政公益诉讼，加强对国家和社会公共利益的保护。2016年1月6日，最高人民检察院发布《人民检察院提起公益诉讼试点工作实施办法》，对试点方案规定作了进一步解释；对试点方案没有规定而实践需要予以规范的也作出了具体规定。实施办法共4章58条，对检察机关提起公益诉讼的线索来源、线索移送、立案程序、调查核实、举证责任等内容作出了规定，进一步强调了诉前程序等内容，确保试点工作在法律框架和授权范围内开展。

试点方案印发后，有多地检察机关因环保部门不履职、不作为提起公益诉讼，这标志着检察机关提起公益诉讼的改革正式进入司法实践阶段。如2015年12月16日，山东省庆云县人民检察院因县环保部门不依法履行职责，向庆云县人民法院提起行政公益诉讼。此外，12月18日，贵州省锦屏县人民检察院对县环境保护局不依法履行职责，向福泉市人民法院提起行政公益诉讼。12月21日，福建省清流县人民检察院对县环境保护局不依法履行职责，向清流县人民法院提起行政公益诉讼。[①]2015年12月，江苏省常州市人民检察院对许建惠、许玉仙污染环境案向常州市中级人民法院提起民事公益诉讼。这是全国人大常委会授权检察机关提起公益诉讼试点后，检察机关以公益诉讼人身份提起的首例民事公益诉讼案件。[②]

开展检察机关提起公益诉讼试点以来，截至2015年底，试点地区在履行职责中共发现公益诉讼案件线索501件。其中，以诉讼类型划分，行政公益诉讼案件线索383件，民事公益诉讼案件线索118件；以案件范围划分，环境资源领域313件，国有土地使用权出让领域118件，国有资产保护领域59件，食品药品安全领域11件。[③]北京、江苏等试点地

---

① 参见《山东检方提起全国首例行政公益诉讼案件》，《人民日报》2015年12月23日。
② 参见《非法排放废水废渣、造成环境损害 江苏检方提起首例民事公益诉讼案件》，《人民日报》2015年12月25日。
③ 参见《最高检发布〈人民检察院提起公益诉讼试点工作实施办法〉》，《光明日报》2016年1月7日。

区检察机关已经通过提出检察建议等方式，办理公益诉讼诉前程序案件245件，其中民事33件，行政212件。①2015年1月1日新修订的环境保护法施行以来，贵州、山东、江苏、福建等13个省份法院共受理环境公益诉讼案件48件，其中环境民事公益诉讼45件，检察机关提起的环境行政公益诉讼3件。②

检察机关开展公益诉讼改革试点，对于促进依法行政、严格执法，维护宪法法律权威，维护社会公平正义，维护国家和社会公共利益，发挥了重要的法律监督职能作用。

三、人权司法保障机制建设取得积极成果

"人权得到切实尊重和保障"是中共十八大确立的全面建成小康社会和深化改革开放的重要目标之一，也是司法体制改革的重要任务之一。已经出台的改革举措及取得的积极成果，除全面废止劳动教养制度外主要有以下几项。

（一）健全错案防止、纠正、责任追究机制

健全错案防止、纠正、责任追究机制是中共十八届三中、四中全会提出的一项重要改革举措。在2013年出台的《关于切实防止冤假错案的规定》基础上，中共中央政法单位进一步制定配套措施，建立冤假错案有效防范、及时纠正机制，严格落实罪刑法定、疑罪从无、证据裁判等法律原则和制度。2013年、2014年，人民法院共依法宣告1603名被告人无罪。③其中较有影响的是依法纠正了呼格吉勒图重大冤假错案，并启动了错案责任追究机制。2014年12月15日，内蒙古自治区高级人民法院党组召开会议，专题研究呼格吉勒图案件宣判后错案责任追究问题。④

---

① 参见《试点检察机关已办理公益诉讼诉前程序案245件》，《人民日报》2015年12月30日。
② 参见《最高法公布环境侵权十大案例 2015年已受理相关公益诉讼48件》，《光明日报》2015年12月30日。
③ 参见《我国司法体制改革取得突破性进展》，《光明日报》2015年9月22日。
④ 参见《内蒙古高院启动错案责任追究调查》，《人民日报》2014年12月16日。

同月17日，呼格吉勒图案原专案组组长、呼和浩特市公安局副局长冯志明，因涉嫌职务犯罪，被检察机关带走接受调查，成为呼格案启动追责后第一个被调查的责任人。①2016年1月31日，内蒙古自治区有关部门发布消息，依法依规对呼格吉勒图错案负有责任的27人进行了追责。②

为强化司法办案活动内部监督制约，维护法律尊严和权威，2015年12月，最高人民检察院印发了《关于对检察机关办案部门和办案人员违法行使职权行为纠正、记录、通报及责任追究的规定》，明确了办案部门及时纠正违法行使职权行为的主体责任，同时也强调了控告、案管、侦监、公诉等部门应该发挥的监督作用，明确提出监督管理不到位、放任不管也要承担相应责任。压实了"谁违法审批谁担责、谁违法办案谁担责"的铁律。规定共17条，分别从违法行使职权行为的范围、对象、情形；办案部门和办案人员、其他职能部门、检察长和分管副检察长的责任；违法行使职权行为线索的受理、登记、移送、纠正、记录、通报制度及责任追究等方面提出具体要求。③为健全错案防止、纠正、责任追究机制提供了重要保证。

（二）依法保障律师执业权利

深化律师制度改革是中共十八届三中、四中全会提出的任务和举措。2015年9月15日召开的中共中央全面深化改革领导小组第十六次会议审议通过了《关于深化律师制度改革的意见》。会后，最高人民法院、最高人民检察院、公安部、国家安全部、司法部联合出台了《关于依法保障律师执业权利的规定》。由"两院三部"联合出台的规定，在律师事业发展史上还是第一次，这是深化律师制度改革、促进律师事业发展的重要举措，对于保障律师执业权利，推进律师事业发展，充分发挥律师在全面推进依法治国中的重要作用具有重大而深远的意义。

针对法律规定的律师执业各项权利落实不够有力，尤其是在律师会见、阅卷、申请调取证据以及庭审辩论辩护中遇到的困难和问题，规定

---

① 参见《呼格父母获国家赔偿近206万元》，《光明日报》2015年1月1日。
② 参见《呼格案27人被追责》，《京华时报》2016年2月1日。
③ 参见《最高检出台追究办案人员违法行使职权规定》，《光明日报》2015年12月18日。

分别就保障律师知情权、申请权、申诉权,以及会见、阅卷、收集证据和发问、质证、辩论辩护等方面的权利作出了规定。同时,规定对律师执业权利保障分四个层次设置了救济机制:一是投诉机制;二是申诉控告机制;三是维护律师执业权利工作机制;四是各部门联席会议制度。为强化责任,严格落实保障律师执业权利的各项措施,还明确规定了侵犯律师执业权利行为的责任追究机制。

律师是法律职业共同体中的重要角色之一,是法治社会不可或缺的重要力量,是法治中国建设的重要参与者和推动者。律师执业权利的保障程度,关系到当事人合法权益能否得到有效维护,关系到律师作用能否得到有效发挥,关系到司法制度能否得到完善和发展。从一定意义上讲,律师业的发达程度、律师权利的保障水平都堪称一个国家法治文明的晴雨表,折射出一个国家的法治文明水平。规定的公布实施,为27万律师撑开了执业权利的保护伞。

(三)逐步减少适用死刑罪名

"逐步减少适用死刑罪名"是中共十八届三中全会提出的改革任务,也是完善我国人权保障制度的重要举措。为落实这一改革任务,历时十个月,历经三次审议,由十二届全国人大常委会第十六次会议于2015年8月29日高票表决通过了《中华人民共和国刑法修正案(九)》,取消了走私武器弹药罪、走私核材料罪、走私假币罪、伪造货币罪、集资诈骗罪、组织卖淫罪、强迫卖淫罪、阻碍执行军事职务罪、战时造谣惑众罪等九个非致命性暴力犯罪的死刑罪名,并进一步提高了对死缓罪犯执行死刑的条件。[①] 这是自2011年施行的《中华人民共和国刑法修正案(八)》取消走私文物罪、走私贵重金属罪、盗窃罪等13个经济性非暴力犯罪的死刑后再度集中取消死刑罪名,我国的死刑罪名也降至46个。

(四)规范涉案财物处置司法程序

规范涉案财物处置司法程序是中共十八届三中、四中全会部署的重

---

① 参见《中华人民共和国刑法修正案(九)》,《人民日报》2015年11月26日。

点改革任务。为落实这一改革任务，2014年12月30日召开的中共中央全面深化改革领导小组第八次会议审议通过了《关于进一步规范刑事诉讼涉案财物处置工作的意见》。意见要求坚持公正与效率相统一、改革创新与于法有据相统一、保障当事人合法权益与适应司法办案需要相统一的原则，健全处置涉案财物的程序、制度和机制。

针对目前我国涉案财物处置工作随意性大，保管不规范、移送不顺畅、信息不透明、处置不及时、救济不到位等问题，意见要求进一步规范涉案财物查封、扣押、冻结程序，建立办案部门与保管部门、办案人员与保管人员相互制约制度，探索建立跨部门的地方涉案财物集中管理信息平台，完善涉案财物审前返还程序及先行处置程序，做到公开、公平。意见强调健全境外追逃追赃工作体制机制，规定公安部确定专门机构统一负责到境外开展追逃追赃工作；规定人民法院、人民检察院、公安机关、国家安全机关应当对涉案财物处置工作进行相互监督，人民检察院应当加强法律监督，上级政法机关发现下级政法机关涉案财物处置工作确有错误的，应当依照法定程序要求限期纠正。意见明确要求健全责任追究机制，规定违法违规查封、扣押、冻结和处置涉案财物的，应当依法依纪给予处分；构成犯罪的，应当依法追究刑事责任；导致国家赔偿的，应当依法向有关责任人员追偿。

意见进一步规范刑事诉讼涉案财物处置工作，对于促进依法惩治犯罪和切实保障人权的协调统一，保障执法办案工作的顺利进行，保证公正司法、提高司法公信力具有重要意义。

四、司法便民利民举措陆续出台

为贯彻司法为民原则，维护人民群众合法权益，中共十八大以来，针对公众普遍关注的问题，全国各级人民法院和司法行政部门陆续出台了一系列便民利民举措，让人民群众实实在在享受到了司法体制改革红利。

（一）推行立案登记制改革

推行立案登记制改革是中共十八届四中全会提出的重要举措。2015

年4月1日召开的中共中央全面深化改革领导小组第十一次会议审议通过了《关于人民法院推行立案登记制改革的意见》。4月15日，最高人民法院发布该意见，自5月1日起施行。

自全面实施立案登记制以来，全国法院登记立案渠道畅通，秩序井然，运行平稳。2015年5月4日是实施立案登记制后的首个工作日，当天全国各级法院行政一审共登记立案2000多件。2014年全国法院工作日日均行政一审立案600件左右，2015年4月全国法院工作日日均行政一审立案1132件左右。① 截至5月31日，全国各级法院共登记立案113.27万件，与2014年同期的87.4万件相比，增长了29.6%。各地法院高效开展登记立案工作，当场登记立案率达90%，上海、河南、重庆、甘肃等地超过95%。② 截至2015年9月30日，全国法院共登记一审案件620万件，同比增长31.9%。最高人民法院受理的案件也大幅增长，1—9月同比增长58.39%。③

实践表明，立案登记制改革得民心、顺民意，"立案难"问题得到了彻底解决，这对加快建设公正、高效、权威的社会主义司法制度具有重要意义。

（二）完善法律援助制度

完善法律援助制度是中共十八届三中、四中全会部署的重点改革任务，也是落实全面依法治国战略部署的重要举措。2015年5月5日召开的中共中央全面深化改革领导小组第十二次会议审议通过《关于完善法律援助制度的意见》。

意见紧紧围绕人民群众实际需要，适应困难群众的民生需求，扩大了法律援助的范围，其中包括：扩大民事、行政法律援助覆盖面；加强特定群体法律援助工作；实现法律援助咨询服务全覆盖。意见实施后，各级党委和政府高度重视法律援助工作，不断提高法律援助工作水平，并取得积极成效。2015年上半年，全国共受理法律援助案件57.4万件，

---

① 参见《新行诉法实施首个工作日行政案件立案数翻番》，《人民日报》2015年5月6日。
② 参见《立案登记制实施满月，立案数量超百万件》，《人民日报》2015年6月10日。
③ 参见《热词记录2015·政治》，《人民日报》2015年12月29日。

受援人次 65.9 万，同比分别增长 11.7% 和 14%。① 与此同时，法律援助工作质量也在稳步提高。司法部副部长赵大程于 2015 年 7 月 2 日在介绍完善法律援助制度有关情况时表示："到目前为止，全国民事法律援助律师所提供代理的意见，刑事法律援助律师所提供辩护的意见，90% 都得到了司法机关的采纳。这两个 90% 就足以说明我们法律援助工作的质量是有保证的。"② 法律援助制度的不断完善及工作质量的持续提高，对于更好地发挥法律援助在全面推进依法治国中的重要作用、切实维护困难群众的合法权益、促进社会公平正义有着重要意义。

（三）健全国家司法救助制度

健全国家司法救助制度是中共十八届三中全会作出的改革部署，也是党和国家在司法领域出台的又一项便民利民举措。2014 年 1 月，中央政法委、财政部、最高人民法院、最高人民检察院、公安部、司法部六部委联合印发了《关于建立完善国家司法救助制度的意见（试行）》，为各地开展国家司法救助工作提供了政策指导。

意见明确规定，救助对象主要是遭受犯罪侵害或民事侵权，无法通过诉讼获得有效赔偿，造成生活困难的当事人或近亲属。具体有四类：一是受到犯罪侵害导致死亡、重伤、严重残疾、急需医疗救治的刑事被害人；二是受到打击报复的举报人、证人、鉴定人；三是追索赡养费、扶养费、抚育费人员；四是道路交通事故受害人。救助标准以案件管辖地上一年度职工月平均工资为基准，一般在 36 个月的工资总额之内。各地可作出细化规定。

经过各地各有关部门两年多的努力，国家司法救助制度已在全国基本建立。全国 31 个省（区、市）和新疆生产建设兵团均出台了国家司法救助具体实施办法，明确了救助条件，细化救助审批发放流程，建立了规范、可操作的国家司法救助工作机制。③ 两年来，司法救助范围不断扩

---

① 参见《热词记录 2015·政治》，《人民日报》2015 年 12 月 29 日。
② 参见《法律援助将在三方面扩大服务 民事刑事法援律师意见 90% 获采纳》，《人民日报》2015 年 7 月 3 日。
③ 参见《司法救助制度基本覆盖全国》，《人民日报》2015 年 12 月 8 日。

大、救助形式不断丰富、资金保障不断强化、各方协调不断促进、主动性不断增强，显示了国家司法救助制度的生命力。

国家司法救助制度实施以来，取得良好社会效果。2014年、2015年，中央财政每年下拨7亿元，地方各级财政分别安排救助资金17.7亿元、22.4亿元用于国家司法救助。其中，仅2014年就救助了80042名当事人。① 目前，所有省级财政、95%的市级财政、93.4%的县级财政把国家司法救助资金纳入了财政预算。有19个省（区、市）实现了省市县三级财政预算全覆盖。②

设立国家司法救助制度，体现了人权保障价值、保障了刑事追诉客观公正的价值，更彰显了政府责任担当的价值。这一制度的实施，对于维护当事人合法权益、及时化解矛盾纠纷发挥了重要作用。

中共十八大以来，以习近平同志为核心的党中央领导司法体制改革的总体思路是：先由中共十八大和十八届三中、四中全会提出各项司法体制改革任务，擘画司法体制改革的宏伟蓝图，尔后由中共中央全面深化改革领导小组审议通过司法体制改革有关文件，最后由最高人民法院、最高人民检察院、公安部、司法部等单位细化司法体制改革部署，制定本系统具体改革方案，通过法定程序将改革落到实处。这样的改革思路、领导体制和工作机制，保证了司法体制改革取得扎扎实实的进展及成效，长期以来人民群众反映强烈的司法不公、司法腐败等问题得到有效遏制和明显改观。这为全面建成小康社会、实现中华民族伟大复兴中国梦提供了有力的司法环境和重要保证。

[原载《当代中国史研究》2016年第3期]

---

① 参见《国家司法救助制度基本建立》，《光明日报》2015年12月8日。
② 参见《国家司法救助制度已在全国基本建立》，《人民日报》2015年12月23日。

中共十八大以来法治政府建设的进展及成效

中共十八大把基本建成法治政府作为全面建成小康社会的一项重要目标，十八届五中全会又进一步明确了这一目标。为了到2020年基本建成职能科学、权责法定、执法严明、公开公正、廉洁高效、守法诚信的法治政府，中共十八大以来，以习近平同志为核心的党中央深入推进依法行政，加快建设法治政府，法治政府建设取得了积极进展和明显成效。

一、各级政府依法履行职能

政府依法履行职能，在法治轨道上开展工作，是法治政府的基本属性和重要标志。中共十八大以来，各级政府不断完善行政组织和行政程序方面的法律制度，推进机构、职能、权限、程序、责任法定化，政府依法履行职能的意识和能力不断增强。

（一）深化行政审批制度改革

行政审批是行政管理的一种重要方式，也是政府履行职能的一种重要形式。改革行政审批制度是转变政府职能、改革行政体制的重点任务，也是促进各级政府依法履行职能的关键环节。中共十八大以来，国务院高度重视简政放权、放管结合、优化服务改革，坚持把这项改革作为全面深化改革的"先手棋"和转变政府职能的"当头炮"，以壮士断腕的决心和勇气持续推进。李克强总理多次强调，要紧紧扭住"放管服"改革这个"牛鼻子",逐步厘清政府和市场的边界,消除市场主体生产经营活动中的羁绊,破除生产要素合理流动与有效配置的障碍,切实解放和发展生产力。按照党中央、国务院的决策部署,国务院审改办和国务院各有关部门大力推进行政审批制度改革,不断削减行政审批事项,持续向市场和社会放权,有效破除了制约创业创新的各种不合理束缚,降低了制度性交易成本,极大激发了市场活力和社会创造力。2013年以来国务院分九批审议通过的取消和下放的国务院部门行政审批事项共618项,其中取消491项、下放127项。①

国务院高度重视清理规范国务院部门行政审批中介服务事项和取消中央指定地方实施行政审批事项,将其作为深化"放管服"改革的重要内容,多次作出明确部署,持续加大改革力度。李克强总理强调,简政放权要坚持"简"字当头,把该放的权力彻底放出去,能取消的尽量取消、直接放给市场和社会;坚决砍掉各种不合理的审批中介事项,加快摘掉中介机构的"红顶",斩断利益链条,切实拆除"旋转门""玻璃门",加强事中事后监管,营造公平竞争环境,促进经济社会平稳健康发展。按照党中央、国务院的决策部署,2013年以来,国务院分三批审议通过清理规范的国务院部门行政审批中介服务事项共323项;分三批审议通过取消的中央指定地方实施行政审批事项共283项。②

取消不必要的职业资格许可和认定事项是降低制度性交易成本、推进供给侧结构性改革的重要举措,也是为就业、创业和去产能中人员转岗创造便利条件。国务院高度重视这项工作,将其作为推进"放管服"改革的重要内容。2013年以来,国务院分七批审议通过取消国务院部门职业资格许可和认定共434项,其中专业技术人员职业资格154项、技能人员职业资格280项。③此举有效降低了社会就业、创业门槛,减轻了

---

① 参见国务院审改办:《2013年以来国务院已公布的取消和下放国务院部门行政审批事项》(2017年2月9日),《人民日报》2017年2月10日。

② 参见国务院审改办:《2013年以来国务院已公布清理规范的国务院部门行政审批中介服务事项和取消的中央指定地方实施行政审批事项》(2017年3月1日),《人民日报》2017年3月2日。

③ 参见《2013年以来国务院已公布取消的国务院部门职业资格许可和认定事项》,《人民日报》2017年2月20日。

各类人才和用人单位的负担，推动了政府职能转变，提高了职业资格管理的科学化、规范化水平，激发了市场活力和社会创造力。

深化行政审批制度改革和加大取消职业资格许可及认定事项力度，为政府依法履职、建设法治政府创造了有利条件。

（二）推行政府权力清单制度

推行各级政府工作部门权力清单制度是中共十八届三中、四中全会部署的重要改革任务，对于深化行政体制改革，规范权力运行，建设法治政府具有重要意义。为落实这项改革任务，2015年3月中共中央办公厅、国务院办公厅印发《关于推行地方各级政府工作部门权力清单制度的指导意见》，要求"省级政府2015年年底前、市县两级政府2016年底前要基本完成政府工作部门、依法承担行政职能的事业单位权力清单的公布工作"[①]。意见发布后，各地普遍按照"清权、减权、制权、晒权"四个主要环节，对政府部门权力"大起底"。到2015年底前，"全国31个省份全部公布省级政府部门权力清单，其中24个省份公布了责任清单，17个省份公布了市县两级政府部门的权力清单和责任清单"[②]。

在摸清底数基础上，各地按照"职权法定"原则，对部门行政职权全面削减。有的省级部门行政职权削减5000项左右，减幅达一半。同时，一些资质资格认证、行政收费等权力事项大幅削减。不少地方着重对部门职责交叉问题深入摸排，有的仅省级部门就减少了十几项交叉事项，对确需多个部门参与管理的事项，也都明确了牵头部门和参与部门的分工职责。

在建立权责清单、完善政府运行机制的同时，各地还强化对权力运行的监督制约。对"行政许可"和"行政处罚"这两类社会集中关注的职权事项，制定权力运行图，简化行政流程，缩短办事时限，同时把权力主体、权力依据、监督电话等一并向社会公布。[③]

---

① 《中办国办印发〈关于推行地方各级政府工作部门权力清单制度的指导意见〉》，《人民日报》2015年3月25日。
② 《全国省级政府部门权力清单全部公布》，《人民日报》2016年1月29日。
③ 参见《全国省级政府部门权力清单全部公布》，《人民日报》2016年1月29日。

为给全面推进国务院部门权力和责任清单编制工作探索经验,2015年12月9日,中共中央全面深化改革领导小组第十九次会议审议通过了《国务院部门权力和责任清单编制试点方案》。方案确定在国家发展改革委、民政部、司法部、文化部、海关总署、税务总局、证监会开展试点。到2016年底,各试点部门均已按照方案要求完成了试点任务,31个省(区、市)均已公布省、市、县三级政府部门权力和责任清单。[1]

推行政府权力清单制度,将政府职能、法律依据、实施主体、职责权限、管理流程、监督方式等事项以权力清单的形式向社会公开,为各级政府依法履行职能提供了制度依据和基本遵循,对于约束和规范权力,加快建成法治政府具有重要意义。

二、依法决策机制不断健全

决策是行政行为的起点。规范决策行为是规范行政权力的重点,也是建设法治政府的前端环节。中共十八大以来,各级政府通过采取以下举措,完善行政决策法定程序,提高行政决策法治化水平,政府依法决策机制不断健全。

(一)建立行政机关内部重大决策合法性审查机制

合法性审查是依法决策的重要保障。随着依法决策观念逐渐确立,把出台规范性文件等政策措施类决策和政府订立合同等涉法事项交由法制机构进行合法性审查,已成为各地区、各部门决策实践的普遍做法。

上海市十分重视发挥政府法制机构在行政决策中的法律审核作用,在作出行政决策前,均事先由本机关法制机构进行合法性审查并出具法律意见书。2011—2014年,上海市政府法制办共办理各类重大行政法律事务168件。普陀区制定了《区政府重大行政决策合法性审查规定》,对合法性审查的内容和流程进行细化。杨浦区制定了政府合同管理办法,

---

[1] 参见李克强:《在国务院第五次廉政工作会议上的讲话》(2017年3月21日),《人民日报》2017年4月10日。

明确规定对区政府签订的重大合同必须经过合法性审查。部分区县还要求政府法制机构列席区政府常务会议及专题会议，确保政府依法决策。①

2015年4月12日，山东省政府办公厅发出通知要求："需要进行合法性审查的重大行政决策事项，决策事项承办单位应当在完成组织公众参与、专家论证、风险评估等法定程序，并经本单位法制机构进行合法性初审和部门会签后，将重大行政决策方案及相关材料送同级政府法制机构进行合法性审查。决策事项承办单位在调研起草、组织论证等过程中转请政府法制机构进行合法性审查的，政府法制机构不予办理。政府法制机构完成合法性审查工作后，应当出具合法性审查意见书。"②

2016年3月25日，山西省政府常务会议通过《山西省重大行政决策合法性审查办法》，规范了重大行政决策合法性审查工作的事项范围、审查内容、审查方式、审查意见和审查时限。③

建立重大行政决策合法性审查机制，把合法性审查作为政府重大行政决策的法定程序，能够有效规范各级政府的重大行政决策行为，避免法外行政、违法决策、滥用决策权，对于提高各级政府重大行政决策的质量，深入推进法治政府建设，具有重要意义。

（二）推行政府法律顾问制度

"普遍建立法律顾问制度"是中共十八届三中全会确立的改革任务之一。中共十八届四中全会通过的《中共中央关于全面推进依法治国若干重大问题的决定》进一步提出："积极推行政府法律顾问制度，建立政府法制机构人员为主体、吸收专家和律师参加的法律顾问队伍，保证法律顾问在制定重大行政决策、推进依法行政中发挥积极作用。"④为落实这一改革任务，2016年3月22日，中共中央全面深化改革领导小组第二十二

---

① 参见《上海市依法行政状况白皮书（2010—2014）》，上海人民出版社2016年版，第18页。
② 《重大行政决策须经合法性审查》，《人民日报》2015年4月13日。
③ 参见《我省规范重大行政决策事项合法性审查办法》，《山西日报》2016年5月8日。
④ 《中共中央关于全面推进依法治国若干重大问题的决定》（2014年10月23日中国共产党第十八届中央委员会第四次全体会议通过），《人民日报》2014年10月29日。

次会议审议通过了《关于推行法律顾问制度和公职律师公司律师制度的意见》。6月，中共中央办公厅、国务院办公厅印发了该意见，提出到"2017年年底前，中央和国家机关各部委，县级以上地方各级党政机关普遍设立法律顾问、公职律师，乡镇党委和政府根据需要设立法律顾问、公职律师，国有企业深入推进法律顾问、公司律师制度，事业单位探索建立法律顾问制度，到2020年全面形成与经济社会发展和法律服务需求相适应的中国特色法律顾问、公职律师、公司律师制度体系"[①]。

这项改革任务提出后，江苏、河北、湖北、江西、广西、西藏、上海、天津等省（区、市）制定了推行政府法律顾问制度的指导意见。2015年5月25日发布的《上海市人民政府关于推行政府法律顾问制度的指导意见》，明确提出要用三年左右时间，建立覆盖全市各级政府及其工作部门的政府法律顾问制度。[②]2016年1月出台的江苏省人民政府《关于建立政府法律顾问制度的意见》，提出到2016年底前，江苏县级以上地方政府及其工作部门要全部建立政府法律顾问制度，乡镇政府、街道办事处根据需要形成多种形式的政府法律顾问服务方式。[③]

政府法律顾问制度推行以来，各地取得明显进展。2014年7月4日，四川省政府法律顾问团成立，当年9月，该省21个市州政府都建立了法律顾问制度。[④]广西壮族自治区人民政府在2015年1月底设立了自治区人民政府法律顾问室，并确定了自治区首批法律顾问37名。当年11月，建立了281人的自治区人民政府法律顾问人才库。[⑤]湖北省、市、县三级党政机关和国有企事业单位全部建立了法律顾问和公职律师、公司律师制度，党政机关、国有企事业单位重大决策事前必须征求法律顾问的意见。[⑥]

---

① 《中办国办印发〈意见〉推行法律顾问制度和公职律师公司律师制度》，《人民日报》2016年6月17日。
② 参见《上海政府机关3年内全部落实法律顾问制度》，《人民日报》2015年5月26日。
③ 参见《江苏县级以上政府部门年底法律顾问全覆盖》，《人民日报》2016年2月22日。
④ 参见《四川市州政府全部建立法律顾问制度》，《人民日报》2014年9月9日。
⑤ 参见《广西13个设区市聘147名政府法律顾问》，《广西法治日报》2016年1月21日。
⑥ 参见《湖北推进依法治省党政机关全部建立法律顾问制度》，《人民日报》2017年5月18日。

建立政府法律顾问制度是促进政府依法、科学、民主决策的重要手段，对于提高决策质量，避免违法决策，提升行政决策的公信力和执行力发挥了重要作用。

（三）建立重大决策终身责任追究制度及责任倒查机制

中共十八届四中全会提出："建立重大决策终身责任追究制度及责任倒查机制，对决策严重失误或者依法应该及时作出决策但久拖不决造成重大损失、恶劣影响的，严格追究行政首长、负有责任的其他领导人员和相关责任人员的法律责任。"[①] 责任追究制度不完善，科学民主依法决策就无法落实到位。实践表明，决策失误是最大的失误。要保证决策的正确性，避免决策失误造成重大损失，就必须建立重大决策终身责任追究制度及责任倒查机制，坚持有错必究、有责必问，不论事发时责任人是在岗在任，还是已经升迁、调转或者离退休，都要一查到底、严格追究。

为加强对重大行政决策行为的监督，切实提高重大行政决策的科学性，进一步明确重大行政决策责任追究，2014年10月17日，安徽省人民政府出台了《关于进一步规范政府系统重大事项决策行为的意见》，要求各级、各部门坚持重大事项集体决策，实行决策事项终身负责，坚持谁决策谁负责、谁主管谁负责，实行责任到人、记录在案、问题倒查的决策事项终身负责制。意见提出，要强化审计监督，加强对重大事项决策情况审计，追踪决策执行结果。严格责任追究，对负有责任的领导人员和直接责任人员，依纪依法严肃追究责任，对本地区、本部门发生的严重违纪违法行为不制止、不查处的，实行"一案双查"，追究直接责任人的同时追究相关领导的责任。[②]

为规范政府重大行政决策行为，健全依法决策机制，提高行政决策质量，内蒙古自治区制定了《重大行政决策程序规定》，于2015年6月1日起实施。规定主要适用于自治区国民经济和社会发展规划、计划以及经济和社会发展战略，各类总体规划、重点区域规划以及重大专项规

---

① 《中共中央关于全面推进依法治国若干重大问题的决定》（2014年10月23日中国共产党第十八届中央委员会第四次全体会议通过），《人民日报》2014年10月29日。

② 参见《我省出台意见规范政府重大事项决策》，《安徽日报》2014年12月16日。

划安排，重大财政资金使用、重大政府投资项目安排、重要公共资源配置和重大国有资产处置等方面，重大行政决策实行终身责任追究制度和责任倒查机制。违反该规定造成决策失误的，依照《行政机关公务员处分条例》，对负有领导责任和直接责任人员给予处分。[①]

重大决策终身责任追究制度及责任倒查机制的建立是促进领导干部依法、审慎决策，保证重大决策经得起历史检验的重要举措，对于健全和完善依法决策机制具有重要意义。

三、行政执法体制改革继续深化

行政执法体制关系到法律法规能否全面正确实施，关系到人民群众合法权益能否得到切实保障，对于推进依法行政、建设法治政府具有特别重要的意义。中共十八大以来，各级政府继续深化行政执法体制改革并取得显著成效，文明执法水平不断提高，为到2020年基本建成法治政府奠定了坚实基础。

（一）推进综合执法

推进综合执法是中共十八届三中、四中全会决定提出的改革任务之一，是深化行政执法体制改革的重要举措。决定要求各级行政机关在横向上整合执法主体，相对集中执法权，推进综合执法，着力解决权责交叉、多头执法问题，建立权责统一、权威高效的行政执法体制。在纵向上根据不同层级政府的事权和职能，按照减少层次、整合队伍、提高效率的原则，合理配置执法力量，推进执法重心向市县级政府下移，着力提高基层政府的执法能力，特别是加强食品药品、安全生产、环境保护等重点领域基层执法力量。

为落实这项改革部署，2015年11月9日，中共中央全面深化改革领导小组第十八次会议审议通过了《关于深入推进城市执法体制改革 改

[①] 参见《内蒙古自治区重大行政决策程序规定》，《内蒙古自治区人民政府公报》2015年第8期。

进城市管理工作的指导意见》。意见的核心内容就是理顺城管执法体制，加强城市管理综合执法机构建设，提高执法和服务水平。①2016年4月4日，中共中央办公厅、国务院办公厅又印发了《关于进一步深化文化市场综合执法改革的意见》，要求形成权责明确、监督有效、保障有力的文化市场综合执法管理体制，进一步整合文化市场执法权，加快实现跨部门、跨行业综合执法。②该意见的出台，为进一步深化文化市场综合执法改革，促进文化市场持续健康发展发挥了重要作用。

为了推进综合执法，部分地方政府结合实际制定了工作方案并取得初步实施成效。2015年2月17日，浙江省人民政府出台了《关于深化行政执法体制改革全面推进综合行政执法的意见》，以推动行政执法重心下移、相对集中行政执法权、整合规范执法主体、优化执法力量配置为主要内容，以县（市、区）和乡镇（街道）为重点，就全面推进城乡统筹的跨部门、跨领域综合行政执法，加快建立权责统一、权威高效的行政执法体制的有关问题作出规定。③

近年来，上海市浦东新区充分利用综合配套改革和自贸试验区的平台，率先开展市场监管"四合一"和城市管理综合执法体制改革，努力探索形成以市场监管、城市管理、治安管理三大综合领域为重点，若干专业领域为补充的分类综合执法体系，取得了初步成效。④各地政府的努力推进了综合执法工作，促进了法治政府建设进程。

（二）完善行政执法程序

行政执法程序是约束行政权力、保护公民权利的重要方式。中共十八大以来，各地政府按照中共十八届三中、四中全会要求，把完善行

---

① 参见《中共中央国务院〈关于深入推进城市执法体制改革 改进城市管理工作的指导意见〉》（2015年12月24日），《人民日报》2015年12月31日。

② 参见《中办国办印发〈关于进一步深化文化市场综合执法改革的意见〉》，《人民日报》2016年4月5日。

③ 参见《浙江省人民政府关于深化行政执法体制改革全面推进综合行政执法的意见》，《浙江省人民政府公报》2015年第6期。

④ 参见《上海浦东新区行政执法类公务员分类管理改革试点启动》，《人民日报》2016年4月13日。

政执法程序作为深化行政执法体制改革的重点工作,并在以下几个方面取得初步进展和成效。

在规范执法自由裁量权方面,各地政府出台规定,建立、健全行政裁量权基准制度,细化、量化行政裁量标准,规范裁量范围、种类、幅度。针对我国现行法律规定的治安行政处罚幅度比较宽、缺乏量化的规范问题,自2012年起,江苏省试点推行了常见治安行政案件自动量罚系统建设,旨在破解"同城同事不同罚,同案同事不同罚"问题。该系统将治安行政案件的违法情节、处罚标准、裁量规则预先统一设定,由执法人员直接选择,自动生成行政处罚。[1]

在建立执法全过程记录制度方面,2015年10月,河北省政府出台了《行政执法全过程记录实施办法》,率先在全国试点推行行政执法全过程记录制度。该办法按照执法类别细化执法流程,切实做到流程清楚、要求具体、期限明确,确保完整、精准、有效记录执法行为。[2]2016年7月1日,《公安机关现场执法视音频记录工作规定》正式实施,要求公安机关应当对当场盘问、检查等六种现场执法活动进行视音频记录,且至少保存六个月,如果记录被作为行政、刑事案件证据使用,或者当事人有阻碍执法、妨害公务行为的,应当永久保存。[3]建立执法全过程记录制度,能够有效避免执法机关随意执法、不按程序执法、不文明执法、损害群众利益的现象,对于解决执法证据不全、证据未固定等问题发挥了重要作用。

在建立重大执法决定法制审核制度方面,2015年11月2日,宁夏回族自治区政府印发了《重大行政执法决定法制审核办法》,明确了法制审核的内容、原则和范围,规定行政执法机关、法律法规授权组织在作出重大行政执法决定前,由本部门法制机构或指定的机构或人员对其合法性进行审核。未经法制审核或审核未通过的,不得作出决定。此外,明

---

[1] 参见《建立健全行政裁量权基准制度 "一把尺"裁量 破解同案不同罚》,《人民日报》2015年11月25日。
[2] 参见《我省率先全面推行行政执法全过程记录制度》,《河北日报》2016年4月3日。
[3] 参见《关注文明执法环境系列报道之一:执法如何严格又文明》,《人民日报》2016年7月20日。

确规定行政许可、行政处罚、行政强制、行政征收和行政收费等重大行政执法决定以及可能会产生重大社会影响的其他重大行政决定应当进行法制审核。①建立重大行政执法决定法制审核制度，从程序上确保重大行政执法的公正、公平、合法、适当，进一步规范行政执法行为，对有效避免行政执法错案的发生，维护公民、法人和其他组织的合法权益具有重要的现实意义。

在一些地方政府和相关部门有益探索并取得成效的基础上，国务院法制办制定了《推行行政执法公示制度执法全过程记录制度重大执法决定法制审核制度试点工作方案》，2016年12月30日，中共中央全面深化改革领导小组第三十一次会议审议通过。2017年2月10日，国务院办公厅印发了该方案，确定在天津市、河北省、安徽省、甘肃省、国土资源部等32个地方和部门开展试点。各试点地方和部门在行政许可、行政处罚、行政强制、行政征收、行政收费、行政检查六类行政执法行为中推行行政执法公示制度、执法全过程记录制度和重大执法决定法制审核制度。②这些制度对于促进行政机关严格规范公正文明执法、保障和监督行政机关有效履行职责，维护人民群众合法权益具有重要意义。

（三）严格行政执法人员资格管理制度

行政执法人员素质的高低直接影响行政执法的质量。中共十八届四中全会通过的决定提出，严格实行行政执法人员持证上岗和资格管理制度，未经执法资格考试合格，不得授予执法资格，不得从事执法活动。③各地积极贯彻全会精神，行政执法人员持证上岗和资格管理制度得到严格实行。

甘肃省在"十二五"期间积极开展第四轮执法换证工作，把资格审查、教育培训、人员考试和证件管理纳入网络化管理。共审核、确认行

---

① 参见《宁夏回族自治区重大行政执法决定法制审核办法》，《宁夏回族自治区人民政府公报》2015年第24期。
② 参见《国办印发〈方案〉试点行政执法公示等制度》，《人民日报》2017年2月11日。
③ 参见《中共中央关于全面推进依法治国若干重大问题的决定》（2014年10月23日中国共产党第十八届中央委员会第四次全体会议通过），《人民日报》2014年10月29日。

政执法机关主体资格10580个，行政执法人员资格114814名，行政执法监督人员资格5950名。取消不具备法定授权和委托资质的执法机构236个，清理不符合执法上岗资格的执法人员1521人。组织全省行政执法人员综合法律知识考试1135场次，考试通过104055人，考试不合格10759人，合格率达到90.63%。①

西藏自治区加大了对行政执法人员的考核力度。"十二五"期间，共举办培训班58期，培训行政执法人员10130余人，对符合条件的10110名行政执法人员颁发了执法证件，对不符合办证条件的坚决不予办理，并建立了行政执法人员基本信息数据库，行政执法人员的法律意识和执法水平得到较大提高，行政执法人员的信息化管理有效推进。②

2015年5月1日《山东省行政执法监督条例》正式施行，其中明确提出行政执法人员应按规定参加专业法律知识、公共法律知识和职业素养等培训，经考试合格并取得行政执法证件后，才能从事行政执法工作。行政执法机关聘用的劳动合同制人员、劳务派遣人员、临时借调人员以及其他无行政执法资格的人员，不得从事行政执法工作。③

2016年6月1日施行的《吉林省行政执法证件管理办法》，规定禁止为合同工、临时工和公益性岗位人员申领和发放执法证件，临时工执法正式退出历史舞台。管理办法规定，发现安排无证人员继续从事行政执法活动的单位，将对该单位有关责任人员给予相应处分。执法人员只有参加法律知识培训并考试合格，才能获得持证资格、上岗执法，且执法时必须主动出示证件、表明身份。否则，行政相对人有权拒绝其执法行为。④

2016年11月，陕西省政府法制办印发《关于严格清理行政执法人员进一步做好申领和换发〈陕西省行政执法证〉工作的通知》，要求各地、各部门严格清理行政执法人员，凡是合同工、临时工、工勤人员以及因离职、退休、工作调动、岗位调整等不符合相关条件的人员，一律注销

---

① 参见《甘肃省政府法制办"十二五"工作综述》，《甘肃日报》2015年12月30日。
② 参见《西藏"十二五"法治政府建设回顾和"十三五"法治政府建设展望》，《西藏日报》2016年1月23日。
③ 参见《山东行政执法将拒绝"临时工"》，《人民日报》2014年11月29日。
④ 参见《吉林："临时工"执法正式退出历史舞台》，《光明日报》2016年6月3日。

行政执法资格并收回行政执法证件。根据通知要求，陕西省对行政执法人员进行了严格清理，全省共清理行政执法人员8821人。其中省级20个单位清理行政执法人员148人，各设区市、杨凌示范区、韩城市清理行政执法人员8673人。①

上述各地的做法，严格了行政执法人员实行持证上岗和资格管理制度，提高了行政执法质量，深化了行政执法体制改革。

（四）全面落实行政执法责任制

严格行政执法责任制是深化行政执法体制改革的重要环节，也是监督和制约行政执法权力的有效途径。中共十八届三中、四中全会提出了全面落实行政执法责任制的改革任务，要求严格确定不同部门及机构、岗位执法人员执法责任和责任追究机制。这项改革在各地政府得到有效落实并取得了积极进展。

为规范和约束行政权力，促进行政执法机关严格规范公正文明执法，切实做到"法无授权不可为、法定职责必须为"，2015年，河北省对省政府2014年度行政执法检查中发现的458个"不作为、乱作为"问题进行责任追究，共追究执法过错责任人666人次。同时，此次责任追究对执法过错问题进行科学分类。将检查出的458个问题分为七类，其中超越或者滥用职权65个，违反法定程序150个，适用法律、法规、规章错误21个，认定事实不清、主要证据不足71个，具体行政行为明显不当24个，不履行法定职责54个，其他情形73个。同时，此次责任追究坚持主管责任和直接责任共同追究。共追究一线行政执法人员（直接责任）342人，占80%；追究其所在单位主要领导或法制机构人员（主管责任）86人，占20%。通过此次责任追究，强化了问责效果，确保重大行政违法行为得到及时、彻底纠正。使"有权必有责、用权受监督，违法必追究"的要求成为常态化。②

为加快建设权责明确、行为规范、监督有效、保障有力的行政执法

---

① 参见《陕西清理行政执法人员8821人》，《人民日报》2017年2月17日。
② 参见《当好参谋助手 推动依法行政——2015年政府法制工作亮点回顾》，《河北法制报》2015年12月31日。

体制，2015年9月，河南省开封市政府办公室出台了《关于全面落实行政执法责任制实施意见》，对全面落实行政执法责任制进行具体部署：一是对具有行政执法主体资格部门的执法依据分类排序、列明目录；二是把本部门的法定职权分解落实到执法机构和执法岗位；三是按照有权必有责的要求，依法确定不同执法部门、内设执法机构和执法岗位的具体执法责任。意见要求，对违法或不当行政执法行为，要根据造成后果和影响的轻重程度，依法追究有关行政执法部门和行政执法人员的责任，并给予相应的行政处理。[①]

行政执法责任制的全面落实，约束了行政执法权力，惩戒了不当或违法执法行为，提高了行政执法人员的责任意识，保护了公民、法人和其他组织的合法权益，是中共十八大以来法治政府建设取得进展和成效的重要标志之一。

四、对行政权力的制约和监督进一步加强

对行政权力进行制约和监督，保障其依法正确行使，防止权力滥用，是法治政府建设的重要内容和基本要求。中共十八大以来，各级政府接受监督的自觉性和主动性不断提高，政务公开深入推进，对行政权力的制约和监督进一步加强。

（一）政府接受监督的自觉性和主动性不断提高

改革开放以来，经过多年实践发展和制度建设，我国已形成一套政府权力制约和监督体系，包括党内监督、人大监督、民主监督、行政监督、司法监督、审计监督、社会监督和舆论监督。上述各种力量，分工合作、优势互补，从不同层面、以不同形式对行政权力进行制约和监督，对规范行政权力运行发挥着重要作用。中共十八大以来，各级政府自觉接受各方面监督，监督合力和实效不断增强。

在接受人大监督、民主监督方面，各级政府认真执行向本级人大及

[①] 参见《我市全面落实行政执法责任制》，《开封日报》2015年9月11日。

其常委会报告工作制度,接受询问和质询制度,报备行政法规、规章制度,认真研究处理人大及其常委会组成人员对政府工作提出的有关审议意见,及时研究办理人大代表和政协委员提出的意见和建议,切实改进工作;健全知情明政机制,政府相关部门向政协定期通报有关情况,为政协委员履职提供便利、创造条件。"十二五"期间,山东省政府系统严格执行人大制定的地方性法规和决定、决议,自觉接受人大及其常委会的监督。在重大问题决策前、决策中主动加强与政协的民主协商。省政府及部门与各民主党派、工商联和无党派人士的对口联系逐步常态化、机制化。2011年至2015年共办理人大代表建议1815件、政协提案3362件。①

在接受司法监督方面,各级政府严格执行《中华人民共和国行政诉讼法》及其相关规定,积极推进行政机关负责人出庭应诉,密切配合人民法院的行政审判活动,尊重并自觉履行人民法院的生效判决和裁定,认真落实人民法院和人民检察院的司法建议,并取得显著成效。据统计,2015年广西壮族自治区全区各级法院受理的行政诉讼案件中,有704名行政机关负责人出庭应诉,与2014年同期相比增长了4.37倍。②贵州省推进行政首长出庭应诉。2016年4月11日,省政府副省长陈鸣明作为行政机关负责人出庭应诉,这是全国首例副省长出庭应诉的行政案件。③2016年,北京行政机关应诉水平进一步提升,行政机关负责人出庭应诉工作取得重要进展,全年庭审实现了行政机关工作人员出庭率100%。北京全市16区政府负责人出庭应诉覆盖率100%。④同年7月7日,国务院办公厅印发《关于加强和改进行政应诉工作的意见》,对指导和督促各地区、各部门加强和改进行政应诉工作、依法及时有效化解行政纠纷、自觉接受司法监督、不断提高依法行政能力和水平具有重要

---

① 参见《政府工作报告——2016年1月24日在山东省第十二届人民代表大会第五次会议上》,《山东省人民政府公报》2016年第4期。
② 参见《广西壮族自治区高级人民法院工作报告》(2016年1月26日在广西壮族自治区第十二届人民代表大会第五次会议上),《广西日报》2016年2月3日。
③ 参见《村民状告省政府 副省长出庭应诉》,《贵州日报》2016年4月12日。
④ 参见《北京:区政府负责人出庭全覆盖》,《人民日报》2017年5月10日。

意义。

在接受审计监督方面,各级政府高度重视审计工作,全力支持审计机关依法对公共资金、国有资产、国有资源和领导干部履行经济责任情况的审计。审计监督的力度越来越大,成效越来越明显。2010—2014年间,上海市共开展审计和审计调查项目4598个,促进财政增收节支、避免和挽回损失290.42亿元,向司法、纪检监察机关和相关主管部门移送处理事项74件。[①] 同时,加大审计整改工作力度,完善审计整改报告、督查、结果通报和公告等制度,以公开促整改,有力地发挥了审计的监督作用。

(二)政务公开深入推进

公开透明是法治政府的基本特征。政务公开是强化对行政权力制约和监督的有效途径。中共十八大以来,中共中央、国务院高度重视政务公开,作出了一系列重大部署,各级政府认真贯彻落实,政务公开工作取得积极成效。

2016年1月11日,中共中央全面深化改革领导小组第二十次会议审议通过《关于全面推进政务公开工作的意见》,2月17日,中共中央办公厅、国务院办公厅印发该意见,部署全面推进各级行政机关政务公开工作,并要求各地区各部门结合实际,制定具体实施办法,细化任务措施,明确责任分工,认真抓好落实。5月17日,北京市政府常务会议原则审议通过了《关于全面推进政务公开工作的实施意见》。该文件不仅要求政务公开覆盖权力运行全流程、政务服务全过程,还强调要扩大公众参与、积极回应社会关切,特别重大、重大突发事件发生后,应在24小时内举行新闻发布会。此次出台的文件细化了重大突发舆情联动处理机制的具体要求,对政策解读材料的公开时限、重点职能部门新闻发布次数等都提出了量化要求。[②]

作为推进政务公开的具体举措,国务院及地方各级政府每年都出台

---

① 参见《上海市依法行政状况白皮书(2010—2014)》,上海人民出版社2016年版,第28页。

② 参见《北京政务公开要覆盖服务全过程》,《人民日报》2016年5月18日。

政务公开工作要点。2017年3月23日，国务院办公厅印发《2017年政务公开工作要点》（以下简称《要点》），部署推进全国政务公开工作。《要点》指出，2017年政务公开工作要深入贯彻落实中共中央、国务院有关部署，全面推进决策、执行、管理、服务、结果公开，加强解读回应，扩大公众参与，以政务公开助力稳增长。《要点》强调，要增强政务公开实效，全面落实"五公开"工作机制，进一步健全解读回应机制，加强政务公开平台建设，依法规范依申请公开工作。并明确了抓好政务公开任务落实的有关措施。①

国务院及地方各级政府通过以上措施，完善政府信息公开制度，拓宽政府信息公开渠道，提高政务公开信息化水平，推进了政务公开，促进了依法行政，加快了法治政府的建设进程。

五、政府工作人员法治思维和依法行政能力明显提高

政府工作人员法治思维和依法行政能力的高低，直接决定法治政府建设的成败。中共十八大以来，党和政府抓住领导干部这个全面依法治国的"关键少数"，通过以下措施，使政府工作人员特别是各级领导干部的法治思维和依法行政能力明显提高，为法治政府建设奠定了坚实的组织基础。

（一）加强对政府工作人员的法治教育培训

加强对政府工作人员的法治教育培训是法治政府建设的基础性工作，是切实提高政府工作人员法治思维和依法行政能力的有效途径。中共十八大以来，各级领导干部学法热情高涨。政府常务会前学法，已在许多地方成为"必修课"。各地、各部门在加快法治政府建设中，无一例外地把领导干部尊法、学法、守法、用法列为重中之重。

"十二五"期间，甘肃省每年至少组织两期全省政府系统领导干部依法行政专题讲座，邀请国务院法制办、中共中央党校、国家行政学院等

---

① 参见《2017年政务公开工作要点》，《光明日报》2017年3月24日。

知名专家学者作视频辅导报告。五年来累计举办法治讲座十期,省市县共计5.6万余人听了报告。2011年4月在清华大学建立了甘肃政府法制培训基地。五年来已在清华大学成功举办五期政府法制干部综合素质与业务能力提升高级培训班,邀请北京大学、清华大学、中共中央党校、国家行政学院的知名法学专家教授亲临授课,全省各级政府领导干部500多人次参加培训,对开阔视野、创新理念、提升素质、增强能力具有重要的推动意义。[①]

河北省把抓"关键少数"作为推进依法行政的重要举措。2015年2月,河北省政府印发了《省政府领导干部学法制度》,明确了省政府领导干部学法的内容、方式。2015年以来,全省政府系统开展领导干部学法活动1600余次,有效提高了领导干部的法治思维和法治能力。省政府在抓好自身学法的同时,大力推进政府系统领导干部学法用法,对全省领导干部学法用法作出部署。据统计,2015年各设区市政府共开展常务会前学法93次,举办法制讲座24次,县(市、区)政府共开展常务会前学法625次,举办法制讲座419次,举办各种依法行政培训班220次。[②]这些法治教育培训活动,对于提高政府工作人员的法治思维和依法行政能力发挥了重要作用。

2016年4月7日,在总结提炼各地、各部门开展国家工作人员学法用法工作实践的基础上,中组部、中宣部等联合印发了《关于完善国家工作人员学法用法制度的意见》,对完善国家工作人员学法用法制度作出全面部署。这个意见的出台,对促使国家工作人员学法用法工作制度化、规范化和长效化,促使国家工作人员带头尊法、学法、守法、用法,提高运用法治思维和法治方式解决问题的能力,促进全社会树立法治意识,建设社会主义法治国家具有重要意义。

(二)完善政府工作人员法治能力考查测试制度

中共十八大以来,国务院各部门、地方各级政府加强对领导干部任

[①] 参见《甘肃省政府法制办"十二五"工作综述》,《甘肃日报》2015年12月30日。
[②] 参见《河北省政府系统开展领导干部学法活动1600余次》,《河北日报》2016年5月3日。

职前法律知识考查和依法行政能力测试，并将考查和测试结果作为领导干部任职的重要参考，有力地促进了政府及其部门负责人严格履行法治建设职责。在浙江省，法律考试的成绩是领导干部任职、晋升、考核的重要依据。拟任领导干部法律知识考试不合格，不得任命。"杭州市上城区有一名人大拟任干部，因身体原因没有参加任前法律考试，他提出是否可以'通融通融'，没想到人大常委会不同意，最后还是通过补考合格后才得以任命"①。2015年4月上旬，上海市徐汇区人大常委会正、副主任，区政府正、副区长，区法院院长、检察长等200多人参加了一场特殊的考试。"考试题目全部是宪法、地方组织法、代表法和监督法等四部法律的条款。按规定，成绩不合格的将参加补考，没有通过法律考试的将被一票否决"②。从2015年开始，安徽宣城市将各级干部学法的考试成绩与个人年度考核、职务晋升挂钩。③

在优化公务员录用考试测查内容方面，各地政府不断增加公务员录用考试中法律知识的比重。2016年7月29日出台的《宁夏回族自治区法治政府建设实施方案（2016—2020年）》明确规定，今后将增加公务员录用考试中法治知识的比重，且法治知识比重不低于40%。④

上述措施，完善了对政府工作人员法治能力的考查测试制度，提高了政府工作人员特别是各级领导干部的法治思维和依法行政能力，促进了法治政府的建设进程。

建设法治政府是全面推进依法治国的重要内容，是国家治理体系和治理能力现代化的重要标志。中共十八大以来，以习近平同志为核心的党中央从战略和全局的高度出发，扎实推进法治政府建设，通过召开中央全会和深改组会议等，对法治政府建设作出总体部署、批准实施方案。在中共中央的坚强领导下，国务院和地方各级人民政府结合各自实际，出台了一系列深入推进依法行政、加快建设法治政府的具体举措和实施

---

① 《法治，浙江领导干部"必修课"》，《人民日报》2014年12月4日。
② 《政务生态清朗起来——关于加快法治政府建设的调查与思考》（上），《人民日报》2015年12月24日。
③ 参见《两万干部考"法"挂钩考核晋升》，《人民日报》2016年2月22日。
④ 参见《法治建设从"软任务"到"硬指标"》，《宁夏日报》2016年7月30日。

意见，将党中央提出的法治政府建设的目标要求落到了实处，推动这项工作取得突破性进展和显著成效，职能科学、权责法定、执法严明、公开公正、廉洁高效、守法诚信的法治政府正在逐步建成。这就为坚持和完善中国特色社会主义制度、实现"两个一百年"奋斗目标、实现中华民族伟大复兴的中国梦提供了有力的政治前提和法治保障。

[原载《当代中国史研究》2017年第3期]

中国普法 30 年的基本经验：1986—2016 年

从 1986 年到 2016 年，中国连续实施了六个五年普法规划，并已启动"七五"普法规划（"一五"普法 1986—1990 年，"二五"普法 1991—1995 年，"三五"普法 1996—2000 年，"四五"普法 2001—2005 年，"五五"普法 2006—2010 年，"六五"普法 2011—2015 年，2016 年开始"七五"普法）。在这 30 年的普法历程中积累了丰富的实践经验。认真总结这些经验，对于进一步提高普法工作的针对性和实效性，更好完成"七五"普法规划，把全民普法工作持久深入地开展下去，具有重要意义。

一、坚持全民普法与突出重点对象相结合

在 30 年的普法过程中，中国政府一直坚持全民普法。从"一五"普法规划到"六五"普法规划，法治宣传教育的对象都是一切有接受教育能力的公民，包括工人、农（牧、渔）民、知识分子、干部、企业经营管理人员、学生、军人以及其他劳动者。正是由于实行全民普法，才使全体公民的法治观念和法治素质从总体上有了明显增强和提高。与此同时，在全民普法中又突出重点对象，主要是各级领导干部、司法和行政执法人员、青少年、企业经营管理人员，其中各级领导干部和青少年是普法工作的重中之重。

各级领导干部在推进依法治国方面肩负着重要责任。习近平同志指出："各级领导干部作为具体行使党的执政权和国家立法权、行政权、司

法权的人,在很大程度上决定着全面依法治国的方向、道路、进度。党领导立法、保证执法、支持司法、带头守法,主要是通过各级领导干部的具体行动和工作来体现、来实现。"[1]因此,全面依法治国必须抓住领导干部这个"关键少数"。具体到普法工作,同样要发挥各级领导干部这一"关键少数"的示范作用,带动全社会尊法学法守法用法。从"一五"普法到"七五"普法,始终把各级领导干部放在重点普法对象的首位,对领导干部带头学法、模范守法提出了更多更高的要求。

对青少年的法治宣传教育是基础性工程。邓小平同志指出:"法制教育要从娃娃开始,小学、中学都要进行这个教育,社会上也要进行这个教育。"[2]青少年是祖国的未来,民族的希望。搞好青少年法治宣传教育,使他们从小养成遵纪守法意识,并转化为自觉行动,从而提高整个社会的法治化水平,保障社会的和谐稳定,不仅具有重要的现实意义,而且具有深远的历史意义。因此,历次五年普法规划都十分重视对青少年的法治宣传教育工作,把学校作为普及法律知识的重要阵地,要求大学、中学、小学以及其他各级各类学校,都要设置法治教育课程,或者在有关课程中增加法治教育的内容,列入教学计划,做到教学有大纲,学习有教材,任课有教师,课时有保证,确保在九年义务教育期间完成普及基本法律常识的任务。经过30年的不懈努力,对青少年的普法工作取得重要成效,大、中、小学校法治教育内容和体系进一步完善,学校、家庭、社会相结合的青少年法治教育格局逐步健全,广大青少年的法治观念明显增强,法律素质显著提高。这为全面推进依法治国,建设社会主义法治国家提供了重要的前提和条件。

二、坚持广泛学法与突出重点内容相结合

在30年的普法实践中,中国政府始终坚持学法内容的广泛性。

---

[1]《在省部级主要领导干部学习贯彻十八届四中全会精神全面推进依法治国专题研讨班上的讲话》(2015年2月2日),转引自《习近平关于全面依法治国论述摘编》,中央文献出版社2015年版,第120页。

[2]《邓小平文选》第3卷,人民出版社1993年版,第163页。

"一五"普法规划即规定法治宣传教育的内容是我国的宪法、刑法、刑事诉讼法、民事诉讼法（试行）、婚姻法、继承法、经济合同法、兵役法、治安管理处罚条例以及其他与广大公民有密切关系的法律常识。同时要求各部门还应当着重学习与本部门业务有关的法律常识，各地区还可以根据需要选学其他有关法律常识，如民族区域自治法、森林法、环境保护法（试行）、中外合资经营企业法、专利法、文物保护法、食品卫生法及各种税法等。可以说学法内容是比较广泛的。在此后的几个五年普法规划中，随着普法效果的显现、公民法治素质的提高以及经济社会发展对法治宣传教育提出的新要求，法治宣传教育的内容不断扩展，标准日益提高。到"六五"普法规划时，已规定要突出学习宣传宪法、深入学习宣传中国特色社会主义法律体系和国家基本法律，深入学习宣传宪法相关法、民法商法、行政法、经济法、社会法、刑法、诉讼与非诉讼程序法等多个方面的法律。坚持广泛学法，是普法工作取得实效的重要保证和成功经验。

中国政府在坚持学法内容广泛性的同时，又注意突出学法的重点内容，始终把学习宣传宪法摆在普法任务的首位。这就抓住了普法内容的关键。宪法是国家的根本法，是治国安邦的总章程，具有最高的法律地位、法律权威、法律效力，具有根本性、全局性、稳定性、长期性。我国宪法以国家根本法的形式，确立了国家根本制度、根本任务和我国的国体、政体以及公民的基本权利和义务等基本内容，反映了我国各族人民的共同意志和根本利益。因此，把学习宣传宪法摆在首要位置，在全社会普遍开展宪法教育，弘扬宪法精神，树立宪法权威，推动宪法家喻户晓、深入人心，提高全体公民特别是各级领导干部和国家机关工作人员的宪法意识，教育引导一切组织和个人都必须以宪法为根本活动准则，增强宪法观念，维护宪法尊严，具有特别重要的意义。

30年来，历次普法规划都把深入学习宣传宪法作为法治宣传教育的基础性、根本性和重点工作，宣传依宪治国、依宪执政等理念，宣传党的领导是宪法实施的最根本保证，宣传宪法的实施。"六五"普法期间，突出学习宣传宪法。中宣部、司法部在全国开展"学习宪法、尊法守法"主题活动，各地各部门通过举办宪法学习报告会、讲座、知识竞赛和宪法进家庭等活动,推动宪法家喻户晓。自 2014 年 12 月 4 日被确定为国家宪法日后,全国人大常委会办公厅、中宣部、司法部等每年联合举办座谈会、报告会,教育部、司法部在全国 40 万所中小学开展"晨读宪法"活动,地市级以上党报党刊统一刊登宪法宣传公益广告,营造学习宣传宪法的浓厚氛围。各地把宪法学习纳入党员干部法治培训必修课,作为党员干部远程教育、网上学法课堂的重要内容,推动宪法学习不断深入。①

经过持续的普法学习,广大公民的宪法意识、公民意识和民主法治意识显著增强,维护宪法尊严、保障宪法实施的自觉性明显提高,崇尚宪法、遵守宪法、维护宪法权威的良好社会氛围逐步形成,促进了国家各项事业的健康发展。

三、坚持依靠政府与动员社会力量相结合

中国 30 年的普法工作采取的是"党委领导、人大监督、政府实施、全民参与"模式,其中各级党委和政府起主导作用。从"一五"普法到"六五"普法,都是由中共中央宣传部、司法部制定五年普法规划,中共中央、国务院批转规划,全国人大常委会通过决议,决定实施普法规划。中央和国家机关各部门、地方各级党委和政府,也要根据本部门、本系统、本地区的特点和实际需要,制定相应的法治宣传教育规划,对普法的对象、内容和要求,以及方法、步骤和工作安排等作出具体规定。这些规划作出和通过后,由各级党委宣传部门和政府司法行政部门负责具体组织实施,日常工作由司法行政部门承担。

在领导体制和工作机制方面,我国普法工作在各级党委、人大和政府的统一领导和监督下进行,由党委宣传部门和司法行政部门主管,实行统一管理,分别实施,条块结合,以块为主,分类指导的原则。全国普法主管机关负责制定全国总体规划并组织实施,协调、指导各地区、

---

① 参见《人大常委会审议"六五"普法决议执行报告》,《人民日报》2016 年 4 月 26 日,第 11 版。

各部门、各系统规划的实施；检查各地区、各部门规划的执行情况；负责对各系统和各省、自治区、直辖市的普法工作进行考核验收。中央和国家机关各部门负责制定本系统干部群众学习专业法律、法规的规划，并在全国普法主管机关的协调、指导下组织实施；对下级业务部门专业法的学习进行督促检查；配合地方普法主管机关管理本系统学习专业法的工作；负责本机关干部的法治宣传教育工作。各地方的普法主管机关根据全国总体规划和本地实际情况，负责制定地方规划并组织实施；协调、指导地方各部门、各系统实施本部门、本系统的中央主管机关制定的普法教育规划；督促检查本地区所辖各部门普法工作的开展，对本地区的普法教育规划实施情况进行检查验收。

由上可以看出，我国普法工作采取的是各级党委和政府主导的模式。这种模式能快速、集中地进行法律常识的普及和法律知识的讲授，为我国公民学习法律、知晓法律提供了平台，也为公民法律意识的增强、国家民主法治建设的发展奠定了基础，是我国30年普法工作取得成功的重要体制和机制保障。

中国普法在坚持依靠各级党委和政府的同时，又注重动员全社会力量。"一五"普法即指出，向全体公民普及法律常识是国家政治生活中的一件大事，必须在各级党委和政府统一领导下，由党委宣传部门和司法部门主管，组织公检法、工青妇、文化、教育、新闻、出版、工业、农业、交通、财贸等各部门通力合作。又指出，普及法律常识，要在中国共产党的领导下，动员和依靠全社会的力量。一切国家机关和武装力量、各政党和各社会团体、各企业事业组织，都应当认真向本系统、本单位的公民进行普及法律常识的教育。报刊、通讯社和广播、电视、出版、文学艺术等部门，都应当把加强法制宣传教育、普及法律常识作为经常的重要任务。以后历次五年普法规划及其实施，都提出要完善全社会参与的运作机制，鼓励和引导各类社会组织、广大公民开展和支持法治宣传教育活动，发挥全社会的力量和积极性，形成推进法治宣传教育创新发展的工作合力。

"六五"普法期间，各地区、各部门认真落实国家机关"谁执法谁普法"的普法责任制，推动建立各部门各负其责、全社会共同参与的工作机制。安徽、四川、重庆等12个省（区、市）制定了国家机关实行"谁执法谁普法"普法责任制的意见；江西、湖南等6个省（市）制定了法官、检察官、行政执法人员、律师等以案释法的意见；最高人民法院、最高人民检察院大力开展以案释法工作，通过庭审现场直播、法律文书上网公开等多种方式，把司法的过程变成普法的过程。[①] 所有这些，都很好地发挥了社会力量在普法工作中的优势和作用。

四、坚持法治宣传教育与法治实践相结合

中国在30年的普法实践中一直坚持理论联系实际、学法用法相结合的指导思想和基本原则，把法治宣传教育与法治实践紧密结合起来，用法治宣传教育引导法治实践，在法治实践中加强法治宣传教育，普法工作的实际效果不断提高，各项事业的依法治理全面推进。

法治宣传教育和法治实践两者相辅相成。一方面，法治宣传教育是法治实践的基础。法治实践离不开公民法律素质的普遍提高，离不开法治理念的全面提升，离不开法治环境的日益优化。只有大力提升全民的法律意识，在全社会形成良好的法治环境，法治实践才能又好又快地向前推进。而这要靠持久深入的法治宣传教育创造前提条件。另一方面，法治实践是法治宣传教育的目的，是生动的法治宣传教育，法治宣传教育必须融于法治实践之中。只有把法治宣传教育融入立法、执法、司法、法律服务和党内法规建设活动之中，才能引导广大党员群众在法治实践中自觉学习、运用国家法律和党内法规，也才能切实提高公民的法律意识和维权能力，激发公民更加广泛持久的学法用法热情，从而不断提升法治素养。

正因如此，中国在30年的普法工作中，始终坚持法治宣传教育与法治实践相结合，在法治宣传教育的基础上，大力推进依法治乡、依法治县、依法治市和省、自治区、直辖市依法治理以及行业依法治理，使全社会的管理工作逐步走上法治化轨道，保障了经济建设和社会各项事业

---

① 参见《"六五"普法规划实施顺利》，《人民日报》2016年4月28日，第11版。

的健康发展，积极推进了全面依法治国进程。

从"一五"普法到"六五"普法，各地区各部门坚持法治宣传教育与法治实践相结合，扎实推进多层次多领域依法治理。"三五"普法期间，30个省、自治区、直辖市结合普法活动开展了依法治理工作，95%的地级市、87%的县（市、区）、75%的基层单位开展依法治理工作。[①]"五五"普法期间，全国有26个省（自治区、直辖市），241个市（地、州、盟），1856个县（市、区、旗）全面开展了法治创建活动。[②]"六五"普法期间，27个省（区、市）制定了依法治省（区、市）或法治建设纲要，推动依法治理在省、市、县、乡各层面不断深入。广东等省推行"一村（社区）一法律顾问"工作制度，组织广大律师深入基层开展法治宣传和法律服务工作；国家发改委、民政部、国土资源部、海关总署等部门结合实际，开展法治机关建设、执法案卷评查等活动，推行权力清单和责任清单制度；江西省、国家工商总局等地方和部门制定法治建设考核评价指标，完善相关标准，加强了考核结果的运用；中国银监会、国家烟草专卖局等部门行业开展"文明执法示范窗口""诚信守法企业"等创建活动。五年间，司法部和民政部共表彰1159个"全国民主法治示范村（社区）"，进一步加强了村（居）、社区、企业、学校依法治理，引导群众有序参与基层社会治理。[③]这些依法治理工作有力地提高了普法工作的实际效果。

五、坚持法治教育与思想道德教育相结合

"徒善不足以为政，徒法不能以自行。"[④]国家和社会治理需要法律和道德共同发挥作用。因此，中国在30年的普法实践中，一直坚持把法治宣传教育与思想道德教育紧密结合起来。全体公民在增强法治素养的同时，思想道德素质也得到明显提高，为推进普法工作创造了良好的人文环境。

---

① 参见《中国的法治建设》（2008年2月），《人民日报》2008年2月29日，第13版。
② 参见《"五五"普法规划实施回眸》，《人民日报》2011年4月22日，第6版。
③ 参见《"六五"普法规划实施顺利》，《人民日报》2016年4月28日，第11版。
④ 《孟子·离娄上》。

法治与德治在社会功能上具有同一性。法治的社会功能是维护社会的公正和秩序，德治的社会功能是在此基础上引导民众追求更高的道德境界。没有法治，社会就不可能有公正和秩序。而没有公正和秩序，更高的道德要求就只能是一句空话。同时，法治和德治的根本宗旨也是一致的，都是为了社会的安宁稳定、国家的长治久安、人民的自由幸福，因而在功能上具有互补性。德治是用善恶荣辱等观念评价个人、群体的思想和行为，依靠社会舆论的褒贬、个人内在的信念及良心上的自责来约束人的思想和行为，协调和处理人与人、人与社会之间的关系。法治奉行法律至上，依据法律来治理国家，国家的政治、经济、社会活动以及公民在各个领域的行为都应依照法律进行。法律重行不重心，要求外部的协调；道德重心不重行，要求内心的善良。法治禁于已然之后，重在惩恶；德治禁于将然之时，重在扬善。法治的短处正是德治的长处，德治的短处也正是法治的长处。法治和德治在终结功能上可谓异曲同工，都是为了维持一个社会的正常运转，二者相辅相成、相互促进。凡是法律所要求和鼓励的行为，也是道德所要培养和赞扬的行为；凡是法律所禁止和制裁的行为，也是道德所要禁止和谴责的行为。法治是德治的权力支柱，德治是法治的精神支柱。

正因如此，从"一五"普法到"六五"普法，中国政府始终坚持法治教育与道德教育相结合，既重视发挥法律的规范作用，又重视发挥道德的教化作用。一方面大力弘扬社会主义核心价值观，弘扬中华传统美德，培育社会公德、职业道德、家庭美德、个人品德，提高全民族思想道德水平；强化规则意识，倡导契约精神，弘扬公序良俗，引导人们自觉履行法定义务、社会责任、家庭责任。另一方面又发挥法治在解决道德领域突出问题中的作用，健全公民和组织守法信用记录，完善守法诚信褒奖机制和违法失信行为惩戒机制。通过以法治体现道德理念、强化法律对道德建设的促进作用，以道德滋养法治精神、强化道德对法治文化的支撑作用，实现了法律和道德相辅相成、法治和德治相得益彰。

"六五"普法期间，山东省委、省政府坚持把培育和践行社会主义核心价值观融入普法宣传全过程，着力做好法德结合这篇大文章，打造特色普法品牌，为平安山东、法治山东和经济文化强省建设营造了良好法治环境。烟台市在法治宣传教育实践中，坚持法德结合，创新建立了"法德共进"普法新模式。通过"以法立德、以德润法、法德结合、互促共进"，在全社会形成"重法厚德、法德并举"的浓厚氛围。截至2016年5月，烟台市已建立法德讲堂7359个，成立法德共促会5868个，建立法德文化阵地4500多处，每年开展法德宣讲活动上万次，受到群众普遍欢迎。[①]促进了普法工作的顺利开展。

六、坚持统一要求与实行分类指导相结合

从"一五"普法到"六五"普法，中国政府在30年的普法实践中始终坚持统一要求与实行分类指导相结合。在对全民普法提出总体要求的基础上，又根据不同地区、部门、行业及不同对象的实际和特点，分类实施法治宣传教育，增强了普法工作的针对性和实效性。

在全体公民中开展法治宣传教育，需要围绕党和国家的中心工作，对法治宣传教育的指导思想、主要目标、工作原则及主要任务等，以五年规划的形式提出统一的一般性要求。随着我国经济社会的发展以及普法工作持久深入的进行，对法治宣传教育的统一要求还应该不断提高。只有这样才能使普法工作始终沿着正确的方向和目标前进，并不断迈上新台阶。另一方面，我国人口众多，地区、部门和行业间的差异性很大，不同群体的法律素质及对法治宣传教育的需求也不一样。因此，普法工作需要采取分类指导的方法，对不同地区、不同部门、不同岗位、不同对象，确定不同的学习内容，提出不同的学习要求。加强对领导干部的法治宣传教育，要着力提高其依法执政能力；加强对公务员的法治宣传教育，要着力提高其依法行政和公正司法能力；加强对青少年的法治宣传教育，要着力培养其法治观念；加强对企业经营管理人员的法治宣传教育，要着力提高其依法经营、依法管理能力；加强对农民的法治宣传教育，要着力提高其法律素质。

---

① 参见《法治，共和国的金色名片——全国"六五"普法成果走笔》，《光明日报》2016年5月25日，第4版。

"六五"普法期间,各地各部门加强分类指导,推进全民普法。一是扎实推进领导干部和公务员学法用法工作。司法部会同有关部门制播党员干部远程法治教育节目,举办"领导干部法治思维和法治方式"系列讲座。各地各部门普遍建立政府法律顾问制度。一些地方把学法用法情况纳入公务员考核和领导班子、领导干部述职内容。二是深入推进青少年法治教育。教育部会同司法部等部门研究制定青少年法治教育大纲,推动把法治教育纳入国民教育体系。各地积极落实青少年法治教育教材、课时、师资、经费,加强青少年法治教育基地建设,全国共建立青少年法治教育基地3万多个,96.5%以上的中小学配备了法治辅导员。三是企业经营管理人员和农民等法治宣传教育进一步加强。以促进诚信守法、依法经营为重点,广泛宣传与企业生产经营密切相关的法律法规。以农村"两委"干部为重点,开展农村"法律明白人"培训。①

"六五"普法以来,吉林省把"菜单式"普法作为重要载体,按照群众的法律需求编制普法"菜单",根据群众"点单",开展有针对性的法制宣传教育活动。吉林省司法厅和省依法治省办公室组建了由省直部门领导、专家学者组成的37人"六五"普法讲师团,到全省各地开展宣讲活动,为全省组织开展"菜单式"普法讲座7000余场次,50余万人受益。"点菜"QQ群、"三级联送联讲"、手机"普法掌中宝"等模式或载体在基层纷纷建立起来,全省形成了普法、爱法、懂法的新局面。②上述做法坚持了统一要求与实行分类指导相结合,提高了普法工作的针对性和实效性。

中国普法工作经过30年的持续开展,正沿着建设社会主义法治国家的道路不断前进。它所取得的显著成效,为"七五"普法的实施打下了坚实基础;它所积累的历史经验,为"七五"普法的推进提供了有益借鉴。目前,"七五"普法正在各级党委、政府的领导下蓬勃开展。

[原载《北京党史》2017年第5期]

---

① 参见《人大常委会审议"六五"普法决议执行报告》,《人民日报》2016年4月26日。
② 参见《吉林:"菜单式"普法实现法律服务"按需送"》,《光明日报》2016年1月2日。

邓小平、陈云思想生平研究

陈云在十一届三中全会上再次成为
中央领导集体重要成员原因探析

陈云与邓小平同为以毛泽东为核心的党的第一代中央领导集体的重要成员，又同在"文化大革命"中受到冲击。但长期以来，学术界对邓小平在粉碎"四人帮"后的复出，以及如何成为党的第二代中央领导集体的核心研究的较多，而相比之下，对于陈云恢复在中共中央的领导职务，再次成为中共中央领导集体的重要成员则研究的较少。本人拟从以下四个方面探讨和分析陈云在十一届三中全会上再次成为中央领导集体重要成员的主要原因及其历史必然，以期加强这方面的研究。

一、在党内长期的地位和威望，是陈云在十一届三中全会上再次成为中央领导集体重要成员的历史条件

陈云从1930年9月在中共六届三中全会上被补选为中央候补委员起，就开始在党内担任重要领导职务。①1931年1月，陈云在中共六届四中全会上被补选为中央委员，9月被指定为中共临时中央成员。1932年3月任中共临时中央常委。1934年1月在中共六届五中全会上被选为中央政治局委员、常委。1937年11月至1944年3月，陈云在延安任中共

---

① 参见《陈云年谱（1905—1995）》上卷，中央文献出版社2000年版，第99页。本文第一部分关于陈云的生平资料，均据《陈云年谱（1905—1995）》，以下不再一一注出。

中央组织部部长。1944年3月，他任中共中央西北局委员、西北财经办事处副主任兼政治部主任，主持陕甘宁边区的财政经济工作。1945年6月，陈云在中共七届一中全会上继续当选为中央政治局委员，8月任中央书记处候补书记，成为五大书记之后的中共第六号人物。新中国成立后，陈云任中央人民政府委员、政务院副总理兼财政经济委员会主任。1950年10月任中共中央书记处书记。

陈云长期主持全国财政经济工作，他在领导全国财政经济工作中表现出来的卓越才能，为毛泽东所赞扬，为全党所钦佩。在经济建设的一些重大问题上，特别是在困难关头，人们总是希望听到陈云的意见，他也总是能够不负众望，洞悉全局，抓住要害，及时拿出解决问题的有效办法。新中国成立初期，在党中央和毛泽东领导下，陈云具体部署和精心组织，全党全国共同努力，只用不到一年时间就迅速实现了全国财政经济统一，稳定了金融物价，扭转了旧中国遗留下来的经济凋敝、物价飞涨、财经混乱的艰难局面。为推进国家社会主义工业化，陈云深入调查研究，坚持从我国国情出发，积极借鉴国外有益经验，成功主持了第一个五年计划的编制和执行，为我国推进工业化积累了宝贵经验。在社会主义改造的过程中，陈云作为这项工作的具体负责人，发挥了重要作用。社会主义改造基本完成以后，陈云对如何使刚刚确立的社会主义经济制度和经济体制更好地适合我国的实际情况，促进生产力发展，进行了积极探索。他提出了"三个主体，三个补充"的思想，主张在工商业经营方面，国家经营和集体经营是工商业的主体，一定数量的个体经营是补充；在生产计划方面，计划生产是工农业生产的主体，按照市场变化而在国家计划许可范围内进行的自由生产是补充；在流通领域，国家市场是社会主义的统一市场的主体，一定范围内国家领导的自由市场是补充。① 这是结合我国实际、突破苏联经济模式的一种新构想，在当时是十分难能可贵的。中共八大前夕，毛泽东在七届七中全会上的讲话中，对陈云给予了很高的评价。毛泽东说，陈云比较公道、能干，比较稳当，

---

① 参见《陈云文选》第3卷，人民出版社1995年版，第13页。

看问题有眼光、尖锐，能抓到要点。①这个评价为全会所接受。在中共八届一中全会上，陈云被选为中央政治局常委、中央副主席，正式成为以毛泽东为核心的党的第一代中央领导集体的重要成员，奠定了他在党内的地位。

从1958年开始，党在经济工作的指导方针上发生"左"的错误，随后我国国民经济的发展遇到严重挫折，城乡人民的生活发生很大困难。陈云较早发现了"大跃进"和人民公社化运动带来的问题。1958年12月他提议，不要公布中共八届六中全会确定的1959年钢、煤、粮、棉四大指标，之后他又指出，四大指标是难以完成的。这些正确意见，当时没有受到重视。1959年4月，他提出要增产节约粮食、组织城市副食品的供应、专门安排日用必需品生产、精简城市多余职工、优先安排供应市场物资所需要的运输等措施，以缓和市场供应异常紧张的状态。5月，他受毛泽东的委托，对当时关系经济全局的过高的钢铁生产指标进行调整。1961年春，他提出进口粮食、对几种商品实行高价以回笼货币和动员城市人口下乡等几个关系全局的重要意见。1962年2月，他先后在中共中央政治局常委扩大会议和国务院各部委党组成员会议上作了《目前财政经济的情况和克服困难的若干办法》的讲话。这个讲话对当时统一全党思想、调整国民经济和争取财政经济状况好转起了重要指导作用。1962年4月，陈云重新出任中央财经小组组长，在毛泽东支持下，同刘少奇、周恩来、邓小平等一道，部署和领导对国民经济的调整、巩固、充实、提高工作，制定了一系列正确的政策措施，推动国民经济顺利恢复并重新出现欣欣向荣的景象。陈云在这一阶段的突出贡献，是全党和全国人民公认的。

"文化大革命"期间，陈云同林彪、江青反革命集团进行了坚决的斗争。1972年恢复部分工作后，陈云主要是协助周恩来抓外贸。他在对外贸工作中的一些问题进行调查研究后指出：和资本主义打交道是大势已定，我们对资本主义要很好地研究。不研究资本主义，我们就要吃亏。不研究资本主义，就不要想在世界市场中占有我们应占的地位。他还指

---

① 参见《毛泽东年谱（1949—1976）》第2卷，中央文献出版社2013年版，第625页。

出，不要把实行自力更生方针同利用资本主义信贷对立起来。①这些观点，在当时和以后都有重要的指导意义。1976年他积极参与了粉碎"四人帮"的斗争。他曾对叶剑英讲，这场斗争不可避免。②

陈云在几十年波澜壮阔的革命生涯中，为中国人民解放事业的开展和成功，为我国社会主义制度的建立和巩固所立下的不朽功勋，确立了他在党内的应有地位，赢得了在全国人民中的崇高威望。他的这种地位和威望，为他在十一届三中全会上再次成为中央领导集体重要成员创造了历史条件。

二、在粉碎"四人帮"后的历史关头所起的重要作用，是陈云在十一届三中全会上再次成为中央领导集体重要成员的现实基础

陈云在十一届三中全会上恢复了在中共中央的领导职务，这固然是由于他在党内长期的地位和声望为他提供了历史条件，但也和他在粉碎"四人帮"后的重大历史关头所起的中流砥柱作用密不可分。这是他再次成为中央领导集体重要成员的现实基础。

在粉碎"四人帮"后的第12天，陈云应李先念的电话征询，就当时最迫切需要解决的一些重大问题，提出六点意见："一、要把反'四人帮'的文件写好。着重说明为什么必须在十月六日采取行动。因为：八亿人民中多数还不知道他们阴谋的内幕，七亿农民是在农村和穷乡僻野。因为'四人帮'中有一位是主席的夫人。着重说明为什么必需在主席逝世四个星期就采取措施。二、抓革命，促生产，促工作，促战备。三、支持各省市委工作。使党的这个重要环节能坚强地工作。包括上海在内，让他们自己与'四人帮'划清界限，好好工作。四、在外地的政治局委员要经常到北京参加政治局会议和工作，要成为制度。五、准备在时机成熟时召开三中全会。六、恢复党的好作风。因为毛主席倡导的许多党

---

① 参见《要研究当代资本主义》(1973年6月7日)，《陈云文选》第3卷，人民出版社1995年版，第218—219页。

② 参见《陈云年谱(1905—1995)》下卷，中央文献出版社2000年版，第204页。

的好作风被'四人帮'破坏干扰了。"这个意见里还谈了一些应该注意的事项:防止这次运动中扩大化。对还在闹派性的人,号召他们化悲痛为力量,上班工作,团结起来,共同革命;对他们的办法,只能是教育,一切也都为了教育;要防止又翻烧饼。各级领导机关,必须是老中青,只是不要聂元梓、蒯大富式人物。中央和省市领导同志不要提"四人帮"中个人私生活的丑事,而要批判他们的反动路线和政治上的大事,这样做对党有利。要再查一查今年四月天安门事件的真相;当时绝大多数人是为悼念总理,尤其担心接班人是谁,混在人群中的坏人是极少数;"四人帮"对这件事有没有诡计?[①]这些重要意见,对于巩固和发展粉碎"四人帮"后的大好形势,具有重要意义。

在1977年3月的中央工作会议上,华国锋给各组组长下达了两条"禁令",说:"有两个敏感问题:一个是小平同志出来工作的问题,一个是'天安门事件'平反的问题,希望各组讨论的时候不要触及。"[②]面对华国锋的两条"禁令",陈云在发言中还是冲破禁区,触及了这两个敏感问题。3月13日,陈云在西南组的书面发言中,对天安门事件提出四点看法:"(一)当时绝大多数群众是为了悼念周总理。(二)尤其关心周恩来同志逝世后党的接班人是谁。(三)至于混在群众中的坏人是极少数。(四)需要查一查'四人帮'是否插手,是否有诡计。"他进一步指出:"邓小平同志与天安门事件是无关的。为了中国革命和中国共产党的需要,听说中央有些同志提出让邓小平同志重新参加党中央的领导工作,是完全正确、完全必要的,我完全拥护。"[③]陈云的发言,得到王净、耿飚、姚依林等人的明确支持。迫于这样的形势,华国锋在3月14日全体会议上的讲话中,不得不作出一些让步。关于邓小平问题,讲话中一方面坚持认为粉碎"四人帮"后继续"批邓、反击右倾翻案风"是必要的;

[①] 陈云给李先念的信所附的他对当前工作的意见和应注意的事项(1976年10月18日),《陈云传》(下),中央文献出版社2005年版,第1443—1444页。
[②] 转引自李正华:《中国改革开放的酝酿与起步》,方志出版社2007年版,第37页。
[③] 《粉碎"四人帮"后面临的两件大事》(1977年3月13日),《陈云文选》第3卷,人民出版社1995年版,第230页。

另一方面又表示要"在适当的时机让邓小平同志出来工作"①。关于天安门事件，讲话中一方面仍坚持是"反革命事件"，但另一方面又表示，"群众在清明节到天安门去表示自己对周总理的悼念之情，是合乎情理的"②。经过陈云及党内外的共同努力，1977年7月16日至21日召开的中共十届三中全会正式恢复了邓小平的工作；1978年中央工作会议期间，中共中央也正式为天安门事件平反。

在思想领域，陈云同邓小平相呼应，在毛泽东逝世一周年之时撰写纪念文章，宣传毛泽东长期倡导的理论联系实际、一切从实际出发、实事求是的马克思主义基本原理，反对"两个凡是"。1977年9月28日，《人民日报》头版发表陈云的《坚持实事求是的革命作风》一文。他把实事求是提到根本思想路线的高度，指出："实事求是，这不是一个普通的作风问题，这是马克思主义唯物主义的根本思想路线问题。我们要坚持马克思列宁主义，坚持毛泽东思想，就必须坚持实事求是。如果我们离开了实事求是的革命作风，那末，我们就离开了马克思列宁主义、毛泽东思想，而成为脱离实际的唯心主义者，我们的革命工作就要陷于失败。所以，是否坚持实事求是的革命作风，实际上是区别真假马克思列宁主义、真假毛泽东思想的根本标志之一。"③陈云批评"报刊上有些文章不懂得区别马列主义、毛泽东思想的字句和实质，不是满腔热情地去完整地准确地理解和宣传毛泽东思想的实质，用它作为分析具体问题的指南"④。其矛头直指"两个凡是"。另外，陈云对当时正在开展的真理标准问题大讨论旗帜鲜明地予以支持。

在经济领域，陈云对于华国锋在即将提交五届全国人大一次会议的《政府工作报告》中提出的不切实际的高指标表示了不同意见。当中共十一届二中全会讨论华国锋的工作报告时，陈云在东北组会上发言，强

---

① 《陈云传》（下），中央文献出版社2005年版，第1449页。
② 转引自程中原、王玉祥、李正华：《1976—1981年的中国》，中央文献出版社1998年版，第46页。
③ 《坚持实事求是的革命作风》（1977年9月28日），《陈云文集》第3卷，中央文献出版社2005年版，第441页。
④ 《陈云年谱（1905—1995）》下卷，中央文献出版社2000年版，第215页。

调经济工作要做到五点:(1)要把农业放在必要的位置上,在实际工作中执行农、轻、重的次序,不单要建设工业省,而且要建设工业农业省(他还提出要把农业搞好,应采取如南水北调、建设商品粮基地、增加农业投资等必要措施);(2)工业生产的重点在提高质量,质量不好是最大的浪费;(3)既要发挥中央和地方两个积极性,也要有必要的集中,基本建设要打歼灭战;(4)技术力量的来源既要靠改进各级学校教育,又要靠发挥现有技术人员的作用;(5)要设法改善副食品、肉类的供应,不要等农业增产以后再解决。①这些都是切合当时中国经济实际的、非常务实的重要意见。1978年7月至9月,国务院召开务虚会议,提出要组织国民经济"新的大跃进",要以比原来设想更快的速度实现四个现代化。陈云看了务虚会上的重要发言和简报,察觉一股急躁冒进之风正在形成。为此,他对主持会议的李先念和谷牧提出:国务院务虚会最好用几天时间专门听听反面意见。②陈云的这些从实际出发的意见,对以华国锋为代表的"新跃进"的主张不无制动作用。

在组织领域,陈云为平反冤假错案和解放老干部同样发挥了重要作用。由于陈云曾长期做组织工作,许多老干部同陈云比较熟悉,他们通过陈云向中央反映,争取解决他们的问题。陈云出面把许多案子转给华国锋、胡耀邦等人,请中央及时考虑予以解决。1976年11月25日,陈云致信叶剑英并华国锋,转交黄克诚夫人关于请求允许黄克诚回京治眼疾给华国锋、叶剑英的信。此事经中央政治局会议研究同意,黄克诚遂被从山西接到北京治疗。此举不仅改善了黄克诚的医疗条件和生活状况,而且也为黄克诚恢复工作创造了条件。③1978年1月3日,陈云又致信党中央主席、副主席,转交胡耀邦关于王鹤寿"历史问题"的来信,指出:王鹤寿是1937年国共合作时我党从国民党监狱中要出来的,他的历史是清楚的。建议由中组部把他的材料再审查一次,并把他调到北京治病。事后,王鹤寿即被从外地接回北京,并恢复了组织生活。④4月24日,陈

---

① 参见《陈云年谱(1905—1995)》下卷,中央文献出版社2000年版,第218—219页。
② 参见《陈云传》(下),中央文献出版社2005年版,第1472—1473页。
③ 参见《陈云年谱(1905—1995)》下卷,中央文献出版社2000年版,第205页。
④ 参见《陈云年谱(1905—1995)》下卷,中央文献出版社2000年版,第217页。

云又致信党中央主席、副主席，转交曾志关于陶铸"历史问题"的来信。同王鹤寿一样，陈云指出，陶铸是国共合作后由我党从监牢中向国民党要出来的，此案牵涉到一大批省部级干部，弄清陶铸问题非常必要。建议由中组部主持，会同专案组，将全部卷宗和有关人员都调到北京再审查一次。① 9月11日，陈云还就关于徐懋庸等问题致信胡耀邦，证明毛主席确曾讲过"徐懋庸给鲁迅的那封信是错误的，但他还可教书"；徐懋庸在延安参加了毛主席组织的哲学研究会；从来没有听毛主席说过30年代上海文艺界两个口号的论争是革命与反革命的论争，也没有听毛主席说过"国防文学"是反革命口号。陈云建议中组部、中宣部对上海文艺界30年代问题，对创造社和当时其他革命文艺团体，作出实事求是的经得起历史检验的评价。②

陈云在粉碎"四人帮"后的重大历史关头所起的上述关键作用，在全党和全国人民心目中树立起了崇高的威望，留下了深刻的印象，这为他在后来的十一届三中全会上再次成为中央领导集体的重要成员赢得了党心民意，打下了现实基础。

三、在十一届三中全会前的中央工作会议上，陈云敢于斗争，善于斗争，冲破原定议程，扭转会议方向，为中央人事调整开辟了道路

中共十一届三中全会前的中央工作会议本来并没有调整中央人事的议题，而是要讨论如何进一步贯彻执行以农业为基础的方针，尽快把农业生产搞上去；商定1979、1980两年的国民经济计划安排；讨论李先念在国务院务虚会上的讲话。只是在进入正式议题前，先用两三天的时间讨论工作着重点的转移问题。而召开十一届三中全会，最初的动议也只是为成立中纪委和通过中纪委领导班子的组成。但由于陈云在中央工作会议上提出解决重大历史遗留问题，扭转了会议方向，使得中央人事调

---

① 参见《陈云年谱（1905—1995）》下卷，中央文献出版社2000年版，第220页。
② 参见《关于徐懋庸历史问题给胡耀邦的信》（1978年9月11日），《陈云文集》第3卷，中央文献出版社2005年版，第450—451页。

整问题成为中央工作会议的一项重要内容,并取得突破性进展,而十一届三中全会也实际上开成了确认工作会议成果和充实中央领导机构的会。

中央工作会议开始后,陈云敏锐地意识到,工作着重点转移到社会主义现代化建设上来这个中心思想,已经成为全党的共识,而影响安定团结局面的巩固,影响实现全党工作重点转移的主要障碍,是"文化大革命"中发生的一些重大政治事件和历史上遗留的一些重大问题没有解决。解决好这些问题,对实现安定团结和工作重点转移非常必要。

陈云审时度势,于11月12日在东北组发言,率先提出"坚持有错必纠的方针",一次性列举了六个应该由中央考虑并作出决定的重大历史问题:

(1)薄一波同志等六十一人所谓叛徒集团一案。他们出反省院是党组织和中央决定的,不是叛徒。

(2)把从反省院履行出狱手续出来的同志和派到敌伪政权中任职的同志定为叛徒的问题。中央应该承认1937年的"七七决定"和1941年的决定是党的决定。对于那些在"文化大革命"中被错误定为叛徒的同志应给以复查,如果并未发现新的有真凭实据的叛党行为,应该恢复他们的党籍。"七七决定"、1941年决定中所涉及的同志和在"两面政权"中做了革命工作的同志,对他们作出实事求是的经得起历史检验的结论,这对党内党外都有极大的影响。不解决这些同志的问题,是很不得人心的。

(3)陶铸同志、王鹤寿同志等是在南京陆军监狱坚持不进反省院,直到七七抗战后由我们党向国民党要出来的一批党员。这些同志,现在或者被定为叛徒,或者虽然恢复了组织生活,但仍留着一个"尾巴"。这些同志有许多是省级、部级的干部,应由中央组织部复查,把问题放到当时的历史情况中去考察,作出实事求是的结论。像现在这样,既有中央组织部又有专案组,这种不正常的状态,应该结束。

(4)彭德怀是担负过党和军队重要工作的共产党员,对党贡献很大,现在已经死了。过去说他犯过错误,但我没有听说过把他开除出党。既然没有开除出党,他的骨灰应该放到八宝山革命公墓。

(5)关于天安门事件。现在北京市又有人提出来了,而且还出了话剧《于无声处》，广播电台也广播了天安门的革命诗词。这是北京几百万人悼念周总理，反对"四人帮"，不同意批邓小平同志的一次伟大的群众运动，而且在全国许多大城市也有同样的运动。中央应该肯定这次运动。

（6）"文化大革命"初期，"康生同志是中央文革的顾问。康生同志那时随便点名，对在中央各部和全国各地造成党政机关瘫痪状态是负有重大责任的。康生同志的错误是很严重的，中央应该在适当的会议上对康生同志的错误给以应有的批评。"①

陈云冲破原定议程，提出以上重大历史问题，表现了敢于斗争的政治勇气和善于斗争的政治智慧。

陈云在1985年6月29日同离任的秘书话别时曾说："我是一方面小心谨慎，一方面又很硬。"②此前，他也曾对粉碎"四人帮"以后却一直未能复出的邓小平讲过："你碰到问题该斗必斗，有斗不赢的时候，挂个号，记录在案。"③这些话语可以说是陈云敢于在关键时刻挺身而出但又讲究斗争策略的内心表白和真实写照。

主持中央工作会议的华国锋此时在党内的地位是很特殊的。在1976年4月的天安门事件中，毛泽东提议华国锋担任党中央第一副主席兼国务院总理。10月6日粉碎"四人帮"当天深夜紧急召开的玉泉山政治局会议，一致通过华国锋任中共中央主席、中央军委主席的决议，将来提请中央全会追认。④从此，华国锋作为党政军一把手主持这一时期的工作。正是由于华国锋此时在党内地位的特殊性，所以直到后来在十一届三中全会小组会上的发言中，代表们只是批评了汪东兴、纪登奎、陈锡联、吴德这四位政治局委员所犯的错误，基本上没有人提华国锋的错误或对

---

① 参见《坚持有错必纠的方针》（1978年11月12日），《陈云文选》第3卷，人民出版社1995年版，第232—234页。
② 《陈云年谱（1905—1995）》下卷，中央文献出版社2000年版，第381页。
③ 陈云在中共中央政治局会议上的发言（1980年11月11日），《陈云传》（下），中央文献出版社2005年版，第1450页。
④ 1977年7月16日至21日召开的中共十届三中全会讨论并通过了关于追认华国锋任中国共产党中央委员会主席、中央军事委员会主席的决议。

他的错误提出批评，更多的是对华国锋所作的自我批评①的高度赞扬，有的甚至还替华国锋的错误辩护②。在这样的情况下，陈云能够冲破华国锋的原定议程，无疑是需要敢于斗争的大无畏精神的。

但陈云又不愧是一位具有丰富斗争经验的老革命家。他在敢于斗争的同时，也十分注重斗争的艺术。他在提出上述重大历史问题之前，首先表示："华主席说，对于那些在揭批'四人帮'运动中遗留的问题，应由有关机关进行细致的工作，妥善解决。我认为这是很对的。但是，对有些遗留的问题，影响大或者涉及面很广的问题，是需要由中央考虑和作出决定的。"③在发言最后，陈云又说：华国锋同志在讲话中要我们畅所欲言，我提出以上六点，请同志们批评指正。④不仅如此，陈云还十分注意用词的分寸，对担任过党和军队重要领导职务、对党作出很大贡献，但此时仍未平反的彭德怀直称其名，而对于民愤极大、犯有严重错误的康生仍称"同志"。陈云后来解释说，因为当时只能讲到那个程度。华国锋说的解决遗留问题只限于"文化大革命"中的，我讲彭德怀问题，超出了这个界限，当时能提出来已经不容易了。对康生，中央作过悼词，当时并没有任何新的说法，怎么可能不说"同志"呢？⑤

陈云在东北组的发言立刻在会上产生了强烈反响。代表们纷纷发言，表示赞成陈云的意见并加以发挥，会议气氛一下子活跃起来。从陈云发言这天开始，会议的方向开始脱离华国锋预设的轨道，大多数人没有按照他的布置转入讨论农业问题及其他原定议题，而是始终围绕陈云提出的坚持有错必纠方针、解决历史遗留问题进行热烈讨论，并相应地提出了增选中央政治局委员和党的副主席，恢复陈云在中共中央领导职务的建议。陈云的重要发言以及代表们的强烈反应，最终促使中央人事调整

---

① 指华国锋12月13日在中央工作会议闭幕会上的讲话中就"两个凡是"的错误方针所作的自我批评。
② 转引自程中原、王玉祥、李正华：《1976—1981年的中国》，中央文献出版社1998年版，第250页。
③ 《坚持有错必纠的方针》(1978年11月12日)，《陈云文选》第3卷，人民出版社1995年版，第232页。
④ 参见《陈云传》(下)，中央文献出版社2005年版，第1483页。
⑤ 转引自朱佳木：《我所知道的十一届三中全会》，中央文献出版社1998年版，第50页。

成为中央工作会议的一项重要议题,这就为陈云再次成为中央领导集体的重要成员创造了契机,开辟了道路。

四、邓小平、李先念等人的一再提议,以及中央工作会议上与会代表的强烈呼吁,直接推动了陈云在中共中央领导职务的恢复

陈云之所以能够在十一届三中全会上再次成为中央领导集体的重要成员,除了上述几个方面的因素之外,邓小平、李先念等人的一再提议,以及中央工作会议上与会代表的强烈呼吁也发挥了直接的推动作用。陈云在中共中央领导职务的恢复是多种因素共同作用的结果。

早在 1977 年 3 月的中央工作会议上,就有几个小组要求十届三中全会把陈云选进中央领导核心,但没有被采纳。[①] 邓小平恢复工作后,同叶剑英等在中央会议上也多次提过这件事,都被有人以毛主席讲过"陈云一贯右倾"为由挡了回去。[②] 到了十一大的时候,据参加了十一届一中全会的李强回忆说:"十一大斗争也很激烈。在选政治局委员时,我们提出邓大姐(指邓颖超,下同——引者注)、王震、陈云同志当政治局委员。"[③] 结果未被接受。姚依林也回忆说:"在十一届一中全会上,所有小组都提了,要选陈云同志为政治局委员,邓小平、李先念同志也多次提过。""直到十一届三中全会,大家攻得厉害,大势所趋,才解决这个问题。"[④]

第一个在中央工作会议小组会上提出陈云应担任中共中央副主席的是王震。他在 11 月 28 日西北组会上提了五条建议,第一条就是陈云担

[①] 陈鹤桥在军队系统讨论历史决议(草稿)小组会上的发言记录(1980 年 10 月 27 日),转引自《陈云传》(下),中央文献出版社 2005 年版,第 1464 页。
[②] 转印自朱佳木:《我所知道的十一届三中全会》,当代中国出版社 2008 年版,第 109 页。
[③] 李强在国家机关讨论历史决议(草稿)小组会上的发言记录(1980 年 10 月 25 日),转引自《陈云传》(下),中央文献出版社 2005 年版,第 1464 页。
[④] 姚依林在国家机关讨论历史决议(草稿)小组会上的发言记录(1980 年 10 月 25 日),转引自《陈云传》(下),中央文献出版社 2005 年版,第 1464 页。

任中共中央副主席。①他向中央郑重建议："陈云同志过去是我们党中央的一位副主席。不少同志要我向中央反映，建议选陈云同志担任副主席。"②

王震的建议，得到西北组和其他各组的热烈响应。李强在中南组书面发言中说："我赞成王震同志11月28日下午在西北组会议上所作的发言。""陈云同志是我党一位有着丰富领导经验的老同志。他有白区工作的经验和苏区工作的经验。他既有党的工作的经验，也有经济工作的经验。陈云同志过去曾是我们党中央的一位副主席。""我建议请党中央考虑，选陈云同志担任党中央政治局委员并担任副主席。"③

刘震在发言中说："赞成陈云当副主席。陈云平易近人，关心干部。去年金明要我转一封信给中央，我找过纪登奎，他不管。找到陈云同志，陈云同志亲切对我说，不光是金明的问题，'61人'的问题我也在考虑。他们的问题我是了解的，我那时是中组部部长，我在适当时机要向华主席报告这个问题。你放心，我要管这个事。由此可以看出，陈云勤勤恳恳，实事求是，对党对同志非常负责，是经得起历史检验的。是很难得的。"④

12月3日，韩先楚在西北组会议上发言。他说："我赞成中央委员会和政治局增加一批老同志，这也是大家的要求。在党的十一大会上，我们军队代表团曾经提议陈云、邓大姐、王震等几位同志进政治局，据说其他代表团没有不同意的，但大会没有采纳大家的意见。我同意王震同志的意见，选陈云同志任党中央副主席、常委，并建议排在东兴同志前面。陈云同志正派，民主作风、联系群众好，善于思考问题，想得深，看得远，处事稳重，他有丰富的领导经验和领导能力。中央委员里，他是最老的一个。过去是我们党的副主席。他对我们党的历史也比较熟悉，在党内外、国内外是有影响的。对这个问题，群众也有议论，看来是人

---

① 转引自朱佳木：《我所知道的十一届三中全会》，中央文献出版社1998年版，第80页。
② 王震在中央工作会议西北组的发言记录（1978年11月28日），转引自《陈云传》（下），中央文献出版社2005年版，第1489页。
③ 《中央工作会议简报》（中南组第34期，1978年12月3日），转引自《陈云传》（下），中央文献出版社2005年版，第1489页。
④ 转引自朱佳木：《我所知道的十一届三中全会》，中央文献出版社1998年版，第80—81页。

心所向。"①

在同一天的西北组会上，姚依林发言说："我完全赞同王震同志提出的陈云同志担任党的副主席、参加政治局常委的建议。陈云同志担任副主席、参加常委，有利于党的事业，有利于加强党的安定团结。十一届一中全会陈云同志未能进政治局，干部、党员和群众是有广泛议论的。陈云同志是我国工人运动的老一辈的领导人，是目前仅存的党的六大中央委员，是八大副主席，现在八大第一次会议（应是八届一中全会——引者注）的副主席，也只剩下陈云同志一个人了。"②

姚依林接着说："我是1949年才认识陈云同志的，我觉得他为人很正派，作风很深入，对同志很热忱，很平易近人，很遵守组织纪律。他讨论问题，总是把观点最'左'的、中间的和最右的同志找到一起，要大家充分发表意见。他要求大家畅所欲言，可以讲到'左倾机会主义'的程度，也可以讲到'右倾机会主义'的程度。他细心倾听各种各样的意见，取长补短，加以比较分析，趋利避害，从中得出正确的结论。一个重大问题，往往是十来个人讨论若干天才定下来。在大家意见一致没有对立面的情况下，他自己往往设想若干不同的意见，让大家一条一条来驳。他这种民主作风，我体会很深刻。"

姚依林还在发言中说："我不赞成那种'陈云同志一贯右倾'的说法。全国解放以来，他在毛主席的领导下，在任弼时同志逝世后参加书记处，主持财经工作。在全国财经统一、稳定物价、抗美援朝、粮食统购统销、资本主义工商业公私合营、制定第一个五年计划等方面，他的主张是正确的，是经得起历史检验的。关于反冒进问题，陈云同志究竟有多少错误？究竟有没有错误？当时批评他的那些论点，究竟是否站得住脚？这是值得认真研究的。实践是检验真理的唯一标准。我们现在计划中讲的许多问题，还是采用了多年以前陈云同志讲过的观点。例如，陈云同志说过，搞建设要在有吃有穿的基础上。他曾对我解释这个观点，说明只

---

① 《中央工作会议简报》（西北组第38期，1978年12月3日），转引自《陈云传》（下），中央文献出版社2005年版，第1491页。

② 《中央工作会议简报》（西北组第37期，1978年12月3日），转引自《陈云传》（下），中央文献出版社2005年版，第1491页。

能提有吃有穿，不能提吃饱穿暖，这两者是有区别的，但是没吃没穿是搞不了建设的。他还讲过，我们的平衡只能是紧张的平衡，但是不能不平衡。我认为这些道理至今仍然是适用的，现在我们的计划，还是紧张的平衡。我认为，陈云同志当时不同意那种不顾人民生活、只热衷于搞工业化的观点，是正确的。三年困难时期，陈云同志执行调整、巩固、充实、提高的八字方针，提出的解决问题的措施，对扭转当时困难局面，起了积极作用。当然也有错误的地方。陈云同志对伟大领袖毛主席直言不讳，从来不隐瞒自己的观点。"①

12月7日，谷牧在中南组讨论时的发言说："陈云同志长期戴一顶右倾的帽子。多年的实践证明，不能给陈云同志戴这样一顶帽子。陈云同志的特点是慎重，在任何情况下，对各类事情都能冷静周密地思考，采取审慎负责的态度，从不随声附和。他工作抓得很细，许多事都是亲自调查研究，然后作出妥善处理。例如三年生活困难时期，他亲自找专家调查，每天一个人至少需要多少大卡热量和多少蛋白质，才可以避免浮肿。经过计算，就毅然下决心给十七级以上的干部每人每月补助两斤黄豆、一斤糖，还有一些别的措施。这种关心干部、深入细致的作风，给人们留下了难忘的印象。他的所谓错误，就是七千人大会上让他讲话他没讲，后来在国务院小礼堂一次会上讲了当时的国民经济形势和建议采取的措施。这究竟算不算错误？我的看法，那时说大话、唱高调的人太多了，能像他那样讲话的人太少了。把国民经济形势告诉大家，提出解决办法，即使有些情况讲得有些重了，敲敲警钟引起大家注意，有什么不好？这件事不能算个问题，应当恢复陈云同志的名誉。"②

经过充分酝酿讨论，12月10日，在中央工作会议举行期间召开的中共中央政治局会议，决定拟增补陈云为中央政治局委员、政治局常委、中央委员会副主席。12月13日，华国锋在中央工作会议闭幕会上的讲话中，代表政治局正式提出了增补中央领导人的名单，提请三中全会

---

① 《中央工作会议简报》（西北组第37期，1978年12月3日），转引自《陈云传》（下），中央文献出版社2005年版，第1491—1493页。

② 《中央工作会议简报》（西北组第37期，1978年12月3日），转引自《陈云传》（下），中央文献出版社2005年版，第1493—1494页。

通过。①

陈云的当选是众望所归，得到一致拥护。在西北组会议上，萧华代表韩先楚、霍士廉、谭启龙、宋平、李瑞山、王任重、于明涛、李学智联合发言，指出："陈云同志是我党久经考验的、德高望重的领导人，他在党的建设和经济建设方面的丰富经验和卓越才能是全党公认的，他多谋善断、实事求是、联系群众的工作作风是我们学习的榜样，他进入政治局和常委，一定会使我们党中央的领导核心更加坚强，更好地领导全党去实现四个现代化。"②

1978年12月18日至22日，中国共产党第十一届中央委员会第三次全体会议在北京隆重举行。全会增选陈云为中共中央政治局委员、政治局常务委员、中央委员会副主席。陈云恢复了在中共中央的领导职务，再次成为中共中央领导集体的重要成员。此后，他同邓小平等一道，带领全党和全国各族人民，开展改革开放和社会主义现代化建设的宏伟事业，直到中共十三大后退出中央领导岗位。

[原载《安徽史学》2009年第3期]

---

① 转引自朱佳木：《我所知道的十一届三中全会》，中央文献出版社1998年版，第62页。
② 萧华等在中共十一届三中全会西北组的发言记录（1978年12月21日），转引自《陈云传》（下），中央文献出版社2005年版，第1507页。

邓小平与新中国第一次全国基层选举

1953年5月到1954年6月，新中国第一次基层人民代表大会代表的选举工作在全国范围内开展。邓小平在这次选举工作中发挥了重要作用，但这一情况过去人们知道得较少。中共中央文献研究室新近编撰出版的《邓小平年谱（1904—1974）》（以下简称《年谱》），披露了许多这方面的原始资料，为学术界从事这一问题的研究创造了条件。本文依据《年谱》及相关史料，着重考察邓小平在新中国首次基层选举的各个环节中所起的重要作用，展现他为新中国成立初期的民主政治建设所作出的历史贡献。

一、参与制订选举法，为基层选举提供法律依据和基本原则

新中国成立初期，由于少数地区仍未解放，加之群众发动还不够充分，召开全国人民代表大会的条件还不够成熟，故根据《共同纲领》的规定，当时由中国人民政治协商会议全国委员会代行最高国家权力机关的职权。随着国内政治局势的稳定和国民经济的恢复，以及人民组织程度与觉悟程度的提高，召开全国人民代表大会的议题，开始列入中共中央的议事日程。

1953年1月13日，中央人民政府委员会第二十次会议正式作出《关于召开全国人民代表大会及地方各级人民代表大会的决议》，会议还决

定，成立中华人民共和国选举法起草委员会，周恩来为主席，邓小平等23人为委员。①

选举法起草委员会一成立，即投入紧张的工作。在研究我国民主政治的实际情况，借鉴苏联选举经验的基础上，选举法起草委员会广泛征求各方面意见，很快拿出了《中华人民共和国全国人民代表大会选举法（草案）》。1月28日，受中央选举法起草委员会主席周恩来委托，邓小平在全国政协会议作关于《中华人民共和国全国人民代表大会及地方各级人民代表大会选举法（草案）》（以下简称《选举法（草案）》）的说明报告。报告指出：中国的情况极端复杂，要照顾到每一个情况是很困难的。因此，确定的这个选举法不可能过于具体，只能写得概括一点。报告对《选举法（草案）》的主要内容作了说明。②2月3日，邓小平出席毛泽东主持召开的中共中央政治局会议，讨论《选举法（草案）》。③

2月11日，中央人民政府委员会举行第二十二次会议，审议《选举法（草案）》。邓小平在会上作说明报告，着重阐述《选举法（草案）》体现的几个基本原则。

《选举法（草案）》体现了选举权的普遍性和平等性。邓小平指出，选举权的普遍性，表现在《选举法（草案）》中以下的规定，即凡年满18周岁的中华人民共和国公民，不分民族和种族、性别、职业、社会出身、宗教信仰、教育程度、财产状况和居住期限，均有选举权和被选举权。只是那些依法尚未改变成分的地主阶级分子、依法被剥夺政治权利的反革命分子、其他依法被剥夺政治权利者和精神病患者，无选举权和被选举权。但这几种情形所占人口总数的比例是很小的。因此，我国的选民占全国人口很高的比例。我们的选举是名副其实的普选。在这样普选的基础上产生的各级人民代表大会，是具有最广泛的人民代表性的。选举权的平等性，表现在《选举法（草案）》中以下的规定，即所有男女选民都在平等的基础上参加选举，每一选民只有一个投票权。《选举法（草案）》还规定，全国和地方各级人民代表大会代表的名额及产生，均

---

① 参见《建国以来重要文献选编》第4册，中央文献出版社1993年版，第16—17页。
② 参见《邓小平年谱（1904—1974）》（中），中央文献出版社2009年版，第1094页。
③ 参见《邓小平年谱（1904—1974）》（中），中央文献出版社2009年版，第1095页。

以一定人口比例为基础，同时适当照顾一定的地区和单位。在此思想指导下，《选举法（草案）》对城市和乡村、汉族和少数民族间的代表人数，作了不同比例的规定。对此，邓小平在报告中解释说，虽然这些在选举上不同比例的规定，在某种方面来说是不完全平等的，但是只有这样规定才能真实地反映我国的现实生活，才能使全国各民族、各阶层在各级人民代表大会中有与其地位相当的代表，所以它不但是很合理的，而且是我们过渡到更为平等和完全平等的选举所完全必需的。

明确了各级人民代表大会代表名额及产生办法的原则。邓小平指出：对于各级人民代表大会代表的名额，依据两个原则来拟定：（1）它必须使各级人民代表大会是具有工作能力的国家政权机关，既便于召集会议，又便于讨论问题和解决问题；（2）它必须使各级人民代表大会与人民之间具有密切的联系，在人民代表大会中，既须有相当于社会各民主阶级地位和有相当于各民族或种族地位的代表，又须注意到代表的地区性，以便于随时反映各民族各阶级各地区的情况，并能随时将代表大会的决议迅速传达到各民族各阶级各地区的人民中去，把每个决议都变成为全体人民的实际行动。①

中央人民政府委员会在听取邓小平的说明后，对《选举法（草案）》进行了认真的讨论，一致通过了《选举法（草案）》，并于3月1日公布施行。选举法的制定和颁行为在全国范围内顺利开展首次基层选举提供了法律依据。随后，大规模的全民基层选举在中国大地上展开。

二、具体指导基层选举，把握正确政策方向，推动这项基础性工作顺利进行

1953年选举法规定："全国人民代表大会之代表，省、县和设区的市人民代表大会之代表、由其下一级人民代表大会选举之。乡、镇、市辖区和不设区的市人民代表大会之代表，由选民直接选举之。"②因此，要召

---

① 参见《关于"中华人民共和国全国人民代表大会及地方各级人民代表大会选举法"草案的说明》，《人民日报》1953年3月3日。
② 《建国以来重要文献选编》第4册，中央文献出版社1993年版，第24页。

开全国人民代表大会，首先必须进行基层选举，然后逐级召开由人民用普选方法产生的乡、县、省（市）各级人民代表大会，并在此基础上选出全国人民代表大会代表。可见，基层选举至关重要。为保证这项基础性工作的顺利进行，作为中央选举委员会秘书长①的邓小平为此倾注了大量精力。

（一）关于地方各级选举委员会的成立

为搞好基层选举工作，继中央选举委员会成立之后，全国各地也开始成立乡、县、省（市）各级选举委员会及其办事机构，在同级人民政府的领导和上级选举委员会的指导下，负责办理选举事宜。在此过程中，邓小平予以具体指导。1953年2月28日，邓小平就县以上选举委员会主席、委员如何产生问题，为中共中央起草给各中央局、分局并转各省市区党委的电报。电报指出：选举委员会主席，可由各该级党委一个未任政府主席或市长、县长职务的负责同志担任，任政府副主席、副市长、副县长均可以担任；选举委员会的委员，可在共产党、各民主党派、各人民团体及人民武装部队中选择，并由共产党出面约集各党派、团体负责人商定名单，尔后由上一级人民政府任命。凡属担任选举委员会委员的人，一般地应是可能当选为人民代表大会代表的人。电报特别强调：基层选举委员会不应马上普遍成立，而是采取哪里开始进行选举才在哪里成立的办法。凡有少数民族聚居的地区，其选举委员会中应有少数民族的代表人物参加。②3月22日，邓小平又就选举委员会主席设置问题，为中共中央起草批复西北局的电报。电报指出："选举法的规定不可变更。青海等少数民族区域的选举委员会仍只设主席一人，勿须加设副主席，但如有必要，可由一少数民族代表人物担任主席，而由一个较强的党员

---

① 1953年2月11日召开的中央人民政府委员会第二十二次会议决定成立中央选举委员会，负责指导全国的选举工作，刘少奇为主席，邓小平为委员之一，并在3月8日中央选举委员会第一次会议上被任命为中央选举委员会秘书长。参见《邓小平年谱（1904—1974）》（中），中央文献出版社2009年版，第1096、1100页。

② 参见《邓小平年谱（1904—1974）》（中），中央文献出版社2009年版，第1098—1099页。

担任选举委员会的秘书长。"① 这些意见和批复，对于如何成立基层选举委员会具有重要的指导意义。

（二）关于选民登记

《选举法》规定："乡、镇、市辖区和不设区的市选举委员会，应在选举前办理选民登记并发给选民证。"② 因此，对选民资格进行必要的审查，并对通过资格审查的公民进行选民登记，是开展基层选举工作的前提。鉴于选民登记工作的重要性和复杂性，邓小平主持制订有关文件，并对有关选举权问题作出批示，对这项工作予以有力的政策指导。

邓小平主持制订的选举工作文件，主要是中央选举委员会《关于基层选举工作的指示》《关于选民资格若干问题的解答》以及政务院《关于人口调查工作的指示》。1953年3月25日，邓小平在审改《关于选民资格若干问题的解答（草稿）》时，在"被管制的反革命罪犯在撤销管制后"一句后加写："得视其所犯罪恶的大小、改造程度的好坏，并根据人民群众的意见，而由选举委员会或人民法庭确定其有无选举权利。"在第十二条末尾加写："凡是本来不应管制而被错误地管制了的分子，应即撤销管制，恢复其选举权利。"③ 经过反复讨论和修改，4月3日召开的中央选举委员会、政务院联席会议一次通过了这三个文件。邓小平出席会议并对这三个文件作了说明。④ 上述文件的制定和发布，为基层选举中的选民登记工作提供了重要的政策依据。

此外，邓小平还通过对有关选举权问题的批示，对选民登记工作进行指导。如1953年9月25日，邓小平为中共中央起草批转西北局《关于"五反"中宣告缓刑的完全违法户有无选举权问题的意见》的电报。电报指出："西北局关于'五反'中判处徒刑宣告缓刑的完全违法户，凡未经正式判决剥夺选举权利者，仍应给以选举权利的意见，中央认为是

---

① 《邓小平年谱（1904—1974）》（中），中央文献出版社2009年版，第1107页。
② 《建国以来重要文献选编》第4册，中央文献出版社1993年版，第33页。
③ 《邓小平年谱（1904—1974）》（中），中央文献出版社2009年版，第1107—1108页。
④ 参见《邓小平年谱（1904—1974）》（中），中央文献出版社2009年版，第1109页。

妥当的，并将该电转发各地，望参照仿行。"① 这就为全国各地在选民登记中处理此类问题确立了指导性原则。

（三）关于代表选举

选民登记结束后，各地开始进入代表选举阶段。在此过程中，邓小平对候选人的提名方式，以及选举工作的组织形式等提出了具体的意见和要求。

对于候选人的提名方式，邓小平在1953年3月8日中央选举委员会第一次会议上所作的关于基层选举工作的报告中提出了明确要求。即由乡选举委员会找农村中的共产党、青年团、合作社、农会、妇女会等组织的代表，共同协商后，由这些团体联合提出候选人名单。选民也可以单独提名。选多少代表，就提多少候选人。一个乡所选出来的人民代表大会代表，一定要能够代表各阶层，有广泛的代表性。妇女代表要占一定的比例。共产党员的名额不能太大，最多不能超过1/3。干部的名额不能过大，不能把人民代表大会变成干部会。② 这种提名方式，体现了选举的民主性和广泛代表性。

对于选举工作的组织形式，邓小平强调既要与生产相结合，又必须以选举工作为主。③1953年4月21日，邓小平在为中共中央起草的批转中南局《关于开展基层选举工作的意见》的电报中指出："各地在选举运动中，必须注意讲求便利人民、不误生产的方法，同时也必须是以选举为主，在选民登记和候选人提名这些环节上去适当地结合新三反，而不应在选举期间内以新三反为主，以免影响选举的如期完成和农业生产的进行。"④ 这些意见和要求，对指导各地的代表选举工作产生了十分重要的作用。

此外，邓小平对部分地区在选举中所遇到的一些特殊问题，进行有针对性的指导。例如，1953年8月17日，邓小平对有关部门提出的关于

---

① 《邓小平年谱（1904—1974）》（中），中央文献出版社2009年版，第1135页。
② 参见《邓小平年谱（1904—1974）》（中），中央文献出版社2009年版，第1100—1101页。
③ 参见《邓小平年谱（1904—1974）》（中），中央文献出版社2009年版，第1100—1101页。
④ 《邓小平年谱（1904—1974）》（中），中央文献出版社2009年版，第1112页。

基层选举中满族问题的请示，提出下列几点意见：(1) 满族是中华人民共和国的重要民族之一。(2) 凡自认为是满族的，自应确定其为少数民族；凡不愿承认为满族的，则听其自便。(3) 在满族较多的地方，应有适当数目的满族的代表人物参加政府及民委等组织。但是，由于这个问题在东北牵扯很大，故在做法上似应采取哪里碰到这个问题就在哪里解决，哪里没有这个问题就不要勉强提起。① 又如1954年4月28日，邓小平对关于港澳的广东省人民代表大会代表如何进行选举的问题作出批示："在那里，不要去搞什么选举，但应在广东省人民代表大会代表中，有适当的代表名额（可按人口比例略多几个），这些代表必须是与港澳群众有一定联系的人物。其产生办法，不必开什么港澳代表会议，而采取将这些名额及人选分配到内地去选出的办法。在港澳进行一般的选举宣传是必要的，但不要谈港澳归属问题，不要谈港澳人民的选举问题。"② 上述意见和批示，对于相关地区和部门在代表选举中把握正确的政策方向，从而保证选举工作的顺利进行，具有十分重要的指导意义。

(四) 关于选举时间的安排

全国范围的基层选举工作原定从1953年5月开始，计划用三个月时间完成。后因若干省份水、旱灾害严重，以及高饶事件等因素，选举时间发生变动，最终于1954年6月结束。在此过程中，邓小平多次就选举时间的安排为中共中央起草电文或作说明报告，对基层选举工作的实际进程予以及时而又具体的督促和指导。

1953年3月7日，邓小平主持各大行政区负责人会议，研究如何做好基层选举工作。会议确定：全国基层选举工作，将原来设想的三个月改为半年时间，即在本年5月到10月内进行，以利更好地实现选举的预期目标。③ 后来，一些省份根据实际工作情况，请求推迟选举完成时间。6月初，邓小平为中共中央起草给各中央局、分局、各省市委关于推迟全国基层选举时间的电报，指出："全国基层选举一般地推迟于1953年

---

① 参见《邓小平年谱（1904—1974）》(中)，中央文献出版社2009年版，第1127—1128页。
② 《邓小平年谱（1904—1974）》(中)，中央文献出版社2009年版，第1169页。
③ 参见《邓小平年谱（1904—1974）》(中)，中央文献出版社2009年版，第1100页。

12月底以前完成，有些省市亦可根据自己的工作情况，推迟到1954年1月份、2月份甚至3月份去完成。县（市）人民代表大会一般地推迟至1954年1月以前举行完毕，有些省市亦可推迟到2月份、3月份甚至4月份去完成。省（市）人民代表大会时间，以后另行规定。"①9月18日，邓小平在中央人民政府委员会第二十八次会议上作《关于目前基层选举问题及推迟全国人民代表大会及地方各级人民代表大会问题的说明》。会议一致通过《关于推迟全国人民代表大会及地方各级人民代表大会的决议》，决定全国基层选举工作，一般推迟到1954年1月底以前完成；有些省市如有困难，尚可根据当地工作情况，推迟到1954年3月底以前完成。

从后来的实际情况看，全国基层选举最后完成的时间是1954年6月。1954年6月19日，邓小平出席中央人民政府委员会第三十二次会议，并作《关于基层选举工作完成情况的报告》，对基层选举工作完成情况进行全面总结。在报告中，邓小平对全国基层选举工作予以高度评价。他说：这次普选是一个规模巨大的民主运动，它在我国人民政治生活中具有重大的历史意义。全国基层选举的胜利完成，大大推动了我国人民民主制度的发展，并为县以上各级人民代表大会奠定了基础。在此基础上，我国的第一次全国人民代表大会将能够集中全国人民的意志，实现其庄严的使命。②

三、协助中央确定部分全国人大代表候选人名单，参与筹备一届全国人大一次会议

1954年6月各地基层选举工作完成后，7、8月间，各省、市、自治区先后召开人民代表大会，选举产生全国人民代表大会代表。与此同时，确定由中共中央提名的部分全国人大代表候选人名单、筹备一届全国人大一次会议的工作开始提上日程。在此过程中，作为党中央秘书长的邓

---

① 《邓小平年谱（1904—1974）》（中），中央文献出版社2009年版，第1121页。
② 参见《邓小平同志向中央人民政府委员会报告全国基层选举胜利完成》，《人民日报》1954年6月20日。

小平自始至终参与其中，并发挥了重要作用。

早在1953年，邓小平即开始对全国人民代表大会代表的名额分配及产生办法进行指导。4月23日，他在为中共中央起草的给西南局并中共西藏工委的电报中指出：西藏全国人民代表大会代表的产生办法应是先经过上层协商，然后开一由上层人物组成的代表会议通过。但由于距全国人民代表大会的召开还有一段时间，因此，邓小平特别强调，此项工作目前只能在内部考虑，还有充分时间，不必急于解决这个问题。①

随着基层选举工作即将结束，全国人民代表大会代表的选举工作开始进入酝酿和协商阶段，其中一项重要内容就是对民主人士的安排。1954年3月21日举行的全国省、市委以上统战部长会议，讨论了全国人民代表大会中民主人士的安排方案。会后，中央统战部将方案及有关说明先期报送中央审查。②4月11日，邓小平将中央统战部报送的《对全国人民代表中民主人士安排的意见》批送毛泽东、刘少奇、周恩来、陈云等人审阅。③7月5日，邓小平出席政协第一届全国委员会常委会第五十六次扩大会议，协商并通过由中共中央提名的第一届全国人民代表大会代表的一部分候选人名单。④经过反复酝酿和充分协商，全国人民代表大会代表的候选人名单最终确定下来。7月12日，邓小平将最后确定的名单批报毛泽东。⑤

经过各方面周密筹备，一届全国人大一次会议召开在即。1954年9月3日，邓小平出席中央选举委员会第五次会议，在会上作《关于中华人民共和国第一届全国人民代表大会代表选举工作完成情况的报告》。他指出：1954年6、7月间，全国150个省辖市、2064个县、自治县及县一级的单位和170个中央直辖市的区，全部召开了人民代表大会会议。有些暂时不进行基层选举的少数民族地区的专区级、县级单位也召开了人民代表会议。在这次会议中，各地均以无记名投票的方法，分别选举

---

① 参见《邓小平年谱（1904—1974）》（中），中央文献出版社2009年版，第1113—1114页。
② 参见《建国以来重要文献选编》第5册，中央文献出版社1993年版，第217页。
③ 参见《邓小平年谱（1904—1974）》（中），中央文献出版社2009年版，第1165页。
④ 参见《邓小平年谱（1904—1974）》（中），中央文献出版社2009年版，第1182页。
⑤ 参见《邓小平年谱（1904—1974）》（中），中央文献出版社2009年版，第1184页。

了省、直辖市和自治区的人民代表大会代表共 16680 人。7 月底到 8 月中旬，各省、直辖市和内蒙古自治区先后召开了人民代表大会会议。在这次会议中，除了讨论中华人民共和国宪法草案、审查政府工作报告等议程之外，都分别选举了全国人民代表大会代表。西藏地方和昌都地区采取了代表会议的形式选出了全国人民代表大会代表。全国 25 个省、内蒙古自治区、西藏地方、昌都地区和 14 个直辖市共选出全国人民代表大会代表 1136 人。军队召开了军人代表大会，选出了全国人民代表大会代表 60 人。华侨事务委员会在所召开的有国外华侨代表参加的侨务扩大会议上，选出了全国人民代表大会代表 30 人。总计各地区和各单位所产生的全国人民代表大会代表共 1226 人。此外，台湾省应选全国人民代表大会代表，因该省尚待解放，名额暂缺。全国人民代表大会的代表中有妇女代表 147 人，占代表总数的 11.99%；少数民族代表除选举法规定的 150 人外，各省、市还选出 27 人，共占代表总数的 14.44%。在全部代表名额中，各民族、各阶层都有与其地位相当的代表。中华人民共和国第一届全国人民代表大会代表的选举工作已全部完成。①

  这次基层选举，是中国人民第一次自主地行使神圣的民主权利，极大地激发了全国人民当家作主、管理国家的热情，增进了人民群众的民主意识，把我国的民主政治建设大大推进了一步。1954 年 9 月 15 日至 28 日，一届全国人大一次会议在北京中南海怀仁堂隆重举行。邓小平作为全国人大代表出席会议。大会通过了《中华人民共和国宪法》，选举产生了新的国家机构及其领导人。一届全国人大一次会议的召开，标志着人民代表大会制度在全国范围内的确立，开创了我国人民民主建设发展的新阶段。在这一过程中，邓小平发挥了重要作用。

[原载《党的文献》2010 年第 5 期]

---

① 参见《全国人民代表大会代表选举工作完成的报告》，《人民日报》1954 年 9 月 4 日。

陈云与西楼会议

七千人大会结束后不久,1962年2月21日至23日,刘少奇在北京主持召开中共中央政治局常委扩大会议,讨论1962年国家预算和经济形势问题。由于是在中南海西楼会议室召开的,后来被称为"西楼会议"。陈云在这次会议上就当时的财政经济情况和克服困难的办法作了重要讲话,这次讲话对当时的国民经济调整起了举足轻重的作用,也对他后来的政治生涯产生了重要影响。

一

七千人大会严肃认真地对待"大跃进"以来所犯的错误,中央领导人带头检讨、承担责任,创造了良好的民主气氛,为贯彻国民经济调整方针奠定了基础。但是,会上没有也不可能从根本上改变"左"的指导思想,大家对当时财政经济方面困难的估计仍不够充分,认识还有待于深化。西楼会议根据七千人大会的精神,进一步对七千人大会未能充分展开讨论的问题进行了讨论,发现了一些在七千人大会时没有暴露出来的严重问题,使中共中央认识到必须下更大的决心来进行调整。

西楼会议讨论中发现,1962年国家预算收支指标,"有些收入不落实,有些支出有缺口,表面上平衡,实际上有一个相当大的赤字",计50亿元。①

---

① 参见《陈云传》(下),中央文献出版社2005年版,第1300页。

这些情况是原来不了解的,使中央领导人感到震惊。为此,刘少奇强调:只有暴露了问题,才好解决问题。①

应刘少奇的要求,陈云在 2 月 23 日的会议上,就当时的财政经济情况和克服困难的办法作了长篇讲话。他直率地指出:"目前的处境是困难的。"他认为困难主要表现在五个方面:

(1)农业在近几年有很大的减产。1961 年与 1957 年相比,粮食产量减少了 800 多亿斤,棉花、油料等经济作物和畜牧产品减产也很多。粮食不够吃,人民群众肚子里没有油水,身上缺少衣着,这都是农业减产直接带来的后果。

(2)已经摆开的基本建设规模,超过了国家财力物力的可能性,同现在的工农业生产水平不适应。职工和城镇人口增加过多,不仅农业负担不了,工业也负担不了。

(3)钞票发得太多,通货膨胀。这几年挖了商业库存,涨了物价,动用了一部分黄金、白银和外汇的储备,在对外贸易上还欠了债。一方面多发钞票来弥补财政赤字,一方面农业、轻工业减产,国家掌握的商品少,这两方面不能平衡。

(4)城市的钞票大量向农村转移,在物资少、钞票多的情况下,出现了相当严重的投机倒把现象。

(5)城市人民的生活水平下降。吃的、穿的、用的都不够,物价上涨,实际工资下降很多。

陈云提出六条克服困难的重要措施:

(1)把 1963 年至 1972 年的 10 年经济规划分为两个阶段,前一阶段恢复,后一阶段发展。陈云估计农业的恢复大约要三至五年;在恢复阶段,工业只能是放慢速度,进行调整。

(2)减少城市人口,"精兵简政"。陈云认为,这是克服困难的一项根本措施。应在 1961 年已压缩城市人口 1000 万的基础上,继续压缩,不仅要动员"大跃进"中进城的农民返回农村,充实农业的生产力,还要动员一部分家在农村的职工"回家吃饭"。

---

① 参见薄一波:《若干重大决策与事件的回顾》(下),中共党史出版社 2008 年版,第 736 页。

（3）采取一切办法制止通货膨胀。一是严格现金管理，节约现金支出；二是尽可能增产人民需要的生活用品；三是增加高价商品，品种要少，回笼货币要多；四是坚决同投机倒把活动作斗争，在农村建立供销社，在城市建立消费社，互相配合，经营三类物资和一部分工业品，并通过税收、物价及行政手段把自由市场管起来。

（4）尽力保证城市人民的最低生活需要。陈云要求做到：城市每人每月供应三斤大豆以补充营养；每年供应几千万双尼龙袜子，以减轻市场棉织袜供应不足的压力；把山珍海味等高级副食品用于高价饭馆，既可改善一部分人的生活，又能多回笼货币。

（5）把一切可能的力量用于农业增产。陈云认为，除了增产粮食外，还要采取奖励的办法保证经济作物的增产，如棉农交售一斤棉花供应二斤粮食，使棉农有足够的口粮。国家每年都要拨出一部分钢材、木材，制造中小农具。

（6）计划机关的主要注意力，应该从工业、交通方面，转移到农业增产和制止通货膨胀方面来，并且要在国家计划里得到体现。①

刘少奇完全赞同陈云的意见。他还建议召开国务院全体会议，陈云接受了这个意见，并建议国务院会议扩大到各部委党组成员参加。

2月26日，国务院召开有各部委党组成员参加的会议。陈云在会上作了《目前财政经济情况和克服困难的若干办法》的报告，再次阐述他在西楼会议所讲的内容。邓力群回忆说："会议的气氛超乎想象地热烈。""陈云同志也越讲越兴奋，身上出汗了，他就脱掉毛衣继续讲。"②陈云的报告丰富了他在西楼会议的讲话内容，并且提出了一些新的观点，对统一高级干部的思想认识起了更大的作用。他指出：目前的困难是相当严重的，农业生产元气大伤，恢复不可能很快。而农业生产恢复的快慢，直接影响到进口粮食、基建规模和工业生产，因此经济工作要放在"争取快、准备慢"的基点上。③

---

① 参见薄一波：《若干重大决策与事件的回顾》（下），中共党史出版社2008年版，第736—738页。
② 《邓力群同志谈陈云》，《党的文献》2005年第3期。
③ 参见《陈云文选》第3卷，人民出版社1995年版，第191—206页。

陈云的讲话，激起了强烈的反响。大家都感到陈云的报告把问题讲得很透彻，提出的措施切实可靠。据邓力群回忆，陈云讲话时，"热烈掌声不断。原本秀才们（指当时在钓鱼台与邓力群一起参加文件起草工作的几位同志——引者注）相约，分散入座，听到好的段落，带头鼓掌。结果超出想象，部长们热烈鼓掌在前，秀才们一直紧跟在后。那几年，人人谈困难，会会说困难。听到陈云同志讲困难，大家的心里踏实了，托底了。怎么克服困难呢？陈云同志讲时没有豪言壮语，没有空洞承诺；而是条条切实，着着牢靠。大家听后共同感到：困难可以缓解，希望就在眼前。"①

二

陈云西楼会议讲话，深刻总结了"大跃进"以来经济工作的经验教训，对调整国民经济和争取财政经济状况好转起了重要的指导作用，成为随后中共中央出台的进行大幅度调整的一系列政策和措施的基础。这些政策和措施，基本上就是陈云在西楼会议所讲的内容，是对陈云西楼会议讲话的贯彻和落实。

（一）根据陈云"把十年经济规划分为两个阶段，前一阶段恢复，后一阶段发展"的意见，中共中央明确把十年规划分为调整和发展两个阶段

3月18日，中共中央《关于批发陈云等同志讲话的指示》指出："中央同意陈云同志关于目前财政经济情况和克服困难的若干办法的讲话。""陈云同志在他的讲话中说：'把十年规划分为两个阶段。前一阶段是恢复经济的阶段，后一阶段是发展阶段。'为了语言上的一致，中央认为，今后十年，应当分为两个阶段：前一个阶段，是调整阶段，主要是恢复，部分有发展；后一个阶段，是发展阶段，主要是发展，也还有

---

① 邓力群谈，朱元石记录整理：《七千人大会到"西楼会议"》，《当代中国史研究》1998年第5期。

部分的恢复。有了前一阶段的调整，才能有后一阶段的发展。只有这样划分两个阶段，才能使任务明确，步调一致。否则，大家就还只想着发展，而且只想着重工业的发展，硬撑着架子，不愿意缩小基本建设的规模，不愿意降低某些重工业的生产指标。""这对于克服目前的严重困难，争取财政经济状况的基本好转，是极为不利的。"①中共中央明确把十年规划分为调整和发展两个阶段，这就使各部门、各地方的领导同志从"超英赶美"和"十年规划"等框框中摆脱出来，对于集中精力搞好调整工作，起了极大的作用。正如有的同志说："从前光讲八字方针，如何贯彻执行，不明确。又要上又要下，上不去又下不来，很难办事。思想一时明白，一时糊涂。现在分为两个阶段，先调整后发展，头脑清醒了，从举棋不定、无所适从的困境中走了出来。不这样，就没有出路。"②

（二）根据陈云"在恢复阶段，工业只能是放慢速度，进行调整"的意见，大幅度调整1962年国民经济计划

在1962年3月7日至8日召开的中共中央财经小组会议上，陈云提出1962年的年度计划需要有一个相当大的调整，重新安排。他说："要准备对重工业、基本建设的指标'伤筋动骨'。重点是'伤筋动骨'这四个字。要痛痛快快地下来，不要拒绝'伤筋动骨'。现在，再不能犹豫了。"③按照不怕"伤筋动骨"的精神，中央财经小组确定：1962年的绝大多数重工业生产指标比原计划分别降低5%到20%。其中，煤产量从2.5亿多吨降为2.39亿吨，钢产量从750万吨降为600万吨。经过调整，全民所有制企业在1961年减少2.5万个的基础上，1962年又减少1.8万个；基本建设投资由1960年的384亿元，1961年的124亿元，减至1962年的67.6亿元；施工的大中型项目由1960年的1815个，1961年的1409个，减至1962年的1003个；积累率由1960年的39.6%，1961

---

① 《陈云传》（下），中央文献出版社2005年版，第1309页。
② 薄一波：《若干重大决策与事件的回顾》（下），中共党史出版社2008年版，第743—744页。
③ 《陈云文选》第3卷，人民出版社1995年版，第210页。

年的19.2%，降为1962年的10.4%。①这些措施缓和了财政、物资供应紧张的状况，加快了扭转经济比例失调的步伐，为国民经济走出困境打下了可靠基础。

（三）根据陈云"减少城市人口，'精兵简政'"的意见，继续压缩城镇人口

1960年全国城镇达到1.3亿多人，比1957年增加3124万人。1961年减少城镇人口1000多万人，其中精减职工873万人，但城镇人口仍比1957年多出2758万人。②西楼会议后，中共中央决定继续压缩城镇人口。为此，1962年5月7日至11日在北京召开的中共中央工作会议（通常被称为"五月会议"），提出"全国城镇人口应当在1961年年末1亿2000多万人的基础上，再减少2000万人"③。经过全党努力，精减任务基本完成。1963年7月31日中共中央批转的中央精简小组《关于精减任务完成情况和结束精减工作的意见的报告》说，从1961年1月到1963年6月，全国职工减少了1887万人，城镇人口减少了2600万人，吃商品粮人数减少了2800万人。④这对加强农业战线，减少工资开支和粮食销售，提高企业劳动生产率，改善城乡关系，争取财政经济状况的好转，起了很大作用。

（四）根据陈云"采取一切办法制止通货膨胀"的意见，增加高价商品以回笼货币

卖高价的商品主要有高档烟、酒、糖果、点心以及手表、自行车和缝纫机等。当时一辆永久牌自行车，本来卖二三百元的，最高卖到1200元。⑤后来陈云回忆说：三年困难时期，"通过炒肉片、高价糖果等，回

---

① 参见薄一波：《若干重大决策与事件的回顾》（下），中共党史出版社2008年版，第745、749页。
② 参见薄一波：《若干重大决策与事件的回顾》（下），中共党史出版社2008年版，第744页。
③ 《建国以来重要文献选编》第15册，中央文献出版社1997年版，第463页。
④ 参见《陈云年谱（1905—1995）》下卷，中央文献出版社2000年版，第125页。
⑤ 参见《邓力群同志谈陈云》，《党的文献》2005年第3期。

笼货币60亿元"。"1962年货币流通量达到130亿元，而社会必需流通量只要70亿元，另外60亿元怎么办？就是搞了几种高价商品，一下子收回60亿元，市场物价就稳定了。"①另外，中央还尽可能地安排较多的原料、材料和燃料，增加日用工业品的生产，平衡商品供应量与社会购买力之间的差额，以制止通货膨胀。

（五）根据陈云"尽力保证城市人民的最低生活需要"的意见改良供应

除城市每人每天供应一两大豆外，1962年3月7日至8日的中共中央财经小组会议，又提出"要拨一点钢材，造一些机帆船，争取使大中城市平均每人每月有半斤鱼吃，还要保证每人每月半斤猪肉，争取明年年底再增加半斤。"陈云指出："这样的问题，是国家大事，是政治问题。人民群众要看共产党对他们到底关心不关心，有没有办法解决生活问题。"②

（六）根据陈云"把一切可能的力量用于农业增产"的意见改良材料分配

中共中央决定在材料的分配上，优先满足恢复农业生产的需要，尽可能地挤出一部分原材料来增产农业所需要的生产资料。以1962年为例，在可供分配的500万吨钢材中，划拨75万吨用于农业，比原计划增加8.5万吨；在可供分配的2158万立方米木材中，划拨310万立方米用于农业，比原计划增加50万立方米，基本上满足了生产大、中、小型农具和维修农业机械的需要。并且把机械工业的10个企业（约5500台机床、3万名职工）转产农业机械。同时，增加了化肥、农药的生产量和供应量。1962年安排的化肥供应量为540万吨，比上年增长61%；农用拖拉机为12.1万台，增长50%；排灌机械为679万马力，增长41%；农用汽车为10247辆，增长53%；农用电为18亿度，增长153%；供应农业

---

① 《陈云文选》第3卷，人民出版社1995年版，第376—377页。
② 《陈云年谱（1905—1995）》下卷，中央文献出版社2000年版，第114页。

用的煤、燃料油等，均有较多增加。① 这些措施对于恢复农业生产起到了重要作用。

通过实行以上政策和措施，国民经济的调整工作取得显著成效，财政经济情况逐年好转。到1962年底，国民经济开始从极端困难的状况下摆脱出来，出现了从下降到上升的决定性转折。到1963年，经过继续贯彻调整方针，工农业生产得到进一步恢复，国民经济开始全面好转。到1965年，工农业生产都完成和超额完成了年度计划，人民生活有了进一步改善。国民经济经过五年调整，已经得到全面恢复和发展。

1995年6月13日，江泽民曾赞扬陈云在全国开展社会主义经济建设时期，"为有效地克服当时国民经济遭受的严重困难做出过突出贡献"②。2005年6月13日，胡锦涛在陈云诞辰100周年纪念大会上的讲话中又指出："在经济建设的一些重大问题上，特别是在困难关头，人们总是希望听到陈云同志的意见，他也总是能够不负众望，洞悉全局，抓住要害，及时拿出解决问题的有效办法。"③

三

陈云西楼会议讲话虽然对当时的国民经济调整起了举足轻重的作用，却对他后来的政治生涯产生了深远影响。"文化大革命"期间，陈云为西楼会议讲话吃尽苦头，几乎每次中央全会都对陈云西楼会议讲话的所谓"错误"进行批判，陈云也多次为此检讨。

自从1962年北戴河会议和中共八届十中全会上，陈云因支持包产到户、主张分田到户而受到不点名批判以后，加上身体时好时差，实际上就离开了最高决策层和实际工作岗位。从那时到1966年6月，他的绝大部分日子都在外地疗养。

"文化大革命"爆发前夜，陈云已感觉到越来越大的政治压力。1965

---

① 参见薄一波：《若干重大决策与事件的回顾》（下），中共党史出版社2008年版，第746页。
② 《在〈陈云文选〉（一——三卷）、〈陈云〉画册出版发行暨纪念陈云同志诞辰九十周年座谈会上江泽民同志的讲话》，《人民日报》1995年6月14日。
③ 《在陈云同志诞辰100周年纪念大会上的讲话》，《人民日报》2005年6月14日。

年6月18日,他再一次向毛泽东书面检讨自己1962年"对农业恢复速度的估计",以及"用重新分田的办法来刺激农民的生产积极性,以便恢复农业的产量"的"右倾错误"。①12月19日陈云应邀前往毛泽东在杭州的住所谈话,就1962年对形势看法的所谓"错误"问题向毛泽东当面检讨。②

1966年8月1日至12日,毛泽东在北京主持召开中共八届十一中全会。全会印发了8月5日毛泽东写的《炮打司令部——我的一张大字报》。这张大字报主要是针对刘少奇的,但其中"联系到1962年的右倾"的话语,实际上也点到了陈云。8月6日,陈云不得不写信给毛泽东并中共中央,表明自己拥护毛主席和中央所采取的方针的态度。8月10日,康生在华东组会上发言,攻击陈云说:"陈云同志的思想,也是长期与主席对立的。他以经济专家自居,自认为他的经济学在主席之上。看看他1962年的报告,就懂得他的经济学是什么货色。他只讲经济,不讲政治,他讲的经济政策,据我看只是资本主义的商人经济而已。"8月12日,全会根据毛泽东的意见,改组了中央领导机构,中央政治局常委由原来的7人扩大到11人。全会没有重新选举主席、副主席,但以后刘少奇、周恩来、朱德、陈云的副主席职务不再提及。陈云在中央政治局常委中的排名,由第五降为第十一,即最后一个。③

1968年10月13日至31日召开的中共八届十二中全会,在极不正常的情况下,除作出把刘少奇永远开除出党,撤销党内外一切职务的错误决定外,还对陈云进行了批判。谢富治在会上攻击陈云说:"陈云同志在七千人大会上,主席三次叫他讲话,他说没调查没有发言权。后来不到一个月,作了个黑报告反毛主席,反大跃进,反总路线。""按陈云同志的报告搞下去,不知成什么样子。"又说:"刘少奇抬出陈云搞经济小组,收拾'残局',就是搞修正主义。主席没赞成陈云同志出来。陈云同志搞些什么,多赚钱卖花布、炒肉片、高价商品。陈云同志一贯反毛主席,

---

① 参见《陈云传》(下),中央文献出版社2005年版,第1355页。
② 参见《陈云年谱(1905—1995)》下卷,中央文献出版社2000年版,第135页。
③ 参见《陈云传》(下),中央文献出版社2005年版,第1358—1359页。

休息也不干好事。这些东西都要清算。"① 在八届十二中全会那种政治气氛下，陈云不得不于 10 月 25 日、30 日两次在小组会上检讨自己新中国成立前和新中国成立后犯过"错误"，特别是 1962 年犯了"右倾错误"。② 当讲到 1962 年七千人大会毛主席要他发言而没有发言的"错误"时说：主席要我在大会上发言，因为我不愿在这样大的会议上散布我的右倾观点，因此，没有讲。如果要讲，也只能讲那时的右倾观点。这种不表态，实际上是右倾机会主义的另一种表态。③

1969 年 4 月 1 日至 24 日，中国共产党第九次全国代表大会在北京召开。接着召开的中共九届一中全会，选举了新的中央领导机构。陈云自 1933 年以来，第一次被排除在政治局之外。④

林彪事件后，陈云结束在江西蹲点的生活，于 1972 年 4 月 24 日回到北京。7 月 21 日，陈云致信毛泽东和中共中央，再次对 1962 年在七千人大会上毛泽东要他讲话他不讲，而隔几个星期却在西楼会议作所谓"错误"报告的问题进行检讨，并请求中央根据他身体情况分配力所能及的工作。次日，毛泽东批示："印发。请中央商定。我看都可以同意。"此后不久，陈云即参加国务院业务组，协助周恩来考虑经济特别是外贸方面的一些重大方针、政策问题。⑤

1973 年 8 月，在中国共产党第十次全国代表大会上，陈云继续当选为中央委员，但依然被排除在中央最高决策层外。他的主要工作仍是协助周恩来抓对外贸易工作。⑥ 1975 年初，陈云在四届全国人大一次会议上当选为全国人大常委会副委员长。他的工作范围，不再限于协助指导对外贸易工作，但还是没有回到中共中央和国务院的领导岗位。这种状况一直持续到中共十一届三中全会前。

历史是公正的。在中央调整方针的指导下，在不到三年的时间里，

---

① 《陈云年谱（1905—1995）》下卷，中央文献出版社 2000 年版，第 148 页。
② 参见《陈云传》（下），中央文献出版社 2005 年版，第 1365 页。
③ 参见《陈云年谱（1905—1995）》下卷，中央文献出版社 2000 年版，第 148 页。
④ 参见《陈云年谱（1905—1995）》下卷，中央文献出版社 2000 年版，第 150—151 页。
⑤ 参见《陈云年谱（1905—1995）》下卷，中央文献出版社 2000 年版，第 171 页。
⑥ 参见《陈云传》（下），中央文献出版社 2005 年版，第 1399 页。

国民经济就有效地得到恢复并重新出现欣欣向荣的景象。陈云在那个历史阶段的突出贡献,特别是他当时的西楼会议讲话所起的重要作用是全党和全国人民公认的。1978年12月18日至22日,中共十一届三中全会在北京举行。全会增选陈云为中共中央政治局委员、政治局常务委员、中央委员会副主席。陈云恢复了在中共中央的领导职务,再次成为中共中央领导集体的重要成员。

陈云从1962年北戴河会议后离开中共中央领导岗位,在1978年十一届三中全会上再次成为中共中央领导集体的重要成员,其中的原因是多方面的,但与陈云西楼会议讲话对国民经济调整所作出的重要贡献无疑是分不开的。

[原载《北京党史》2011年第1期]

陈云三次领导稳定物价的基本经验

陈云在抗日战争后期主持边区财经工作、解放战争时期主持东北财经工作和新中国成立前后主持中财委工作期间，都成功地领导过稳定物价的斗争，并积累了丰富的实践经验。由于陈云在新中国成立前后的稳定物价意义重大①，影响深远，因此，学术界对这一时期研究的较多，相比之下，对前两个时期研究的较少。本文试图完整地总结陈云领导稳定物价的基本经验，并力图展示它们是怎么样逐步丰富和发展的。

一、注重调查研究

注重调查研究，是陈云一贯的工作方法。不管是在革命战争年代还是在经济建设时期，每当工作中遇到问题时，陈云总是先进行深入细致的调查研究，也总能够从中找出解决问题的办法。这在陈云领导稳定物价的斗争实践中表现得尤为突出。

1944年3月，陈云由中共中央组织部部长转任中共中央西北局委员、西北财经办事处副主任兼政治部主任，主持陕甘宁边区的财政经济工作。这是陈云以主要精力从事财政经济工作的开始。当时，国民党严密封锁边区，企图"不让一粒粮、一尺布进入边区"，同时千方百计阻止边区食

---

① 毛泽东曾评价其意义"不下于淮海战役"。参见薄一波：《若干重大决策与事件的回顾》（上），中共党史出版社2008年版，第63页。

盐出口。由于贸易进口大于出口，加之生产资金的大量投放，以及为调动军队而增加的费用，造成1943年边币发行量增加13倍，下半年开始金融波动、物价猛涨，贸易、金融和财政问题日益凸显出来，成为迫切需要研究和解决的难题。[①]面对严峻形势，陈云从调查边区的商情入手，努力寻求打破封锁、扭转入超以稳定物价的应对之策。据当时在陈云身边工作的朱劭天回忆："他常亲自到延安南郊新市场和公司货栈，找群众和干部谈话，直接了解情况和意见，取得第一手材料。我跟随他在新市场向运盐农民调查运盐线路时，他让我绘制了一幅《陕甘宁边区交通干线图》（我仍留有复印件），以便于外出调查时使用。"[②]不仅如此，陈云还派人到西安等地侦察、搜集经济情报，注意从报纸、杂志和文献资料中寻找有关动向的蛛丝马迹。朱劭天回忆说："陈云同志非常注意从各方面研究和了解市场发展情况，他曾亲自带领我去枣园党中央图书馆，查阅国民党地区发行的各种报纸、杂志和书籍中有关西北盐业及花纱布的产、供、销资料。"[③]陈云还致信在重庆的中共中央南方局经济组组长许涤新，要他介绍国民党政府的黄金政策、外汇政策、币制改革政策、金融政策、财政收支政策和棉布政策等。经过调查研究，陈云弄清了物价猛涨的原因，找出了解决问题的办法，从而有力地抑制了边区物价的过猛上涨。

1945年9月，陈云奔赴东北，任中共中央东北局委员，参加领导建立东北根据地的斗争。1948年6月后，他兼任东北财政经济委员会主任。陈云主持东北财经工作后，所做的大事之一就是制止物价暴涨。此时东北的平均物价指数已比当年2月上涨近三倍半。粮食由2月底的每斤160元涨为6、7月的1600元。[④]面对这一形势，陈云先是冷静地进行深入细致的调查研究，进而分析出了物价暴涨的三大原因：第一，大量增发纸币；第二，物资不足；第三，政策的失误。主要是因公家购粮，

[①] 参见《陈云传》（上），中央文献出版社2005年版，第356页。
[②] 朱佳木主编：《陈云和他的事业》（上），中央文献出版社1996年版，第96页。
[③] 朱佳木主编：《陈云和他的事业》（上），中央文献出版社1996年版，第97页。
[④] 这里指1946年3月东北银行开始发行的东北币，即东北解放区的地方流通券。中国人民银行自1951年4月1日起，按东北币9元5角折合人民币1元的比价兑换。参见《陈云传》（上），中央文献出版社2005年版，第545页。

限制商贩携带50斤以上的粮食,缩小了社会的调剂力量。① 在解放战争正激烈进行的情况下,这些问题(特别是前两个问题)难以完全解决,但经过努力可以缓解。陈云提出了切实有力的对策并先后付诸实施,结束了物价暴涨的局面。

陈云在主持财经工作期间表现出来的卓越才能,得到了中共中央和毛泽东的肯定与信任。1949年5月,他奉命到北平参加筹组并主持中财委工作。在此期间,陈云三次领导稳定物价的斗争。每次斗争中,他仍然是从调查研究入手。由于旧经济势力进行大米、纱布和煤炭投机,1949年6月下旬,上海的物价开始波动。稳定物价成为中财委成立后面临的首要问题。7月下旬,陈云赴上海主持召开各解放区财经会议。他抵达上海后,连续四天一边听汇报、调查研究,一边为会议作准备;会议结束后,陈云仍留在上海继续探讨如何落实会议各项决定,并与各界代表人物广泛接触,开座谈会,调查研究。② 在这些会上,陈云努力统一大家的思想认识,对恢复与发展生产、克服财政经济困难产生了重要作用。毛泽东对此深表赞成,要求各级领导人也要像陈云在上海那样,多和党外各界人士接触,"探听各界气候,将具体问题向他们请教及交换意见,而不是泛泛的交际性的接触"③。由于采取了有力措施,在会议期间和会后两个月内,各地物价相对平稳。陈云仍很冷静。他指出:"今后物价估计仍将继续上涨,且仍有发生剧烈跳跃的可能。原因是财政赤字仍然很大,且须收购大量物资(主要的是棉花),必须继续增发货币。""在这样的情况下,要想停止物价上涨,估计是不可能的。""因此,困难还很严重,不能盲目乐观。"④ 果然,新中国成立后刚半个月,以上海、天津等大城市为先导,其他地区跟进,全国物价猛涨。到11月13日止,以7月底为基期,物价平均指数:北京、天津涨1.8倍,上海涨1.5倍,华中、西北与此相近。在10月份一个月内,全国物价平均上涨44.9%。⑤ 11

---

① 参见《陈云年谱(1905—1995)》上卷,中央文献出版社2000年版,第523页。
② 参见《陈云传》(上),中央文献出版社2005年版,第622、627页。
③ 《毛泽东年谱(1893—1949)》下卷,中央文献出版社2002年版,第563页。
④ 《陈云文集》第2卷,中央文献出版社2005年版,第4、5页。
⑤ 参见《陈云传》(上),中央文献出版社2005年版,第639、640页。

月1日、5日，陈云主持召开中财委第一次委务会议和第二次委务会议。经过调查研究，会议认为这次物价上涨，根本原因是国内战争仍在继续，财政赤字扩大，纸币发行大量增加。此外，人民政府所接收的城市，市场差不多已变成投机商人的大赌场，也是物价猛涨的原因。从11月5日起，中财委所管的各部相继召开专业会议，实际上是对财经工作的方方面面进行了一次比较全面系统的调查研究，为从根本上稳定物价作了必要的准备。正如陈云后来所说："11月5日起开始召开专业会议。这三个月会议使我们头脑开始清楚。"① 由于情况明，决心大，时机得当，措施有力，这场严重的涨价风潮很快平息。陈云在制止这场物价猛涨时，考虑到财政赤字和货币发行情况，已估计1950年2月份还会刮起物价涨风。1950年1月4日到9日，上海粮价上涨23%；到1月下旬，又比月初上涨80%。② 2月6日又发生了国民党飞机轰炸上海事件，投机商人趁机囤积纱布，物价涨风再起。由于事先有预见，并陆续作了部署；人民政府手里已经控制大量物资，掌握了市场主导权，因此，到1950年3月，全国物价基本上稳定下来。

二、善于抓住关键

从延安时期到新中国成立前后的历次物价上涨中，总有一种商品起着领头作用。抓住了它，就抓住了稳定物价的关键，就掌握了主动权。这是陈云稳定物价的又一条重要经验。

在主持边区财经工作时期，陈云抓的是布匹。他分析说，边区的老百姓大多数能保持粮食自给，但都需要布，而布是从西安来的。"这一条就决定了边区的物价是以布匹为主。布匹涨，猪肉也涨，小米也涨。"他发现布匹涨价"在正常的情况下，是外部原因为主"，"特殊的情况是内部金融波动，比西安涨得快"。从涨价的先后看，"在正常情况下，我们落后于西安，土产品落后于外来品"。据此，陈云提出两项办法：一是控

---

① 《陈云传》（上），中央文献出版社2005年版，第668页。
② 参见《陈云传》（上），中央文献出版社2005年版，第670、671页。

制金融波动；二是调整供求关系。陈云还观察到在边区对物价涨跌起领导作用的是延安和绥德，尤以延安为主。为此，他提醒"特别要注意这两个城市的物价"①。由于抓住了关键目标，并采取了相应的措施，保证了边区的"物价相对稳定（一年上涨两三倍，与西安大体持平）"②。

在主持东北财经工作时期，陈云抓的是粮食。1948年9月2日，陈云在东北财经部门讨论物价问题的座谈会上分析说："东北过去物价曾经是布价带头的，1946年北满时就是如此。棉花未来，粮食出不去，叫做'吃饱了，冷死了'。后来转变到粮食带头，这是指与苏联贸易通了以后，粮食有出路，买粮出口，布退回来，大批布在公家手中。粮跑出去，布跑回来，并且又来得及时，粮食就带头了。"③因此陈云说："如何适当控制粮价，减少意外之涨，增加意料之涨，这就要掌握一些粮食。"他提出1948年除征收200万吨公粮外，还需外购40万吨粮食。"有了这些粮食，就可将粮价适当控制。"④

在主持中财委工作时期，陈云还是主要抓粮食。从1949年7月到1950年2月的三次物价上涨，都是由粮食带头。因此，1949年7月16日，也就是临去上海主持各解放区财经会议的前三天，陈云致电东北局财委李富春、叶季壮，请他们研究可否挤出15万至20万吨带壳粮支援上海。⑤到上海后，陈云主张从东北、华中、华东三个地区调粮到上海，以维持上海的供应。在上海财经会议的最后一天，陈云表示中财委已从东北调来20万吨大米给上海。"今年秋天要在南京、杭州间集中6亿至8亿斤大米，以备上海所需。"⑥采取这些举措后，物价被成功平抑，江南粮食价格还有所下落。从10月15日开始的这次涨风，天津、北京是由粮食带头，上海、武汉是由纱布带头，其中最主要的还是粮食。11月11日，陈云、薄一波致电东北李富春、叶季壮："务请设法从11月15日起由东北保证

---

① 《陈云文集》第1卷，中央文献出版社2005年版，第416—418页。
② 朱佳木主编：《陈云和他的事业》（上），中央文献出版社1996年版，第95页。
③ 《陈云传》（上），中央文献出版社2005年版，第549页。
④ 《陈云传》（上），中央文献出版社2005年版，第549、550页。
⑤ 参见《陈云年谱（1905—1995）》上卷，中央文献出版社2000年版，第570页。
⑥ 《陈云文选》第2卷，人民出版社1995年版，第17页。

每日运 1000 万至 1200 万斤粮食进关。"①为确保东北粮食进关，陈云派曹菊如到东北去调运粮食。他亲自交代："你坐镇沈阳，东北必须每天发一个列车的粮食到北京，由北京市在天坛打席囤存粮，必须每天增加存粮席囤，要给粮贩子看到，国家手上真有粮食，粮价不能涨，使奸商无隙可乘！"②11 月 25 日，全国各主要城市统一行动，大量抛售粮食、棉布。制止物价猛涨、打击投机商人的战斗取得决定性的胜利。1950 年 1、2 月间的物价波动还是从粮食起。当时上海存粮不到 1 亿斤，情况十分紧急。为提防奸商捣乱，1 月 11 日，陈云致电华中的邓子恢和东北财委，要求"华中查告沿江沿铁路立即可运沪的粮食有多少，在何处，用最快方法本月内能运出多少？"要求东北答复"东北上交中央之稻谷准备好否？"并请他们接此电后"就可运者立即起运"。③由于措施果断，组织得力，在极为困难的情况下，仍然保证了运粮济沪，从而控制了物价的过猛上涨。

三、强调集中统一

实践证明，在经济面临困难，尤其是物价不稳的情况下，集中有限的资源和力量，保持各部门的协调统一，对于摆脱困境，扭转局面具有重要意义。陈云在从延安时期到新中国成立前后领导稳定物价的斗争实践中，一贯强调集中统一。

陈云主持边区财经工作时，面对的是因严重封锁和贸易入超而造成的被动环境，强调必须实行集中统一。1944 年 12 月 1 日、2 日，他在中共中央西北局高干会上指出："各分区与延安，贸易公司、银行与财政厅，以及陕甘宁和晋西北两个边区的工作，都要步调一致。若各自为政，互不相谋，各搞各的，就会天下大乱。"④在贸易方面，陈云将西北财经办事处物资局改为陕甘宁边区贸易公司，统一管理边区的对外贸易。他还指出："要把晋西北和陕甘宁的贸易统一起来，进口不要争相买，出口也要

---

① 《陈云年谱（1905—1995）》中卷，中央文献出版社 2000 年版，第 8 页。
② 《陈云与新中国经济建设》，中央文献出版社 1991 年版，第 177 页。
③ 《陈云传》（上），中央文献出版社 2005 年版，第 670 页。
④ 《陈云传》（上），中央文献出版社 2005 年版，第 357 页。

有计划，否则对自己不利。"① 在金融方面，陈云将银行发行权集中于西北财经办事处。1944年5月14日，陈云与贺龙在给边区银行行长黄亚光、政委贾拓夫的信中指出：今后银行增加发行必须经过财经办事处书面批示。② 在财税方面，陈云规定分区可以向边区政府提出税收方面的意见，但颁布权属边区政府，内部的税收政策要统一于边区政府。③ 这些措施有效地保持了物价的稳定。

在主持东北财经工作时，陈云仍然强调必须实行集中统一。他认为，要力求物价平涨而非暴涨，公家必须设法掌握一定数量的粮、布、盐等物资。1948年6月28日，陈云在中共中央东北局常委会上提出："要尽可能多地把粮食控制在手里。首先，要集中力量把布和盐抓起来，有了这些东西就可以向农民换取粮食。"④ 10月8日、11日，陈云在中共中央东北局高干会上再次提出：要避免物价大涨，"仅就经济范围来说，有三个条件：（一）避免错误；（二）必须做到每月货币收支接近平衡；（三）掌握一定数量的必需物资"。"除各种开支与出口外，要经常保持40万吨至50万吨粮食，这是最基本的。""除粮食外，手里还要多掌握100万匹布。"⑤ 这对适当控制物价发挥了重要作用。

陈云在主持中财委工作期间领导的三次稳定物价的斗争，都不同程度地发挥了全国财经工作统一调度的作用。面对1949年7月的物价风潮，陈云强调必须有全局和统一的观点，不能只从地方的局部利益出发，各自打算。他说："一个地方物价上涨，必然会影响其他地方，抱怨是没有用的。个别地方采取'自卫'办法，即用提高价格来限制物资外流的办法，是用不得的。只有让物资自由流通，物价保持平稳才行。在财政上，一定时期内还有比较大的地方性，但地方如果都各自打算，分散使用力量，就不能应付目前这个局面。"⑥ 8月，陈云为稳定物价主持召开的

---

① 《陈云年谱（1905—1995）》上卷，中央文献出版社2000年版，第400页。
② 参见《陈云年谱（1905—1995）》上卷，中央文献出版社2000年版，第385页。
③ 参见《陈云传》（上），中央文献出版社2005年版，第378页。
④ 《陈云年谱（1905—1995）》上卷，中央文献出版社2000年版，第514页。
⑤ 《陈云文集》第1卷，中央文献出版社2005年版，第641、642页。
⑥ 《陈云文选》第2卷，人民出版社1995年版，第5页。

上海财经会议决定："（一）建立统一的发行库，由中央财委统一领导。（二）建立全国性的花纱布公司，与中纺公司同归中央纺织工业部统一领导。（三）建立全国性的土产公司，负责推销各地丝、茶、桐油等类特产"①。平息从10月15日开始的物价上涨，更是充分发挥了集中调集主要物资，各大城市统一行动所形成的巨大威力。11月13日，陈云向各地下达了调运粮棉的指令，指令各地国营贸易公司："应从各方调集主要物资于主要地点，并力争于11月25日（至迟30日）完成；预定11月底12月初于全国各主要城市一齐抛售。"②陈云还要求各地向中财委及贸易部随时报告各种物价信息，并依据指示来抛售物资、确定本地的合理价格。11月25日，全国各主要城市统一行动，大量抛售。薛暮桥回忆道："投机商人认定物价还将上涨，不惜高利拆借巨款，继续吃进。但国营公司实力雄厚，敞开抛售后逐步降价，投机资本遭到沉重打击。几天之内，就将这次波及地区最广、持续时间最长、物价涨幅最大的涨价风潮平息下去了。"③处理1950年初的物价波动同样发挥了集中统一的优势。面对1949年水旱灾情引起的严重粮荒，陈云在1950年1月6日的政务院第十四次政务会议上提出："贸易和城市的物资供应要统一指挥，统一行动，把主要的力量放在主要的战场上，集中力量打垮一部分奸商。"④针对有些地方的领导干部不顾全大局，阻止粮食外运，陈云断然主张采取严厉手段："谁阻止粮食外运，就砍谁的头。"⑤由于调集了充足的粮棉做后盾，这场物价风波再次成功度过。

四、经济手段为主

陈云历来主张处理经济问题要尽量运用经济手段。在领导稳定物价的斗争实践中，陈云始终注重以经济手段为主，其他手段为辅，这是稳

---

① 《陈云文集》第2卷，中央文献出版社2005年版，第3、4页。
② 《陈云文选》第2卷，人民出版社1995年版，第31页。
③ 《薛暮桥回忆录》，天津人民出版社1996年版，第202页。
④ 《陈云文集》第2卷，中央文献出版社2005年版，第52页。
⑤ 《陈云传》（上），中央文献出版社2005年版，第672页。

定物价成功的又一条重要经验。

盐是边区最大宗的出口物资,对平衡进出口和稳定物价具有关键作用。为了使食盐按有利价格卖出去,避免出口走私,陈云指示有关部门"减低运盐费用,改善运盐途中条件;提高口岸收购价(较规定的外销价只差20%),保证运盐户有钱可赚"①。对于农户运盐,运往哪个口岸,陈云要求不再由政府摊派任务,而是用规定口岸收购盐价的办法来指挥,大大提高了农户运盐的积极性。②在处理边币与法币的关系时,陈云同样强调要以经济手段为主,政治手段为辅。他说:"银行法币换不出来,你叫毛主席、总司令到那里去说:'你们拥护共产党,你们不要来换法币。'这行不行?一定不行。"③由于按市场规律办事,不仅扭转了边区贸易入超的被动局面,而且保持了金融稳定,抑制了物价上涨。

1946年3月13日,陈云在中共中央北满分局干部座谈会上指出:"经济问题只能用经济手段解决,不能靠政治解决,政治只能解决一部分。经济是基础,政治是上层建筑,要由经济决定。"④主持东北财经工作后,陈云更加强调按经济原则办事。1948年6月16日,陈云在中共中央东北局例会上说:"搞经济总要合乎经济原则,用强迫的办法既违反经济原则,又违反政治原则。"6月18日,陈云在就发展羊草生产、保证军需供应事给东北财经委员会负责人叶季壮等的信中指出:"现在纯粹动员性质的事情太多了,农民是讨厌我们的。"他要求必须遵循经济原则,"只要有利,农民必来;牌价太低,农民必不来"。⑤对粮食涨价后公营企业的商品和服务不跟着涨,陈云明确指出那是不行的,不符合经济工作规律的。"这可使工业最后总崩溃"⑥。他在写给中共中央的报告中指出:"秋收及新公粮征收以前,估计物价仍将逐步上涨。其中,粮价我无法控制,煤、盐、布、金及公用事业价则必须主动跟上粮价。"⑦由于按经济原

---

① 朱佳木主编:《陈云和他的事业》(上),中央文献出版社1996年版,第96、97页。
② 参见《陈云传》(上),中央文献出版社2005年版,第365页。
③ 《陈云文集》第1卷,中央文献出版社2005年版,第406页。
④ 《陈云传》(上),中央文献出版社2005年版,第529页。
⑤ 《陈云年谱(1905—1995)》上卷,中央文献出版社2000年版,第512、513页。
⑥ 《陈云传》(上),中央文献出版社2005年版,第548页。
⑦ 《陈云文选》第1卷,人民出版社1995年版,第372页。

则办事，既使农民不吃亏，又适时调整公营企业商品和服务的价格，减少和避免了公家的损失，结果是既保护了农民的利益，又使公家有更多的力量掌握一定数量的粮食和布匹等物资，有效地抑制了物价暴涨。

主持中财委工作后，陈云更加注重发挥经济手段在稳定物价中的作用。在平息从10月15日开始的物价风波中，陈云充分利用经济力量，在11月13日的电文中一次性发布了五条紧缩银根的指令："人民银行总行及各主要分行自电到日起，除中财委及各大区财委认为特殊需要而批准者外，其他贷款，一律暂停。在此期内，应按约收回贷款。何时解禁，听候命令。""各大城市应将几种能起收缩银根作用之税收，于11月25日左右开征。""工矿投资及收购资金，除中财委认可者外，由各大区财委负责，自此电到达日起一律暂停支付。""中财委及各大区财委对各地军费（除去仓库建筑等）应全部拨付，不得扣压。但请当地党政军当局叮嘱部队后勤负责同志，不得投入商业活动。""地方经费中，凡属可以迟发半月或20天者，均应延缓半月或20天。"① 这些经济政策为平息这场物价风波产生了重要作用，也给私人工商业者留下了深刻的印象。时任上海申新纺织公司总管理处总经理的荣毅仁表示："中共此次不用政治力量，而能稳住物价，给上海工商界一个教训。""六月银元风潮，中共是用政治力量压下去的，此次则仅用经济力量就能稳住，是上海工商界所料不到的。"② 在平息1950年初的物价波动中，陈云同样注重发挥经济手段的作用。1950年1月6日，在政务院第十四次政务会议上，陈云说："要提防物价波动，不能靠宣传吹牛，不能靠政治压力，只有靠物资的供应。"③ 中财委还通过以工代赈，将救济灾民与兴修水利、运粮济沪等结合起来，收到了一举多得的经济效果。

五、坚持标本兼治

在长期领导稳定物价的斗争实践中，陈云不仅注重稳住物价，更注意从根本上消除物价上涨的隐患，从而达到治本的目的。

---

① 《陈云文选》第2卷，人民出版社1995年版，第30、31页。
② 转引自《陈云文选》第2卷，人民出版社1995年版，第52页。
③ 《陈云文集》第2卷，中央文献出版社2005年版，第53页。

边区物价上涨的主要原因是由于贸易入超引起的。因此,要保持边区物价的稳定,除了实施正确的贸易、金融和财政政策外,最根本的还是要靠发展生产。陈云对边区的生产高度重视,尤其强调"重心要放在能减少入口的物资的生产方面去"①,更注重生产需花费法币进口的棉花、布匹和其他工业品。他说:"棉花、布匹不要外面的,法币的付出可以减少,金融就可以稳定。"②1944年7月21日,陈云在西北局常委会议上就筹划边区铁生产问题发表意见,提出向关中铁厂投资7000万元边币,富村铁厂投资1亿元边币。③陈云也高度重视农业方面生产自给。他说:"青菜、萝卜、马、牛、羊、鸡、犬、豕这些东西也要,这些东西也是减少财政开支的。开支减少了,边币就可以少发行一些。"④生产的发展改变了贸易入超的被动局面,抑制了边区物价的上涨。陈云概括为:"由于以发展生产解决财政困难的办法的成效,由于农产品和工业品生产的增加,加上贸易、金融管理的改善,近年来边区的金融和物价,大体上是稳定的。如果生产有了更巨大的收获时,稳定的程度还要增加。"⑤

为解决东北解放区的物价暴涨问题,陈云不仅从流通和分配环节上采取应急对策,更把恢复和发展生产作为根本办法。1948年10月8日、11日,陈云在中共中央东北局高干会上提出"后方机关要提倡搞农工生产"⑥。对于发展农业,陈云指出:"现在允许人发财是不可怕的。""农民生产积极性越高越好","生产粮越多越好"。⑦这及时打消了某些农民特别是富裕中农怕富的顾虑。对已恢复生产的工业,陈云要求搞好经济核算,不能做赔本买卖;对准备办的工厂,他要求"要办就要条件确实具备,还要有技术保证"⑧。陈云还十分重视工业生产的计划性,在东北局高干会上指出,"没有总的统一的计划,等于无计划。下面各部门有计划而上

---

① 《陈云传》(上),中央文献出版社2005年版,第386页。
② 《陈云文集》第1卷,中央文献出版社2005年版,第403页。
③ 参见《陈云年谱(1905—1995)》上卷,中央文献出版社2000年版,第390页。
④ 《陈云文集》第1卷,中央文献出版社2005年版,第419页。
⑤ 《陈云文选》第1卷,人民出版社1995年版,第284页。
⑥ 《陈云文集》第1卷,中央文献出版社2005年版,第644页。
⑦ 《陈云传》(上),中央文献出版社2005年版,第551—552页。
⑧ 《陈云传》(上),中央文献出版社2005年版,第553页。

面无计划,一切计划会统统破产。""随便制订的计划,不等于真正的计划。"①上述思想和实践,不仅为稳定东北解放区的物价奠定了物质基础,还为此后解决全国范围内的物价问题积累了经验。

新中国成立前后物价上涨的主要原因在于财政赤字太大、钞票发行太多。因此,要保持物价稳定,除了采取紧缩通货、抛售物资等治标办法外,最根本的还是要靠财政开源,增加收入。1949年8月15日,陈云在上海财经会议上指出:"眼光要放在发展经济上。要注意节省开支,但更要注意增加收入。节流很重要,开源更重要。所谓开源,就是发展经济。"②他提出把生产运动作为全党压倒一切的中心工作任务。③当时陈云采取的另两个治本之策是发行公债和增加税收。1949年12月2日,陈云在中央人民政府委员会第四次会议上作关于物价问题和发行公债的报告。他在报告中说明:"人民购买公债,在全国经济困难情况下,也是一种负担。但是这种负担,比起因增发钞票、币值下跌所受的损失来说,是比较小的。因为币值下跌的结果,其下跌部分是全部损失了的,而购买公债,在一时算来是负担,但是终究可以得到本息,不是损失。……所以从全体人民的利益说来,发行公债比之多发钞票要好些。"④经过充分讨论,中央人民政府委员会正式通过关于发行人民胜利折实公债的决定。这次发行公债,符合国家和人民的利益,加上宣传和组织工作得力,认购踊跃,第一期公债发行超额完成。同时,陈云要求增加城市的工商税收。12月8日,陈云在全国第一次税务会议上的讲话中指出:"要解决财政困难,单靠多发票子不行,主要应靠增加税收。过去,农业税(公粮)比重过大,今后要增加城市税收,使之在三年内与农业税取得平衡,甚至超过农业税。"⑤公债的发行、税收的增加,对稳定物价起了决定性作用。

[原载《党的文献》2011年第3期]

---

① 《陈云年谱(1905—1995)》上卷,中央文献出版社2000年版,第530页。
② 《陈云文选》第2卷,人民出版社1995年版,第18页。
③ 参见《陈云传》(上),中央文献出版社2005年版,第634页。
④ 《陈云文选》第2卷,人民出版社1995年版,第36页。
⑤ 《陈云年谱(1905—1995)》中卷,中央文献出版社2000年版,第12页。

邓小平与中共八大的筹备

中共八大是党的历史上一次十分重要的会议。作为当时的中共中央秘书长，邓小平承担了筹备八大的重任，做了大量卓有成效的工作。2009年以前，由于资料不足，很少有文章专门考察邓小平与八大的筹备，多是在研究邓小平与八大的关系时，把该问题作为文章的一部分进行简要交代或概括论述。中央文献研究室在2009年编撰出版的《邓小平年谱（1904—1974）》（以下简称《年谱》），披露了许多这方面的资料，为学界从事这一问题的研究创造了条件。本文在以往研究基础上，依据《年谱》及相关史料，着重考察邓小平在筹备八大过程中所起的重要作用，展现他为会议的成功召开作出的历史贡献。

一、具体负责八大的筹备工作

1955年3月31日，毛泽东在全国党代表会议上的讲话中，代表中共中央宣布了1956年下半年召开八大的决定，要求1956年7月前完成代表的选举及文件的准备工作。会议结束后，八大的各项准备工作随即开始。邓小平当时作为中共中央秘书长，具体负责八大的筹备工作，从确定八大报告起草人到处理各种文件，从讨论八大代表选举问题到提名八届中央委员和中央候补委员候选人，从审改大会发言稿到提出发言要求，其间大小事宜，邓小平几乎都参与决策和讨论。

（一）关于大会文件

筹备八大最重要的工作是准备大会报告。1955年4月21日，邓小平将草拟的八大政治报告起草委员会名单和修改党章、修改党章报告起草委员会名单报送毛泽东。毛泽东很快批示，要求提交政治局会议讨论。5月12日，中央政治局会议通过这两个名单。政治报告起草委员会由刘少奇、陈云、邓小平、王稼祥、陆定一、胡乔木、陈伯达7人组成。修改党章和修改党章报告起草委员会由邓小平、杨尚昆、安子文、刘澜涛、宋任穷、李雪峰、马明方、谭震林、胡乔木9人组成。①

在筹备过程中，邓小平承担了大量起草、审改和宣讲各种文件的工作。1956年8月15日，邓小平起草了中共中央《关于党的第八次代表大会的通知》。作为八大的主要筹备人之一，邓小平担负着大会及会议文件的宣传解释工作。根据毛泽东"由邓小平同志报告第八次党〔代〕大会问题决议的意义和内容"②的提议，邓小平数次在中央全会上对八大相关文件作解释和说明。他的说明深入浅出，言简意赅，完整准确地表达了中央的意图，深受与会人员的欢迎，也得到毛泽东的赞赏。1955年9月18日，毛泽东在邓小平起草的《关于召开第八次党的全国代表大会的决议草案的说明》上满意地批道："我认为可以照这样去讲，只改了几个字。"按照这一批示，10月4日，邓小平在中共七届六中全会（扩大）上作了该说明，着重对八大与七大间隔时间较长的原因及八大的酝酿过程等作了解释，收到很好的效果。1956年8月22日，在中共七届七中全会第一次会议上，邓小平代表中央政治局对提交会议讨论的《八大日程草案》等六个文件作说明。③8月30日，在八大预备会议第一次会议上，又就这六个文件向大会作说明。

邓小平还十分注重宣传的政策和策略。1956年8月23日，他在审改中共中央《关于党的第八次全国代表大会宣传报道工作的通知》时加写：

---

① 参见《毛泽东传（1949—1976）》（上），中央文献出版社2003年版，第509页。
② 《建国以来毛泽东文稿》第5册，中央文献出版社1991年版，第356页。
③ 参见《邓小平年谱（1904—1974）》（中），中央文献出版社2009年版，第1304页。本文所引资料除加注说明外，均参见该书。

各国代表团到达和离开我国时,"一律不发个别的消息,只在代表团到齐的时候和他们大都离开的时候,发两次简要的综合消息"。同时他就对外国代表团的宣传报道作出批示:"不能专对少数人扩大宣传,这样容易得罪多数人。而且这次来的头头很多,也很难突出某些个人。"

(二)关于大会选举

召开八大,首先要选举会议代表。八大的一项重要议程是选举新的中央委员会,因此在筹备阶段要产生八届中央委员、候补中央委员候选人名单。这两项选举工作都是在邓小平的组织下进行的。

1955年10月4日,邓小平在中共七届六中全会(扩大)上,对全会通过的《关于党的第八次全国代表大会代表名额和选举办法的规定》作了解释。1956年1月18日,邓小平主持召开省、市、自治区党委书记会议,讨论八大代表名额的安排等问题。3月23日,主持召开中共中央秘书长会议,讨论中共八大代表选举问题。4月24日,再次主持召开中共中央秘书长会议,讨论中共八大代表名单。5月11日、12日、18日,又连续主持召开中共中央秘书长会议,讨论中央机关出席八大的代表候选人问题。5月13日,在审改中共中央《关于八大代表候选人名单问题》给各地的电报时,加写"代表大会必须对所有候选人加以郑重的审查,对于不适当的候选人,应加以变动",对代表资格审查提出了严格要求。

八大筹备最早的工作是拟定中央委员和中央候补委员候选人名单。这是大会筹备的重要工作,中央高度重视。据李雪峰回忆,这项工作"就是由小平同志和一些老同志负责,先从六个大区和军队的领导同志中选,大家可以随便提,提了约400人,比较全面。"[①]1956年7月30日,中央政治局决定成立一个专门委员会,负责研究八大的选举问题和中央领导机构设置方案,并指定陈云和邓小平为委员会的召集人。8月4日、6日和10日,邓小平召集专门委员会会议,讨论八大选举等问题。在集

---

① 李雪峰:《我在小平同志领导下工作的二十四年》,中共中央文献研究室编:《回忆邓小平》(上),中央文献出版社1998年版,第220页。

思广益并深入讨论的基础上,邓小平于8月22日的七届七中全会第一次会议上提出对中央委员和中央候补委员选举工作的建议:第一步,由各代表团提出一个名单,中央不先提名,大会主席团也不先提名单。第二步,各代表团提出名单后,由中央政治局和各代表团正副团长负责把各代表团提出的名单加以整理、研究,确定包括正式委员与候补委员在内的选举名额和预选名单,然后各代表团讨论酝酿,进行预选。第三步,各代表团预选的结果交政治局,由政治局和代表团正副团长共同研究,确定正式委员和候补委员的具体名额及其提名。①邓小平的设想经中央政治局讨论通过后,随即付诸实施,得到与会代表的高度认同,也使整个会议充满民主精神。受此启发,9月28日,八届一中全会选举中央政治局委员和政治局候补委员时,也借鉴了这一方式,表明中央对邓小平工作的充分肯定。

(三)关于大会发言

代表发言不是八大的主要议程,却是大会的重要内容。作为八大筹备工作负责人,邓小平精心组织代表准备大会发言,亲自审改代表发言稿,并提出具体意见。

据《年谱》记载,罗瑞卿、谭震林、徐向前、彭真、邓颖超、刘澜涛等人的发言稿曾由邓小平审阅或修改。1956年9月3日,邓小平在审阅罗瑞卿的发言稿《关于我国肃反斗争的主要情况和执行党在肃反斗争中的正确路线的若干经验》时批示:对反革命活动,帝国主义、国民党还不断派特务进来,须举一二例子(每个例一两句话)。并建议他把发言稿直接送毛泽东看看。9月12日,审改谭震林发言稿时,建议他最好对有关段落改写一下,并于16日再次审改谭震林修改后的发言稿。彭真准备的发言稿《关于革命胜利后的群众路线问题》,前半部分强调执政党需要高度注意群众路线和实事求是的作风,后半部分针对苏共二十大揭露斯大林晚年的错误问题,阐述了正确对待革命领袖和反对个人崇拜问题。9月17日,邓小平阅彭真发言稿时,在肯定"这是一个好的发言"的同

---

① 参见石仲泉等主编:《中共八大史》,人民出版社1998年版,第126页。

时,指出后一部分"分寸是否恰当,就要多找几个人斟酌才行"。建议他先请陈伯达看,后送刘少奇审定,"可能的话,请主席看看";并提出这一部分"可以概括一点说,文字上也可得到缩短"。这些意见对于提高他们发言稿的质量和水平,保证正确的政治方向,具有重要的指导意义。

在七届七中全会和八大预备会议上,邓小平对大会发言提出了具体要求,指出:八大大会发言要精彩、生动、多样性,还要短。要有人讲一讲主观主义,有人讲一讲宗派主义。关于发言内容,邓小平提出要表现会议是在讨论建设这个重点;关于发言时间,一般不超过20分钟;关于发言人数,他提出要争取比较多的人发言,准备120篇以上的发言稿,选百把篇,准备讲80篇以上,在报上登一二十篇。①

在邓小平的组织下,整个会议期间有68人作了大会发言,45人作了书面发言。这些发言者既有中央领导,也有各地区、各部门的负责人,还有来自基层的党组织负责人或普通党员。发言人数之多、代表面之广,在党的历次代表大会上都是少见的,体现出代表们高度的政治热情和会议空前的民主气氛。

二、主持修改党章和起草修改党章报告

修改党章和起草修改党章的报告是八大筹备工作的一项重要内容,这项工作是在邓小平主持下进行的。

党章的修改工作,邓小平一直抓得很紧。据李雪峰回忆:"党章初稿于1955年10月20日完成后,小平同志就批示分发给我们再进行修改。1956年2月,他赴莫斯科参加苏共二十大前夕,还在中南海西楼会议室主持召开会议讨论修改党章报告问题。4月初,他又多次主持会议,讨论修改党章问题。当各种意见讨论得差不多时,毛泽东同志于4月下旬主持召开中央政治局会议,讨论修改党章。"②

4月28日,毛泽东在中央政治局扩大会议的总结讲话里,专门谈到

---

① 参见石仲泉等主编:《中共八大史》,人民出版社1998年版,第237页。
② 李雪峰:《我在小平同志领导下工作的二十四年》,中共中央文献研究室编:《回忆邓小平》(上),中央文献出版社1998年版,第220页。

修改党章问题。他说："中央究竟是设一个副主席还是设几个副主席，也请你们讨论。少奇同志提出设几个副主席，现在的这个党章草案上是说设一个副主席。还有，是否可以仿照人民代表大会的办法，设党的常任代表。""是不是可以考虑采用这个办法，比如五年一任。这还没有写到党章草案上去，提出来请大家考虑，看是否可以。"①

毛泽东的这些意见，很快被吸收到党章修改稿里。5月28日，邓小平起草中共中央《关于印发党章修改稿交各地方、各单位讨论的通知》，将党的全国代表大会的代表实行常任制和增设几个中央副主席、设立另外性质的书记处等问题，提请各地党委主要负责人讨论。通知指出："在党章修改稿中，有两个问题请你们特别注意：（一）修改稿中规定全国代表大会和地方各级代表大会采用常任制度，并且规定各级代表大会每年开会一次。这是一个重大的改变，请你们考虑这种制度是否适当。（二）……关于中央机构问题，曾考虑到两种形式。一种是保持原来性质的书记处，增设一个副主席或者不设副主席；一种是不设原来性质的书记处，增设几个副主席，并且设立另外性质的书记处或者其他名义的组织。请你们考虑哪一种形式较好。"②

两个多月后，党章起草小组在收集各省、市、区党委和中央各部委党组、党委的意见后，形成新的党章修改稿。8月5日，邓小平向毛泽东报送中央领导机构设置方案即党章第三十七条草案，该条为："党的中央委员会全体会议选举中央政治局、中央政治局的常务委员会和中央书记处，并且选举中央委员会主席一人、副主席若干人。"毛泽东审阅该条时，在"副主席若干人"后加写了"和总书记一人"六个字。③邓小平按照毛泽东的意见，对党章修改稿作了修改，准备提交八大讨论通过。

修改党章和起草修改党章的报告这两项工作是穿插进行的。邓小平在主持修改党章的同时，对起草修改党章的报告也十分重视。

1956年7月23日，胡乔木完成《关于修改党章的报告（初草）》前四部分，邓小平收到后作了不少修改，改动较多的是第一部分。在这一

---

① 《毛泽东文集》第7卷，人民出版社1999年版，第54页。
② 《邓小平年谱（1904—1974）》（中），中央文献出版社2009年版，第1290—1291页。
③ 参见《建国以来毛泽东文稿》第6册，中央文献出版社1992年版，第165页。

部分，邓小平加写了"现在国家的情况和党的组织情况都同七大的时候有了显著的不同"，"从七次大会到现在的十一年中，我们国家经历了天翻地覆的伟大变革"，"七年来，我国的社会主义建设的各方面，都已经取得了巨大的成绩"，"党员的数目比第七次大会的时候差不多增加了十倍，比一九四九年全国胜利的时候也差不多增加了三倍，而且绝大多数党员都在各级国家机关、经济组织和人民团体中担负了一定的工作。这些情况，要求我们十分注意加强党的组织工作和对于党员的教育工作"等内容。此外，对第三部分，邓小平也作了不少修改。在这部分中加写了"我们党内时常出现这样的干部，他们在自己的工作岗位上，十分爱好自成系统，自成局面，政治上自由行动，不喜欢党的领导和监督，不尊重中央和上级的决定"等内容。

8月11日，胡乔木起草出后两部分，续完全稿，共六部分。邓小平又对报告第一部分补写了重要内容，指出了党所处历史环境的变化，以及由此引发的党组织出现的新矛盾新问题、党的建设的总任务等问题。这一部分虽然只有约1700字，但可以说是整个报告的纲。① 在报告的第二部分，邓小平还列举了在党的组织和国家机关工作人员中存在的形形色色的官僚主义倾向。②

修改之后，8月27日，邓小平把《关于修改党的章程的报告》（修改稿）提交起草委员会集体修改。当日，邓小平嘱杨尚昆将该稿送毛泽东审阅。毛泽东连夜进行了修改，并批示："此件看了一遍，觉得大体可用。作了一些小的修改，请你们酌定。第23页上批了一点建议修改的意见，请考虑。"③

毛泽东所作的修改主要有两处：一处是在报告的第一部分第一段，"这个草案，同第七次大会所通过的党章比较起来，并没有根本原则上的不同，但是，在具体内容上却有了很多的改变"之后，加写了"其中包含一些带有原则性的改变"14个字；另一处是在报告倒数第四段分析党胜利的原因时，在"要归功于人民群众对于我们的信任和支持，要归功

---

① 参见石仲泉等主编：《中共八大史》，人民出版社1998年版，第196页。
② 参见《邓小平文选》第1卷，人民出版社1994年版，第221—223页。
③ 《建国以来毛泽东文稿》第6册，中央文献出版社1992年版，第187页。

于全体党员的艰苦奋斗"前面,加写了"首先和最主要地"7个字。这两处修改意见,在邓小平1956年9月16日向八大所作的《关于修改党的章程的报告》中都采纳了。

《关于修改党的章程的报告》(修改稿)第23页在论述党内民主并未因党的代表大会和代表会议开得不经常而受到严重影响的理由时,列举了一系列重要会议。毛泽东在这段文字旁批了两条意见:一条是"1955年3月的全国代表会议应在此处提出";另一条是"没有说1953年的财经会议和粮食统购统销会议,也没有说1949年的扩大的二中会议"。邓小平据此又加写了这四次会议。①

邓小平主持起草的《关于修改党的章程的报告》,分析了党在执政情况下面临的种种新考验,突出地提出反对官僚主义和骄傲自满情绪的问题,认为它必然会发展成为主观主义和宗派主义。报告还要求坚持党的集体领导,反对个人崇拜;重视党内的思想教育,提高全党的马列主义思想水平;坚持全心全意为人民服务的宗旨;发扬党的实事求是、群众路线的优良传统;发展党内民主生活,健全党的民主集中制;加强对党的组织和党员的监督,维护党的团结和统一。这些重要思想提出了在全面执政情况下加强党的建设工作的主要方针,奠定了社会主义建设时期党的建设的理论基础。

三、参加八大政治报告的起草、讨论和修改工作

八大筹备工作的重中之重是起草政治报告。邓小平参加了政治报告的起草、讨论和修改工作。据李雪峰回忆:"由于大家的努力,修改党章报告完成得比较早,后来他(指邓小平——引者注)又将精力集中到起草政治报告上去了。"②

八大政治报告的起草和修改历经一年零四个月时间,各种修改稿达80多份,大的修改有五次。作为八大政治报告起草委员会成员,邓小平

---

① 参见《建国以来毛泽东文稿》第6册,中央文献出版社1992年版,第188页。
② 李雪峰:《我在小平同志领导下工作的二十四年》,中共中央文献研究室编:《回忆邓小平》(上),中央文献出版社1998年版,第220页。

自始至终参加了报告的起草、讨论和修改工作。

最早的稿子是1955年12月写出的。刘少奇于12月15日批示,印送毛泽东、周恩来、朱德、陈云、彭真、邓小平等26人审阅修改。[①]这个稿子到下一个修改稿,中间经过了七个月时间。从1956年6月底开始,八大政治报告进入具体起草阶段。6月30日,刘少奇召集陈云、邓小平等开会,布置报告的起草工作。[②]7月初,八大政治报告第一个修改稿写出。刘少奇批示杨尚昆:"此件请印发。发给名单请同小平同志确定。"[③]

八大政治报告的起草在毛泽东直接领导下进行。从7月初到八大召开前夕,毛泽东先后主持了19次中共中央政治局会议、八大政治报告起草委员会会议和少数有关人员参加的会议,讨论八大政治报告。[④]邓小平参加了这些会议。

1956年7月6日至14日,邓小平多次参加毛泽东召集的八大政治报告起草委员会会议,讨论报告起草问题。7月15日和19日,毛泽东又主持召开中央政治局扩大会议,继续讨论,邓小平均参加。[⑤]7月23日,毛泽东、刘少奇、邓小平等先后移往北戴河,继续商讨中共八大主要文件的修改。在北戴河的近一个月时间里,毛泽东先后主持召开中央政治局会议和两个报告的起草委员会会议等多种会议,对政治报告等文件进行仔细推敲和认真修改,还常常同刘少奇、周恩来、邓小平等人交换意见。7月27日,邓小平参加毛泽东召集的八大政治报告起草委员会会议,讨论八大政治报告初稿的修改问题。8月10日,又出席毛泽东主持召开的中央政治局扩大会议,讨论八大政治报告初稿。8月11日,毛泽东约刘少奇、邓小平等七人谈八大政治报告修改问题。[⑥]8月12日,邓小平参加毛泽东召集的修改八大政治报告初稿讨论会。8月21日,又和刘少奇等在毛泽东处开会,谈八大政治报告稿问题。8月29日、31日,

---

① 参见石仲泉等主编:《中共八大史》,人民出版社1998年版,第151页。
② 参见《刘少奇传》(下),中央文献出版社1998年版,第793页。
③ 石仲泉等主编:《中共八大史》,人民出版社1998年版,第153页。
④ 参见《刘少奇传》(下),中央文献出版社1998年版,第793页。
⑤ 参见石仲泉等主编:《中共八大史》,人民出版社1998年版,第497页。
⑥ 参见石仲泉等主编:《中共八大史》,人民出版社1998年版,第500页。

邓小平参加毛泽东召集的中央书记处书记、八大政治报告起草委员会委员和八大各代表团团长会议，讨论八大各项报告等。9月7日，又参加毛泽东主持召开的中央书记处书记会议，讨论八大政治报告稿的修改等问题。

此外，邓小平还于1956年8月11日参加刘少奇召集的修改中共八大政治报告初稿讨论会，并于8月13日在北戴河召集有关人员开会，讨论八大政治报告初稿。

八大政治报告重点是经济建设，这一点无论是毛泽东，还是刘少奇、周恩来、邓小平及其他中央领导人，认识上都是一致的。1956年8月22日召开的中共七届七中全会第一次会议上，邓小平在谈到八大议题与发言安排时，建议把国家经济建设作为八大政治报告讨论的重点。毛泽东接过邓小平的话说："这一次重点是建设，有国内外形势，有社会主义改造，有建设，有人民民主专政，有党，报告里面有这么几个大题目，都可以讲。但是重点是两个，一个是社会主义改造，一个是经济建设。这两个重点中，主要还是在建设，占这个报告的主要部分，三万字中有三分之一是在讲建设。"①

经过周密筹备，中共八大于1956年9月15日至27日在北京隆重举行，这是中国共产党历史上一次空前的盛会，开得非常成功。八大在历史转折时期宣告了社会主义革命的基本完成和社会主义制度的基本确立，宣告了社会主义全面建设新时期的开始，为党制定了一条正确的政治路线，具有划时代的意义。大会的成功召开，与邓小平为会议所作的筹备工作和付出的艰辛劳动是分不开的。

[原载《党的文献》2012年第2期]

---

① 《中共八大文献连载》，《党的文献》2006年第5期。

陈云与中央财经工作领导机构的变迁

陈云长期主持中央财政经济工作，经历了党和国家财政经济工作领导机构的发展与变迁。系统考察陈云与中央财经工作领导机构的演变过程，可以从一个侧面再现新中国经济发展的历史轨迹，展示陈云为新中国经济建设作出的重要贡献，同时也可以透视陈云跌宕起伏的政治生涯。

一、从中央财政经济委员会到中央人民政府政务院财政经济委员会

1944年3月，陈云由中共中央组织部部长转任中共中央西北局委员、西北财经办事处副主任兼政治部主任，主持陕甘宁边区的财政经济工作，这是陈云以主要精力从事领导财政经济工作的开始。陈云主持边区财经工作不到一年半的时间。1945年9月，他受命奔赴东北战场，任中共中央东北局委员，参加领导建立东北根据地的斗争。1948年6月后，陈云兼任东北财政经济委员会主任，主持东北解放区的财政经济工作。陈云在主持边区财经工作和东北财经工作期间取得的突出成就及表现出来的卓越才能，得到中共中央和毛泽东的肯定与信任，为他后来主持中央财经工作打下了重要基础。

随着解放战争形势的迅猛发展和新中国的即将成立，中共中央决定采取更加有力的措施，对全国的财政经济工作实行统一领导。1949年5月，陈云奉命到北平参加筹组并主持中央财政经济委员会（简称"中

财委")工作。7月12日，陈云主持召开成立会议，在会上宣布，中财委由中共中央财政经济部与华北财经委员会合并组成，陈云任主任，薄一波任副主任。[①] 中财委设6局1处：计划局、人事局、技术局、私营企业事务局、合作事业管理局、外资企业管理局和秘书处。下属13个处、行、署、部、会：中央财政处、中国人民银行、中央海关总署、中央商业处、中央铁道部、中央交通处、中央燃料处、中央金属处、中央纺织业处、中央工业处、中央农业处、中央林业处和中央水利委员会。由于此时中央人民政府尚未成立，故中财委先置于中央军委之下。

中财委自7月中旬实际开始办公后，主要做了三件工作："其一，在财政上、物资上支援前线。其二，调拨收购物资，供应大城市（首先是上海，其次为津汉），力求物价涨度不过猛过快。其三，物色干部，找租房屋，筹备财委本身及各部机构的建立。"[②] 这些工作为建立新中国的经济制度，为此后稳定物价、统一财经、恢复国民经济奠定了重要基础。

1949年10月1日，中华人民共和国中央人民政府宣告成立。10月19日，在中央人民政府委员会第三次会议上，陈云被任命为政务院副总理兼财政经济委员会主任，薄一波、马寅初为财经委员会副主任。从此，年仅44岁的陈云挑起了主持新中国财政经济工作的重担。10月21日上午，陈云在"九爷府"主持中央人民政府政务院财政经济委员会（以下简称"中财委"）[③]成立大会。会上，陈云报告当前财经概况及以后工作，提出所属各部机构应迅速成立并制定各部组织条例。当日下午，陈云出席政务院扩大会议，报告上午中财委成立情况。[④]

陈云主持中财委工作后，在实现全国财政经济统一、迅速稳定金融物价以结束国民党政权留下来的恶性通货膨胀、恢复国民经济、安定人民生活等一系列严重和困难的斗争中，在对粮食、棉花等主要农产品实行统购统销的重大决策中，在有步骤地开展对生产资料私有制、特别是

---

① 参见《陈云年谱（1905—1995）》上卷，中央文献出版社2000年版，第569页。
② 《陈云文集》第2卷，中央文献出版社2005年版，第22页。
③ 中央人民政府政务院财政经济委员会在原中央财政经济委员会基础上组成，仍简称"中财委"。
④ 参见《陈云年谱（1905—1995）》中卷，中央文献出版社2000年版，第2、3、4页。

对资本主义工商业复杂和深刻的社会主义改造中，在制定和实施发展国民经济第一个五年计划、奠定我国社会主义工业化基础的开创性工作中，创造性地贯彻中共中央和毛泽东的指示，在深入调查研究的基础上，坚持从中国国情出发，提出许多正确的指导思想、工作方针和重大措施，作出了突出贡献。

经济恢复时期结束后，为分担中财委日益繁重的领导任务，1953年4月，中共中央决定将中财委指导的20个部分成五个方面：（1）重工业部、第一机械工业部、第二机械工业部、燃料工业部、建筑工程部、地质部、轻工业部和纺织工业部等八个工业部，划归国家计委主席高岗领导。（2）铁道部、邮电部和交通部，划归政务院副总理邓小平领导。（3）农业部、林业部和水利部，划归中共中央农村工作部部长邓子恢领导。（4）劳动部划归中共中央组织部部长饶漱石领导。（5）财政部、粮食部、商业部、对外贸易部和人民银行，仍由中财委主任陈云领导。[①]五个方面的工作，对外都用中财委的名义，但每个方面的工作是相对独立的，带共同性的问题举行联席会议解决，当时大家把它称为"五口通商"[②]。这种经济管理体制，在当时的条件下，对加强经济工作各方面的统一协调，提高决策和办事效率，显示出它的优点，对于迅速实现财政经济状况的根本好转，开展有计划的经济建设，起过重要作用。

1954年9月，一届全国人大一次会议召开后，中财委结束，所属各部由国务院直接领导。陈云在国务院副总理中排在第一位，仍然主管全国经济工作。

二、从中央经济工作五人小组到中央财经小组

随着社会主义改造的基本完成和社会主义建设的全面进行，我国逐步建立起高度集中的计划经济体制。这对于集中当时有限的资金、物力和技术力量，解决全国性的最紧迫的问题，并保证重点建设发挥了重要

---

① 参见《陈云传》（下），中央文献出版社2005年版，第878页。
② 薄一波：《若干重大决策与事件的回顾》（上），中共党史出版社2008年版，第51页。

作用。与此同时，计划经济体制存在的中央集权过多和国家对地方、企业管得太死的弊端也逐渐暴露出来。

为加强对经济工作和改进体制工作的统一领导，1957年1月10日，中共中央发出《关于成立中央经济工作五人小组的通知》。通知说：经济工作五人小组由陈云、李富春、薄一波、李先念、黄克诚组成；陈云任组长；在中央政治局领导下，统一领导全国的经济工作。[①]

陈云在担任中央经济工作五人小组组长期间，主要精力放在改进经济管理体制上。在他主持下，经过反复讨论研究和听取各方意见，最后形成国务院《关于改进工业管理体制的规定》《关于改进商业管理体制的规定》《关于改进财政管理体制的规定》。这三个文件总的精神是把一部分工业、商业和财政管理的权力，下放给地方行政机关和厂矿企业，以便进一步发挥地方和企业的主动性和积极性，因地制宜地完成国家的统一计划。其主要内容是：（1）把一部分中央各部直接管理的企业下放给省、直辖市、自治区管理，把一部分中央各商业部门所属的加工企业移交给地方商业部门直接管理。（2）扩大省、直辖市、自治区在物资分配方面的权限，对当地的中央企业、地方企业和地方商业机构分配到的物资，在保证各企业完成国家计划的条件下，有权进行数量、品种和使用时间方面的调剂。（3）下放地方管理的中央工业企业和中央各商业部门的企业（粮食、外贸的外销部分除外），其全部利润在地方和中央之间实行二八分成，全部利润的20%归地方所得。（4）商业价格实行分级管理，第三类物资的价格和由地方确定为本地统一收购的物资的价格由地方政府管理，次要市场和次要商品由省、直辖市、自治区根据中央各商业部门规定的定价原则自行定价。（5）实行外汇分成。（6）适当扩大企业的管理权限，国家给工业企业下达的指令性指标由原来的12个减为4个，即主要产品产量、职工总数、工资总额、利润。企业与国家实行利润分成。国家给商业企业只下达收购计划、销售计划、职工总数、利润4个指标，同时允许地方在执行商业收购计划和销售计划时有总额5%上下

[①] 参见《陈云年谱（1905—1995）》中卷，中央文献出版社2000年版，第361页。

的机动幅度。①这次改进经济管理体制,是在工业、商业和财政三个主要方面处理中央同地方和企业的关系、解决中央集权过多问题的一次有益尝试,为20年后的经济体制改革提供了有益经验。

中共八届三中全会后,毛泽东多次批评反冒进,说国务院财经部门只拿成品,不让中央政治局参加设计,实际上是封锁,是搞分散主义。为此,陈云一再进行检讨。此后,毛泽东直接抓经济工作,改变了财经工作的决策程序。1958年6月10日,中共中央发出《关于成立财经、政法、外事、科学、文教各小组的通知》。中央财经小组由12人组成,陈云为组长,李富春、薄一波、谭震林为副组长,李先念、黄克诚、邓子恢、聂荣臻、李雪峰、贾拓夫、王鹤寿、赵尔陆为组员。该通知规定:"这些小组是党中央的,直隶中央政治局和书记处,向它们直接做报告。大政方针在政治局,具体部署在书记处。只有一个'政治设计院',没有两个'政治设计院'。大政方针和具体部署,都是一元化,党政不分。具体执行和细节决策属政府机构及其党组。对大政方针和具体部署,政府机构及其党组有建议之权,但决定权在党中央。政府机构及其党组和党中央一同有检查之权。"②根据上述精神成立的中央财经小组,与此前的中央经济工作五人小组、中财委不同,它已经不再是根据中央决策统一领导国家经济工作的机关,而是变为了一个咨询机构。即使是这样一个小组,后来活动也日益减少,乃至无形中不再发挥作用。

尽管如此,陈云仍领导中央财经小组做了一些工作,提出或采取了许多好的意见和措施,在一定程度上减轻了"大跃进"运动造成的损失。1959年4月,陈云在给中央财经小组各同志的信中,就缓和市场紧张状态问题提出五项切实措施:(1)粮食要省吃俭用;(2)组织猪、鸡、鸭、蛋、鱼的供应;(3)要专门安排一下日用必需品的生产;(4)压缩购买力,认真精减多招收的工人;(5)要优先安排供应市场物资所需要的运输力量,特别是要安排好短途运输所需要的劳动力。③上述主张,都是解决或缓解"大跃进"运动带来的困难局面的有效办法。

---

① 参见《陈云文选》第3卷,人民出版社1995年版,第87—104页。
② 《建国以来毛泽东文稿》第7册,中央文献出版社1992年版,第268—269页。
③ 参见《陈云文选》第3卷,人民出版社1995年版,第125—127页。

鉴于1959年钢产量1650万吨的高指标难以完成，中共中央书记处在4月29日和30日的会议上，责成陈云领导的中央财经小组研究，将钢铁指标分为可靠的指标和争取的指标，并按可靠的钢材指标进行分配，以便安排基本建设项目和工业生产。接受任务后，从5月3日起，在陈云主持下，中央财经小组听取冶金部六次汇报，集中讨论一次。经过上下左右各方面的比较研究，陈云最后提出落实钢铁指标的意见是，钢材的可靠指标拟定为900万吨，钢的生产指标拟定为1300万吨。[1]6月13日的中共中央政治局会议接受了陈云的意见。实际生产的结果表明，陈云经过调查研究后确定的钢铁指标是比较符合实际的，"假如不是按照陈云同志的意见降到1300万吨，还搞1500万吨甚至更多，势必造成更严重的后果"[2]。

为使国民经济转到综合平衡和按比例发展的轨道上来，使市场紧张状态得到改变，陈云除提出上面五项办法和降低钢铁指标外，还提出在物资紧缺的状况下必须控制和压缩基建规模。1959年5月23日，陈云在中央财经小组汇报会上说，分配钢材"原则是保生产、削基建"。"最合理地使用现有钢材，照顾到生产、基建关键性的项目。生产、基建有矛盾时应服从生产。"5月24日，陈云又在致李富春并转中央财经小组各同志的信中写道："对于钢材分配的意见，我认为基本建设的250万吨再不能增加了。"[3]控制基建投资数量，可以促进各部各地下决心削减基建项目，从而有利于国民经济的综合平衡。

三、重新设立中央财经小组

1962年2月西楼会议后，为促进国民经济的恢复和发展，中共中央决定重新设立中央财经小组，统一领导全国财政经济工作，特别是国民经济调整工作。

鉴于陈云长期领导全国财政经济工作的成功实践和取得的显著成就，

---

[1] 参见《陈云文选》第3卷，人民出版社1995年版，第129—130页。
[2] 邓力群：《向陈云同志学习做经济工作》，中共中央党校出版社1981年版，第117页。
[3] 《陈云文集》第3卷，中央文献出版社2005年版，第260、261、263页。

特别是为有效克服当时国民经济遭受的严重困难所作出的突出贡献，刘少奇和周恩来都主张由陈云担任重新设立的中央财经小组的组长。据邓力群回忆："少奇同志和周总理都主张要陈云同志当组长。陈云同志一再推辞，说他身体不好，当组长不合适，可以当成员，他有意见可以提，他也相信，财经小组的同志会认真考虑他的意见。这样就确定富春同志当财经小组的组长，周总理、陈云同志都是小组的成员。后来在讨论批转陈云同志的讲话[①]时，少奇同志说，有同志（指邓力群——引者注）向他建议，让陈云同志来当组长，富春同志当副组长，是不是再议一下。富春同志讲，陈云同志当组长最合适，他自己当陈云同志的助手。会议就这样决定了。当时陈云同志不在场，他知道后还是推让。少奇同志说，大家都同意你当，你就当，就我个人来说，全力支持你，支持到底。"[②]

1962年3月16日，刘少奇、周恩来和邓小平飞赴武汉，向正在那里的毛泽东汇报此前中央政治局常委扩大会议通过由陈云担任中央财经小组组长等问题。毛泽东同意会议的决定。[③]4月19日，中共中央办公厅下发中央的通知："中央财经小组由陈云同志为组长，李富春、李先念同志为副组长，周恩来、谭震林、薄一波、罗瑞卿、程子华、谷牧、姚依林、薛暮桥等同志为组员。"[④]新设立的中央财经小组恢复了1957年1月中央经济工作五人小组和新中国成立初期中财委的职能，成为全国财政经济工作大政方针的最高决策机构。

中央财经小组重新设立后，面临的最急迫任务是调整1962年国民经济计划。在3月7日和8日召开的中央财经小组第一次会议上，陈云提出1962年的年度计划需要有一个相当大的调整，重新安排。他说："要准备对重工业、基本建设的指标'伤筋动骨'。重点是'伤筋动骨'这四个字。要痛痛快快地下来，不要拒绝'伤筋动骨'。现在，再不能犹豫

[①] 指陈云1962年2月26日在国务院各部委党组成员会议上作的《目前财政经济的情况和克服困难的若干办法》的报告。
[②] 邓力群：《向陈云同志学习做经济工作》，中共中央党校出版社1981年版，第6页。
[③] 参见《陈云年谱（1905—1995）》下卷，中央文献出版社2000年版，第116页。
[④] 转引自《陈云传》（下），中央文献出版社2005年版，第1311页。

了。"① 按照不怕"伤筋动骨"的精神，中央财经小组确定：1962年的绝大多数重工业生产指标比原计划分别降低5%到20%。其中，煤产量从2.5亿多吨降为2.39亿吨；钢产量从750万吨降为600万吨；基本建设投资规模从59.5亿元降至46亿元。② 这些措施缓和了财政、物资供应紧张的状况，加快了扭转经济比例失调的步伐，为国民经济走出困境打下了可靠基础。

中央财经小组的重新设立，是西楼会议后对国民经济实行"伤筋动骨"大幅度调整的组织保证。陈云重任组长后，在毛泽东支持下，同刘少奇、周恩来、邓小平等一道，部署和领导对国民经济的调整、巩固、充实、提高工作，为克服"大跃进"和人民公社化运动带来的消极后果，采取了一系列正确政策和果断措施，在全党、全国人民团结一致奋发努力下，国民经济以农业增产为先导，在不到三年的时间里，有效地得到恢复并重新出现欣欣向荣的景象。

1962年夏，面对广大农村严重的经济困难情况，陈云提出必须调动农民生产自救的积极性，尽快恢复和发展农业生产，并肯定了安徽等省部分地区采取的包产到户的做法，认为"这是非常时期的非常办法"③。但此事关系重大，对这一建议毛泽东可能不会接受，究竟要不要直接向毛泽东提出来，确实是个大难题。很多人劝他不要急于提出，陈云义正词严地说："不能患得患失。我担负全国经济工作的领导任务，要对党和人民负责。遇到大事，既然看准了，找到了办法，就要尽快提。这关系到党的事业的成败，关系到人心向背，怎能延误时机。"④ 本着对党和人民负责的态度，陈云同中央常委商量后，毅然向毛泽东提出了分田到户的建议。据陈云秘书周太和回忆："当时，毛泽东同志未表示意见。第二天早晨，毛泽东同志很生气，严厉批评说：'分田单干'是瓦解农村集体经济，

---

① 《陈云文选》第3卷，人民出版社1995年版，第210页。
② 参见薄一波：《若干重大决策与事件的回顾》（下），中共党史出版社2008年版，第745页。
③ 周太和：《陈云同志四下农村调查的前后》，见《陈云与新中国经济建设》，中央文献出版社1991年版，第168页。
④ 转引自朱佳木主编：《陈云和他的事业》（上），中央文献出版社1996年版，第42—43页。

解散人民公社，是中国式的修正主义，是走哪一条道路的问题。"① 后来在北戴河会议上，陈云又受到毛泽东不点名的批判。

自1962年北戴河会议和中共八届十中全会上，陈云因支持包产到户、主张分田到户而受到不点名批判后，实际上就离开了中央最高决策层，停止了他中央财经小组组长的工作。

"文化大革命"期间，陈云因1962年的所谓"右倾错误"多次受到批判，刘少奇在1966年10月的中央工作会议上，也不得不对支持陈云的报告和推荐陈云担任中央财经小组组长的事情作出检讨。他写道："由于我当时过分信任陈云同志，并且偏听他的意见，在思想上同他有共同性，所以我向中央和毛主席推荐陈云同志作中央财经小组的组长。毛主席此时不在北京，我和中央其他几位同志到毛主席那里汇报了北京讨论的一些情况，并把已经拟好的中央批发陈云同志的讲话的文件送请毛主席批发。我后来才知道毛主席是根本不赞成我们对当时的形势估计和某些做法的。"②

在1968年10月中共八届十二中全会上，谢富治攻击陈云说："刘少奇抬出陈云搞经济小组，收拾'残局'，就是搞修正主义。主席没赞成陈云同志出来。"③ 在1970年9月九届二中全会华东组揭批陈伯达的大组会上，张春桥一伙对陈云进行了围攻。当陈云谈到1962年西楼会议后中央转发了他的报告时，张春桥打断他的话说："陈云同志，请你出山，也是陈伯达给刘少奇打的电话。那是刘少奇'主张'同意你的意见。"徐景贤质问陈云："1962年阶级敌人向我们猖狂进攻时，陈伯达请你出山收拾'残局'，请你'恢复元气'，说明他和你的思想是一致的。"④

1972年4月，陈云结束在江西蹲点的生活回到北京。此后不久即参加国务院业务组，协助周恩来考虑经济特别是外贸方面的一些重大方针、

---

① 周太和：《陈云同志四下农村调查的前后》，见《陈云与新中国经济建设》，中央文献出版社1991年版，第168—169页。
② 转引自《陈云传》（下），中央文献出版社2005年版，第1360页。
③ 《陈云年谱（1905—1995）》下卷，中央文献出版社2000年版，第148页。
④ 转引自《陈云传》（下），中央文献出版社2005年版，第1391页。

政策问题。①此时距 1962 年北戴河会议后实际停止他中央财经小组组长的工作，并离开实际工作岗位，已整整过去了十年的时间。1973 年 8 月，陈云在中共十大上继续当选为中央委员，但依然被排除在中央最高决策层外。他的主要工作仍是协助周恩来抓对外贸易工作。1975 年初，陈云在四届全国人大一次会议上当选为全国人大常委会副委员长。他的工作范围不再限于协助指导对外贸易工作，但仍未回到中共中央最高决策层。这种状况一直持续到中共十一届三中全会前。

四、从国务院财政经济委员会到中央财政经济领导小组

在 1978 年中共十一届三中全会上，陈云重新当选为中央政治局委员、常委，中央副主席，成为以邓小平为核心的党的第二代中央领导集体的重要成员、党和国家的主要决策人之一，并再次担起了主持中央财经工作的重任。

"文化大革命"结束后，我国国民经济一方面得到较快的恢复和发展，另一方面又存在比例严重失调的问题。面对这种状况，如不下决心进行调整，整个国民经济便不可能健康发展，许多问题还会继续恶化，甚至将导致新的大起大落。

1979 年 3 月 14 日，陈云、李先念联名致信中共中央，提出调整国民经济的主张。他们首先建议："在国务院下设财政经济委员会，作为研究制订财经工作的方针政策和决定财经工作中的大事的决策机关。"信中提出财政经济委员会组成的 12 人名单：陈云、李先念、姚依林、余秋里、王震、谷牧、薄一波、王任重、陈国栋、康世恩、张劲夫、金明。以陈云为主任，李先念为副主任，姚依林为秘书长。建议陈云当主任的，是"先念、小平"。②信的第二部分，针对国民经济比例严重失调的状况，提出用两三年时间对国民经济进行调整的任务。

这封信引起中共中央的高度重视。3 月 21 日至 23 日，中共中央政治

---

① 参见《陈云年谱（1905—1995）》下卷，中央文献出版社 2000 年版，第 171 页。
② 转引自《陈云传》（下），中央文献出版社 2005 年版，第 1556 页。

局专门召开会议,确定了调整国民经济的方针,同时决定成立财政经济委员会,"由陈云、李先念两同志挂帅,统一管理全国的财政经济工作和目前的调整工作"①。国务院财政经济委员会的正式设立,是由7月1日召开的五届全国人大常委会第九次会议②决定的。但财经委员会的工作实际上从3月中央政治局会议决定后就开始了。这是因为1979年开始调整国民经济的任务十分繁重而紧迫、必须立刻开始工作的缘故。

  陈云担任国务院财政经济委员会主任后,以主要精力主持了国民经济的调整工作。经过调整,国民经济虚假膨胀和盲目发展的情况有所改变,国民经济主要比例关系开始改善,农业、轻工业发展加快,与重工业的比例关系走向协调,积累和消费的比例关系趋于合理。但由于"左"的思想影响,对国民经济调整问题"全党认识很不一致,也很不深刻,所以执行得很不得力"③。为扭转这种被动局面,1980年12月,中共中央召开工作会议,专门讨论经济形势和经济调整问题。陈云在开幕会上的讲话中尖锐地批评了"左"的错误,力主继续进行经济调整。他指出:开国以来经济建设方面的主要错误是"左"的错误。关于调整问题,陈云透辟地指出:调整意味着某些方面的后退,而且要退够。这次调整不是耽误,如不调整才会造成大的耽误。我们这次调整是清醒的健康的调整,我们会站稳脚跟,继续稳步前进。④陈云的意见得到邓小平的赞成和支持。他说:"我完全同意陈云同志的讲话。这个讲话在一系列问题上正确地总结了我国三十一年来经济工作的经验教训,是我们今后长期的指导方针。"⑤按照陈云和邓小平的一致意见,这次中央工作会议决定:从1981年起对国民经济进行进一步调整。由于中央态度坚决,意见统一,1981年的调整工作进行得十分得力。到年底,农、轻、重的比例基本趋于合理,积累与消费的关系有了很大改善,财政收支做到了平衡,物价也恢复稳定,国民经济逐步走上稳步发展的健康轨道,为后来的全面改

---

① 《邓小平文选》第2卷,人民出版社1994年版,第162页。
② 这次会议又增加方毅为国务院财政经济委员会成员。
③ 《邓小平文选》第2卷,人民出版社1994年版,第354页。
④ 参见《陈云文选》第3卷,人民出版社1995年版,第281、282页。
⑤ 《邓小平文选》第2卷,人民出版社1994年版,第354页。

革和经济腾飞创造了稳定而宽松的有利环境。

国民经济调整期间召开的中共十一届五中全会,在干部队伍年轻化方面迈出重要步伐。全会公报明确指出:"为了加强党对社会主义现代化事业的领导,党的各级领导机构必须努力吸收那些能够坚定地执行党的路线,具有独立工作能力而又年富力强的同志,参加领导工作。这不仅是为了适应现代化事业的繁重工作的需要,而且是为了保证党的路线、方针、政策的长期连续性,保证党的集体领导的长期稳定性的需要。"[①]在这次会议上,陈云就培养和选拔中青年干部问题作了重要讲话。

在这样的背景下,中央政治局常委听取五中全会各组召集人汇报时,陈云提出,国务院财经委员会与国家计委工作重复、"财委还要不要"的问题不在这个会上议了。他认为:国家计委的主要缺点是只管工业,只要加强了计委的工作,国务院财经委员会就可以取消。会后,中共中央政治局常委会于3月17日决定:成立中央财政经济领导小组,撤销国务院财政经济委员会。[②]

国务院财经委员会撤销后,陈云肩上的担子轻了一些,但他仍以很大的精力指导并支持中央财经领导小组的工作,研究财经工作中存在的问题,并以自己长期领导经济工作的丰富经验,提出许多影响深远的重要思想。如他特别指出,按照经济规律办事是一种好现象,同时指出国家干预也是必要的。像我们这样的国家没有集中是不行的,只有搞好宏观控制,才有利于微观搞活,做到活而不乱。否则就会乱套,也不利于改革。他还指出,系统地进行社会主义经济体制改革,是当前我国经济工作面临的首要问题。但由于改革涉及的范围相当广泛,广大干部还很不熟悉,在进行中还会出现一些难以预见的问题。因此,必须边实践,边探索,边总结经验。这些重要思想,对国务院财经委员会之后的财经工作继续发挥着重要的指导作用。

[原载《北京党史》2013年第1期]

---

① 《三中全会以来重要文献选编》(上),人民出版社1982年版,第405—406页。
② 转引自《陈云传》(下),中央文献出版社2005年版,第1591页。

邓小平与七千人大会

1962年1月11日至2月7日召开的扩大的中共中央工作会议（通常称为"七千人大会"），是在三年"大跃进"造成严重经济困难、经过一年调整形势开始有所转变、但困难还很大、党内外思想上各种疑虑和分歧还很多的情况下召开的一次十分重要的会议。会议初步总结了"大跃进"以来在社会主义经济建设问题上的经验教训，开展了批评和自我批评，加强了党的民主集中制，统一了思想认识，增强了全党的团结，对推动国民经济全面调整、扭转经济困难局面起到了积极作用，并对此后党和国家的历史进程产生了重大而深远的影响。邓小平负责准备此次会议，主持和参加了刘少奇代表中共中央向大会提出的书面报告的起草工作，并在会上就恢复党的优良传统特别是民主集中制等问题发表讲话，为大会取得积极成果和在新时期贯彻实行这些成果、推动党和国家民主集中制的健康发展作出了历史贡献。

一、负责准备此次会议，主持和参加刘少奇书面报告的起草工作

有学者指出："关于召开七千人大会问题，可以说，首倡者之一是邓小平。"[①] 笔者在一定程度上赞成此说。在中央领导一线工作的邓小平，深

[①] 张素华：《变局——七千人大会始末》，中国青年出版社2007年版，第222页。

感"大跃进"以来分散主义问题之严重。表现在粮食征购问题上，就是各地"怕当老实人，总想减任务，不努力完成"①。1961年11月6—10日召开的中共各中央局第一书记会议在讨论1962年粮食上调方案时，遇到困难，粮食调不上来。当陶铸建议为了打通思想，把全国的地委书记找到北京来开会时，邓小平当即表示赞成。②11月12日，邓小平在毛泽东主持的中共中央政治局常委扩大会议上汇报中共各中央局第一书记会议情况及陶铸的建议时，毛泽东提出要召集县委书记来开个会。会议决定，12月20日在北京召开中共中央工作会议，之后，召开县、地、省、中央局四级会议，也就是后来的七千人大会。③11月16日，中共中央发出《关于召开扩大的中央工作会议的通知》。可见，在召开七千人大会问题上，邓小平的确起了一定的促进作用。

作为党的总书记，邓小平负责准备这次大会。为此，他多次主持召开会议，研究和部署大会的准备工作，阐述召开这次会议的目的和用意。1961年12月12日，邓小平主持召开中共中央书记处会议，讨论1962年1月七千人大会的准备等事项。④12月18日，邓小平主持召开中共中央书记处会议并指出："明年初要开七千人大会，其用意就是要统一全党思想，鼓足干劲，在一个目标（长远规划）之下，立志气，有奔头，不要搞得思想解体，灰溜溜的。"⑤12月21日，邓小平在中共中央工作会议上作长篇讲话，在谈到如何开好七千人大会的问题时说："这次七千人大会搞什么？中央发了通知，主要的就是八个字：鼓足干劲，统一思想。在统一思想的基础上，统一行动。准备在会上作一个报告。这个报告正在准备，来得及的话，最好在我们的工作会议上来讨论一下。报告想讲三部分问题：第一，讲形势和任务，包括我们的奋斗目标，我们的规划要搞个什么样子，这样来鼓足干劲。第二，讲集中统一的问题。第三，

---

① 《邓小平年谱（1904—1974）》（下），中央文献出版社2009年版，第1669页。
② 参见《邓小平年谱（1904—1974）》（下），中央文献出版社2009年版，第1669—1670页。
③ 参见《邓小平年谱（1904—1974）》（下），中央文献出版社2009年版，第1670页；《毛泽东传（1949—1976）》（下），中央文献出版社2003年版，第1184页。
④ 参见《邓小平年谱（1904—1974）》（下），中央文献出版社2009年版，第1676页。
⑤ 《邓小平年谱（1904—1974）》（下），中央文献出版社2009年版，第1677页。

讲党的问题。总之，我们这个会实际上也就是为那个会做准备。"①1962年1月8日，邓小平再次主持召开中共中央书记处会议，批准扩大的中央工作会议的有关安排。②通过上述工作，明确了大会要解决的问题，提高了大家的思想认识，为七千人大会的顺利召开作了充分准备。

准备工作中最重要的是起草刘少奇代表中央向大会提交的书面报告。报告"先由邓小平主持、继由刘少奇主持起草"③，"1961年12月31日以前的起草工作，主要是邓小平抓的"④。从1962年1月1日起，起草工作主要由刘少奇主持，但邓小平始终参加此项工作，并发挥了重要作用。1月2日，邓小平同刘少奇、陈伯达、胡绳等讨论七千人大会报告稿。1月4日到8日，邓小平又召集有关人员开会，继续讨论报告稿。⑤1月9日形成第一稿，报送毛泽东审阅。1月10日，毛泽东看过报告稿的前两部分后，把邓小平、陈伯达、田家英找去商量，决定将报告立即印发七千人大会，分组讨论三天，征求意见。⑥七千人大会从1月11日开始对报告进行讨论后，邓小平多次主持、召集有关人员开会，听取和通报大会各小组对报告稿的反映及讨论情况，传达毛泽东对报告稿的意见，讨论修改报告稿，⑦组织和推动讨论及修改工作的正常进行。

在大会讨论报告稿期间，鉴于大会各组对报告稿有许多意见，毛泽东提议重新成立报告起草委员会，吸收各中央局第一书记和中央的一些负责人参加。会议当即组成一个有21人参加的报告起草委员会⑧，充分听取大会代表的意见，对报告作进一步修改。邓小平是报告起草委员会的重要成员。1月17日到24日，刘少奇先后八次主持召开报告起草委员会会议，邓小平出席了各次会议，并对报告提出重要修改意见。1月18日，邓小平在发言中指出："反分散主义是向全党提问题，一定要这样抓。

---

① 《毛泽东传（1949—1976）》（下），中央文献出版社2003年版，第1191页。
② 参见《邓小平年谱（1904—1974）》（下），中央文献出版社2009年版，第1682页。
③ 《中国共产党的七十年》，中共党史出版社1991年版，第378页。
④ 张素华：《变局——七千人大会始末》，中国青年出版社2007年版，第50页。
⑤ 参见《邓小平年谱（1904—1974）》（下），中央文献出版社2009年版，第1682页。
⑥ 参见《毛泽东传（1949—1976）》（下），中央文献出版社2003年版，第1191、1192页。
⑦ 参见《邓小平年谱（1904—1974）》（下），中央文献出版社2009年版，第1683—1684页。
⑧ 参见《邓小平年谱（1904—1974）》（下），中央文献出版社2009年版，第1684页。

下面只看到小天地，这不怪他们。我们要用正确的思想去引导他们。要在群众中树立全局观点、整体观点，要让他们看到长远目标、光明前途，这些很重要。"①在彭真发言时邓小平还插话说："我们到主席那儿去，主席说，你们的报告把我写成圣人，圣人是没有的，缺点错误都有，只是占多少的问题。不怕讲我的缺点，革命不是陈独秀、王明搞的，是我和大家一起搞的。"②1月19日，邓小平在发言中指出："当前的主要矛盾是不是主观主义和辩证唯物主义的矛盾？有人说是。这样提问题，得不出结论。"1月21日，邓小平在发言中指出："不提大跃进，三面红旗就少了一面。事实上，品种齐全，质量提高，也是大跃进。大会报告时可以对大跃进解释清楚。十年计划中就可以提在科学技术和工业产品的品种、质量方面实现大跃进。李富春多次提到要加强计划机关，我看现在应该提出加强地方计划机关的问题。要有一个书记专管计划工作，使其真正成为党委的助手，成为财政经济工作的综合机构。"③这些意见对刘少奇报告稿的修改起到了重要作用。

经过反复讨论修改，1月24日，起草委员会拿出了报告修改稿。在刘少奇和邓小平向毛泽东处汇报后，毛泽东肯定了对报告的修改，表示"赞成这个方向"④。1月25日，刘少奇主持召开中共中央政治局扩大会议，讨论并基本通过报告修改稿，同意将此报告正式提交大会。邓小平在发言中指出："这个报告的中心问题，一是总结了十二年主要是最近四年的经验，二是提出了现在的主要矛盾，三是专门讲了党的问题。这个报告中有那么几个核心问题，特别是方向提得对不对，经验总结得对不对，这是关乎全党很重要的问题。"⑤至此，报告起草工作圆满完成。1月27日，正式印发与会代表。

起草刘少奇代表中共中央向大会提交的书面报告，是会议准备工作的重中之重；讨论和修改书面报告是七千人大会第一阶段的主要内容。

---

① 《邓小平年谱（1904—1974）》（下），中央文献出版社2009年版，第1684—1685页。
② 薄一波：《若干重大决策与事件的回顾》（下），中共党史出版社2008年版，第720页。
③ 《邓小平年谱（1904—1974）》（下），中央文献出版社2009年版，第1685页。
④ 《毛泽东传（1949—1976）》（下），中央文献出版社2003年版，第1193页。
⑤ 《邓小平年谱（1904—1974）》（下），中央文献出版社2009年版，第1686页。

报告分析了目前国内经济状况以及造成困难的原因，总结了"大跃进"以来经济建设工作的基本经验教训，代表中共中央承担了责任，对于统一全党思想，动员和鼓舞全党同心同德地克服当前困难、完成各项工作任务，起到了积极作用。报告的形成为大会的成功召开奠定了基础，创造了条件。在会议的准备和报告的起草及修改过程中，邓小平发挥了重要作用。

二、就恢复党的优良传统发表讲话，提出健全党的生活的正确观点和主张

1962年1月28日，邓小平主持召开中共中央书记处会议，讨论他准备在七千人大会上讲话的内容。2月5日，邓小平再次主持召开中共中央书记处会议，讨论并同意他在七千人大会上的讲话要点。①2月6日，邓小平在七千人大会全体会议上讲话。2月19日，邓小平将讲话稿送毛泽东审阅。2月24日，毛泽东批示："邓小平同志：全文看过，很好。"3月2日，邓小平将讲话稿再批送刘少奇、彭真看过后交杨尚昆付印。②

邓小平在大会上主要讲恢复党的优良传统。他指出："最近几年，我们党的领导，党的工作，是有严重缺点的。特别重要的是党的优良传统受到了削弱。有些地方有很大的削弱，严重的削弱；有些地方好些。就全党来说，有相当程度的削弱。我们宁肯把这个问题估计得重一点，使全党有所警惕。因为这几年许多同志忙于具体工作，不大谈党的问题，不大注意党的建设，所以强调指出这一点是十分必要的。"③

邓小平在讲话中首先回顾了我们党的优良传统。他说："我们党的好传统、好作风，就是毛泽东同志所概括指出的，理论与实践相结合的作风，联系群众的作风，自我批评（当然也包括批评）的作风。总的来说，就是毛泽东同志所说的实事求是的作风。""我们还有一个传统，就是有一套健全的党的生活制度。""比如民主集中制；团结——批评——团结

---

① 参见《邓小平年谱（1904—1974）》（下），中央文献出版社2009年版，第1686、1688页。
② 参见《邓小平年谱（1904—1974）》（下），中央文献出版社2009年版，第1692页。
③ 《邓小平文选》第1卷，人民出版社1994年版，第301页。

的方法;言者无罪、闻者足戒,惩前毖后、治病救人;批判从严、处理从宽,不搞过火斗争、无情打击;艰苦朴素、谦虚谨慎,等等。"①

接下来,邓小平分析了党的优良传统受到削弱的原因:首先,"这几年来,我们不大注意调查研究,因而所提的一些任务往往不是实事求是的,所提的一些口号,也有许多不是切合实际的。指标过高,要求过急,还有一些不适当的'大办',这就使得我们的许多好传统受到了冲击。""其次,在这几年的党内斗争中发生了一些偏差。""由于这些偏差的影响,我们党的许多好的传统受到了削弱。例如,实事求是,说老实话,本来是我们党的传统,但是,由于没有贯彻实行民主集中制、运动中斗争过火等种种原因,这几年在我们党内滋长了一种不如实反映情况,不讲老实话,怕讲老实话的坏风气。"②

对于如何恢复和坚持党的优良传统,邓小平认为:"除了调查研究、实事求是、联系群众、及时纠正错误等等以外,必须注意健全党的生活。这是坚持党的优良传统的一个最重要的方面。"③为此,他在讲话中从坚持民主集中制、建立经常工作、培养和选择干部以及学习理论等四个方面论述了这个问题,重点是讲民主集中制。

关于民主集中制,邓小平在讲话中有以下重要观点和主张:第一,民主集中制是党和国家最根本的制度,坚持并完善这个制度,是关系到党和国家命运的事情。第二,这几年,工作中的分散主义相当厉害,命令主义也发展了,党内民主削弱了。这次会议提出要加强民主集中制,发扬民主,加强集中统一,反对分散主义,是很必要很适时的。第三,没有民主,就没有集中统一;没有集中统一,党就没有战斗力。今后一定要建立党员与党的正确关系,保障党员权利。第四,要把我们党的老传统真正地恢复和发扬起来,党的各级领导同志的态度很重要。各级领导同志要善于倾听反面意见,倾听不同意见;要听老实人的话,听老实话;要服从和团结多数,尊重少数。第五,对于党的各级领导人应该有监督,最重要的监督来自党委会本身,或者书记处本身,或者常委本身。

---

① 《邓小平文选》第1卷,人民出版社1994年版,第299、300页。
② 《邓小平文选》第1卷,人民出版社1994年版,第302页。
③ 《邓小平文选》第1卷,人民出版社1994年版,第304页。

要重视党委内部互相监督的作用。邓小平说:"我们一些领导同志,同伙夫、勤杂人员等同志们编在一个党小组里,那是起不了多少监督作用的。""同等水平、共同工作的同志在一起交心,这个监督作用可能更好一些。"又说:"上级不是能天天看到的,下级也不是能天天看到的,同级的领导成员之间彼此是最熟悉的。"①为此,他建议把领导人的主要的小组生活,放到党委会去,或者放到书记处去,或者放到常委会去。在党委会里面,应该有一段时间交交心,真正造成一个好的批评和自我批评的空气。第六,党委内部要注意集体领导,分工负责。日常的问题要分工负责;重大的问题必须分别情况,提到委员会、常委会,或者书记处加以讨论,取得共同的意见,作出共同的决定。②

七千人大会的主旨是强调集中统一,反对分散主义,中心问题是民主集中制。毛泽东在大会上的讲话和刘少奇向大会提出的书面报告都重点论述了这个问题。邓小平从健全党的生活、恢复党的优良传统的高度,对民主集中制的重要意义、基本内涵及实施举措等问题进行了深刻分析和全面论述,提出了重要的观点和主张。这些观点和主张是对大会主题的具体阐述,与毛泽东和刘少奇在大会上关于民主集中制问题的论述彼此呼应,相互补充,共同形成七千人大会的重要理论成果,丰富和发展了马克思主义关于民主集中制的思想宝库。

在健全党的生活的其他方面,邓小平也都提出了重要观点和主张。关于建立经常工作,他在讲话中指出:"一切工作的成绩,都是由一点一滴的细致工作积累起来的。群众运动只是实行群众路线的一种形式,而我们这几年把大运动当成了群众路线的唯一形式,这是不好的,应吸取教训。有了经常的细致的工作,了解问题可以比较深入,对调查研究也有帮助。"关于培养和选择干部,特别是培养和选择各级领导核心,他在讲话中说:"这几年,我们在几个大运动中对相当数量的干部处理得不慎重,损伤了一部分干部。要实事求是、分别对待地进行甄别、平反工作。干部好坏长短应从他长期工作中去鉴别,而不能只从某一运动或某一短

---

① 《邓小平文选》第1卷,人民出版社1994年版,第310页。
② 参见《邓小平文选》第1卷,人民出版社1994年版,第304—312页。

时期的表现去鉴别。"关于学习马列主义理论和毛泽东著作,他在讲话中强调:"要造成一种学习理论、学习实际的空气。不学习或不注意学习,忙于事务,思想就容易庸俗化,就要犯错误。"① 这些重要观点和主张,和邓小平关于坚持民主集中制的论述一样,都是七千人大会所取得的积极成果的重要组成部分,都是对七千人大会所作出的理论贡献。这些观点和主张对我们今天加强党的建设仍然具有重要的指导和借鉴意义。

三、贯彻实行大会的成果和精神,推动新时期党和国家民主集中制的健康发展

七千人大会是新中国成立以来党的历史上一次具有重要意义的盛会,开得比较成功,"取得了在当时历史条件下所能取得的重要成果"②。对于大会的成果和精神,邓小平及时组织传达和学习。1962年2月8日,也就是大会闭幕的第二天,邓小平就在中共中央工作会议讲了大会精神的传达和文件阅读的问题。2月12日,邓小平主持召开中共中央书记处会议,会议决定:中央和国家机关17级以上、司局长级以下的干部,根据报告传达讨论;司局长级以上的干部除了传达报告外,还传达毛泽东和政治局其他常委同志的讲话。各省、市、自治区都分别在2—4月间,按党中央规定的范围、传达、讨论和贯彻会议精神,在各级党组织内发扬民主,开展批评和自我批评,总结经验教训。③

七千人大会的一个重要成果就是充分发扬民主,认真开展了批评和自我批评。在全体会上,毛泽东带头作自我批评,对几年来工作中的缺点和错误,承担了主要责任。刘少奇在报告中代表中央承担了领导责任。周恩来也作了自我批评,说这几年的缺点、错误,国务院及所属各综合部门,要负很大责任。邓小平在大会上讲话,代表中央书记处作自我批评,指出:"这几年工作中的缺点和错误的责任,中央首先负责,而在中

---

① 参见《邓小平年谱(1904—1974)》(下),中央文献出版社2009年版,第1689—1690页。
② 《中国共产党历史》第2卷(1949—1978)下册,中共党史出版社2011年版,第598页。
③ 参见薄一波:《若干重大决策与事件的回顾》(下),中共党史出版社2008年版,第717页。

央,首先应由做具体工作的中央书记处负主要责任。"① 各省、市、自治区负责人和中央各主要部门负责人,也都在这次会上作了自我批评。

由党的主要领导人带头在如此广大的范围内作诚恳的自我批评,主动承担失误的责任,这样广泛地发扬民主和开展党内批评,在新中国成立后党内生活中还不曾有过,所以七千人大会的意义和作用尤其重要。正如陈云在参加七千人大会的陕西省全体干部会上所说:"这次大会取得了非常大的胜利,不要估计低了。只要有勇于开展批评与自我批评这一条,坚持真理,改正错误,我们共产党就将无敌于天下。"②

对于七千人大会的这种自我批评精神,邓小平一直深深怀念,③并在领导改革开放和社会主义现代化建设的进程中切实贯彻实行。1980年4月1日,邓小平在与中央负责同志就起草《关于建国以来党的若干历史问题的决议》谈话时说:"讲错误,不应该只讲毛泽东同志,中央许多负责同志都有错误。'大跃进',毛泽东同志头脑发热,我们不发热?刘少奇同志、周恩来同志和我都没有反对,陈云同志没有说话。在这些问题上要公正,不要造成一种印象,别的人都正确,只有一个人犯错误。这不符合事实。中央犯错误,不是一个人负责,是集体负责。"④这些话说得很中肯,很公正,充分体现了邓小平对待缺点和错误的实事求是的态度,是对七千人大会精神和成果的继承发展和具体运用。

七千人大会的另一个重要成果是加强了党的民主集中制。在会上,中央领导人抓住削弱民主集中制特别是抓住破坏民主的倾向,总结"大跃进"以来的经验教训,分析出现缺点和错误的原因,的确抓住了问题的要害,这也是这次大会的一个显著特点。在七千人大会上,邓小平等中央领导人关于民主集中制问题的一系列论述,把党的民主集中制理论向前大大推进了一步,使之得到了恢复和加强。但令人遗憾的是,作为

---

① 《邓小平年谱(1904—1974)》(下),中央文献出版社2009年版,第1688页。
② 《陈云文选》第3卷,人民出版社1995年版,第187页。
③ 1992年7月下旬,邓小平在审阅中共十四大报告稿时,再一次回忆起七千人大会,他说:在那次会上,大家都作了检讨嘛!参见薄一波:《若干重大决策与事件的回顾》(下),中共党史出版社2008年版,第722页。
④ 《邓小平文选》第2卷,人民出版社1994年版,第296页。

这次会议的中心问题，即民主集中制问题，会后并未能够得到真正的贯彻实行，相反，却逐步背离了这个基本原则，从而日益加剧了党内生活的不正常，成为导致"文化大革命"悲剧产生的一个重要原因。

改革开放以来，以邓小平为核心的党的第二代中央领导集体，恢复并发展党和国家民主集中制的传统与制度，贯彻实行七千人大会关于坚持民主集中制的成果与精神，在健全完善和贯彻执行民主集中制方面，提出了许多重要观点和主张，做了许多工作，取得很大进步，推动了新时期党和国家民主集中制的健康发展，从而保证了改革开放和社会主义现代化建设事业的顺利进行。

邓小平在新时期关于民主集中制的论述，集中体现在他的几次重要讲话中。1978年12月，邓小平在中共中央工作会议闭幕会上的讲话中指出："在过去一个相当长的时间内，民主集中制没有真正实行，离开民主讲集中，民主太少。""我们需要集中统一的领导，但是必须有充分的民主，才能做到正确的集中。"①1979年5月，邓小平在会见日本时事通讯社代表团时说："我们从来都提民主集中制，现在这样提，以后也是这样提。过去民主缺乏，民主不够，以后要着重发扬民主，因为没有充分的民主，就没有很好的集中。"②1992年7月，邓小平在审阅中共十四大报告稿时强调："我们党和国家历来的制度，就是民主集中制。具体解释就是民主基础上的集中，集中指导下的民主。这个问题不要丢，要加几句。民主集中制我们讲得太少。这个制度是最便利的制度，最合理的制度，是我们的根本制度。用宪法的语言来表述好。民主集中制问题是根本制度的问题，我们总有一天要找机会把这个问题表述清楚。不管怎么样，要树立一个观念，就是我们党和国家的根本制度是民主集中制。"③邓小平这些讲话指出了民主集中制是我们党和国家的根本制度，论述了民主和集中的辩证关系，强调了在新的历史条件下发扬民主的重要性，是民主集中制思想在新时期的发展。

在邓小平新时期民主集中制思想的指导下，党和国家的民主集中制

---

① 《邓小平文选》第2卷，人民出版社1994年版，第144页。
② 《邓小平年谱（1975—1997）》（上），中央文献出版社2004年版，第515页。
③ 《邓小平年谱（1975—1997）》（下），中央文献出版社2004年版，第1351页。

得到健康发展，取得很大进步。针对"文化大革命"期间党的民主集中制遭到严重破坏的情况，1978年12月召开的中共十一届三中全会作出了健全党的民主集中制的决定。1982年9月，中共十二大通过的党章对民主集中制作了比较充分和具体的规定："党禁止任何形式的个人崇拜"，"凡属重大问题都要由党的委员会民主讨论，作出决定"，"不允许任何领导人实行个人专断和把个人凌驾于组织之上"。[①]1987年10月召开的中共十三大提出健全党的集体领导制度和民主集中制，要从中央做起。1992年10月，中共十四大及通过的党章根据邓小平在审阅大会报告稿时的讲话精神，对民主集中制作了新的阐释，即"民主基础上的集中和集中指导下的民主相结合"[②]，使民主集中制的定义更加科学，更加符合中国实际。1994年9月，中共十四届四中全会通过的《中共中央关于加强党的建设几个重大问题的决定》再次强调坚持和健全民主集中制，指出："民主集中制是民主基础上的集中和集中指导下的民主相结合的制度，是马克思主义认识论和群众路线在党的生活和组织建设中的运用。"[③]上述民主集中制的健全和发展，为不断开创社会主义现代化建设新局面提供了重要的组织保证。

[原载《当代中国史研究》2013年第2期]

[①] 《十二大以来重要文献选编》（上），人民出版社1986年版，第74、76页。
[②] 《十四大以来重要文献选编》（中），人民出版社1997年版，第55页。
[③] 《十四大以来重要文献选编》（中），人民出版社1997年版，第959页。

邓小平和陈云在新中国成立初期粮食统购统销中的合作

对粮食等主要农产品实行统购统销，是我国工业化初创阶段采取的一项重大决策，对于保证供给和支持建设发挥了重要作用。这一政策是由政务院副总理兼中央财政经济委员会主任陈云于1953年10月提出并被中共中央接受而实施的。初到中央工作不久、时任政务院副总理兼中央财政经济委员会第一副主任和财政部部长的邓小平在粮食统购统销中给予了陈云积极配合和大力支持。在邓小平和陈云的密切合作下，粮食统购统销政策得到顺利实施并不断完善，达到了稳定粮食市场、保证人民生活、基本满足工业建设初期需要大量粮食的预期目的。

一

随着1953年大规模工业建设的进行，粮食供需缺口迅速扩大，粮食问题已日益严重地摆在人们面前。在1952年7月1日至1953年6月30日的粮食年度内，国家共收入粮食547亿斤，比上年度增长8.9%；但因城市人口和工业就业人数激增，支出587亿斤，比上年度增加31.6%。收支相抵，赤字40亿斤。① 如何解决如此巨大的粮食赤字，成为第一个五年计划建设开始时遇到的复杂而棘手的难题。为解决这道难题，陈云提

---

① 参见《邓小平传（1904—1974）》（下），中央文献出版社2014年版，第950页。

出了粮食统购统销的办法。在实施粮食统购统销过程中，邓小平给予了积极配合和大力支持。

鉴于粮食不足将是我国较长时期内的一个基本状况，陈云经过逐个比较多种解决粮食问题的方案，反复权衡利弊得失，终于下决心提出在农村征购、在城市配售的解决粮食问题的办法，也就是后来所说的"统购统销"。他的这个意见，立刻得到周恩来、邓小平等大力支持。[①]1953年10月1日晚，在天安门城楼会见厅里，陈云向毛泽东汇报了粮食征购与配售的办法，得到毛泽东赞同。

考虑到征收公粮在即，是否当年就开始征购粮食，陈云一时下不了决心。关键时刻，邓小平给予陈云大力支持。他建议推迟公粮征收时间以便与粮食征购同时进行，并于10月2日为中共中央起草了给各中央局、分局并转各省市委及财委的电报。通知中共中央决定于10月10—12日[②]召开全国粮食紧急会议，通知指出："在这个会议上，将对粮食问题作通盘的考虑，并拟实行粮食征购的政策。因此，今年征收公粮的时间，必须略为推迟，等到全国粮食会议作出新的决定之后，与粮食征购工作同时进行，较为有利。各地接此通知后，应即转知各县，暂不进行征收公粮工作，其开征时间，以后由中央另行通知。"[③]对于邓小平的建议，陈云十分赞同。他在10月10日全国粮食会议上的讲话中专门指出："开始时，对于今年实行征购，我还有点犹豫，因为公粮马上就要开征，怕来不及了。后来小平同志想了一办法，把征收公粮的时间推迟一点，征购和征收公粮一起搞，免得搞两起麻烦。中央经过讨论，同意小平同志的意见，决定征收公粮推迟到十一月。"[④]

邓小平和陈云在粮食统购统销问题上的合作，缘于他们在粮食问题上的共同主张。首先，他们都十分重视粮食问题。国以民为本，民以食为天，没有饭吃，其他一切都无从谈起。为此，陈云反复强调：粮食定，天下定；粮食稳，市场稳。到中央工作后，邓小平多次在政务院会议和

---

① 参见《陈云传》（上），中央文献出版社2005年版，第845页。
② 实际上，全国粮食紧急会议召开日期是10月10—13日。
③ 《邓小平年谱（1904—1974）》（中），中央文献出版社2009年版，第1136页。
④ 《陈云文选》第2卷，人民出版社1995年版，第211页。

其他重要会议上指出粮食问题的重要性和紧迫性。1953年6月5日，他在主持政务院第一百八十一次政务会议时指出："粮食问题在相当时期内是个严重的问题。过去我们地方小，供应问题不大，现在不同了，非得有六百九十四亿斤才能保证国家的工业建设及其他方面的需要。"[①] 其次，他们都主张对粮食要实行中央集中统一管理。陈云认为，在粮食增产有限、粮食供给不能满足需求、缺口较大的情况下，国家对粮食的管理尤为重要。1953年全国财经会议讨论粮食问题时，有与会者提出，为减轻中央的压力，要增加地方及时处理粮食问题的机动权，建议粮食由中央统筹统支改为中央与地方分级管理，地区的调剂由地区间互相协商。对此，陈云明确表示反对。他说："如果把由中央统筹统支改为中央和地方分级管理，则各大区、各省为了各自保证自己方面的需要，余粮者必然希望更少调出，缺粮者必然要求更多调入"，结果很可能是"上缴粮不能达到中央要求的数量"，或是"地区之间的调剂也会因一方要得多，另一方供得少而不能达成协议，最后仍然要求中央作决定"。[②] 此次财经会议在过分地批评粮食集中统一管理体制的氛围下形成的《关于粮食问题的决议（草稿）》，提出要"在中央统一领导和计划之下实行统筹兼顾、分区负责、划定范围、因地制宜的办法"。鉴于这一办法对粮食集中统一管理体制造成了冲击，导致产生分散主义问题，邓小平在10月10日的全国粮食紧急会议上直截了当地批评了"分区负责"的提法。他说："我们原来叫做统一领导，统筹兼顾，分区负责，恐怕要改一个字，叫分工负责。"[③] 他还说："中国山头很多，粮食问题又出了几千万个山头。如不强调统一领导，分工负责，就会出乱子。"[④] 最后，他们都认为解决当前的粮食问题要着眼于大局和长远。陈云提出粮食统购统销政策虽然是针对当时的粮食危机，但他同时认为"这是一个长远的大计，只要我们的农业

---

① 《邓小平文集（1949—1974年）》中卷，人民出版社2014年版，第114页。
② 《陈云文选》第2卷，人民出版社1995年版，第191页。
③ 《邓小平传（1904—1974）》（下），中央文献出版社2014年版，第951—954页。
④ 转引自薄一波：《若干重大决策与事件的回顾》（上），中共党史出版社2008年版，第190页。

生产没有很大提高,这一条路总是要走的"①。邓小平也坚持从工业化建设的大局教育农民,以调动农民交售粮食的积极性。他说,做好购粮工作是为了工业化建设,而工业化建设是国家和人民最大的利益。"国家的根本问题是实现工业化,没有工业化什么都不行。只有实现工业化,才能使国家脱离贫困。农民的最大利益也要靠工业化。"②

正是由于邓小平和陈云在粮食问题上有诸多共识,才有了他们在1953年10月全国粮食紧急会议上正式提出粮食统购统销政策时更加紧密的合作。在第一天的会议上,邓小平和陈云分别讲话,互相配合,为这一政策的顺利出台和实施奠定了重要的思想基础。

陈云在报告中详细分析了全国粮食方面存在有严重问题,逐一比较了他想过的八种方案,仔细权衡利弊,结论是"只能实行第一种,又征又配,就是农村征购,城市配给。其他的办法都不可行"。他充分估计到实行这项政策的难度和可能遇到的严重问题,提请与会者注意:"如果大家都同意这样做的话,就要认真考虑一下会有什么毛病,会出什么乱子。全国有26万个乡,100万个自然村。如果10个自然村中有1个出毛病,那就是10万个自然村。逼死人或者打扁担以至暴动的事,都可能发生。农民的粮食不能自由支配了,虽然我们出钱,但他们不能待价而沽,很可能会影响生产情绪。"③

邓小平在讲话中着重论述了粮食征购和配售对巩固工农联盟和国家有计划大规模经济建设的意义。他说:"一是实行征购和配售,'才能巩固工农联盟'。'道理就在我们这个国家走什么道路的问题,农民走什么道路的问题。'实行征购和配售,有利于农民走社会主义道路,有利于巩固工农联盟,也对农民有利。二是实行征购和配售有利于国家建设。'我们就可以使粮价固定下来,经常不变。要变也是全国的变,不是一个地区一个地区的变,而且是非发生大的灾荒和大的变动不变。整个物价稳定,我们整个国家的计划(包括工业、农业、商业、工资和所有的东西)

---

① 《陈云文选》第2卷,人民出版社1995年版,第211页。
② 《邓小平文集(1949—1974年)》中卷,人民出版社2014年版,第115页。
③ 《陈云文选》第2卷,人民出版社1995年版,第210页。

也就放在了稳定的基础上。这对于我们国家的建设是非常有利的。'"① 在 10 月 13 日全国粮食紧急会议最后一天的讲话中,邓小平又从贯彻过渡时期总路线的角度论述了实行粮食统购统销的必要性,把它与农业社会主义改造联系起来,赋予其更加重要的政治意义:"你讲征购不联系过渡时期的总路线,就无法使全党同志赞成这个东西。"② 为此,邓小平在讲话中指出:"农村搞统购统销,实际上就使农村的资本主义受到了很大限制。要使全党所有干部懂得,这次粮食会议,不只是解决了粮食问题,更重要的是要使他们懂得,还解决了过渡时期总路线问题,就是怎样把小农经济纳入国家计划经济的轨道,纳入互助合作的道路,纳入社会主义道路。"③

邓小平和陈云的报告从不同角度阐明了实行粮食统购统销的必要性和重要性,具有很强的说服力,产生了良好效果。与会者听取报告后一致认为,实行征购和配售是当前粮食严重供不应求的情况下解决产需矛盾的最佳方案,除此以外别无他路。会议经过讨论,确定了实行粮食统购统销的政策。10 月 16 日,中共中央通过《关于实行粮食的计划收购与计划供应的决议》。10 月 19 日,政务院下达《关于实行粮食的计划收购和计划供应的命令》。中共中央的决议和政务院的命令标志着粮食统购统销政策的正式出台。

二

粮食统购统销政策出台后,邓小平和陈云在宣传教育、政治动员和部署落实等方面分别做了大量工作,共同推动了粮食统购统销工作在全国各地的顺利展开。

实行粮食统购统销,政治动员和宣传教育工作必须跟上去。在全国粮食紧急会议上陈云就指出:"征购是一项很艰巨、很麻烦的工作,这比

---

① 《邓小平传(1904—1974)》(下),中央文献出版社 2014 年版,第 954 页。
② 转引自薄一波:《若干重大决策与事件的回顾》(上),中共党史出版社 2008 年版,第 188 页。
③ 《邓小平年谱(1904—1974)》(中),中央文献出版社 2009 年版,第 1139 页。

对付资本家难得多。做好这件事,要采取很多经济措施,同时要进行广泛深入的政治动员。这是一项很大的经济工作,也是一项很大的政治工作。"他要求"在征购时,要通过人民代表会,大家民主讨论。高级干部也要深入农村,一方面帮助基层工作,一方面总结经验,指导全面"。①全国粮食紧急会议后,各省立即开会贯彻全国粮食会议精神,宣传粮食统购统销政策。陈云密切关注各地的政治动员和宣传工作,并给予及时和具体指导,推动粮食统购统销工作在各地的顺利展开。1953年12月2日,陈云为中共中央起草致各中央局、分局并转各省、市委电,将中南局、湖北省委、河南省委关于开好粮食统购工作中各级会议的指示转发各地参考。电报强调指出:"各地试点经验已经证明,只有开好县的干部会议和乡的党内外各种会议,才能很好地完成统购粮食的任务,其结果也必然把农村工作推进一大步。目前县的三级干部会议应已经结束,望各地用极大的力量加强对乡的各种会议的领导,保证开好乡的各种会议,绝不要性急图快,简单从事。"②

在粮食统购统销的政治动员和宣传教育方面,邓小平也做了大量工作。早在全国粮食紧急会议之前,邓小平即提出做好购粮工作"要有价格政策、必要的政治工作、必要的经济工作"③。他关于政治工作和价格政策相结合以调动农民交售粮食积极性来解决粮食收购问题的措施,为以后长时间内国家解决粮食问题所坚持采用。全国粮食紧急会议后,邓小平密切关注着粮食统购统销政策的实施情况,对各地在政治动员和宣传教育工作中取得的成功经验及涌现的典型案例及时进行肯定和推广,指导着各地粮食统购统销工作的顺利展开。山东泰安九区上高乡基点村郝培英互助组,开始时农民对粮食统购政策缺乏认识,有的观望,有的有顾虑,有的甚至消极抵抗。经过政治动员、思想教育和其他耐心细致的工作,情况发生了变化。11月16日泰安地委将《关于泰安九区上高乡基点郝培英互助组在生产中心下完成粮食统购任务的报告》,经山东分局上报到中央。11月23日,邓小平看了中共泰安地委的报告后批示:"这

---

① 《陈云文选》第2卷,人民出版社1995年版,第213—214页。
② 《陈云传》(上),中央文献出版社2005年版,第859页。
③ 《邓小平文集(1949—1974年)》中卷,人民出版社2014年版,第114页。

个报告说明粮食统购工作做好了,是会提高农民生产积极性的。"遂将报告送毛泽东阅。11月27日,邓小平在为中共中央起草的批转电报中说:"这个报告说明在实行粮食统购政策时,如果工作做得不好,或者做得不充分,是会遭到农民的抵抗,并可能影响到农民的生产积极性的。但是只要工作做好了,就不但能够完成统购的任务,而且必然大大提高农民的政治觉悟和大大提高农民的生产积极性。这个经验值得各地加以重视和仿效。"① 由此,邓小平更加感到充分的政治动员和思想教育对于做好粮食统购工作的极端重要性。11月27日,他在再次审改《关于必须为明年增产粮食做好准备工作的指示(草稿)》② 时加写了这样一段话:"必须纠正那种认为统购粮食一定会损害农民生产积极性的错误的观点";"采取一些粗暴的办法,犯主观主义和命令主义的错误,那是可能损害农民生产积极性的。但是,根据现有的一些典型经验,已经可以证明,只要在统购工作中进行了充分的工作,就不但不会损害农民的生产积极性,而且可以通过粮食统购这个环节,大大提高农民的政治觉悟,大大提高农民的生产积极性,并使农村的互助合作运动向前推进一步。因为粮食统购政策的本身,不但没有损害农民的利益,而且正是保护了农民的利益。"③

粮食统购统销是政策性极强的工作,涉及国家建设和人民生活的方方面面。为使这项政策在全国各地得到顺利实施,在加强宣传教育和政治动员的同时,还需要做许多极其细致的部署和落实工作。在这方面,陈云主要抓了粮食统销这项工作;邓小平则在粮食统购方面提出了一些政策措施。他们互相配合,相得益彰,共同推进了粮食统购统销工作的顺利开展。陈云不仅是粮食统购统销的主要决策者,而且是部署与落实粮食统购统销的主要指挥者。全国粮食紧急会议后,他直接抓了北京、天津、济南等北方城市的面粉计划供应工作。陈云在指导城市面粉计划

---

① 《邓小平年谱(1904—1974)》(中),中央文献出版社2009年版,第1146—1147页。

② 这一指示原题为《关于既要做好粮食计划收购工作又要为明年增产粮食做好准备工作的指示(草稿)》。11月27日,邓小平再次审改时将题目改为中共中央《关于必须为明年增产粮食做好准备工作的指示(草稿)》。

③ 《邓小平年谱(1904—1974)》(中),中央文献出版社2009年版,第1145页。

供应工作时注重因地制宜。北京市的办法是分三等供应面粉，认为这样做比较好；天津市则主张不分等级，认为分等很麻烦。陈云都表示同意。济南市由于大米供应不足、主食杂粮库存少，因而在实施面粉计划供应时采取了标准高于北京市和天津市的临时供应办法。陈云也表示同意，认为只要不定死，对于其他地区可能不会有太大影响。在实施面粉计划供应中，陈云十分重视搜集与掌握信息，注意以点带面和由此及彼。北京市、天津市实行面粉计划供应后，11月8日，他为中共中央起草了致广州市委并告华南分局、中南局的电报，要求他们报告京津及北方城市自11月1日实行面粉计划供应或掌握卖出后对广州面粉市场的影响。11月11日，陈云为中共中央批转了北京市委关于面粉计划供应的实施办法、补充规定和说明等文件供各地参考。11月25日，他为中共中央批转了天津市委11月3日关于实行面粉计划供应后各阶层群众动态的报告，供各中央局、分局并各省市委参考。11月26日，他又为中共中央向各地批转了济南市委的报告。① 陈云为中共中央批转的这些文件，对在全国实施粮食计划供应起着积极的引导与推动作用。

  邓小平非常注意在农村粮食统购中把握好政策界限。1953年12月21日，他在审改中共中央批转华东局《关于当前贯彻总路线教育与粮食统购统销工作中几个重要问题的指示》的电报稿时加写道："对余粮户绝对不可采取如同对付地主那样的办法。我们只求完成预定的购粮数目，不要强求超过，不要超过太多，因为国家财力有限，不可能购买太多。而在统购之后，农民手中仍有相当多的余粮，这不是什么坏现象，而是一种很好的现象。这也须请各地加以注意。"② 同日，他在为中共中央起草批转中共湖北省委《关于全面做好粮食统购工作的指示》的电报中又指出："在粮食统购中，不要笼统地提出向富农作斗争的口号，只宜对个别确实顽抗的旧富农进行必要的斗争，而且在处理上不宜过严，以免影响到中农。因为粮食统购的对象主要是中农，如果一般地提出向富农作斗争的口号，或对个别富农处置不当，根据历来农村斗争的经验，是很容

---

① 参见《陈云传》（上），中央文献出版社2005年版，第856—857页。
② 《邓小平年谱（1904—1974）》（中），中央文献出版社2009年版，第1150—1151页。

易伤害到中农的。此点请各地务必加以注意。"①

经过邓小平和陈云深入的宣传教育、充分的政治动员和详细的部署落实,粮食统购统销工作得以在各地比较顺利地展开,在全国范围内没有发生大的动荡。到1954年2、3月间,各地相继结束了粮食统购工作,1953—1954年粮食年度国家粮食征购量比上个粮食年度增加29.3%,②胜利完成了当年的统购任务,一举稳定了粮食局势,扭转了粮食市场上国家购少销多的局面。1954年1月7日,邓小平在政务院第二百〇一次政务会议上高兴地说:"粮食实行了统购统销,情况是好的,计划收购七百亿斤,估计要超过,今后只要年成好,可以解决问题。"③

三

统购统销政策的实行使全国渡过了粮食难关,供求关系十分紧张的形势开始缓和,但随之也出现了两个问题:一是对农民粮食余缺和征购数量缺乏合理核定,造成一些地方政府与农民关系紧张;二是商业工作上急躁冒进造成市场呆滞和国家与私商的关系紧张。面对出现的新情况和新问题,邓小平和陈云共同应对,通过采取有力措施,完善统购统销政策,使粮食统购统销工作得到明显改善。

粮食统购统销后,国营商业和合作社商业发展加快,农村市场得到控制。但同时又出现了私商停业歇业户增多、城乡联系隔断、内外物资交流阻塞、农村市场呆滞的情况。陈云敏锐地察觉到这个问题,给予高度重视。1953年底,他在上海、杭州等地考察后感到国营合作社商业前进得过快,提出"要少进一点"。1954年3月,他先后在同商业部负责人谈话、在中共中央政治局会议上以及中共商业部党组会议上,多次讲到国营商业和合作社商业占批发和零售贸易的比重过大,前进得快了,要踏一踏步,以便解决私商停业歇业与市场呆滞的问题。在审定1954年国民经济计划与国家预算会议上,陈云又指出,商业零售中公私所占的

---

① 《邓小平年谱(1904—1974)》(中),中央文献出版社2009年版,第1151页。
② 参见《陈云传》(上),中央文献出版社2005年版,第860页。
③ 《邓小平文集(1949—1974年)》中卷,人民出版社2014年版,第160页。

比重要根据1953年12月的水平,"踏步看半年再说"。① 对于陈云的主张,邓小平予以明确支持。1954年3月,他在中央政治局会议上说:"陈云同志从外面回来,就说要控制一下,但没有引起注意。"②

由于陈云为中共中央起草的《关于加强市场管理和改造私营商业的指示》于1954年7月下发后未能引起各级党委的充分注意,致使同年秋冬许多地区牛羊上市量骤增,国营商业和合作社商业收购大大超额,造成母牛、乳牛、小羊、仔猪价格下跌,生产萎缩。中共河南省委向中央反映造成这种情况的原因是:盲目排挤私商,"造成了不少行业已全被挤垮,小商小贩大部失去营业机会,农民之间的副业生产性交易停滞。"河南省人民政府提出:"大力组织农村经济生活,活跃农村经济",并在具体政策上纠正对私营零售商盲目排挤的倾向,"在公私比重上,要立即放缓步子,坚决贯彻'踏步'精神,并根据社会商品流转计划,规定出各行业适当的零售营业额和公私比重"③。邓小平赞成河南省委和省政府的做法。1955年1月5日,他为中共中央起草了批转中共河南省委《讨论中央12月3日指示④的报告》和河南省人民政府《关于目前活跃农村经济生活的紧急方案》的电报,推广河南的经验。电报中说:"目前全国各地农村经济生活的紧张情况,是多方面的,如果不作系统的研究和统一的安排,是解决不了问题的。河南省委就是这样作了全面的安排,其经验值得各地效法。"⑤河南省的经验推广后,对缓解农村市场的呆滞现象,活跃农村经济,减少粮食统购统销的阻力,产生了积极的作用。

实行粮食统购统销后,除出现国家跟私商的关系紧张和市场呆滞的问题外,更加严重的是在一些地方出现国家跟农民的关系紧张的问题。这主要是因为核定农民的粮食余缺尚缺乏具体办法,致使有的地方该购的没有购足,有的地方又购了过头粮。另外,由于征购任务紧迫,工作繁重,要求限期完成,一些地方发生过强迫命令等偏差,个别地方还发

---

① 参见《陈云传》(下),中央文献出版社2005年版,第917—918页。
② 《邓小平传(1904—1974)》(下),中央文献出版社2014年版,第959页。
③ 转引自《邓小平传(1904—1974)》(下),中央文献出版社2014年版,第959页。
④ 指1954年12月3日中共中央对商业部关于目前牛羊市场和毛猪生产问题的通报的批示。
⑤ 《邓小平年谱(1904—1974)》(中),中央文献出版社2009年版,第1210—1211页。

生抗征闹事的事件。在粮食统销方面，由于工作中的缺点，一些地方有的该销没有销够，不该销的反而销了，引起社会各阶层人们的关注，出现"人人谈粮食，家家谈统销"的局面。有些地方农民大量杀猪宰牛，不热心积肥，不积极准备春耕，生产情绪不高。

为解决上述问题，1955年新年伊始，陈云去江南实地调查研究粮食统购统销与市场情况。回到北京后，陈云向中央提出了农村粮食统购统销中实行定产、定购、定销的"三定"政策和办法，即在每年的春耕以前，以乡为单位，将全乡粮食的计划产量大体上确定下来，并将国家对于本乡的购销数字向农民宣布，使农民结合确定的指标，知道自己生产多少，国家收购多少，个人留用多少，缺粮户供应多少，使农民心中有数。

对陈云提出的"三定"政策，邓小平予以积极支持。华南分局向中共中央报告广东省中山县敌对势力利用政府在统购粮食时给农民所留口粮打得过紧的缺点制造暴乱的情况。1955年2月1日，邓小平审改中央复华南分局电报稿时，在"中央正考虑在春耕前公布一九五五——五六年度购粮数字"这句话后加写"并开始逐步试行定产、定购、定销的粮食统购统销制度，使农民心中有数"。这是"定产、定购、定销"（简称"三定"）首次出现在中央文件中。[①] 3月3日，中共中央、国务院正式决定在全国范围内采取粮食定产、定购、定销的措施。陈云去江南调查研究后提出的农村粮食定产、定购、定销的意见，最后形成为中共中央和国务院的决策。粮食"三定"政策出台后，得到广大农民的热烈拥护，有力地调动了农民的生产积极性。"三定"政策的落实，使粮食统购工作得到明显改善，但在很多地方的粮食统销工作中仍存在一些问题。在农村主要是粮食供应户面过广，在城市主要是粮食供应较松，导致粮食销量大大超过国家规定的指标，形成粮食供应紧张的局面。为此，邓小平和陈云又用了很大精力整顿城乡粮食统销工作。

为了解实行粮食"三定"政策和粮食统销工作的情况，陈云再次到江南实地调查，掌握了大量真实情况，对粮食统销工作存在的问题做到了心中有数。回京后，1955年7月21日，他在一届全国人大二

[①] 转引自《邓小平传（1904—1974）》（下），中央文献出版社2014年版，第960页。

次会议上的发言中提出了坚持和改进粮食统购统销的具体办法。针对农民普遍反映"缺粮"导致农村粮食供应户面过广的情况,陈云提出要"把农村的余粮户、自给户、缺粮户划分清楚。允许自给户、缺粮户将卖出的周转粮,照数买回去。这些周转粮,以后将从统购统销的总数内扣除,不列入统购统销的数字以内"。"所有这些,都是为了划清余粮户、自给户和真正缺粮户的界限,减少一些人为的缺粮户,使每个乡村能够弄清楚真正缺粮户的确实数字。"他还提醒道:"由于生产的发展,缺粮户是要逐渐减少的,自给户也可能变成为余粮户。每个乡村都应在一定时间内注意这种变化。"针对城市粮食供应较松的情况,陈云提出"在城市中采取必要的严格措施,切实整顿粮食的统销工作,反对浪费,压缩一切不应销的粮食。同时,必须保证城市居民必需的粮食消费"。① 这些办法的实行对于减少粮食销量,保障合理供应,起到了很重要的作用。

与此同时,邓小平利用典型案例推动农村粮食统销工作的整顿。5月,安徽省报来的潜山县委《关于模范乡整顿统销工作的报告》反映:模范乡统销补课开始时,要求粮食供应户占全乡总户数51.4%,全乡几乎大部分干部和所有群众都要求供应。在整顿粮食统销工作中,模范乡逐户排队摸清群众实际底子和思想问题,分别对象运用不同形式开展教育,在提高干部、群众觉悟的基础上进行调整,使全乡要求粮食供应户比以前减少了40%。② 邓小平认为潜山县委采取充分的群众教育的方法来领导定销工作的经验值得推广,提出应当予以转发,并于1955年5月28日为中共中央起草了批转该报告的电报。电报中说:"模范乡的事实证明,全国各地这一时期的粮食紧张情况,有很大部分是由于我们没有认真领导定销工作的结果。只要我们切实注意了这个工作,如同潜山县模范乡所做的那样,就不但能够使粮食销量大大减少,使紧张情况和缓下来,而且能够确实地充分地保障对于真正缺粮户的供应,并大大鼓励农民的生产积极性。中央要求全党重视这个问题,务必动员全党力量,在

---

① 《陈云文选》第2卷,人民出版社1995年版,第278页。
② 参见《邓小平传(1904—1974)》(下),中央文献出版社2014年版,第961页。

一切乡中普遍做好定销工作,采取群众路线的方法,进行充分的群众教育工作,坚决削减那些不该供应或多供应了的部分,压低总供应量,并充分地供应真缺粮户。"① 潜山经验的推广,对整顿农村粮食统销工作发挥了重要作用。

全国粮食销售量增大,与城市粮食供应太松有关。为此,邓小平在抓整顿农村粮食统销工作的同时,还抓了整顿城市粮食计划供应工作。1955年5月16日,他在审改中共中央、国务院《关于整顿城市粮食计划供应工作的指示》稿时,针对"城市粮食向农村倒流的现象,以及由于城市粮食供应太松而刺激农村人口大量流入城市的现象,仍在发展"的现状,指出"通过家喻户晓的深入动员和根据各个城市的情况规定一些切实可行的供应办法,大大减少城市粮食的供应指标,是完全可能的"。并举例说,"北京市经过详细研究之后,认为该市一九五五——五六年的供应指标,可以由原计划十五亿五千万斤减至十二亿五千万斤,即减少三亿斤之多。这就是一个最好的证明。"② 指示下发后,在城市开始全面实行"以人定量"和各行各业定量供应的计划供应制度,大大改善了粮食统销工作。

邓小平和陈云在新中国成立初期粮食统购统销中的成功合作具有重要意义:一方面,由于他们的密切合作,粮食统购统销这项重要政策得以顺利出台和实施并不断完善,对供给和支持经济建设、保证人民基本生活安定、维持物价和社会秩序稳定发挥了重要作用。另一方面,这也是邓小平和陈云在新中国成立后几十年间合作共事的良好开端和典型例证。这说明,邓小平和陈云不仅在后来的改革开放中是互相支持和彼此合作的,其实他们在新中国成立之初就是紧密合作共事的,而且一以贯之。从这个意义上说,考察邓小平和陈云在新中国成立初期粮食统购统销中的合作,既具有学术价值,也具有政治意义。

[原载《当代中国史研究》2015年第4期]

---

① 《邓小平文集(1949—1974年)》中卷,人民出版社2014年版,第227页。
② 参见《邓小平年谱(1904—1974)》(中),中央文献出版社2009年版,第1233页。

邓小平和陈云对"大跃进"的认识

从1958年到1960年的三年"大跃进",是新中国历史上一场以不断地、大幅度地提高和修改计划指标,片面地追求工农业生产和建设的高速度为主要特征的群众运动。这场运动给我国社会主义建设事业造成了重大损失。处在中共中央领导工作第一线的邓小平和陈云,经历了"大跃进"运动的兴起、纠正"左"的错误以及庐山会议后继续"大跃进"的各个阶段,参与了其中许多决策的制定和实施。他们两人对"大跃进"是怎样认识的?有哪些相同点和不同点?不同点的原因又是什么?研究这些问题,对于深化和拓展邓小平、陈云生平思想研究,并从这个角度认识"大跃进"运动,都具有一定的学术价值和现实意义。

一、邓小平和陈云对"大跃进"认识的相同点

对于毛泽东发动的"大跃进",邓小平和陈云的认识既有相同点,也有不同点。相同点主要有:

第一,他们和毛泽东一样,都希望我国工农业生产和建设发展得更快一些,并认为"二五"计划的建设客观上有条件比"一五"计划的建设发展得更快一些。

毛泽东发动"大跃进"的初衷,是想把经济建设搞得更快。这种想法反映了包括邓小平和陈云在内的中共中央领导同志及全体中国人民的共同心声。新中国成立后,中国共产党和中国人民普遍有一种尽快改变

中国经济文化落后面貌的迫切心情。社会主义改造完成后,党和人民觉得在社会主义条件下,经济建设可以更快地发展。1957年"一五"计划超额完成,经济建设取得新中国成立以来最好成绩,这更使党内外许多人认为,今后完全有可能在全国范围内以比"一五"计划更大的规模、更快的速度进行经济建设。邓小平和陈云持有同样的看法。

1957年4月5日,邓小平在甘肃省和兰州市干部会议上说:"我们应当说可以发展快一些。"现在"我们比苏联发展还快,以后更要快一些"。4月8日,他在陕西省和西安市领导干部会议上说:"在比较短的时间学会建设,在比较短的时间把我们的国家由落后的农业国建设成为一个先进的工业国,这就是我们的任务。"9月23日,他在中共八届三中全会上又说:"要实现纲要(指《农业发展纲要四十条》——引者注),没有一股劲,不经常同保守倾向作斗争,是不行的。"1958年2月13日,邓小平在中共四川省委召开的四级干部会议上说:"我们这个国家是很有希望的","现在我们中国的速度,比如工业每年发展到百分之十几到二十,这速度是资本主义不可想象的","我们完全有可能比其他社会主义国家发展的速度快一些"。这些话,同他上一年在甘肃、陕西等地的几次讲话一样,是倡导和鼓励加快经济发展速度的。在这次讲话中,邓小平还分析了加快经济发展速度的条件。他说:我们既有苏联经验,也有其他国家的经验,也有我们自己的经验,正确总结这些经验,就有可能搞得快一些。另外,我们有党的领导,有多少年斗争出来的人民。人民政治条件好,革命意志强,团结得好,有一股劲,"这是最根本的"。①

1958年5月16日,陈云在中共八大二次会议上说,我国发展国民经济的第二个五年计划肯定能比第一个五年计划以更高的速度发展。他说:为什么第二个五年计划的建设速度能够大大地提高呢?"这主要是因为,经过整风运动和反右派斗争,取得了政治战线和思想战线上的社会主义革命的胜利,发挥了劳动人民从来没有过的积极性和创造性,形成了从去冬以来的生产和建设上的全面跃进的新形势。"陈云接着说:我国的第

---

① 转引自《邓小平传(1904—1974)》下卷,中央文献出版社2014年版,第1057、1060—1061页。

二个五年计划是不是具备了高速度发展的条件?"根据我现在的认识,我以为是具备了条件。"他说:"首先,我们有了一条建设社会主义的总路线,这是我国建设事业在第二个五年计划期间能够以更高速度发展的决定条件。""用调动一切积极因素的群众路线的方法来进行经济建设,是我们党的一个伟大创造。"这些话虽然是在检讨反冒进的氛围下讲的,带有一定的政治表态色彩,但也在很大程度上反映了陈云的真实想法和愿望。7月4日,陈云在西北协作区扩大会议上的讲话中同样支持加快发展速度。他提出:"把主要力量集中在发展速度最快最有希望的地方";支持"用群众运动群众路线的方法来增产"。①

第二,处在中共中央领导工作第一线的邓小平和陈云都认为,加快经济发展速度需要条件,不能违背客观经济规律。

1957年1月,邓小平在省、市、自治区党委书记会议上,针对1956年投资规模过大导致的经济不稳定状况,提出:"要使生产稳定,就要积蓄一些东西,如粮食、工业原料、包括钢材。没有后备力量,生产就不稳定。积蓄一些力量,生产才能稳定地进行。"在这次会议的闭幕会上,陈云在讲话中表示"这个意见我同意"。在这次会议上,陈云还作了关于建设规模要和国力相适应的讲话。会后,陈云领导的中央经济工作小组决定对当年基本建设规模和速度进行适当调整,继续缓解投资规模过大的紧张局面。邓小平对陈云的主张和中央经济工作小组的决定都是支持的。他还提醒:"搞建设并不比搞革命容易。在这个问题上,我们全党还是小学生,这方面我们的本领差得很。搞革命不能说我们没有本事,把革命干成功了,总算有本事。搞建设我们还说不上有多大的本事。"②

在1958年3月召开的成都会议上,对于会议作出的把大量的管理权下放给地方,以充分调动地方"大跃进"积极性的决定,邓小平在发言中,一方面指出管理权下放有利于调动地方积极性,另一方面又强调说,管理权下放后,中央的作用不是没有了,中央要注意做好综合平衡,以避免出现混乱局面。他说:"中央还有平衡、协调、技术革命等等作用",

---

① 转引自《陈云传》第3卷,中央文献出版社2015年版,第1141—1142、1148页。
② 转引自《邓小平传(1904—1974)》下卷,中央文献出版社2014年版,第1058页。

"中央要从大量的繁琐的事务中彻底解放出来,抓主要问题,发挥它应起的作用"。4月4日邓小平又在召开的中共中央书记处会议上强调,管理权下放要"具体化","要开单子",意即管理权下放到地方要合理有序。陈云赞同邓小平的意见。4月11日,在周恩来主持召开国务院第七十五次全体会议讨论国务院各主管工业部门所属企业的下放问题时,陈云在发言中指出"下放的时候要分别轻重缓急",还说"邓小平同志在成都会议上讲中央和地方的关系,讲的就是中央要下放,地方要管好"。[①]

第三,"大跃进"运动发动后,邓小平和陈云起初都是从积极的方面去看待和支持"大跃进"的。

1958年8月北戴河会议后,邓小平密集地到各地视察工作,目的是宣传中共中央的方针政策,号召各地为完成党中央提出的战略任务,特别是用剩下的四个月时间实现全年生产1070万吨钢的指标而努力奋斗,用他自己的话说:"出去主要是鼓劲。"[②]1958年9月中下旬,他到东北视察;10月上中旬,他先后到天津市、河北省视察工作;10月下旬到11月初,他又到广西、云南、四川、贵州等地视察工作。在视察过程中,邓小平发表了许多讲话,对各地"大跃进"工作进行具体指导,对毛泽东发动的"大跃进"予以积极响应。

关于"大跃进"的指导思想,邓小平强调要解放思想、敢想敢干。9月24日,他在视察鞍山钢铁厂时指出:社会主义大家都在搞,但是怎样搞,还有个方法问题,是多快好省呢,还是少慢差费。搞什么都要有个攻击目标,应该定出哪一项东西能赶上哪一国,哪一项东西哪国好就超过哪一国。要选择尖端作为攻击目标。别人没有的,我们可以有;别人不好的,我们可以好;别人办不到的,我们要能办到;别人的目标,我们可以超过。要把这一点作为主导思想,作为各级领导人的主导思想。在谈到挖掘潜力增加生产时指出:潜力有两种,一种是改革规章制度,改进作风,调动群众的积极性。一种是改进技术,产生新的推动力量,这就是技术革命。后一种潜力更大。鞍钢应大搞技术革命,大企业、现

---

① 转引自《邓小平传(1904—1974)》下卷,中央文献出版社2014年版,第1068页。
② 转引自《邓小平传(1904—1974)》下卷,中央文献出版社2014年版,第1083页。

代化企业要自力更生,搞技术革新和技术革命。但是,技术革命不容易,不是一天两天能做到的。首先得敢想,来个思想上的革命。没有思想革命就不可能有技术革命。①10月10日,邓小平在听取石家庄地委和专署负责人汇报工作时进一步指出:农业生产要采取不断革命的精神,要敢想敢做。要善于揭示自然秘密,揭示物质的秘密。只要人的思想解放了,就能更多地掌握科学技术,充分发挥和挖掘物质的力量。②

关于大炼钢铁,9月22日,邓小平在听取中共吉林省委和长春市委负责人工作汇报时督促说:搞钢铁就是搞共产主义,是战略任务,不能等铁路,搞起来再说。炼铁的技术问题可以组织大学生下去指导。③

关于人民公社,9月25日,邓小平在辽宁盖平县视察太阳升人民公社时谈道:公社应制定长远计划,逐步把农村居民点建成一座座漂亮的城市,有电影院、剧院、运动场,房屋都要改建,城中普遍种花果,要绿化、园林化,工农商学兵全面发展。大城市所有的一切,你们都可以有。将来无所谓农村和城市。工农差别、体力劳动与脑力劳动的差别、城乡差别,都要消灭。④邓小平关于农村人民公社的这个设想,明显受到毛泽东的主张和当时社会氛围的影响。

陈云起初也是从积极的方面去看待和支持"大跃进"运动的。一开始,陈云对粮食"高产卫星"的宣传报道虽然没有持完全肯定的态度,但他相信1958年的粮食产量确实比往年增加了,也相信少数试验田是能够高产的。对于北戴河会议确定的1958年生产1070万吨钢的指标,陈云开始时虽然有怀疑,但中共中央正式作出决定后,他还是努力执行中共中央决定,多方谋划如何去实现这个目标。

8月19日、20日,根据毛泽东的意见,陈云在北戴河就1958年钢铁生产问题召集有关部门负责人开会,分析已完成的产量与全年指标相差悬殊的原因,研究用剩下的四个月时间实现全年生产任务的措施。经

---

① 参见《邓小平年谱(1904—1974)》下卷,中央文献出版社2009年版,第1455页。
② 参见《邓小平年谱(1904—1974)》下卷,中央文献出版社2009年版,第1460—1461页。
③ 参见《邓小平年谱(1904—1974)》下卷,中央文献出版社2009年版,第1454页;《邓小平传(1904—1974)》下卷,中央文献出版社2014年版,第1084页。
④ 参见《邓小平年谱(1904—1974)》下卷,中央文献出版社2009年版,第1455页。

过会议讨论，陈云提出八条意见：（1）经委的主要注意力是搞生产，工厂党委书记、厂长都要以当年生产为中心。（2）原材料的调配要服从国家的计划，要以1100万吨钢、1700万吨铁作为调配标准。（3）要抓大中型轧钢设备，抓中厚板、薄板和无缝钢管的轧钢机的生产。（4）机械制造工厂的第一投料方向是搞冶金设备，要保证这个重点。（5）对于冶金和机械的生产，各省、市委要每个星期抓一次，冶金部和机械部要两个星期召开一次电话会议。（6）冶金部直属工厂要再多布置50万吨钢的生产，作为今年任务的保险系数。（7）在完成生产任务、调拨材料方面，要讲纪律。（8）在北戴河召开各省、市工业书记会议。[①] 这八条意见大部分也反映了毛泽东的想法。在征得毛泽东同意后，当即通过电话传达到各地。

作为对上述八条意见的落实，从8月25日到31日，中共中央在北戴河召开由各省、直辖市、自治区党委管工业的书记参加的工业生产会议。会议在陈云等主持下进行，首要内容是讨论如何加强各级党委对工业生产的领导和检查，加强各方面协作，保证完成1070万吨钢的生产计划。

第四，随着"大跃进"运动的发展，邓小平和陈云看到了"大跃进"和人民公社化运动中出现的一些"左"的错误，思想认识都发生了比较大的变化。

邓小平和陈云起初支持"大跃进"运动，是因为"大跃进"的错误有个逐步发展和暴露的过程，此时人们对它因违反客观规律而将导致的严重后果还缺乏认识。随着运动的发展，邓小平和陈云都看到了"大跃进"和人民公社化运动中发生的一些问题。

在大炼钢铁方面，针对全国各地组织大量人力、物力大炼钢铁，造成许多浪费的现象，邓小平在10月25日同中共云南省委负责人谈话时指出："有些地方可以停一些，如没有捞头的，运不出去的，本地又不能用的。"他还说："小土群"是今年在北戴河会议后突击出来的，"明年的界限是'小土群'生产不算，钢铁一律要升级"。"土炉炼的钢，质量达

---

① 参见《陈云年谱》（修订本）中卷，中央文献出版社2015年版，第597页。

不到，明年不算数。"①

在农业生产方面，邓小平对粮食产量的浮夸风及只顾炼钢、不顾生产的情况提出批评。在9月中下旬的东北视察中，邓小平深入到吉林省永吉县了解农业生产情况。当听说一块水稻试验田亩产可以达到4万斤时，邓小平十分吃惊。他说，能打1/10，就已经很了不起了，广大群众建设社会主义的积极性很高，精神很可贵，但是，指标要实际一些。②在川北，当邓小平看到男女老少都在大炼钢铁，田野一片空寂时，很不高兴。他对陪同的省、地负责同志说，你们这里农业生产是大失败，大垮台，明年是大减产！群众干劲大，热情高，这很好，但越是这种情况，你们越要保持清醒的头脑，要实事求是，保护好群众的积极性。③

在人民公社方面，邓小平对各地人民公社刮起的"共产风"提出疑问和批评。10月6日，他在中共中央书记处会议上谈到公社分配问题时指出：实行供给制，要使群众自己略有调剂，粮食包了，但吃菜，要自己调剂，各家的灶能否取消，还是要研究。现在公社食堂有啥吃啥，社员穿衣也简单，将来生活好了怎么办？统统清一色好不好？南方人的生活是多样性的，吃菜的品种总要多样，三样四样。我们到哈尔滨看了一个公社，刚开始搞，到食堂吃饭的人只占人口的百分之十几。另一个城市公社，也很少人吃食堂，其他人是来看。为什么大家不来吃食堂？就是菜搞得太单纯，不合口味。④在10月中旬视察保定地区时，邓小平听到宣传共产主义越多越好的说法时指出：共产主义优越性要宣传，但要说清楚哪些是现今可以办的，哪些是将来可以办的。在谈到分配、奖励等问题时又指出：工资拉平，是平均，不是平等。现在讲各取所需还早着呢。⑤

陈云对"大跃进"运动的认识也经历了一个渐进的变化过程。起初，

---

① 转引自《邓小平传（1904—1974）》下卷，中央文献出版社2014年版，第1090页。
② 参见中共中央文献研究室、中共四川省委编著：《邓小平画传》，四川人民出版社2004年版，第122页。
③ 参见中共中央文献研究室、中共四川省委编著：《邓小平画传》上卷，中央文献出版社2014年版，第223页。
④ 参见《邓小平年谱（1904—1974）》下卷，中央文献出版社2009年版，第1459页。
⑤ 参见《邓小平年谱（1904—1974）》下卷，中央文献出版社2009年版，第1462页。

他真诚地希望经济落后的中国能有一个实实在在的大跃进。但北戴河会议后，国民经济很快陷入严重的混乱和紧张之中，"钢帅升帐"，"一马奔腾，万马齐喑"，这是陈云不愿看到的。北戴河会议刚开过一个星期，陈云在商业工作座谈会上就提醒商业部门在"全民大炼钢铁"运动中，不要忘掉自己的主要职责是做好商品流通工作。他说："商业工作的主要职能是什么？我同意绝大多数同志的说法，商业工作的主要职能是做商品流通工作。""商业部门可不可以搞一些工业呢？我同意先念同志所说的意见，商业部门可以在不同地区的一定条件下办些应该办的工业。而且商业部门过去也办了一些工业，如果某一个地方正在掀起全民炼钢炼铁运动，当地的个别商业单位，像其他机关、学校、居民一样，派出一部分人，参加这个运动而搞了一个炼钢单位，这样做可不可以呢？这是可以的。但是这个商业单位的主要工作，仍然不是炼钢，而是做商业品流通工作。商业部门不应该把办工业作为主要的工作，而放松商品流通工作；也不应该把搞商品流通工作与办工业看成并重。商业部门的主要职责应该是做好商品流通工作，做好商品流通工作也就是为了发展工业。"①

  北戴河会议后，根据中共中央领导集体的分工，陈云的主要工作是抓全国的基本建设。1958年的基本建设，由于单纯图快、严重违反操作规程和管理混乱，发生了许多工程质量事故，倒塌不少新建的厂房，事故的数量、伤亡的人数都比往年多得多。为了研究解决基本建设工作中出现的这个突出问题，12月22日至26日，陈云在杭州主持召开全国基本建设工程质量现场会议，纠正基本建设中片面图快图省而不顾工程质量的倾向。

  12月31日，陈云回到北京，将他在杭州现场会上的发言和总结讲话的记录送给邓小平，并在信中说："目前总的趋向是在基建中不适当的片面的节约，只图数量不顾质量。"邓小平非常重视陈云反映的这些问题，立刻将陈云的信和两份材料批转刘少奇、周恩来、彭真阅知。第二天，陈云又写信给毛泽东，报告全国基本建设工程质量杭州现场会议的情况。信中直言不讳地说："总起来说，目前的基建情况是只图数量不顾质量，

---

① 转引自《陈云传》第3卷，中央文献出版社2015年版，第1074—1075页。

多快省而不讲好,片面的不适当的节约,把不应该破除的规章制度也破除了,只搞群众运动一面而放松了业务上的管理制度和技术管理制度,基建任务很大很急,但基建的工人(新的)和设备都与任务不相称。"①

1959年1月6日,邓小平主持召开中共中央书记处会议,请陈云就基建工程管理和工程质量问题作讲话。陈云详细谈了基本建设方面存在的问题,提出基建宁可停工待料也不能马虎。邓小平赞成说:"计划不要把钢材打满了",并强调说:"数量和质量是大问题"。②会议同意陈云关于全国基本建设中存在问题和解决办法的意见,并决定将陈云在杭州现场会议上两个讲话的纪要,批转各地各有关部门及单位依照执行。

二、邓小平和陈云对"大跃进"认识的不同点

邓小平和陈云对于"大跃进"认识的不同点主要有:

第一,"大跃进"运动之初,邓小平和中共中央核心领导层其他成员一样,表现也是比较积极的,而陈云则相对冷静一点。

当"大跃进"以轰轰烈烈的群众运动形式兴起后,一时就难以辨别和把握了。邓小平和其他中共中央领导同志一样,也开始对"大跃进"持积极乐观的态度。1958年7月2日,邓小平在会见美共中央委员蔡尔斯时说:中国是一个落后国家,想在15年或更短一些时间内赶上和超过英国。现在看来,这时间可以大大缩短。7月11日,他在全国统战工作会议上又说:"现在已经发生这个问题了,粮食多起来了,比如麦子,河南增产最多,河南就发生麦子农民不要,要卖给国家的问题了,国家买不得那么多"。"农业首先发生这个问题。工业是不是会发生这个问题?工业也会发生这个问题。"他还说:"六亿人口的这个国家,应该有自己的创造,应该找出更好的办法。"③邓小平9月中下旬在东北考察时,讲话的调子也主要是鼓劲。

后来,邓小平在总结新中国成立以来经济建设的经验教训时,曾多

---

① 转引自《陈云传》第3卷,中央文献出版社2015年版,第1164页。
② 转引自《邓小平传(1904—1974)》下卷,中央文献出版社2014年版,第1104页。
③ 转引自《邓小平传(1904—1974)》下卷,中央文献出版社2014年版,第1074—1075页。

次说:"讲错误,不应该只讲毛泽东同志,中央许多负责同志都有错误。'大跃进',毛泽东同志头脑发热,我们不发热?""在这些问题上要公正,不要造成一种印象,别的人都正确,只有一个人犯错误。这不符合事实。中央犯错误,不是一个人负责,是集体负责。""一九五八年'大跃进',我们头脑也热,在座的老同志恐怕头脑热的也不少。这些问题不是一个人的问题。"①"社会主义究竟怎么搞?过去几十年我们有成功的经验,也有不理想、不大好的经验。""我们都想把事情搞好,想搞快一点,心情太急了,一九五八年的'大跃进'就是心情过急。心情是好的,愿望是好的,但心一急,出的主意就容易违反客观规律。"②

陈云在"大跃进"运动发动后,一方面支持加快发展速度,另一方面也保持了较为清醒的头脑,对各地区各部门提出的粮食过高指标和"高产卫星"的宣传报道没有持完全肯定的态度。1958年7月4日,陈云在西北协作区扩大会议上的讲话中,针对当时的过高指标提醒道:"协作区各省提出的指标数字,我以为需要再充分研究一下它的可靠性";"计划应该照顾到各产业部门的协调前进,但是可以在先后次序上有所偏重"。③8月15日,陈云在北京会见捷克斯洛伐克驻华大使布希尼亚克。当布希尼亚克谈到董必武参加捷共第十一次代表大会时介绍过的《人民日报》对粮食亩产量的报道时,陈云回答说:那样的亩产"是一些试验田,大多数合作社还没有达到这个数字"。④

"大跃进"运动开始后,工业战线提出"以钢为纲"的口号,1958年钢产量指标定为1070万吨。这一指标的由来是6月19日毛泽东和冶金工业部部长王鹤寿的一次对话。毛泽东问王鹤寿:钢产量"去年是五百三,今年可不可以翻一番?为什么不能翻一番?"王鹤寿回答说:"好吧,布置一下看。"第二天就布置了。陈云对这样的高指标是有怀疑的。据王鹤寿回忆,对他关于1958年钢产量可以在1957年基础上翻一番的回答,"陈云不以为然,说:你怎么这么轻率!这是一件比较重要的

---

① 《邓小平文选》第2卷,人民出版社1994年版,第296、277页。
② 《邓小平年谱(1975—1997)》下卷,中央文献出版社2009年版,第1070页。
③ 《陈云文集》第3卷,中央文献出版社2005年版,第225、226页。
④ 转引自《陈云传》第3卷,中央文献出版社2015年版,第1150页。

事"。①此时的陈云不可能脱离"大跃进"浪潮的影响,也没有从根本上认识"大跃进"的严重失误,但在当时人们头脑普遍发热的情况下,他所持的冷静态度是难能可贵的。

第二,对于毛泽东发动的"大跃进",邓小平是和刘少奇、周恩来一样没有反对,而陈云是没有说话。

1980年4月1日,邓小平在一次谈话中讲到当时中央负责同志对毛泽东发动"大跃进"的看法时说:"刘少奇同志、周恩来同志和我都没有反对,陈云同志没有说话。"②从邓小平的不同措辞中,可以体会出他和陈云在对"大跃进"认识上的细微差别。

随着"大跃进"运动在全国范围的普遍开展,人们的头脑越来越热,并且互相攀比,所提的生产指标越来越高,报刊上也不断宣传粮食"高产卫星"。全国上下这种热气腾腾的局面,使中共中央核心领导层越来越不摸底,头脑也更热了。1958年7月5日,刘少奇在北京石景山发电厂同工人座谈时表示:赶上英国不是十几年,两三年就行了;赶上美国也用不了十五年,七八年就行了。7月7日,周恩来在广东省新会县干部会议上的发言中也感慨地说:这个"大跃进",把我们的思想解放了,这是我们过去所没料到的。③邓小平也是如此。前述他在会见美共中央委员蔡尔斯时的谈话以及他在全国统战工作会议上的讲话,都反映了他当时对"大跃进"的认识。

1986年9月2日,邓小平在答美国记者迈克·华莱士问时说:"我这个人,多年来做了不少好事,但也做了一些错事。'文化大革命'前,我们也有一些过失,比如'大跃进'这个事情,当然我不是主要的提倡者,但我没有反对过,说明我在这个错误中有份。"④在这次对话中,邓小平再次承认自己当年对"大跃进"没有反对,体现了对历史负责的担当精神。事实上,邓小平后来曾对他女儿邓榕说,他很后悔自己没有做出更多的

---

① 转引自《陈云传》第3卷,中央文献出版社2015年版,第1151页。
② 《邓小平文选》第2卷,人民出版社1994年版,第296页。
③ 转引自《邓小平传(1904—1974)》下卷,中央文献出版社2014年版,第1074页。
④ 《邓小平文选》第3卷,人民出版社1993年版,第173页。

努力，阻止毛泽东犯下这些严重错误。①

陈云对毛泽东发动的"大跃进"没有说话，虽然在客观上也是没有反对，但有主观上想反对，而真实情况是难以反对，所以不说话的因素在里边。

陈云一贯坚持实事求是的原则，反对不顾现实条件的急躁冒进、急于求成的错误倾向，主张计划指标必须切合实际，建设规模必须同国力相适应，人民生活和国家建设必须兼顾，制订经济计划必须做好财政收支、银行信贷、物资供需和外汇收支的综合平衡，以保证国民经济按比例地健康发展。他认为，只有按比例发展，才能取得最快的速度和最好的效益。

对于毛泽东发动的"大跃进"，陈云从本意上是有看法的，因为"大跃进"的一些做法和他的一贯主张是相矛盾的。但当"大跃进"开始后，陈云还是从积极的方面去理解和支持。这既是基于顾全大局，维护中共中央、毛泽东决策的一致性，也是基于保护人民群众的热情。另一方面，陈云是以一个反冒进的检讨者参加到"大跃进"运动中去的，处境本身就比较困难，即使对"大跃进"有不同意见，在当时的情况下也难以表达。

毛泽东发动"大跃进"是从批评反冒进开始的。而毛泽东批评反冒进，主要是批评周恩来和陈云等。毛泽东在南宁会议上批评综合平衡的思想，批评财经部门不向中共中央政治局通报情况，批评"天天谈市场，天天谈库存"，显然是批评陈云的。薄一波回忆说，南宁会议"毛主席实际上是批评陈云同志的。由于陈云同志没有到会，总理作了检讨，承担了全部责任"。"随后，毛主席找我、富春和先念三个人谈话，也明确地讲批评主要是对陈云同志的。"②历时半年多之久的批评反冒进，不仅带来了"大跃进"，也使党内民主生活开始由正常或比较正常向不正常转变。在这种强大的政治压力下，陈云对"大跃进"的发动自然无法表示反对意见，所以没有说话。在1959年的庐山会议上，毛泽东又把右倾思想

---

① 参见［美］傅高义：《邓小平时代》，冯克利译，生活·读书·新知三联书店2013年版，第57页。

② 转引自《陈云传》第3卷，中央文献出版社2015年版，第1130—1131页。

同反冒进联系起来，多次点到反冒进的错误。因此，陈云对会议作出的"反右倾"、鼓干劲、继续"大跃进"的各项决议，不便也不能公开表示不同意见，所以仍然没有说话。

"大跃进"期间，也有人建议陈云出来说话。薛暮桥和宋绍文就希望陈云找毛泽东谈谈他对"大跃进"一些问题的想法，陈云无可奈何地表示："不吃一点苦头，这些话是听不进去的。"[1] 从这里，也可以体会出陈云对"大跃进"没有说话的原因。

第三，邓小平后来多次谈到"大跃进"，对"大跃进"进行反思，而陈云则很少谈及"大跃进"。

鉴于"大跃进"运动给我国经济建设造成的重大损失和严重破坏，邓小平后来多次谈到"大跃进"，指出要汲取历史教训，避免重犯类似的错误。在1980年前后主持制定第二个历史决议期间，邓小平更是密集地谈到"大跃进"，分析"大跃进"发生失误的原因是经济建设经验不足，头脑发热，违背客观规律，并多次作自我批评。

与此不同，翻遍《陈云文选》和《陈云文集》，很少能看到陈云谈及"大跃进"；《陈云年谱》也鲜有陈云论及"大跃进"的记载。即使是在1962年初召开的专门总结"大跃进"以来经验教训的七千人大会上，毛泽东三次请陈云在大会上讲话，陈云也没有讲，是唯一没有在大会上讲话的中共中央政治局常委。陈云后来回忆说："1962年七千人大会，毛主席要我讲话，我不讲话，主要是和稀泥这不是我陈云的性格，同时不能给毛主席难堪。"[2] 从这里可以理解陈云很少谈到"大跃进"的原因。

三、邓小平和陈云对"大跃进"认识不同点的原因分析

邓小平和陈云对"大跃进"的认识存在不同点，原因主要有以下几个方面：

第一，他们在"大跃进"运动中承担的领导责任不同。

---

[1] 孙业礼、熊亮华：《共和国经济风云中的陈云》，中央文献出版社1996年版，第150页。
[2] 转引自《陈云传》第3卷，中央文献出版社2015年版，第1302—1303页。

邓小平和陈云虽然都是中共中央政治局常委，同为以毛泽东为核心的党的第一代中央领导集体的成员，但在"大跃进"运动中他们承担的领导责任不同。邓小平主持的中共中央书记处处在领导经济工作的第一线，而陈云为组长的中央财经小组实际上终止了工作。

毛泽东在批评反冒进时说，国务院财经部门只拿成品，不让中共中央政治局参加设计，实际上是封锁，是搞分散主义。南宁会议上，毛泽东决定把经济工作决策权从国务院财经部门集中到中共中央政治局和书记处，并在会后进行了领导体制的变动。1958年6月10日，中共中央发出《关于成立财经、政法、外事、科学、文教各小组的通知》。中央财经小组由12人组成，陈云为组长，李富春、薄一波、谭震林为副组长。通知规定："这些小组是党中央的，直隶中央政治局和书记处，向它们直接做报告。大政方针在政治局，具体部署在书记处。只有一个'政治设计院'，没有两个'政治设计院'。大政方针和具体部署，都是一元化，党政不分。具体执行和细节决策属政府机构及其党组。对大政方针和具体部署，政府机构及其党组有建议之权，但决定权在党中央。政府机构及其党组和党中央一同有检查之权。"[①] 根据上述精神成立的中央财经小组，与此前的中央经济工作五人小组、中央财政经济委员会不同，不再是根据中央决策统一领导国家经济工作的机关。这样一个小组，后来活动日益减少，乃至无形中不再发挥作用。而邓小平主持的中共中央书记处则被推到了领导经济工作的第一线。

在1959年4月召开的中共八届七中全会上，毛泽东进一步增强了中共中央书记处特别是邓小平在领导经济工作方面的权威。毛泽东说，除了讲经济工作领导权集中在中央委员会、政治局之外，还要提出集中在常委和书记处。他说："中央主席是我，常委的主席是我，所以我毛遂自荐为元帅。书记处就是邓小平同志。""毛泽东为元帅，邓小平为副元帅"。"我挂正帅，就是大元帅，邓小平为副司令、副元帅。我们两人一正一副。"[②] 可以看出邓小平在"大跃进"运动中的领导责任之重。正是因

---

① 转引自《陈云传》第3卷，中央文献出版社2015年版，第1144页。
② 转引自《邓小平传（1904—1974）》下卷，中央文献出版社2014年版，第1117页。

为邓小平在"大跃进"运动中承担了重要的领导任务，所以他对"大跃进"给我国经济建设造成的重大损失和严重破坏有更深的认识。这就是后来邓小平比陈云更多地谈到"大跃进"的一个重要原因。

第二，他们领导经济工作的思路不同。

邓小平在经济工作中一贯主张要抓住机遇，加快发展，能快的就不要慢，有发展条件的就不要阻挡。

坚持从实际出发，实事求是，是陈云领导经济工作的一贯思路。即使是在"大跃进"高潮中搞经济建设，他同样力求把工作做得符合实际，反对单纯图快而主观蛮干。对工业布局，他提出不要勉强去办那些难以办到的事情。对建设项目排队，他要求保证重点，照顾一般，要对任何事物进行具体分析。对企业设计，他要求把创造精神和实事求是结合起来。① "大跃进"运动开始后，速度被看成是总路线的灵魂，"快"被看成是"多快好省"的中心环节，人们的头脑普遍发热，贪多图快而不顾质量和效果。在这样的背景下，陈云能向毛泽东和中共中央直率地报告1958年基本建设中存在的只图数量不顾质量、只搞群众运动而放松了业务上的管理制度和技术管理制度、把不应该破除的规章制度也破除了等问题，并把它作为主要的错误倾向来反对，这样冷静的态度在当时"大跃进"的氛围下是难能可贵的。

第三，他们的工作经历和在党中央的领导分工不同。

邓小平是军事出身。新中国成立前，他主要的工作就是带兵打仗。新中国成立后，邓小平虽然在主政大西南时领导过财经工作，到中央工作后也担任过一段时间的财政部部长，但他更长的时间是分管党中央的日常工作，先是任中共中央秘书长，中共八大后任中共中央总书记。而陈云在新中国成立前即主持过边区财经工作和东北财经工作。新中国成立后直到"大跃进"，他一直是中央财经工作领导人，具有丰富的财经工作领导经历和实践经验。这样的工作经历和领导分工，使得邓小平和陈云对毛泽东发动的"大跃进"自然会有不同的认识。

[原载《安徽史学》2018年第3期]

---

① 参见陈云：《当前基本建设工作中的几个重大问题》，《人民日报》1959年3月1日。

邓小平与新中国成立后的中共中央书记处

新中国成立后，中共中央书记处的设置和职权几经变化。邓小平作为以毛泽东同志为核心的中共第一代中央领导集体的重要成员和第二代中央领导集体的核心，其政治生涯与中共中央书记处的职权演变和发展历程紧紧相联。在新中国成立70周年之际，考察邓小平在中共八大召开前参与中央书记处工作的情况，回顾他在全面建设社会主义时期主持中共中央书记处工作的十年岁月，展示他在改革开放后推动和指导中共中央书记处恢复设立的政治实践，对于拓展和深化邓小平生平思想研究，总结中共中央领导体制发展演变的历史经验，推进国家治理体系和治理能力现代化，具有十分重要的学术价值和现实意义，同时也是对新中国成立70周年一种很好的纪念方式。

一、邓小平与中共八大前的中共中央书记处

新中国成立后到中共八大召开前这段时间，中共中央书记处延续新中国成立前的领导体制。1945年6月，中共七大通过的《中国共产党党章》规定："由中央委员会全体会议选举中央政治局与中央书记处，并选举中央委员会主席一人。中央政治局，在中央委员会前后两届全体会议期间，是党的中央指导机关，指导党的一切工作。中央书记处在中央政治局决议下处理中央日常工作。"[①]

---

① 《建党以来重要文献选编（1921—1949）》第22册，中央文献出版社2011年版，第542页。

新中国成立初期，邓小平主政西南，一直在毛泽东和中共中央书记处的领导下开展工作。其间他曾于1951年10月3日，"出席毛泽东主持召开的中共中央书记处扩大会议，听取陈云关于财政问题的汇报"①。

1952年7月，邓小平到中央工作后，出席毛泽东主持召开的中共中央书记处扩大会议、参与中央决策的机会就更多了。比如，1953年2—11月，邓小平先后多次出席毛泽东主持召开的中共中央书记处扩大会议：2月8日，中共中央书记处扩大会议讨论了薄一波《关于一九五二年国家预算执行情况及一九五三年国家预算编成的报告（草案）》。②5月12日，中共中央书记处扩大会议决定："由周恩来负责，会同邓小平、彭真、薄一波、刘景范起草关于宣布'三反'、'五反'总结束的内部通知；由周恩来主管，就全国各地应重视气象预报问题，分别以政务院、中共中央名义起草通知和指示。"③22日，中共中央书记处扩大会议"讨论私营企业生产、召开全国财经会议、用党中央和军委名义发文发电原则等问题"④。26日，中共中央书记处扩大会议"讨论第二次全国基本建设保卫工作会议，以及对苏新⑤国家的贸易等问题"⑥。6月9日，中共中央书记处扩大会议"讨论铁路工作、将召开的全国财经会议、资本主义工商业改造等问题"⑦。10月12日，中共中央书记处扩大会议讨论了全国粮食紧急会议的有关问题。⑧10月19—21日，中共中央书记处扩大会议连续三天"讨论第二次全国组织工作会议领导小组会议情况及中央组织部内部争论等问题"⑨。11月28日，中共中央书记处扩大会议"讨论彭德怀将在全国军事系统党的高级干部会议上作的《四年来的军事工作总结和今后

---

① 《邓小平年谱（1904—1974）》（中），中央文献出版社2009年版，第1010页。
② 参见《邓小平年谱（1904—1974）》（中），中央文献出版社2009年版，第1096页。
③ 《邓小平年谱（1904—1974）》（中），中央文献出版社2009年版，第1116—1117页。
④ 《邓小平年谱（1904—1974）》（中），中央文献出版社2009年版，第1118—1119页。
⑤ 苏，指苏联。新，指东欧一些建立社会主义制度的国家。参见《邓小平年谱（1904—1974）》（中），中央文献出版社2009年版，第1120页。
⑥ 《邓小平年谱（1904—1974）》（中），中央文献出版社2009年版，第1120页。
⑦ 《邓小平年谱（1904—1974）》（中），中央文献出版社2009年版，第1123页。
⑧ 参见《邓小平年谱（1904—1974）》（中），中央文献出版社2009年版，第1138—1139页。
⑨ 《邓小平年谱（1904—1974）》（中），中央文献出版社2009年版，第1140—1141页。

建军中的若干基本问题（初步定稿）》的报告稿和朝中方面将于十一月三十日向美国方面提出的全面建议"①。这些会议内容涉及内政、外交、国防，都是当时新中国治国理政的重要工作，表明邓小平已广泛深入地参与中央决策的各方面，这为他随后担任中共中央秘书长、中央委员会总书记和主持中共中央日常工作积累了实践经验，创造了有利条件。

1953年12月15日，邓小平出席毛泽东主持召开的中共中央书记处扩大会议。会议通过了《中国共产党中央委员会关于发展农业生产合作社的决议》《为动员一切力量把我国建设成为一个伟大的社会主义国家而斗争——关于党在过渡时期总路线的学习和宣传提纲》，讨论中华人民共和国宪法起草问题。会议决定毛泽东外出期间中共中央书记处会议由刘少奇、周恩来、朱德、陈云、邓小平、高岗、彭德怀参加，集体讨论解决问题。②邓小平由此前的出席中共中央书记处扩大会议，升格为在毛泽东外出期间与其他几位中央领导同志一起参加中共中央书记处会议的集体讨论。③这表明邓小平在中共中央核心决策层中的地位和作用进一步提升。

1954年4月27日，邓小平参加毛泽东主持召开的中共中央书记处会议。随后，出席毛泽东主持召开的中共中央政治局扩大会议。这次会议决定任命邓小平为中共中央秘书长，谭震林、马明方、宋任穷、刘澜涛、林枫、李雪峰、杨尚昆、胡乔木为中共中央副秘书长。④

1954年9月，一届全国人大一次会议召开后，邓小平主持拟写了增设中共中央机构的方案，提出"在中央书记处之下，设立一个经常的办公会议（由党中央的秘书长和副秘书长组成），负责协助中央政治局和书记处研究和处理党和群众工作方面的日常事务，同时负责研究和处理中央政治局和书记处交议或交办的其他事项"。关于中央办公会议的程序，方案指

---

① 《邓小平年谱（1904—1974）》（中），中央文献出版社2009年版，第1147页。
② 参见《邓小平年谱（1904—1974）》（中），中央文献出版社2009年版，第1149—1150页。
③ 1954年10月31日，毛泽东主持召开中共中央政治局扩大会议。会议批准毛泽东、刘少奇、周恩来请假离京一个月，这期间留京的以陈云为主，由朱德、陈云、彭真组成中央书记处，邓小平、彭德怀参加。参见《邓小平年谱（1904—1974）》（中），中央文献出版社2009年版，第1201—1202页。
④ 参见《邓小平年谱（1904—1974）》（中），中央文献出版社2009年版，第1168页。

出:"中央办公会议协助中央政治局和书记处,与上述各部门①建立经常的联系,研究上述各部门对中央提出的报告和问题,然后分别问题的性质,或者直接提请中央政治局或书记处讨论和决定,或者代中央拟出文件送请书记处签发,或者提出意见请由主管部门直接处理。"这个方案很快得到中共中央批准。②由此,邓小平主持的中共中央秘书长会议成为中央书记处下常设的办公会议,协助中共中央政治局和书记处处理日常事务。

可见,当时的中共中央秘书长,其职责即相当于中共八大后的中央委员会总书记;中共中央秘书长办公会议,其职能即相当于中共八大后的中央书记处会议。也就是说,当时邓小平担任的中共中央秘书长职务和他主持的中共中央秘书长办公会议,即为中共八大后中央委员会总书记和中央书记处会议的前身。

担任中共中央秘书长后,直到中共八大召开前,邓小平一方面继续参加毛泽东等人主持召开的中共中央书记处会议③,参与中央的核心决策;另一方面主持中共中央秘书长办公会议,为中央最高领导层掌握全国各方面的重要情况并作出各项正确决策做了大量工作。当时党和国家工作中的许多重大事务,大都是先经过邓小平主持的中共中央秘书长会议讨论研究,提出具体意见或方案后,提交中共中央决定的。毛泽东对邓小平主持的中共中央秘书长会议所起的作用十分满意。他对邓小平说:"中央的事由你们做,对外一律用中央名义,不用秘书长、副秘书长名义。"④1955年后,邓小平还领导着中共中央书记处下设的四个办公室⑤的

---

① 各部门指中共中央政治局直接领导的党中央的各部:中央组织部、中央宣传部、中央农村工作部、中央统战部、中央对外联络部,华北、东北、中南、西北、西南、华东六个地区工作部,中央办公厅,全国总工会,共青团中央,全国妇联。参见《邓小平传(1904—1974)》(下),中央文献出版社2014年版,第971页。

② 参见《邓小平传(1904—1974)》(下),中央文献出版社2014年版,第971—972页。

③ 有时由刘少奇或周恩来主持。

④ 李雪峰:《我在小平同志领导下工作的二十四年》,中共中央文献研究室编:《回忆邓小平》(上),中央文献出版社1998年版,第218页。

⑤ 1955年初,经邓小平提议,中共中央批准撤销六个地区工作部,在中央书记处下设立四个办公室帮助中央工作:第一办公室(综合)由杨尚昆兼管;第二办公室(地方)由谭震林主持;第三办公室(工业)由李雪峰主持;第四办公室(群团)由刘澜涛主持。四位办公室负责人均由中共中央副秘书长兼任。参见《邓小平传(1904—1974)》(下),中央文献出版社2014年版,第972页。

工作，是中共中央名副其实的"总管家"。邓小平这一时期的工作，为他在中共八大后主持中央书记处工作打下了重要基础。

二、邓小平主持中共中央书记处工作的十年

中共八大后，邓小平担任中央委员会总书记，主持中央书记处的工作长达十年。这十年，邓小平一直处在中共中央领导工作第一线，参与党和国家的重要决策，在许多方面提出过重要的正确主张，为探索适合中国国情的社会主义建设道路作出了重要贡献。

为了适应全面建设社会主义的新形势，加强集体领导，中共八大改变了中央领导机构的组织形式，由党的中央委员会全体会议选举中央政治局、中央政治局的常务委员会和中央书记处。"中央政治局和它的常务委员会在中央委员会全体会议闭会期间，行使中央委员会的职权。中央书记处在中央政治局和它的常务委员会领导之下，处理中央日常工作。"[①] 邓小平因其到中央工作后特别是担任中央秘书长后表现出来的组织领导才能，被中央推举担任中央委员会总书记，主持中央书记处工作。

在1956年8月22日、9月13日召开的中共七届七中全会第一、三次全体会议上，毛泽东两次向与会同志推荐邓小平当总书记。在8月22日的第一次全体会议上，毛泽东说："为了国家的安全，为了工作的有利，中央准备设几层屏障，并设有总书记。中央政治局准备向新的中央委员会建议，推举邓小平同志当总书记。因为他已经是总书记了。秘书长是什么呢？按照英文的写法，就是总书记。但是在中国人的脑筋里头则不同，秘书长就是秘书长，总书记那是另外一回事。那好吧，我们就设一个总书记吧。"[②] 在9月13日的第三次全体会议上，毛泽东再次推荐邓小平担任中共中央总书记。邓小平在讲话中表示："对总书记这个问题，中央讲了很久，我也多次提出，只有六个字：一不行，二不顺。当然，革命工作，决定了也没有办法，但我自己是诚惶诚恐的。"又说："我还是

---

① 《建国以来重要文献选编》第9册，中央文献出版社2011年版，第283页。
② 毛泽东：《在中共七届七中全会第一次会议上的讲话》，《党的文献》2006年第5期。

比较安于担任秘书长这个职务"。① 毛泽东接过邓小平的话说: "他愿意当中国的秘书长, 不愿意当外国的总书记。其实, 外国的总书记就相当于中国的秘书长, 中国的秘书长就相当于外国的总书记。他说不顺, 我可以宣传宣传, 大家如果都赞成, 就顺了。"②

毛泽东在这次讲话中, 还明确了将要设置的中央书记处和总书记的职能和职责。他指出: "把过去的书记处变成常委, 只是比过去多了一个总书记。还要设一个书记处, 书记处的人数可能要多几个, 书记、候补书记可以有十几个人。很多事情要在那里处理, 在那里提出议案。"③ 按照毛泽东的意见, 中共八届一中全会选出的中央书记处由十人组成, 其中邓小平、彭真、王稼祥、谭震林、谭政、黄克诚、李雪峰等七人为中央书记处书记; 刘澜涛、杨尚昆、胡乔木三人为中央书记处候补书记。④

1956 年 10 月 5 日, 邓小平主持召开中共中央书记处会议, 讨论中央书记处的工作范围和分工问题。会议确定: "中央书记处在中央政治局和政治局常委会领导下进行工作, 一切原则、方针、政策和重大政治问题由政治局和政治局常委会决定, 书记处按照这些决定处理中央的日常工作。中央书记处在自己的工作中, 既要能够尽到'挡风'的责任, 又要不犯越权的错误, 并且必须尽可能做到使政治局和政治局常委各同志, 能够及时了解各方面的工作情况"。会议确定了书记处成员的分工。邓小平负总责, 并负责联系中宣部和中央农村工作部。⑤ 会议还确定了中央书

---

① 《邓小平年谱(1904—1974)》(中), 中央文献出版社 2009 年版, 第 1310 页。
② 《毛泽东文集》第 7 卷, 人民出版社 1999 年版, 第 111—112 页。
③ 《毛泽东文集》第 7 卷, 人民出版社 1999 年版, 第 112 页。
④ 从 1956 年 9 月中共八届一中全会到"文化大革命"初期, 中央书记处成员几经变化。1958 年 5 月召开的中共八届五中全会, 增选李富春、李先念为中央书记处书记。(参见《中共八届五中全会昨日举行》,《人民日报》1958 年 5 月 26 日)1962 年 9 月召开的中共八届十中全会, 决定撤销黄克诚、谭政的中央书记处书记职务, 补选陆定一、康生、罗瑞卿为中央书记处书记。(参见《中国共产党第八届中央委员会第十次全体会议通过决定 进一步巩固人民公社集体经济发展农业生产》,《人民日报》1962 年 9 月 29 日)1966 年 5 月召开的中共中央政治局扩大会议, 决定: 调陶铸任中央书记处常务书记, 叶剑英任中央书记处书记, 以后提请中央全会追认和决定; 停止彭真、陆定一、罗瑞卿、杨尚昆在中共中央书记处的职务, 以后提请中央全会追认和决定。(参见《毛泽东传》(六), 中央文献出版社 2011 年版, 第 2379 页)
⑤ 参见《邓小平年谱(1904—1974)》(中), 中央文献出版社 2009 年版, 第 1318 页。

记处处理中央党政军群各部门及各省、市、自治区党委向中央提出的问题和送批的文件、报告等的具体工作规程。①

中共中央赋予邓小平主持的中共中央书记处以重要责任。在中共中央决定邓小平担任总书记时，他曾向毛泽东提出，书记处还是作为政治局的办事机构，专管党务，对军队和国务院的文件，仅负责呈送。毛泽东不同意，他强调书记处是中央委员会的办事机构，什么事都要管，中央的事都由你们去做，抓全面工作，发文用中央名义。②在这之后的十年里，邓小平主持的中共中央书记处协助中央做了大量工作，发挥了重要作用。

针对经济工作中存在的分散主义，在1958年1月召开的南宁会议上，中共中央决定把经济工作决策权从国务院财经部门集中到中共中央政治局和书记处，并在会后进行了领导体制的变动。6月10日，中共中央发出《关于成立财经、政法、外事、科学、文教各小组的通知》，规定："这些小组是党中央的，直隶中央政治局和书记处，向它们直接做报告。大政方针在政治局，具体部署在书记处。"③邓小平主持的中共中央书记处被推到了领导经济工作的第一线。

在1959年4月召开的中共八届七中全会上，毛泽东更是增强了中共中央书记处特别是邓小平在领导经济工作方面的权威。毛泽东指出，除了讲经济工作领导权"集中在中央委员会、政治局之外，还要提出集中在常委和书记处"。他说："中央主席是我，常委的主席是我，所以我毛遂自荐为元帅。书记处就是邓小平同志。""毛泽东为元帅，邓小平为副元帅"，"我挂正帅，就是大元帅，邓小平为副司令、副元帅。我们两个人一正一副。"毛泽东又向邓小平说："你是书记处总书记，你也是常委的总书记，你也是政治局的总书记，你也是中央委员会的总书记，但是你也是我的总书记。"④可以看出邓小平及其主持的中共中央书记处在当时

---

① 参见《邓小平传（1904—1974）》（下），中央文献出版社2014年版，第1003页。
② 参见李雪峰：《我在小平同志领导下工作的二十四年》，中共中央文献研究室编：《回忆邓小平》（上），中央文献出版社1998年版，第221页。
③ 《陈云传》第3卷，中央文献出版社2015年版，第1144页。
④ 《邓小平传（1904—1974）》（下），中央文献出版社2014年版，第1117—1118页。

的领导责任之重。

在1961—1965年的国民经济调整时期，邓小平在毛泽东的支持下，和刘少奇、周恩来、陈云等人具体领导了这一时期的国民经济调整工作。在调整工作初期，邓小平几乎每天都要主持召开中共中央书记处会议，研究解决各种问题。[①] 他主持制定的《国营工业企业工作条例》（即"工业七十条"），总结了新中国成立以来特别是"大跃进"以来企业管理工作的经验教训，提出了企业管理的一系列正确的指导原则和具体规定，[②] 对恢复和建立必要的规章制度及正常的生产秩序、改进和加强企业管理发挥了重要作用。

对于"大跃进"以来党的工作中出现的缺点和失误，邓小平多次代表中共中央书记处承担责任。在1961年3月15—23日召开的中共中央工作会议上，邓小平在3月19日的小组会上和23日的全体会议上，两次就中共中央书记处的工作诚恳地作了检查，他说：1957年以后，"中央的具体工作由书记处主持，作为中央常委和主席的助手，党给的权力很大，责任很重。工作做得不是一切都不好，挡门市的日常事务工作还是做得不坏。主席也说，书记处做了很多很好的工作，但在方针政策的制定和检验方面出的好主意不多。如钢铁的第二本账、粮食产量、公社规模等，我们都是赞成的。有些问题不是没有察觉，对农业搞虚假曾提出过意见，但对问题只是迷迷糊糊的感觉，没有认真下去调查了解把问题摸清楚，给常委同志提出意见。当然在这过程中，也有反对意见和人民来信，我们却没有及时抓住问题进行检查，而且当时觉得总的形势是好的，不要伤害群众的积极性，没有尽到应尽的责任。"[③] 1962年2月6日，邓小平在七千人大会上的讲话中，代表中共中央书记处再次作了自我批评："这几年工作中的缺点和错误的责任，中央首先负责，而在中央，首

---

① 参见《邓小平年谱（1904—1974）》（下）中央文献出版社2009年版，1961年、1962年相关条目的记载。

② 参见《邓小平传（1904—1974）》（下），中央文献出版社2014年版，第1205页；《建国以来重要文献选编》第14册，中央文献出版社1997年版，第636—681页。

③ 《邓小平传（1904—1974）》（下），中央文献出版社2014年版，第1165页。

先应由做具体工作的中央书记处负主要责任。"①

邓小平在担任中央委员会总书记期间,还曾多次率中国共产党代表团去莫斯科同苏联共产党进行谈判。他坚决维护中国共产党独立自主的原则立场,捍卫了国家利益和尊严。

"文化大革命"开始后不久,邓小平主持的中共中央书记处即有四位成员同时被打倒。1966年5月4—26日召开的中共中央政治局扩大会议,决定"停止彭真、罗瑞卿、陆定一的中央书记处书记职务,停止杨尚昆的中央书记处候补书记职务",并把他们定性为反党集团。邓小平在5月25日的讲话中,"检讨书记处的工作",并承担了责任:"我们书记处好多书记出了事呀","有的知道,有的没有察觉,失察的责任主要是我的。主席批评书记处是独立王国,这个责任主要由我负。书记处工作得不好,有一些重大的原则问题没有挡住"。"所以,老实说,严格地说,我不是一个称职的总书记。应该从这些事情好好地衡量一下自己。"②

1966年8月1—12日召开的中共八届十一中全会,重新选举了中共中央政治局常委。在常委排名中,邓小平"虽然从原来的第七位上升为第六位,但由于被指责犯了'路线错误',实际上已不参与中央的领导工作了。会议还改组了中共中央书记处,邓小平的中共中央总书记职务也不再被提起"③。会后,中共中央书记处很快就停止了工作。

三、邓小平与中共中央书记处的恢复设立

改革开放后,在邓小平和陈云等的一再倡导和呼吁下,1980年2月23—29日召开的中共十一届五中全会,决定"恢复党的第八次代表大会所决定并在十年间证明是必要和有效的制度,设立中央书记处作为中央政治局和它的常务委员会领导下的经常工作机构"④。这是党在组织路线上作出的一项重要决策,是在实现干部队伍年轻化方面迈出的重要一步,

---

① 《邓小平年谱(1904—1974)》(下),中央文献出版社2009年版,第1688页。
② 《邓小平传(1904—1974)》(下),中央文献出版社2014年版,第1330、1331页。
③ 《邓小平传(1904—1974)》(下),中央文献出版社2014年版,第1344页。
④ 《三中全会以来重要文献选编》(上),中央文献出版社2011年版,第380页。

也是对党和国家领导制度进行的重要改革。

早在中共十一届三中全会前的中央工作会议上，就有人提出成立中央书记处。考虑到中央书记处重设的时机还不够成熟，在三中全会闭幕后，1978 年 12 月 25 日召开的中共中央政治局会议决定胡耀邦任中共中央秘书长，胡乔木、姚依林分别任中共中央副秘书长，由秘书长和副秘书长组成一个处理中央日常事务的工作班子。① 这和中共八大前邓小平担任中央秘书长并主持中央秘书长会议的情形十分类似。

随着改革开放的不断推进，党领导社会主义现代化建设的任务日益繁重，干部队伍青黄不接的问题也日益显现出来。为了加强党对社会主义现代化事业的领导，同时，为了保证党的路线、方针、政策的长期连续性，保证党的集体领导的长期稳定，党的各级领导机构又迫切需要吸收那些能够坚定地执行党的路线、具有独立工作能力而又年富力强的同志参加领导工作。在这样的背景下，经过充分酝酿和准备，中共十一届五中全会决定恢复设立中央书记处，负责处理中央日常工作，并且选举胡耀邦为中央委员会总书记，选举"万里、王任重、方毅、谷牧、宋任穷、余秋里、杨得志、胡乔木、胡耀邦、姚依林、彭冲十一位同志为中央书记处书记"②。

在这次全会期间，邓小平发表了一系列讲话，对中共中央书记处如何开展工作、如何发挥职能提出了明确要求，主要有以下几个方面：

第一，中共中央书记处的职权是管全局。

1980 年 2 月 26 日，邓小平在中共中央政治局常委召集的中共十一届五中全会各组召集人汇报会上指出："书记处的职权，肯定是管全局，党、政、军、民、工、农、商、学、兵，都得管"。这就明确了中共中央书记处的职权范围和工作职责。这一规定，既是对中共八大设立中央书记处的成功做法和有益经验的借鉴和总结，也是培养和选拔优秀中青年干部的现实需要。重新设立中央书记处的一个重要目的，就是为了解决领导干部青黄不接的问题，实现干部队伍的年轻化。邓小平在这次谈话中对此讲

---

① 参见《陈云传》第 4 卷，中央文献出版社 2015 年版，第 1506 页。
② 《三中全会以来重要文献选编》（上），中央文献出版社 2011 年版，第 380 页。

得很清楚。他说:"对于中央政治局常委中岁数大的同志,我总的倾向是,包括我在内,慢慢脱钩,以后逐步增加比较年轻的、身体好的、年轻力壮的人。这是一个总的决策"。"建立书记处的目的也是这个意思,书记处作为第一线"。① 既然把书记处作为第一线,就要让它了解全局,接触各方面的工作。只有这样才能承担起处理中央日常工作的职责,也才能培养出驾驭全局的中青年领导人才。

第二,中共中央书记处的工作重点要放在经济工作、放在四个现代化上。

2月26日,邓小平在中共中央政治局常委召集的中共十一届五中全会各组召集人汇报会上指出:"这次设立的中央书记处,今后的工作重点是放在经济工作、放在四个现代化上。"② 这就明确了中共中央书记处的工作重点。中共十一届三中全会作出了把工作重点转移到社会主义现代化建设上来的战略决策,实现了新中国成立以来我党历史上具有深远意义的伟大转折,开启了改革开放和社会主义现代化建设的新时期。此后,以经济建设为中心、一心一意地搞四个现代化,成为我们党在新时期的政治路线。中共中央书记处作为中央政治局及其常委会领导下的经常工作机构,其工作重点自然也要相应地放在经济工作上,放在领导四个现代化建设上。这是由中央书记处的职责属性所决定的。邓小平在中央书记处恢复设立之初,就明确指出其工作重点,这对于保证中央书记处沿着正确的政治方向开展工作和发挥职能具有重要的指导意义。

第三,中央书记处要实行集体领导、分工负责的制度。

2月29日,邓小平在中共十一届五中全会第三次会议上指出:"我们强调集体领导,这次讲接班也是集体接班,这很好,很重要。但是,同时必须把分工负责的制度建立起来。集体领导解决重大问题;某一件事、某一方面的事归谁负责,必须由他承担责任,责任要专。"这就明确了中央书记处的工作制度。这样规定,同样是借鉴了中共八大后中央书记处的成功做法和有益经验,同时也是为了克服当时存在的官僚主义的现实

---

① 《邓小平年谱(1975—1997)》(上),中央文献出版社2004年版,第603页。
② 《邓小平年谱(1975—1997)》(上),中央文献出版社2004年版,第604页。

需要。对此，邓小平讲得也很清楚。他说："过去我们的书记处工作效率不算低，原因之一就是做出决定交给专人分工负责，他确实有很大的权力，可以独立处理问题。现在反正是画圈，事情无人负责，很容易解决的问题，一拖就是半年、一年，有的干脆拖得无影无踪了。"邓小平提出："我希望，从重新建立书记处开始，中央和国务院要带头搞集体办公制度，不要再光画圈圈了。书记处和国务院的某些工作，不一定全体成员都参与，有几个人一议，就定了。有些事情可以一面做，一面报告政治局和常委；要上面讨论的事情可以等，备案性质的就不要等。"①这种集体领导和分工负责相结合的工作制度，既充分发扬了民主，又保证了办事效率，为中央书记处开展工作和发挥职能提供了制度保证。

中共中央书记处的重新建立，加强了党中央的领导机构，完善了党中央的领导体制，对全国的安定团结、生动活泼政治局面的发展巩固，对改革开放和社会主义现代化建设的顺利进行，起到了积极的促进作用。

纵观新中国成立后邓小平在中共中央书记处的工作经历以及中共中央书记处的发展历程及职能演变，一方面，可以看出邓小平为新中国的社会主义建设和改革开放事业作出的历史性贡献；另一方面，也可以了解新中国成立后我们党领导体制的历史演变过程。这对于研究邓小平生平和思想，总结新中国 70 年政治建设的基本经验，具有重要意义。

［原载《当代中国史研究》2019 年第 5 期］

---

① 《邓小平文选》第 2 卷，人民出版社 1994 年版，第 282 页。

后　记

奉献给读者和同行的这部论文集，是为庆祝当代中国研究所成立 30 周年出版的《中华人民共和国史研究文库》中的一册，选录了我近 20 年来公开发表的研究中华人民共和国史的学术论文共 31 篇。

我是于 2003 年从中国人民大学中共党史系博士毕业进入当代中国研究所的，在中华人民共和国史的研究岗位上至今已工作了 17 个年头。如果再加上在人大读书的 3 年，我到北京从事中华人民共和国史的学习和研究刚好满 20 年。所以我给这部论文集命名为《京华研史录》，以记录自己在京 20 年间从事中华人民共和国史学习和研究所走过的学术历程及取得的阶段性成果。

我是专事中华人民共和国政治史研究的，具体方向一个是新中国法治建设史研究，一个是邓小平、陈云思想生平研究。所以，我把这 31 篇论文分为三部分，两个研究方向之外的论文归为综合研究类列为第一部分，两个研究方向的论文分别列为第二、三部分，每个部分一般都按论文发表的先后顺序排列。这样可以方便读者了解论文集的内容、了解我的研究方向及每个方向的发展轨迹。

编选论文集的过程，也是回顾自己学术历程、检视自己学术成果的过程。回眸来路，朝花夕拾，更加感受到自己的成长进步与组织的培养、师长的指导和同志们的帮助息息相关。借此机会，谨对一路走来在学术研究上给予我指导、关爱和帮助的各位领导、师长和同志们表示衷心的感谢！尤其要感谢当代中国研究所领导为出版这部论文集提供了机会。

谨以此书献给当代中国研究所成立30周年！

在本书的编辑过程中，我的博士研究生朱晨旭同学做了大量工作。她按照发表件把论文集的每篇文章都进行了仔细的核对和编辑，并对注释格式按照体例要求进行了调整。对她为本书所做的一切表示感谢！

本书的出版得到当代中国出版社领导的大力支持，责任编辑袁又文及相关同志付出了辛劳。在此一并表示感谢！

由于水平所限，书中难免有不足或不当之处，敬请读者批评指正。

张金才

2020年2月于北京